継母という存在

STEPMOTHER / STEPMONSTER

真実と偏見のはざまで

W・マーティン 著
伊藤幸代 訳　ＳＡＪ 解説

北大路書房

Stepmonster
A New Look at Why Real Stepmothers
Think, Feel, and Act the Way We Do
by
Wednesday Martin

Copyright © 2009 by Wednesday Martin
all rights reserved
For information about permission to reproduce selections from this book, write to Permissions,
Houghton Mifflin Harcourt Publishing Company

Japanese translation rights arranged with Wednesday Martin
c/o Miriam Altshuler Literary Agency, Red Hook, New York
through Tuttle-Mori Agency, Inc., Tokyo

目次

はじめに 1

第 I 部
文献に見る継母

第1章 自分だけの壁——継母になるということ—— 16
単純ステップファミリーと複雑ステップファミリー 25
あなたはどんな継母? 29

第2章 「あいつは魔女だ!」——おとぎ話と継母に関する文献を紐解く—— 37
私たち継母は何者? どこから来たの? 37
「火のないところに煙は立たぬ」——1930年の放火殺人事件 41
おとぎ話とエドナの運命 46
白雪姫の真実——ナルシズムと人喰い,無抵抗さと純真さ 47
『ヘンゼルとグレーテル』と『百槇の話』——陰謀と涙とおぞましいご馳走 48
童話を通して見たエドナ——涙一粒こぼさない計画犯 51
古代における継母像——大昔からの偏見 53
新たなおとぎ話と昔からの文化的論理——ヒルドゥル 55

目次 i

第Ⅱ部
子連れ再婚の現実

第3章 「あんたなんか母親じゃない！」
——ステップファミリーの5つのジレンマ—— 60

ステップファミリーのジレンマ1——混合家族という神話 62
ステップファミリーのジレンマ2——母親らしい継母という神話 65
ステップファミリーのジレンマ3——難しい発達段階 67
ステップファミリーのジレンマ4——競争心 73
　　　　　お金にまつわる競争 75
　　　　　夫／父親をめぐる競争 77
ステップファミリーのジレンマ5——継母ビジネスの嘘 79

第4章 「あんたなんか私の子どもじゃない！」——怒り，嫉妬，不満—— 85

嫉妬 95
不満と怒り 98
関わらない 102

第5章 彼——夫を理解する—— 104

夫の無抵抗さが毒になる 105
父親としての責任の重圧 107
子ども中心の子育て 109
彼自身も気づかない気持ち 113
不要な対決——妻vs彼の子 119
恐れ——原動力 124

第6章 結婚——再婚の歴史—— 129

子連れ再婚とは——概要 130
結婚第一主義を取りましょう 132
大きな課題——セメントベビー 136
　　　　　ケンドラの夢:「家族になるんだと思っていたのに」 139
喧嘩とコミュニケーション 143
　　　　　再婚夫婦はなぜ喧嘩するのか？ 144
　　　　　再婚夫婦の喧嘩とは？ 145

ii　目次

　　　　　　四つの危険因子と上手な喧嘩　150
　結婚における子育て　152
　　　　　　ドリップ効果と吸い上げ効果　152
　　　　　　生物学的な力と中間領域　154
　　　　　　元の配偶者に関する要因　157
　　　　　　共同養育と並行養育　162
　協力的共同養育――「最良のシナリオ」　162
　並行養育　164

第Ⅲ部　様々な観点から

第7章　社会生物学――鳥やハチに見る継母の姿――　172
　ラックによる鳥の研究――個体と母親とトレードオフ　174
　ハミルトンによるハチに関する研究――適応度と血縁選択説　176
　トリヴァースの家族論――協力と対立　178
　エムレンによるシロビタイハチクイの研究――まるで人間みたい？　181
　　　　　　ケニアで繰り広げられるメロドラマ：対立，協力，血縁選択　182
　人間の場合――エンジェルパークの一夫多妻制社会　185
　ステップファミリー――そんなに親しくない？　悲観的にならないで　188
　ローワーによる鳥の継親の研究　189
　デイリーとウィルソン――親心は差別的　193
　親の差別心と自然淘汰，そしてオスの抱く疑惑　195

第8章　世界の継母――文化人類学と愛着と文脈――　201
　ニサが教えてくれること　201
　子どもへの不公平な対応――ヤノマミ族の子どもの不平等を測定する　208
　カメルーンの一夫多妻と里子制度　210
　マリの邪悪な妻たち　214
　母のように――愛着が湧くかどうかは状況次第　217

リスクもあれば見返りもある？

第9章　継母の悲しみと憂鬱——リスク要因を理解する—— 228

うつ病のリスクとは　232
　　　リスク要因1：孤立と疎外感　232
　　　リスク要因2：考えすぎ　233
　　　リスク要因3：人間関係を重視する姿勢　234
　　　リスク要因4：過剰補償と「何とかしなくては」の思い込み　236
　　　リスク要因5：ダブルスタンダードによる無力化　239
　　　リスク要因6：サンドバッグ症候群　240
　　　リスク要因7：サポートしてくれない夫　242
　　　リスク要因8：専門家による偏見と悪影響を与えるアドバイス　244

第10章　成人継子との関係——「終身継母」からの教え—— 251

「父親の妻というか関係ない人」——成人継子に関わる課題　252
30年間の継母生活——サリーのケース　263
　　　様々な役割から生じる負担　265
　　　精根尽き果ててしまう継母　267
　　　複雑ステップファミリーと複雑な気持ち　269
　　　呪われた家：厄介な思春期を忘れられますか？　271
「いつまでも幸せに暮らしました」を考え直す——成人継子とのつきあい　272
意地悪継母からの教え　276

謝　辞　281
原　注　283
文　献　303
索　引　317

あとがき——日本のステップファミリーについて——（SAJ代表　緒倉珠巳）　319

Column

1 共同親権 14
2 ステップモンスター 14
3 忠誠心の葛藤 35
4 単純ステップファミリーと複雑ステップファミリー 36
5 混合家族 84
6 最も大事なのは結婚生活（夫婦関係の重要性） 127
7 セメントベビー 167
8 子どもを引き離すという行為 167
9 共同養育と並行養育 168

はじめに

　私は運命的な結婚をしました。でもそれは破局する運命でもありました。私が選んだ男性には，子どもがいたのです。専門家の推計では，アメリカの成人女性の半数以上が生涯に一度は子どものいる男性と結婚し，その七割弱が破局する[*1]そうです。失敗の確率の高さや誓いを立てた日のことを考えれば，その日に離婚調停の弁護士を雇ってもよかったくらいです。離婚の最大の要因は，以前の結婚でもうけた子どもの存在です。事実，子連れ再婚は子どものいない再婚に比べ，離婚率が五割も高い[*2]のです。統計的に見ると私の結婚の先行きはかなり怪しかったのですが，おめでたいことに，実際に生活し始めるまでそれに気づきませんでした。夫には，一人ならず二人の十代の女の子がいて，婚約したときにはそのうちの一人と同居していたのです（知らなかったのですが，子どもが10〜16歳の間は夫婦や家族間の摩擦が大きくなるリスクが高いため，結婚を延期したほうがよいと言う専門家[*3]もいるほどです）。私が抱えていたもう一つのリスク要因は，結婚する相手には子どもがいるのに，私にはいないことでした（ある調査[*4]によると，子連れ男性との結婚において，子どものいる女性は，子どものいない女性とは違う精神的葛藤や日常生活での難しさがあるものの，なかなかの健闘ぶりを発揮するそうです）。私の結婚は，「続いたら」という仮定の上に成り立っていたのです。

　それに，知らなかったのです。順風満帆だったからではなく（それどころか初っ端からうまくいかなかったのですから）単に目を背けていたからです。すべてうまくいってほしい。結婚して，ハッピーエンドを手に入れたい。その一心で，何も見なかったことにしようとしていました。だから，同僚（自身が継息子の立場）が，前妻との共同親権【→Column 1】でもめていることを引き合いに出し，彼とはすぐに別れたほうがいいとアドバイスしてくれたときも，負け惜しみだと思ったものです。またあるとき，友人が彼の娘（どう見ても生意気な小学生）を見て，「あらら」とこぼしたときも，聞いてないふりをしました。継母に関する本や新聞の記事を見つけることがあると，その内容に呆れるばか

りでした。「楽しいことばかり」だったあの頃の私には，陰気でつまらないアドバイスばかりで，まるで他人事でした。私に限ってはありえない，だって私はいい人だし，楽しいし，(そこそこ) 若かったのですから。「ステップファミリー地獄」なんて，『ステップモンスター』[→Column 2]の話で私には関係ないわ，と思っていました。自分がそうなるまでは。

　その日，私たちはウェディングドレスを見に行くことにしていました。
　2ヶ月ぶりの二人っきりの週末。私と彼は二人だけで出かけようと決め，彼の娘も含めみんなにそう言っておきました。流行のオシャレなドレス (お姫様みたいなフリフリやレースはありえない) を見に出かけようとしていると，その週末は予定外で家にいた彼の娘が，やっぱり行きたいと言ってきたのです。彼は，私の意向を聞きもせず了解してしまいました。そのときの私の発言は間違っていたし，意地悪だったと思います。でもそれを認めたうえで，子ども抜きで静かな週末を過ごしたかったの，と言いました。二人っきりでドレスを選びたかったのです。彼は明らかに不機嫌になり，黙り込んでしまいました。私もわかってもらえないという気持ちと罪悪感，そして次第に怒りを感じ，黙っていました。私の言っていること，そんなにおかしいの？ 私にはわからなくなっていました。子連れ男性との結婚に関しては，私は寄る辺ない存在で，いつものようには自分を信じられなくなっていると気づき始めていました。
　あの子たちが嫌いだからというわけじゃないのよ，とその日もそれ以降も，言い訳がましく彼に言いました。事実，彼女たちのことは好きでした。特に，同居していない長女と過ごすのを心待ちにしていたくらいです。同居している次女と同じくらい長女のことも知りたいと思っていたからです。でも最初の頃は，「かわいくて，一緒にいて楽しく」同時に「疲れるし面倒」にも思えました。認めたくはないですが「生意気でやりにくい子」だとも感じていたのも確かです。でも一つ言っておきますが，それは彼女たちのせいではありません。私との生活には彼女たちもなかなか馴染めなかったはずです。それに，彼が別居から離婚に至り独身に戻った6年間，娘たちの要望をかなえようと週末はイベントずくめにしていたことが，事態をいっそう難しくさせているということがわかってきました。子どもが実権を握っていたと言ってもいいくらいです。

どこでランチを食べるか，どの DVD を借りるか，キラキラペンやペイントタトゥー，靴をどれだけ買うか，何時に寝るかまで，子どもが一切を取り仕切っていました。彼の言葉を借りると「娘たちは，好きなときにうちに来てもいいと思っているし，僕が娘たちのことしか頭にないのが当然だと思うようになっている」ということでした。

彼と関係を深め，娘たちと交流を深める中で，私には子どもたちから離れる時間がもっと必要だという点で彼と意見が合わないのも当然でした。でも，言い争ってばかりなのは，だめな証拠だと感じていました。「テレビの音が大きすぎない？」「宿題はしなくていいの？」「どうしてお皿を食洗機に入れられないの？」「そもそもプライバシーとかロマンスはどこへ行ったの？」。私たちの間の溝が広がっていくようでした。その頃はもうステップファミリー地獄の入口にいました。まだ気づいていなかっただけだったのです。

この本は，継子を持つ女性のために彼女たち自身のことを書きました。女性にとって，継子を持つのは生半可なことではないからです。E・メイビス・ヘザリントン博士[5]は，30 年にわたりバージニア州で 1400 組の再婚家族を追跡する，歴史に残る重要な調査を行った心理学者です。ヘザリントンは，継父が家計に収入をもたらす場合や母親のパートナーになる場合，子どもと友好的な関係を築く場合などは特に，継子が継父の存在を評価することが多い一方，「継母の置かれた立場は難しく，継子は激しい不満を抱く」と言っています。そしてこの状況は，まず避けられないとヘザリントンは述べています。「（家族との）関わりを少なくしたいと（継母が）思っていてもほぼ無理です。そうでなくとも扱いが難しく警戒している子どもたちの養育や，家庭内の秩序を整えることが期待されているため，継子の激しい怒りを買ってしまうのです」とヘザリントンは述べています。ヘザリントンは「継母がモンスターと化す」のは，夫が養育やしつけで妻をサポートしなかったり，妻をライバル視する前妻が子どもや子どもの父親の家庭に深く関わったりしている場合であることを発見しました。ヘザリントンは，インタビュー対象者の多くが，自分の継母を「悪意がある，よこしまだ，意地悪，鬼」などと表現し，「ドッグフェース」とか「ドラゴン」といったあだ名をつけていると，やや驚きを持って報告しています。一

方，継父はそこまでの悪意を持たれることは少ないと結論づけています。もちろん，継父を困らせる子どもは多いですし，母親の2番目（または3番目）の結婚相手と絶縁してしまう子どももいます。でも，ステップモンスターは，「女性」からしか生まれないようです。ステップモンスターは憎まれやすいのです。ステップモンスターの存在は，私たちの文化（集合的無意識を含む）に広く浸透しています。だから継母たちは，自分がステップモンスターになりはしないかと戦々恐々としています。そうならないように全身全霊を捧げ，「ステップモンスターっぽい」感覚を抱くと自分を責めたりします。ですから，継母が「家族」の中で最も厄介な役割を担い，ひどい適応障害に悩むという研究結果は何も驚くに値しないのです[※6]。

　それなのに，ステップファミリー（子連れ再婚）については，今まで子どもへの影響やその心の問題ばかりが取り上げられてきました。ステップファミリー関連本といえば，継子の気持ちやニーズとか，継子が父親の再婚に慣れて受け入れるにはどうしたらいいのかということが書かれています。とても役に立つのですが，継子の立場を理解し，大体これが普通なのだと確認できるくらいの効果しかありません。でも，あるとき気づくのです。じゃあ，継母自身のことや継母の感情について書かれた本は一体どこ？　こちらはなかなか見つかりません。友人は好意的で同情してはくれるものの，あまり助けにはなりません。私の場合は継子がいる友人がいなかったので，そのアドバイスときたら，万策尽きて手に取ったハウツー本みたいに腹立たしいほど子ども中心で，無理難題ばかりだったのです。たとえば，自分の子でもなく，夫との仲を引き裂こうとしているようにしか見えない子のことを常に考えるなんてできるでしょうか？前妻からのキツイ一言を伝えてきたり，私の料理を毛嫌いしたり，私が出た電話を切ったりと，子どもが自ら作り出している家庭の不協和音をどうみてもおもしろがっているのを，個人的な攻撃だと受け取らずにいられるでしょうか？　私と目を合わせない継子たちに対して，どうしたらいい継母になれるでしょうか？　子どもが最優先というお説教や，よき継母になるためのハウツーの間に埋もれてしまっていることは，継母の経験や感情も他の人と同じくらい重要なのだ，という認識ではないでしょうか。

　再婚が子どもに与える影響ではなく，子どもが結婚に与えるストレスに関す

る新しい切り口の研究は，多くの人にとっては腑に落ちないかもしれません。社会が子どもの気持ちを汲み取り，共感を持つのはそれなりの理由があります。実際，親の離婚，再婚といった決断に関して子どもは何ら手立てがないのですから。そんな一大事なのに子どもは口出しできないうえに，失うものは計り知れません。しかし親が再婚した途端，状況は一変します。再婚の専門家のケイ・パスリー博士[*7]とマリリン・アインガー・トールマン博士は，継子には再婚を破壊するとてつもない力があると言います。夫婦間やきょうだいの間をわざと分断し，親対継親の構図を作り上げるのです。また，継子は別居家族からの心ない言葉を伝えたり，干渉を招いたりして対立や怒りをもたらします。ベイラー大学のジェームズ・ブレイ博士らステップファミリーの研究者[*8]は，ステップファミリーでは子どもが家族全体のムードを左右することが多いことを重視しています。ブレイやヘザリントン，全米ステップファミリー・リソースセンターのフランチェスカ・アドラー＝ベーダー博士は，思春期直前から思春期の子どもが，往々にして継親との衝突の引き金になると口を揃えて言います。

　継子が再婚家庭に影響を与え，場合によっては加害者にも被害者にもなると知っているだけで，継子のいる女性だけが共通して経験する「継母の現実」を，より深く理解できるようになります。それは，フェミニストや社会学者をはじめ，継母に関する本の著者さえも見逃してきた現実です。それはなぜでしょう？継母の苦しさは不適切な感情に思われ，つい隠してしまうからではないでしょうか。自責の念から女性たちは，苦悩や葛藤，失敗に苛立ち，目を背けてしまいます。継母の苦悩とは，自分への批判に他なりません。うまくいかないのは，継母自身に問題があるからだと思っています。「アンナの継母ったらひどいのよ」「継母がいい人ならすべてうまくいく。つまり問題があれば，それは継母の努力不足のせいだ」と，継母のことをわかったつもりでいるから他に学ぶことなどないと決めつけてしまい，結局何もわからずじまいです。継母は嫌われ者で，ほとんど無意識のうちに疑われてしまいます。少しでも継母の気持ちに寄り添い，辛い経験に気遣いを示し，その現実に思いを向けるには，思い切った発想の転換が必要なのです。

　継子を持つ女性自身にもその必要があります。ステップファミリーになりたての頃はもちろん，恐らくその後も断続的ではあっても何十年も，ほとんどの

継母が苦労することが研究で十分に示されています。そのおかげで私は，継母として辛い思いをしている女性のことがわかり始めてきました。継母であることがまったく苦痛でないという女性はほんの一握りです。こうした少数派にとっては，継母であることは喜び以外の何物でもありません。

　研究によれば，こうした女性たちはただ珍しいだけではなく，運がいいのだということがわかっています。夫のサポート，前妻の協力，その二人が子どもを甘やかさないこと，子どもが親への忠誠心の葛藤を持たないこと，またその子が継親を受け入れやすいある一定の発達段階にあること，といった成功要因がうまくすべて揃っている恵まれた少数の人にとって継母であることは，たやすく楽しいものです。でも，大方の人には，そんなにうまい具合に条件が揃うことはありません。事実，私がインタビューした女性の多くは「正しいこと」をし，子どもを優先しなくてはと頑張るあまり，疲弊しきっているようでした。また多くの女性たちが，感謝されず自分の気持ちなど気にも留められないと何年も黙ってやり過ごし，精神的に疲れ果ててしまっていました。この本の大きな目的はそんな傾向に歯止めをかけ，継母に自分自身の人生の主役へと戻ってもらうことです。また「ステップモンスター」とは何者なのか，どんな行動をとるのかを探ります。そして，ステップモンスターが何を求め，何を必要としているのか，またその理由を問いかけます。この継母というトピックは，醜い部分を取り払い，うわべをきれいにして語られることが多いのですが，私は率直に継母の気持ちに寄り添いながらこの本を作り上げました。もっと広い意味では，継母の文化的位置づけを変え，継母は善良で忍耐強く，楽しくあるべきだという勝手に作り上げられた理想の継母像ではなく，子どものいる男性と結婚した一人の女性について語れる文化になればと願っています。自分自身を理解し，継母であるとはどういうことかを理解するには，自分の不完全なところや人間的な部分を見なくてはなりません。つまり継子や夫，自分の役割に対する自分ですら恐ろしく意地悪な，ひどく醜い感情です。時として，継母という過剰な固定観念に縛られた役割では，様々な問題や感情が湧き上がってきて，今まで感じたことのない嫉妬や怒り，「復讐」といったお決まりの「ステップモンスター」感情に突き動かされ，まさかの行動をしでかしてしまうのです（私だって自分の意地悪継母っぷりを，まるまる一章書けるくらいです。それはま

ず，継子に部屋を掃除するよう再三言うのにうんざりしたところから始まります。その言い訳なんていくらでも言えますよ。9.11の直後でかつ長男が生まれた2ヶ月後というストレスいっぱいのときでしたから。簡単に言えば，継子の外出中に床に落ちているものを全部ゴミ袋に詰めて，玄関のほうに放り投げたのです）。継母の醜い，触れてはいけない面を単に否定したり，そこから脱却してよき継母になるべきだとか，他人のために自分を改善すべきだと要求したりしないで，そうした側面を冷静に見つめるべきです。

　長年継母をやっているとわかりますが，感情や経験は問題の一部でしかありません。継母と聞いて，人はどんな感情を持つでしょうか？　それが夫であれ，継子であれ，実子や友人，パーティーで会った知人や道行く見知らぬ人であれ，他人の思い込みは否応なく私たちにのしかかってきます。多くの場合，この思い込みは強く揺るぎないものです。「うちの継母は，一言で言えば鬼よ」。驚くほど多くの成人した継子の言葉です。しかしその固定観念は，継母が来たときは何歳だったか，どんな思春期を送ったか，現在の二人のぎくしゃくした関係を作る中でどんな役割を担ってきたかといったもっと突っ込んだ質問をはぐらかしているだけです。

　この30年間，私たちはステップファミリー問題の支援を心理学者に求めてきました。しかし，優秀な心理療法士はよくご存じですが，継母が抱える問題は精神的，心理的な問題にとどまりません。文化人類学，社会学，進化生物学，フェミニスト文学，文化論も継子を持つ難しさの謎の解明に役立ちます。継母の歴史を紐解くことで，私たちが抱える問題がいかに大きな問題かを認識することができます。また，場合によっては，継母のジレンマが，実は何千年も続いていると知るだけでも，大きな安心につながることもあります。古代ローマの女性は，継息子に毒を盛ったと疑われ，拷問を受けることがありました。また，アメリカ植民地時代の夫婦の多くが，継子のしつけで争い，裁判になったと裁判所の資料に記されています。そう考えると現代の子連れ再婚は，目新しいことでも変わったことでもないと思えてきます。少数だという人もいるかもしれませんが，本章の冒頭に挙げた数を見るとわかるように，私たちは一人でも，異常な存在でもありません。

　継母の根本的な葛藤の多くは誰の責任でもなく，誰にも「解決」の責任はな

い，などという話は滅多に耳にしませんが，多くの専門家がそう話してくれました。経済的，社会的，心理的要因はもとより，生物学的な要因もまた，何百年にわたる継母と継子の対立に関わっているというのです。であれば，再婚家族がどんなに頑張っても，うまくいくまで何年もかかるというのが納得できます。ステップファミリーの発達を専門とする[※9]パトリシア・ペーパーナウ博士によれば，家族がまとまるまでおよそ4年から12年かかるそうです。場合によっては，最後までまとまることのない家族もありますが，それが誰か一人の責任ではないことが多いのです。文化人類学者であり進化生物学者のスティーブン・ジョゼフソン博士が，人類行動学者の間でよく使われるたとえ話を教えてくださったので，その言葉をお借りしましょう。「血縁の問題に尽きます。たとえば，これから病院で出産を迎える人に，『退院するときに好きな赤ちゃんを連れて帰ってもいいよ。みんな同じだから』と言ったとしましょう。そんなバカな，それは犯罪だと思うでしょう。なぜなら，血縁が非常に重要だからです」。通常，実子や養子とのつながりは，継子とのつながりとは異なり，強いのです。心理学的な知見に進化理論を補足して考えると，私たちの不満を別の角度から見直すことができ，自分の抱えている問題が得体のしれない，理解不能で，特殊なものではないことがわかります。

　ここでは，継子のいる女性の思いや考え，行動を現実的に根本的に考え直してみます。たとえば，夫の子どもが自分を愛してくれるどころか，気に入ってもくれない場合もあります。継母も継子と同じ気持ちを抱いていることもあります。ですから，「母性本能」だとか「子どもは生まれながらに，善良な女性に心を開くものだ」というような歪んだ考えは取り払いましょう。こうした考えがあるために，女性は継子に好かれなければいけないという強迫観念を持ち，戸惑ってきました。私たち継母は，締め出されていると感じたり，怒りや嫉妬を感じたりするでしょうか。そういう時もあるでしょう。意地悪継母の物語は，侮辱的で男女差別甚だしい部分がある一方，どうしようもない事実で，時に教訓めいてさえいると思うようになりました。オクラホマ大学の文化人類学者で家族を専門とするカーミット・アンダーソン博士はこう説明します。「お金や物をどう配分するか，あるいは夫／父親の取り合いなどの点において，継子と継母の利害対立は古来からの根源的でとても現実的なものです」。ステップファ

ミリーに関する多くの著書を持つ，カナダの進化心理学者のマーティン・デイリー博士も同意見です。「現実を見てみましょうよ。継子と継母は，多くの点でライバル同士なのです」。実際そう行動してしまうこともあります。それは驚くことでしょうか？　そんなに悲惨なことでしょうか？　多分そうではないし，むしろ自然なことではないでしょうか？

　では，私の話に戻りましょう。さて，私のウェディングドレス選びについて来た継子は，最初こそ大はしゃぎでしたが，じきにイライラし始め我慢ができなくなってきました。それは私も同じでした。ドレス選びは二人きりで出かけたとしても，結構大変な作業なのです。そして，のけ者に感じた娘をなだめるためか，父親が何か買ってあげたのですが，継子は哀しげに「あの人は高くてきれいなドレスなのに，私は安物のベルトだけ？　なんで？」と言ったのです。
　それは結婚するのが私だからでしょう，ときっぱり答えてやろうかと思いましたが，もちろんやめておきました。私の出る幕じゃないとわきまえていたし，父親が何か言うだろうと思って待っていました。でも，例のごとく待つだけ無駄でした。四番のドレスと五番のドレスを試着しながら一人の継母として，事態がわかってきました。彼の娘たちは，私がそばにいると当たり前のように権利を主張したり嫉妬したりし，それに対して父親は子どもがそう振る舞っても仕方ないことをした罪の意識からか，やめさせようとしないという事実です。彼と娘たちがそんな見苦しい本性をむき出しにするのが嫌で，結婚すること自体迷いました。その後には，不信感と自己嫌悪の波が押し寄せるのです。自分だけは絶対にならないと信じていた「ステップモンスター」になろうとしていました。私が「ステップモンスター」なんてありえない！　その日は，怒りや敵意に満ちた劇的な一日でした。無意識とはいえ，そのほとんどは私自身が引き起こしたものだったのです。夫と喧嘩し，継子に肩身の狭い思いをさせ，私のためのお出かけのはずだったのに結局自分自身が脇役になってしまったあの日以来，私は数えきれないほどの失敗をしでかしました。誰かが悪いわけではなかったのですが，みんなが悪かったともいえます。子連れ再婚家庭とはそんなものです。
　でも，まさかと思うでしょうが，私の物語はハッピーエンディングです。

はじめに　9

年後，夫との関係はいまだに順調。よくあるパターンですが，時間の経過と息子たちの誕生を経て，生活も気持ちも整理し直してきました。日に日に安定していくように思われた結婚生活に気持ちを集中していくことで，継子たちへ無理な期待をしなくなり，希望もあまり口にしなくなり，継子のありのままの姿を見て受け入れられるようになりました。彼女たちにしても，いまや素敵な女性になり，家族のことより自分の生活や目標のほうが重要になっています。彼女たちは成長し，一緒にいて楽しいと思える人になりました。インタビュー対象者の多くからも聞かれ，文献でも述べられていますが，子連れ結婚も5年ほど経つとこのような気持ちの変化が現れてきます。

　しかし多くの研究結果が示すように，後にご紹介する多くの理由により，大人であろうが子どもであろうが，継母に絶対に近づかない継子もいます。また，周囲の発言や本や雑誌の記事，自分自身の疑問と裏腹に，連れ子のいる男性と結婚するとついてくる劇的な出来事や困難や無関心は必ずしも人間として，妻として，継母としてのあなたの価値を非難するものでも価値を問うものでもありません。これに気づくと人生が大きく変わります。継子が気に入ってくれたら「よい継母」，という継子主導型から脱却する方法をぜひ学んでください。継子主導型のやり方は継子を混乱させ，私たちにとっては墓穴を掘るだけです。個性も自尊心もしっかり持っている継母は，自分の望みとうまく折り合いをつけ，期待を現実に擦り合わせ，無知な外野の意見には耳を貸さない術を心得ていることがわかってきました。当然ながら，こと子どもに関しては周りから認めてもらいたいという必要性は女性の心の奥に根づいていて，簡単には逃れられません。だから他人の目を気にしなくなり，彼の子どもの心をつかもうと奮闘するのをやめて，別のことに意識を向けてそのエネルギーを他に使うようになると，訳知り顔で自分のことを「ステップモンスター」と呼ぶようになるのです。「『ステップモンスター』という本を書くのに女性にインタビューしているそうですね。私こそ紛れもない『ステップモンスター』です！」と母であり，継母である医師からメールをもらいましたが，私には彼女が『ステップモンスター』ではないとすぐにわかりました。このように，お話を伺った継母たちは，ステップファミリーを取り巻く環境全体に目を向けず，ステップファミリーの難しさの原因が自分自身にあるのではないかと思っていることに驚かされるこ

とが多々ありました。

　この本は，私が得た教訓でも，いかに継子の心をつかんだかでも，子連れ結婚によって人としていかに成長したかの経験を語るものでもありません。インタビューに答えてくれた継子を持つ女性たちも皆そうでしたが，現実には割り切れる模範解答があるわけではありません。また，この本は自分を変える方法やよき継母になるためのハウツー本でもありません。成功の秘訣や王道も一つもありません。この本の狙いは，あまり知られていない様々な分野の研究や専門家の知見をより合わせ，そのエッセンスを紹介することです。こうした研究は通常，学術誌や専門誌に掲載され，一番メリットがあるはずの女性たち本人の手には渡りにくいのです。また，継母，継母業への新しい考え方を提案し，文学や文化分析といった自分の経歴を生かして，社会や感情，文化的背景が継母に及ぼす影響だけでなく，つかみどころのない恐ろしくも魅力的な継母像を理解しようと試みました。

　このプロジェクトでは，18人の継子を持つ女性と12人の成人した継子（男女各六名）と離婚後，子連れ再婚した男性数人にインタビューしました。また，インタビュー形式は取っていませんが十数人から話を聞きました。インタビュー対象者は，最初に子連れ男性と結婚した友人知人にインタビューを行い，その人たちの知り合いの継母を紹介してもらう方法を取りました。これは社会学者が「部外者」を警戒する集団（悩みを抱える継母の適切な表現方法）に対してよく使う手法です。インタビュー対象者のうち2名は継子であり継母でもある女性で，「2つの視点」から有益な情報を提供してくださいました。代表的なサンプルを集めるのではなく，生の声を掲載し，人間の根底にある問題を聞き取るために，あらゆる年齢の継母と成人継子に話を聞きました。不足分については，心理学者や社会科学者によるステップファミリーの総合的な長期的調査の結果を参照するとともに，継子を持つ女性の専門家にインタビューを行うことで補足しました。

　女性へのインタビューでは同じ質問を使用しました。興味深いことに，1人を除いて全員が，1時間半のインタビュー予定時間を超えて話を続けようとしました。また，1名以外は，質問に対し詳しくかつ発展させて話してくれました。女性の多くは，自分の話の内容が「物議を醸す」とか「きれいごとではな

い」とか「ひどい人だと思われそうなくらいバカ正直」だからと匿名を希望されました。このインタビューが「セラピーみたい」だと表現されたインタビュー対象者も何人かいました。包み隠さず有益な話をしてくださったインタビュー対象者のプライバシー保護のため，本書では仮名を使用し，話の詳細を編集しています。

インタビュー対象者の多くは，ニューヨーク州，ニュージャージ州，コネチカット州在住のアッパーミドルクラスの白人女性ですが，その多くは他の地域出身であることから，一定の地域的多様性があります。また，カリフォルニアやハワイ，カリブ在住者にもインタビューしています。私には心理学者や精神分析医，精神科医，精神科看護師といったメンタルヘルス分野での友人が多く，その中にも継母や継子の立場の人がたくさんいるため，インタビュー対象者にはそうした専門職の人が多く含まれています。こうした偏りのおかげで，専門家ですらステップファミリーの現実に苦しんでいることが明らかになりました。

一方で，低所得層の女性やマイノリティーの女性も，このプロジェクトへの参加に関心を示してくれましたが，仕事の調整や保育の問題，時間的余裕がないなどの理由でインタビューの実施が困難でした。結局その点については，専門家への聞き込みやラテン系，黒人，低所得層の女性の継母に関する研究を参照しました。特に，フランチェスカ・アドラー＝ベーダー，スーザン・スチュワート，マーガレット・クロスビー＝バーネットらの研究は，私の研究の中でやむを得ず欠けてしまった部分を補足する貴重な情報となりました。シングルマザーを含むレズビアンカップルは増加傾向ですが，まだ研究が進んでいない分野です。「気づかれていない」というのがその家族形態をうまく表していますが，個人的に集めたインタビュー対象者にはその家族形態の女性が何人かいました。彼女たちは後ほど紹介する基本的な継母問題の多くに加え，役割の曖昧さや社会や制度による認知不足や支援不足のため，問題がいっそう深刻なことがわかりました。そうした女性に関してより多くの調査が行われない限り，現在の継母についての理解はまだ不確かで，継子のいる女性へ十分な支援を行うことができません。

その日，私はウェディングドレスを見つけることができましたが，実は夫のアイデアによるものでした。「もうちょっとここで探してみようよ」。私はもう店から出ようとしていました。彼の娘は楽しむどころか，惨めな思いをしていたし，私の特別な一日を台無しにしてしまったのです。私はその現実に落ち込み，罪の意識を感じ，腹を立てていました。それなのに，彼はもう少し見ようと譲りませんでした。しかし，そのおかげでドレスが見つかったのです。店員は舌打ちしながら，「サイズが合いませんよ」と言いましたが，それは間違いでした。とても素敵なドレスで，私は一目で気に入りました。有名デザイナーによる大胆なプリントをあしらったカラフルなウェディングドレスを膝丈に詰めて，今でも着ることがありますが，ドレスはモダンで，遊び心がありながらもきちんとしていると思えます。そしてあの日の喧嘩や裏切り，結婚後の不吉な予感だけではなく，あの焼けつくような暑さや青い空，砂漠の赤い石の中で行われた最高の結婚式の日を思い出します。予想に反して，私たち夫婦も他の数多くの（継子を持つ）女性たちもかなり順調な結婚生活を送っています。本書により，私のような短気で不完全な人間でも，統計的に見れば過酷なステップファミリーの現実を乗り越えられるのだから，希望は十分あると思っていただければ幸いです。

Column 1　共同親権

　日本の場合，婚姻関係にあるときは子どもの監護や教育に関しての権利や義務が両親にあり，それが「共同親権」の状態にあります。しかし離婚後の状況は日米で違いがあります。アメリカの場合，1980年代頃より離婚後も両親が親権を持つ「共同親権」が増え，今や一方の親がドラッグ中毒や収監されるような状況でない限り，共同親権であることが当然視される社会状況になっています（ただし，アメリカでは「共同監護（joint custody）」という用語を使うことが一般的です）。一方日本は，両親の離婚後は単独親権となり，一方の親だけに親権がある状況となります（民法第819条第1項）。

　アメリカでは，離婚係争時に離婚後の子育てに関する講習（parenting program）を義務づけられる州も多く，関係が悪化して離婚に至った夫婦でも，離婚後は親として互いを尊重し，親として子どもと関わることが推奨されています。共同親権制のもとでは，離婚後も両親が親としての義務と権利を継続して履行することになるため，継母は実母を代替するわけではありませんが，子どもと一緒に過ごす際に母親的な役割を期待される傾向があります。

Column 2　ステップモンスター

　本書の原題が"Stepmonster"です。Stepmotherはほんのわずかな違い（3文字）でモンスターとなってしまう……というシニカルなインパクトがここにはあります。継母が継子に向ける拒絶感や苛立ち，葛藤や自己嫌悪などの否定的な感情を自覚して自らの醜悪な感情を抱く姿を，モンスターに喩えています。「私こそがステップモンスターです」と自ら語る女性について本文中に紹介があるとおり，継母の心の中にいるモンスターの存在を，継母自身が積極的に認めています。果たして継母はモンスターなのか，なぜモンスターだと自身で認めるのか…，そのダイナミクスを本書から読み取っていただきたいと思っています。

第 I 部

文献に見る継母

Chapter 1

自分だけの壁
継母になるということ

　継母として真っ先にしたことは，文字通り，壁を作ることでした。真剣なつきあいになって1年弱，ボーイフレンドと私は，一緒に暮らそうと何度も話していました。「うちに引っ越してくれば？」彼は言いました。
　私は優しく，大人でセクシー，頭がよくて信頼できる彼に夢中でした。料理好きなところも，真面目な顔して出てくる皮肉も，信頼できるところも，ニューヨークの歴史オタクのところも，全部大好きでした。でも，複雑な事情を抱えていました。彼は，コブつきだったのです。15歳と11歳になろうとしていた，あの二人です。クルクルとした金髪の次女は，年齢より大人びていて彼と住んでいました。一方の長女は，可愛いけれど用心深い笑顔をたたえた子で，母親と住んでいました。私は，彼が離婚後初めて真剣につきあった女性でないことを知っていたので，きっと少しは楽だろうと思っていましたし，継母が何たるかは聞き及んでいました。継母については本でも読んだし，映画も見たし，友人の継母の噂話も聞いたりしていました。だから，自分はそんな継母にはならないと思っていました。でも，すでに私の幸せには黄色信号がともっていたのです。
　なぜすぐに引っ越さなかったかって？　私と彼とその娘が一つ屋根の下に住むという考えや現実については，なかなかはっきり示せない複雑なものがあります。語られること自体，あまりありませんでした。「娘が二人いるって，いろいろ考えちゃうのよ」。カウチに座って彼の提案を考えながら，発言に注意して静かに言いました。二階にいた彼の娘に聞かれたくなかったのです。言葉を選ぶのはもう習慣になっていました。

「心配いらないよ」と彼は私を抱きしめながら言いました。「大丈夫さ」。
　大丈夫って…。私は身を固くしました。平然と楽観的でいるところや私の質問に答えないところが彼の逃げのように感じられ、私の心の隅に徐々に広がってきた心配をさらに大きくさせたのです。私たちがその話をしなかったからでしょうか、彼と娘たちの関係、私との関係、私と娘たちとの関係という問題は徐々にこじれ、家の中に影を落とすようになりました。もともと、この家には神経を尖らせていました。彼はまず初めに美しく飾られた二階の二部屋に案内し、娘が自分の部屋を持てるからここに引っ越したのだと説明しました。「いつでもここで暮らせるんだと知ってほしくてね」と神妙な顔で言いました。私はそれ以来、その家が、人が生活し、眠り、食事をする場所ではなく、生活が始まるのを待つ、しんと静まった精巧な舞台セットだと思うようになりました。あるいは、面倒なことも少なく、子どもたちと一緒に暮らしたあの楽しかった頃の思い出を閉じ込めた過去の聖地だったのでしょうか。私にはわかりませんでした。
　そして彼の部屋。ドアがついていません。ドアを取りつける壁もありません。三階へ上がる階段を上がったすぐの、屋根裏部屋のようなオープンな空間。プライバシーなんてものあったものじゃない、階下の人に丸聞こえなのですから。「嘘でしょ？」。私がその部屋のことを説明すると、友人たちは信じられないという様子で言いました。その家に行くたび、仕切りのない明け透けな作りが居心地悪くてたまりませんでした。彼との交際中はもちろん、その後も彼の娘が家にいる週末など、あの家にいると無防備で人目にさらされている感覚に陥りました。
　文字通り、自分の居場所が見つけられなかったのです。私のアパートの5、6倍の広さがあって、いつもカギやら手帳やらカバンが見つからなくなってしまったほどです。その家にいる時間の半分は、ぐるぐる歩き回って自分の歩いた場所を必死にたどって、どこかに置き忘れたものを探し回っていました。ある夜、彼は6時間かけて娘を送り届け、もう一人を連れて帰ってくる週末恒例のドライブに出かけていました。その間、缶切りを探すのに1時間ほどかかってしまった私は、いろんな意味でこの家ではよそ者だと実感しました。向こう脛をぶつけ、カーペットにつまずき、カギと格闘。訪れる人に、「まあ、なん

第1章　自分だけの壁：継母になるということ　　17

て落ち着いているのかしら！」と言わしめるような美しく静寂なこの家で，私はついに一度も落ち着くことができませんでした。そして，ある冬の日，私の引っ越しについて話しているとき，今後のことを考え宣言しました。「引っ越しは，ドアをつけてからね」。そしてこうつけ加えました。「それとドアをはめる壁も。お願いしていいわよね？」。

　継母になる女性は皆そうでしょうが，私もストレスを受けないように，穏やかな場所にしようと努力しました。ステップファミリーの生活とは，特に最初のうちは秩序もなく，混乱し，ひどく疲れるからです。知り合いのある女性は，ステップファミリーになるのは，嵐の海に放り出されるようなものだ，と言いました。「みんな『泳げ！』って叫ぶんだけど，私を置いて自分たちはどこかへ行ってしまうの」と彼女は笑いながら言いました。継母を「流氷の上で家事するようなもの」[10]とたとえた女性もいます。つまり，絶えず動く居心地の悪いところで溺れないように，滑らないように頑張っている姿によくたとえられるのです。子連れ男性と結婚する女性には，家族としてまとまり，子どもを愛し，団結し，修繕し，道徳的に正しい行いをし，彼の子を一番に考え，何度拒絶されようとユーモアのセンスを忘れないという，とてつもなく大きなプレッシャーがかかっています。恐らく，最大のプレッシャーは，彼の子どもの心をつかむことでしょう。夫は子どもを愛しているのだから，私たちも彼の子どもを愛したい。そして子どもから愛されたい。でも，継母がほしい人などいないことは，周知の事実なのです。

　継母がほしい人などいません。そして，第三者には間違いなく不快に感じられるでしょうが，継母になりたい人などいないという事実は，あまり認められていないものの，説得力があります。継子は継母を選べないように，継母もまた継子を選べません。継子は好きな男性にたまたまついてくる，良くて追加的な存在，あるいはおまけの存在なのです。彼の子を愛そう，大目に見よう，友だちになろう，（成長した子なら）あまり関わりはないだろう，なるようになる，などと自分で言い聞かせることもあるかもしれません。どんな期待をしようとも，継子との関係は，お互いに相手を選んでいないところから始まるのです。私たちにとって継子がどうしても必要な存在ではないのと同様，継子にとって

私たちの存在は必要な存在ではありません。偶然の関係と言ってもいいくらいです。物語としては幸先のよい始まりではありませんが，だからといって不幸な終わり方をするとは限りません。しかし，継母であることが辛いと感じる多くの女性にとっては，その大変さにまつわる不都合な真実を取り上げることはきっと役立つでしょうし，安堵すら感じるでしょう。「失格だと感じて，お互いを責め，無駄に時間を過ごしてしまいました」と，ある子連れ男性と結婚した女性が言いました。「誰かが『継子のいる人なら誰でも経験することなのよ』と言ってくれていたら，どれほど救われたことか」。

　こうして長々と大変だと書いてしまうと，子どもがいる男性との結婚を考えている女性は深刻に考えてしまうかもしれません。しかし，他の人にとっては心が折れたり，気が滅入ったりするような事実であっても，すでに子連れ結婚をしている女性にとっては，自分への肯定的メッセージに聞こえるかもしれません。「なんだ，これがステップファミリーってものなのね！」と思うでしょう。継母友だちもなく，自分がまともだと確認する手段のない人にとっては，難しい状況の中にいるのは自分だけじゃないという認識は，苦しい毎日を切り抜けるのに役立ちます。また，なぜ，時として何年も苦しみ続けるのかがきちんとわかれば，継子との葛藤を個人的な問題と受け止めずに済むかもしれません。そうなれば継子と友人関係を築いたり，あるいは単に気兼ねなく接したり，節度を保ちながら距離を置いてお互いに気遣える間柄になれる可能性が高まります。

　残念ながら，継母と継子がいれば，悪意がなくてもある種の衝突は避けられないのは当然です。「子どもが親と緊密な関係を作り上げているので，それまでの親子間の意思決定や結びつきを夫婦間へと移行するのは至難の業だ」[11]とステップファミリー研究の第一人者であるパトリシア・ペーパーナウは説明しています。私が来る前，夫の家にはルールもプライバシーもなく，週末は娘たちの行きたい店や見たい映画，行きたいレストランを探してつぶれてしまいました。これらは全部，離婚後の父親にありがちな行動でした。また，ロマンチックな関係とは相いれない習慣もありました。以前は子ども中心だった環境に継母となる人間が入り込むと，状況が変化します。ペーパーナウは，家族関係が夫婦（パートナー）関係を中心とした形に移行する（すべて順調な場合）のが

健全であると言いますが，それにつれて優先順位や家族の文化が目に見えて変わると，継母が怒りを買うことになります。下の継子が最近になって私に言ったことは，すべての継子を代弁しているかもしれません。「11歳のときにあなたが来たけど，パパには他の人は要らないと思ったの。ガールフレンドなんて持つべきじゃないと思ってたわ！」離婚後に父親と子どもがやっと作り上げた仲良し関係から，どんなに優しい人であろうとあなたがそこから何かを奪い，台無しにしたという思いが子どもの心にあるのです。

「それまでパパを独り占めしてきたところに，あなたがやって来た。パパがいなくなると思ったわ」と継子はこともなげに説明しました。「あなたにパパを取られちゃったっていう感じ」。あなたは夫とのロマンチックな関係を望み，継子は父親に自分だけ見ていてほしい。誰も間違っていなくても，両立はとても困難です。「継母となる女性が，父親と子どもが毎週楽しんできた，ピザとパジャマで夜更かしする金曜日を一緒に過ごすことになりました。彼女はテレビの前の彼の隣に座るでしょう。すると，彼の娘のチビちゃんが二人の間にドンと割り込んできて，彼女を脇に押しのけます」とペーパーナウは言い，この「仲間とよそ者を決める戦い」は，継母が合流した初期段階からよく見られる人間関係だと説明しました。

継子のいる女性からすれば，押しのけられるなんていうことは10回であろうが100回であろうが到底無視できないことです。そして，パートナーが何事もないかのように振る舞えば振る舞うほど，子どもが経験している大変さを理解していても不満が募ってきます。子どもの問題行動や適応問題に気づかないふりをするのは，離婚して再婚した男性がかかりやすい病です。これにより，女性は嫌な役回りをさせられてしまいます。サポートがないと感じつつ自力で何とかするか，子どもについて彼には批判と思えるようなことを言うか，あるいは黙り込むか，女性には気の進まない選択肢しかないのです。「実は，私は何度も無言で怒りを表したわ」と10歳の女の子を持つ男性と結婚した，教師のケリーさんは語りました。「あの子は人を傷つけたりするようなことや失礼なことをしたけど，そんな小さなことを持ち出しても仕方ないように思えたの。だから，ぐっと飲み込んだわ」。結局，ケリーは口を閉ざすことで怒りを覚え，傷つき，孤独を感じるようになりました。第6章で扱いますが，このような行

動は二人の関係にとって致命的となる可能性があります。

　子連れの男性と真剣なつきあいをしている女性は，遅かれ早かれ，家庭内に様々な変化を求めるようになります。しかし，たとえ道理にかなったことをお願いしても，離婚後の父親の甘やかしぶりは悪名高いですから，火花が散ることになります。多くの継母同様，私もこの罠にはまりましたが，助けてはもらえませんでした。婚約後，彼とその娘とずっと一緒に過ごすようになりましたが，就寝時間や宿題，テレビやパソコンを使う時間にちゃんとしたルールがないことがわかりました。彼はまったく意に介しませんでしたが，彼と違い私には，プライバシーや規律，特に睡眠も必要だったのです。私はしっかりしたルールを作ろうと，時にやんわりと，時に強く要求しました。自分で新しくルールを作るとうまくいかないとわかっていたので，彼に作ってもらうようにお願いしたのです。しかし，彼は娘が気に入らないことをやらせるのに慣れておらず，私たち二人の間には常に意見の対立が生じ，私の中では彼がけじめをつけないから娘を甘やかす結果になっているという思いが強くなってきました。私自身としては，継子の母親のように家事を切り盛りし，夜はしっかり眠れるようにしたいと思っていただけなのです。

　この改革への取り組みは，理にかなっていると思っていたのですが，それが継子と私，彼と私の関係を激変させたのです。「テレビは宿題が終わってからだよね？」，夕方，家を出る前に娘にそう伝えるように彼に言うと，怒りを買っていました。テレビを一旦は消すのですが，私が家を出るとすぐ，彼は娘にテレビを許していたと後になって知りました。翌朝は学校へ行かないといけないでしょうと言っても，彼は娘に家にいたければいても構わないよと言うのです。そんなことの繰り返しでした。自分の無力さを思うとともに，いつか「勝ってやる」と苦々しく決意しました。ただ，何をもって「勝つ」のかは，よくわかっていませんでした。彼と私，そして継子との間には，言い争いや要求，交渉が常に行われていました。衝突あり，思春期前の子のかんしゃくあり，涙ありと，我が家は大混乱でした。壁を作る話は先延ばしにされ，絵に描いた餅のままで，事態をいっそう悪化させていました。

　「もう寝るよう言ってくれない？」階下から聞こえるテレビの音にうんざりし，イライラして言うことも幾度となくありました。なにせ，まだドアを取り

つける壁もない状態でしたから。

「まあまあ落ち着いて」。私が過剰反応しているとでも言いたげに彼は言ったものです。

そして喧嘩は続きました。

継母は家族の中であっという間に悪者に仕立て上げられてしまいます。問題を指摘すると，継母こそが問題だとされてしまい，一夜にしてきつくて，厳格で容赦ない人間に見られてしまうようです。放任主義の父親と比べると，継母は楽しみをぶち壊す名人といえます。パートナーとは子どもの振る舞いで喧嘩になり，腹を立てる子どもにこちらも腹を立て（怒りの応酬でしょう），じきに家庭内で悪役になるばかりか，自分でもそう思うようになります。善意で行動しているのに，自分が典型的なステップモンスターへと変身していく姿は，自尊心の喪失につながります。10人以上の女性が，継母になって数ヶ月から数年間を振り返りながら，「自分がひどい人間だと思った」と語りました。

子どもにしてみれば，家庭内に新たなルールができ，新たな家族ができ，いつもの習慣が変わっていってしまうのです。これは子どもの混乱を招き，不安や敵意を煽る，うってつけの状況でしょう。子どもは変化を恐れるあまり，『あなた』は外部からやってきた侵入者で，『自分』こそがパパとともにこの家の者なんだとはっきり示そうとするのです。つまり子どもにとっては，そうした変化をどうでもいい不要な存在である継母のせいにして怒りの矛先を向けるほうが，大好きな父親と衝突したり，父親に腹を立てる自分を受け入れたりするよりはるかに楽なのだと専門家は指摘しています。このように家庭がひどく二極化すると（第6章にて詳しく説明），父親が無力で，妻と子の戦いの狭間で引き裂かれる被害者のような感覚を作り出します。事実，父親が継母はこの家にいるべき人だと子どもに対しはっきりと示し，妻と一体となって働きかけないと，父親自身がステップファミリーの初期段階に起こる家庭内の緊張を作り出す張本人になりかねません（第5章にて詳しく説明）。父親の中には，妻と子の間の存在であることを良しとする人もいます。それにより，みんなから注目され，求められる存在になれるからです。ある女性は，毎晩仕事から帰宅し婚約者にキスしようと近づこうとすると，10歳になる彼の娘が大急ぎで追い越して行き，そうはさせないとばかりに彼の膝の上に座ってしまうと言ってい

ました。婚約者はそれに対し一言も言わなかったので,「小さいことで騒ぎすぎ」と非難されているように思えてきて,憤りへと変わりました。「無言の強い敵対心が漂っていて,口にすることすらできませんでした」と彼女は言いました。

　この父親をめぐる所有権・なわばり争いは,夫婦がこれに気づき解消しようと努力しない限り,新しいパートナーと継子との新生活に慣れていこうとする女性を消耗させてしまうのは明らかです。特に女性に自分の子がいない場合は,父子が家族で,彼女がそこに割り込んだような感覚を拭えず,難しい状況になりがちです。子どものいない女性が,男性とその子どもと住んでいるところに移り住み,あらゆる意味でまったく不慣れなところに来てしまったと感じると,この気持ちはいっそう強くなります。

　仮に女性が私のように間違いを犯さなかったとしても―自制心を持ち合わせ,流れのままに物事をゆっくり変える,合理的で戦略的な計画ができるまで家庭内の事情に身をゆだねていたとしても―,継母になった激動の数年間は怒りの対象となってしまうでしょう。単に子どもが物事の変化に対する怒りを,父親の格好の身代わりである継母に向けてしまうからだけではありません。ステップファミリー研究の第一人者である,ミズーリ大学のマリリン・コールマン博士とローレンス・ギャノン博士[※12]は,他の多くの研究者同様,こう述べています。継親,特に継母が来ると,子どもは強い忠誠心の葛藤[→Column 3]を抱き始めます。「継親を好きになると不安を感じ,やがて実(母)への裏切りだと罪の意識を感じるようになる」とコールマンとギャノンは説明しています。実母と子どもに直接的・間接的な交流があると,父親の再婚(つまり継母)が実母を惨めにさせているという苦悩が強くなります。継子を好きになり継子からも好かれる存在になって,それなりに時間が経てばこの難問を克服できると思ったら大間違いです。継子が,継母を好ましく,魅力的で,関心を持てる存在だと思えば思うほど,忠誠心が引き裂かれる思いが強くなり,いっそう継母を拒絶するようになることが,コールマンやギャノンをはじめとする専門家の研究からわかっています。直感で思うのとは逆に,よき継母になることが裏目に出るのです。「私が頑張れば頑張るほど,あの子は引いてしまうの」と9歳の継子との関係について,レイニーは言いました。「私との時間が楽しいと,罪の意識を感じてしまうんです」。忠誠心でがんじが

らめになった子どもと心を通わせるのは，困難で報われない仕事なのです。

　38歳のブレンダは，夫の息子との関係について最初に持っていたイメージをこう語っています。「私は友人の子どもにも好かれるし，若いし，親しみやすいし，楽しいタイプだと思います。ハンググライダーのような，子どもがかっこいいと思うような趣味もあります。それに，あの子の母親になろうとは思っていなくて，友だちのようになれればいいなと思っていました。そうすればお互いにお互いを好きになれますよね」。しかし，10年経っても継子は心を開かず，ブレンダも拒絶に嫌気がさしてきました。その理由を説明しながら，「あの子は私と仲良くすると実母に悪いと思っていて，周りの大人を全員嫌っています。もうあえて関係を築いていこうとは思っていません」と，ブレンダは言います。彼女の場合，ティーンエイジャーが相手であるため，ことさら難しい状況と言えます。思春期直前から思春期の継子と関係を築いていくのは，最も難しいことですが，それは必ずしも継母のせいではないとE・メイビス・ヘザリントンら心理学者は言います。ステップファミリー研究者によれば，継親も実親も家族をまとめる義務感を感じる一方，思春期は子どもを独立へと向かわせる発達段階なのです。ですから，子どもがちょうどその成長段階にいるときに家族を形成をすると，方向性に食い違いが起きるのです（第3章参照）。「この時期の子どもは，苦しみながら親が不要だと示します。自分の愛する人さえ拒絶し，手に負えない態度を取ってしまうのですから，継親に対してどう対応するかは想像できるでしょう」とマンハッタンの心理分析医のステファニー・ニューマン博士は言います。まさにその通り，ブレンダは「今までで一番失礼な扱いを受けたわ」と言い放ちました。

　継子が十代でなくても，継母と継子の関係は難しいものです。愛する人とパートナーになるという女性の幸せが，継子にとっては自分の母親と父親の復縁という淡い期待に対する死刑宣告なのです。『罠にかかったパパとママ（原題：*The Parent Trap*）』というディズニー映画は，賢い双子の女の子が継母を追い出し，両親を復縁させる物語です。子どもがこのような映画を好むのには，理由があると専門家は言います。復縁の願いは子どもにとって単なる作り話ではなく，大人になっても無意識に望んでいる現実なのです。イギリスの心理療法士のサラ・コーリー博士[13]は，継親を持つ多くの成人の診療にあたってい

ますが，中年の患者でも，両親の復縁がないという現実を突きつけられると，ひどい精神的ショックを受ける人がいると言います。継母の存在は夢の終焉を告げ，反発を受けることが多いのです。継子の年齢を問わず，死別の場合でも，継母は父親が前に進んでいる生きた証であり，大きな悲しみや怒りをもたらします。

では私たち自身はどうでしょうか。かけがえのない人との関係という自分の人生の重要な局面が，他の人の夢を打ち砕いていると知ったら混乱することでしょう。「夫の娘たちに私たちの結婚を伝えたら，激しく泣き始めました」と40歳のシンディは言いました。「それから何週間も反抗して。当時9歳と13歳だったんですけどね。すごく努力もしたし，楽しいこともたくさんあったけど，同時に失礼な振る舞いや怒りにも耐えてきました。『一度でも楽になることがあるかしら？』と思ったのを思い出します」。

人生最良の日さえ，控えめな表現で言えば緊張の日になるかもしれません。成人した子が結婚式の間中泣き続けたとか，そこそこ分別のついた年齢の子が最悪の場面で癇癪を起こしたとか，何度も聞いたことがあります。何十年も待ちわびた自分が主役の最良の日に，メソメソ泣かれたり，反抗されたり，無関心な振る舞いをされるのが，どれほど不快で傷つくことか，継母になるまで考えてもみませんでした。

単純ステップファミリーと複雑ステップファミリー [→ Column 4]

子連れ男性との関係は様々ですが，どれ一つとして楽なものはありません。「単純ステップファミリー」（誤解を招くネーミングです）とは，女性と子どものいる男性（年上が多い）との結婚によるものです。一般的には，女性が男性の家に引っ越し，親権はそのままで，フルタイム（同居）ではなく，パートタイム（別居）の継母になります。「単純」に見えますが，それは間違いです。意外にも，パートタイムの継母は，最も難しい立場であることが研究[※14]によってわかっています。まず，一時的な立場のため，自分自身の役割が何なのか混乱します。週末の母親代わりなのか，休みの日の友だちなのか？　尊敬される大人と友だちの二役をこなすのは本当に難しいことですが，それ以上に，その

役割が不定期で予定しないときに回ってくるのはさらに難しいのです。「ほとんど一緒にいなかったから、私たち、結局仲良くなれなかったんです。もう今は大きくなってしまったから、一緒にいるときどう接すればいいのか余計にわかりません」と、継息子を持つ女性は言いました。

ほとんどの継母が対応の難しさに悩みますが、別居の場合はなおさらです。この継子への接し方への戸惑いには、専門家によって「役割の曖昧性」という専門用語までつけられています。もう一人の親だと思えばいいとか、友だちだと思えばいいとか、どちらかと言えばおばさんだと思えばいいとか、いろいろなアドバイスがあります。継母がどう対応するか、自分は誰なのかと戸惑うのも無理はありません。

パートタイムの継母が継子との関係を作れる時間はほとんどありません。週末限定で、集中して過ごすため、「2日しかない!」というプレッシャーがかかると同時に、大変疲れてしまいます。「走り回って常に子どもを喜ばせなくてはなりませんでした。それが、彼がしてあげてきたことだったからです」と、45歳のホープは、7歳の双子を持つ夫との結婚1年目を振り返って言います。「いつも彼の子どもを本当に気にかけています。でも、週末がずっと子ども中心になり、疲れてしまいました」。この行動は、専門家が「好意希求行動」[※15]と呼ぶもので、自分に子どもがいない場合に継子に気に入られようとする行動を指し、頑張れば何とかなると思いがちで、実際ひどく消耗する行動です。「実際、継子のご機嫌を取るためなら何でもする継母を何人も見ています」とステファニー・ニューマンは言います。「でも、そんなに頑張りすぎると消耗してしまい、普通にやっているのに拒絶され続けると怒りに変わってしまいます」。早すぎる段階で継子のしつけに関わるのも、悲惨な結果を招きますが、見過ごすのも気分が良くないものです。パートタイムの継子の場合は、「たまにしか来ないから放っておく」のを期待されがちです。往々にして、継子のぶっきらぼうな物言いや敵意が何年にもわたり放置される一方、継母は感情を押し殺すものだと思われているのです。

一般的に、単純ステップファミリーは、力のアンバランスという特徴があります。自身も継母で、著書を持ち、マサチューセッツ州ニュートンで心理療法士として従事するジェイミー・ケレム・ケシェット博士はこう言っています。

年上の夫[※16]は，妻より成功していることが多く，妻のアパートより広い持ち家があるとか，子どもが慣れている家がいいからといった理由で，妻が夫の家に移り住むことが期待されます。このような状況の女性の何人かは，新生活を一から築いていくというよりは，夫が生活の空きスペースを埋めようとしているようにしか思えないといいます。女性が家の中のことや生活で何か変えたいと言うと，拒否されてしまうと感じています。

　ケシェット博士が話をした女性たちと同じように，次第に私も夫の都合で彼の生活に同調させられていると苛立ち始めました。自分の家具を寄付し，車を売り払い，彼とその娘の住む家へ引っ越し，自分の人生を一変させたというのに，彼が変えたのはクッションくらいだと感じました。そのうえ，夫は実家のそばに住んでいるのに，私は自分の実家からは遠く離れていました。だから，義父母が良かろうと思ってやってくれた（実際いい人たちでしたが），家族の食事会や休暇のときには，自分がサンゴ礁にくっついているフジツボのような気分になることがありました。昔の自分が飲み込まれ，跡形もなく消えてしまったような感覚を覚えることもありました。友人との外出は，格好の息抜きでした。友人は私にとっての家族であって，懐かしい心許せる居場所だと感じました。

　もう一つの問題は家でした。家は私にとって居心地の悪い場所だったのです。私がもっとくつろげるようにと，夫はほんの少し模様替えするくらいならいいよ，と言ってくれました。夫婦のアンバランスを解消しようと，私たちのような夫婦の多くがやることです。でも，こうした変化は，実際には見た目よりずっと深い意味があり，夫の娘たちは気に食わなかったのです。模様替えしたリビングを見て，継子は不機嫌そうに「すごく変なの」と言いました。そして「私はママのカーテンのほうがいい」と。

　もう一人の継子は，寝室に入って来て言いました。「この部屋嫌い。そのベッドカバーもランプもイヤ」。「あ，そう」と私はつっけんどんに答えました。継子たちの敵対心に疲れ果てていたのです。「あなたの部屋じゃないんだから」。本当はこうも言いたかったのです。「入って来なけりゃいいでしょ」。

　残念ながら，よそ者，用なし，のけ者と感じることや，継子が自分を追い出そうとしているとか夫から引き離そうとしているという思いは，何年にもわ

たって継母を悩ませます。「そばにいるよそ者」、とはパトリシア・ペーパーナウが作った言葉です。これは継母の多くが異口同音に語る、矛盾した位置づけや疎外感、「彼ら」とのぎくしゃくした関係を表しています。よそ者だという思いは、自分が善良で愛すべき人間だという感覚を蝕み、自信を揺るがし、時に悲痛ですらあります。よそ者の役割が特に負担になるのは、自分の子どもがいない女性です。

　しかし、複雑スッテップファミリーの子連れの女性も私と同様、多くの危険にさらされています。二つの家族文化を一つにし、習慣の違いから起きる夫婦間、それに子どもたちの間の避けられない衝突に対処するという難行が待ち構えています。二つの家族は、習慣（夕食の時間も、ユダヤ教の儀式の時間も、クリスマスツリーを飾る日）も違えば、期待（「どうして私の部屋を一緒に使わなくちゃいけないの？」「継父とあの子たちがいつもそうするからって、お休みはフロリダに行かなくちゃいけないの？」）も、方針（「私たちには厳しいのに、あの子たちは何も言われないじゃない」「自分たちばっかりお手伝いさせられる」）も違います。それに、誰がどこに住むかの縄張り争いや、子どもたちが心変わりして自分の住む場所を何度も変えて（研究[17]によれば子連れ再婚では典型的）、夫婦が疲弊してしまうことについては、言うまでもありません。

　物理的なことに加え、感情的な葛藤があります。子連れの男性と結婚した実子のいる女性は、夫の子どものほうにはルールが少なく、自分の子どもに対し悪影響を及ぼしたり、敵対心を向けてきたりすることもあると言っています。サリーは夫の子が「とても怒りっぽく反抗的で、おもちゃとか物を大事にしませんでした。私の子は温厚で、押し切られてしまうことがありました。それを見るにつけ子どもに申し訳なく思いました！」と言っています。このように二つの家族が合流するのは、諸刃の剣です。子どもの存在によって女性は、ジェイミー・ケレム・ケシェットのいう「ミニファミリー」の一員だと認識し、彼の「ミニファミリー」からの疎外感をそれほど感じません。しかし、自分の「ミニファミリー」の存在が所属意識をもたらす一方、自分の子を守るプレッシャーを感じたり、喧嘩のときに夫婦が互いに自分の子の肩をもって、家庭が真っ二つに分かれたりしかねません（第6章参照）。

幸い，いいこともあります。子どもがいて離婚し，再婚をした男性は，「今度こそはうまくやりたいと望むことが多く，きちんとやっていく意思があります」と，マンハッタンの心理療法士で，多くのステップファミリー夫婦を見てきたメリーアン・フェルドシュタイン博士は言いました。インタビュー対象者の多くも，夫がコミュニケーションの大切さと相互努力の必要性を理解している，初婚男性にはない長所をラッキーだと感じていました。ある男性はこう言いました。「最初の結婚は災難だった。それで2回目のチャンスが来たのだ。彼女を人生で一番大事にする覚悟がないなら，再婚する意味がない」。実際，数字がそれを裏づけています。子連れ再婚の結婚後3年間の離婚率[18]は，子連れでない再婚を大きく上回りますが，3年を過ぎると初婚より長続きする可能性が高いのです。事実，子連れ結婚は約5年経つと，他の結婚形態よりうまくいくことが多いことが研究で明らかになっています。ステップファミリーで普通に起こる葛藤に対処しようと，普通以上の努力を払うために，最初の頃のプレッシャーに屈しなかった夫婦は絆を深めていくのでしょう。この試練を乗り越えるのは何物にも変え難いと，何人もの経験者がそう話してくれました。「結婚は大変なものだけど，子連れ結婚はもっと大変です」と，六十代後半の継母の方が，ランチを食べながら言いました。そして自身の経験をこう話してくれました。「済んでしまったから言えるけど，子連れ再婚は人を強く，幸せにする地獄。私たち夫婦の絆が強いのは，継子が作り出した激動の結婚生活と夫婦喧嘩があるからよ」。

あなたはどんな継母？

　一口に継母といっても，様々です。「正しい」継母なんてものはありません。継母の役割を受け入れ，継子との関係を築くのに全身全霊を捧げる人もいます。あるいはレイニーのように，継母とは「自分自身ではなくなる経験。夫と継子への義務感でやっていることで，私らしくないんです」と考える人もいます。そして，継母としての実際の経験と自覚は，往々にして年月を経て変わります。「子どもが小さいときは楽だったけど，今は嵐の思春期目前。だから，母親的な立場と，信頼できる友だちみたいな立場を両立させようとしています」と，

エラは言いました。

　継母のタイプはいろいろだという単純な事実は,「継母の王道」があると信じきっている人にはありえないことかもしれません。結婚直後,私は電話で友人に週末は「娘」が一緒にいるのよ,と話しました。「継子」と呼んだら,よそよそしく思われるのではないかと思ったからです。友人は私に突然子どもができたのかと当惑し,一方,私がそう言った途端,長女も私も自分の発言に硬直してしまいました。継子は,ずうずうしいと思っただろうし,私は自分で偽善者だと思ったからではないでしょうか。私たちの場合,母親と継母の線引きは曖昧ではありませんでした。それに対して,下の子は父親と私を「両親」と呼んだり,「パパと継母」と呼んだり,単に「パパとウェンズデー」と呼んだりします。継母の役割は,子どもによっても違うし,あるいは日によっても,子どもの年齢によっても違います。継母はかくあれ,なんてどこにも書いてないのです。

　「正しいこと」は一つだと思い込むと,「正しいこと」ができなかったり,「本物の」(初婚)家族のようになれなかったりしたときに,至らなさや怒りがステップファミリーのストレスを大きくさせるだけです。実は,子連れ男性との結婚にはいくつかのあり方があることがわかってきました。他の方法よりよい結果が期待できる方法もあれば,ある特定の環境や経験にしか通用しない方法もあります。でも一般的には,私たち自身や継子,その他の子連れ結婚に関わる人物がどんな人かによって,どんなタイプの継母になるのかが決まると研究者は言います。だから,自分の目の色が選べないのと同じように,どんな継母になるかをメニューから自分で「選べる」わけではないのです。でも,迷ったとき,どうしようもないとき,「継母らしくない継母」から「母親みたいな継母」まで,幅広い継母のあり方の中で,自分がどんな継母になりたいかの方向性が決まれば,自分の向かう方向の指針となります。また,継母の「分類図」をおおまかにまとめた研究もあります。

　心理学者のアン・オーチャード博士[注19]とケネス・ソルバーグ博士は,256人の女性に自分と継子との関係を尋ねました。すると25%は「尊重／礼節ある関係」を選択しました。ほぼ同数が「友好的／思いやり」を,それより若干少ない人数が「よそよそしい」と回答しました。回答は複数回答可で,自分の

気持ちを表すのに2つ以上選択した人も，中には3つ全部選択した人もいました。「自分の役割は何だと思いますか」という次の質問に対する回答には，継母とは何かの明確なガイドランがない中での工夫が表れています。33％が「もう一人の親／母親のような存在」と思っていました。また，31％は自身の役割を，「友人／サポートする大人」と回答する一方，約15％が「父親の妻／父親のサポート役」と感じていました。ただ，13％もの人は，自分が「部外者」，10％が「家事担当者」という，本当に疎外感のある回答を選択しているのは悲しい限りです。他の研究でも明らかになっているように，オーチャードとソルバーグの研究では「友だち型」の継母が一番うまく機能するモデルであることがわかりました。このスタイルは，干渉や衝突がないことや，親の役割ではなく相互に友だち関係を築くところに特徴があると言えます。継母のベリンダは，夫のすでに成人した娘たちとの関係をこう話してくれました。「おばさんみたいな役割でいたかったのです。いてくれるとありがたい，サポートしてくれる人というか，頼れる人。しつけする人じゃなくて」。

ワシントン大学の研究者，ポーリーン・エアレア＝ウェザリー博士が32人のイスラエル人夫婦を対象に行った研究[20]では，継母には4つのスタイルがあることがわかりました。良母型継母，孤立型継母，不確定型継母，友だち型継母です。良母型継母は，固定概念を意識して振る舞います。意地悪継母にはなるまいと怯え，自分は優しい継母だと示そうと懸命に頑張りますが，継子からの拒絶や，継子や夫，義父母から感謝されないと感じやすいタイプです。このタイプの継母が，自分の努力が無駄だと思い込み，怒りと敗北感によって「家族」や結婚から尻ごみするようになるのは想像に難くありません。これは，太陽みたいに明るいケンドラに，インタビューしたときの状況そのものでした。ケンドラは，同居していた夫の十代の娘の継母として身を粉にしてきましたが，何年も拒絶され続けて，もうさじを投げようとしていました。「私がどれほど頑張ってきたか誰もわかってくれない」とケンドラ。「実際，あの人たち，気づいてもいないと思う」。

エアレア＝ウェザリーによれば，孤立型継母は継子の生活への関与をできるだけ少なくしていることがわかりました。このスタイルは初期設定みたいなもので，継子に親しみを持って接したり親のように接したりしているのに拒絶さ

れると，継母はこのような態度を取るようになります。「もうおしまい」と，継母歴の長い女性は私に言いました。「こっちが頑張ってもまったく優しさが返ってこない。だからもう頑張りすぎるのはやめたの」。何人もの継母が口ぐちにこの気持ちを語っていました（第4章と第10章で詳しく説明）。

　一方，エアレア＝ウェザリーの研究では，不確定型の継母からは疑いや不安，苦悩や困惑の声が聞かれました。私もそうでしたが，多くが継母になるまで子育ての経験がありませんでした。ある女性は，「一人ぼっちだと感じます。一体何をしたらいいのかわかりません。（継子の挑発的な態度に）反応すべきか，すべきでないのか？」[※21]と言いました。彼女たちは，継子を批判したり，衝突したり，言い争ったりすることをとても恐れています。こうして継子の力が強くなり，ステップファミリー専門家のジェームズ・ブレイの言葉を借りれば，ステップファミリーの感情面での行く末を左右するようになる[※22]のです。

　最後の友だち型は，明らかに「親ではない」関係ですが，思いやりがあり，いつでも受け入れる気持ちが伝わるという特徴があります。エアレア＝ウェザリーは，このスタイルを身につけると女性は，必ずしも継子を愛するとか，見返りとして愛されるという期待をしなくても，継子を受け入れられると気づきました。「私たちは，友だちみたいな接し方をしてきました。継子は私のことをハグしてくれます…が，そこには本物の愛情は存在していません。私は実母みたいなことはしませんが，(継子の)世話はしますよ。継子のことは大事に思っているし，夫と息子の関係を取り持つようにしています」[※23]。

　「友だち」関係が，最もやりがいがあり，成功する継母スタイルのように思われます[※24]が，ステップファミリーの人間関係を改善するために，誰でもこのスタイルが選べるわけではありません。継母の性格や子育てや継母業への考え方がどのスタイルになるかを決定する要因ではありますが，それ以上に継子や父親，実母の期待や振る舞いが，継母の役割や行く末を決定する重要な要因です。たとえば，ダナという継母の話をしましょう。ダナの継子，ターニャの実母は娘が9歳のときに，母親の義務をすべてダナにこっそり押しつけて，遠方へ引っ越してしまいました。それからしばらくして，ダナはターニャの父親と別れましたが，ダナが子どもの親権をとりました。当然ながら，ダナは自分のことをターニャの「ママ」と呼び，ターニャもそう思っています。別の継母，

ギャビーは夫の元妻によって悪者に仕立て上げられていました。元妻は自分の子どもに，ギャビーと仲良くするのは裏切りだと教えていたのです。ギャビーの好意や努力は，自分ではどうしようもない環境や周囲の意図のせいで妨害されてしまいました。

継母は何もないところには存在せず，他者との力関係の間に存在しています。継母の好みとか努力は，決定要因という大きなパズルの中の一ピースにしか過ぎず，恐らく最も重要度が低いのです。そう知っていれば，継子の今後に対して，自分にはあまり責任がないのだと思えるようになります。

婚約者の家で同居を始めてから数ヶ月後，ようやく壁ができましたが，彼の娘たちは気に入らなかったようでした。下の子は前より不機嫌になって，プイと行ってしまうことが多くなりました。私を怒らせたくて仕方ないように思えたし，私もそれに応えてやりました。もう彼女に気に入られようという計画は，ほとんど放棄していました。見返りもなかったし，継子が敵意を見せれば見せるほど，努力する気が失せていきました。一つ屋根の下とはいえ，別世界に住み，常ににらみ合いが続いていました。あの子と同じレベルになり下がってしまった私。機嫌が悪い日は，継子にも婚約者にも，そのことでひどく腹を立てました。でも，私の中のどこかでは継子が心配でした。以前は楽しく過ごせたし，緊張はあったものの，時々は楽しく過ごせたのです。そう思うと家庭が変わってしまってあの子もかなり辛いだろうと思い，悲しくなりました。

時々こんなふうに悩みました。「どうしてこんなに辛いのだろう？ あの子はどうして私を嫌うの？ 私，間違ってる？」。子連れ男性と結婚した多くの女性がそうであるように，この疑問を問いかけると，こんな声が聞こえてくるのです。

何を期待しているの？ うまく折り合いつければいいじゃない。

子どももついているパッケージよ。ごちゃごちゃ言わないの。

大切なのはあなたじゃなく，子どもよ。わがままはよしなさい。

ストレス，競争心，批判，葛藤，曖昧さ，拒絶といった継母の現実に，私は身を潜め，砦と堀を築くことで対処しました。つまり，壁を作ったのです。事実，もう何年も私は，「いつでもいらっしゃいよ。好きなだけいていいのよ。ここはあなたの家なんだから」と言える継母ではないし，そうなろうとも思っていません。線を引き，境界線を作った私は，自分が信じていた姿からは程遠いものです。もう訳がわかりません。だって，今では私は継子たちがとても好きだし，みんなが私のことをこんなふうに言ってくれていたからです。

　　　彼の娘たちは，あなたのことを好きになってくれるわよ。

　　　意地悪継母なんてあなたには無関係だわ。
　　　そういう人じゃないもの。

　　　あの子たちラッキーよね。あなたが私の継母ならよかったのに。

　　　世界一素敵で，楽しい継母になるよ。

　壁を作った私。今から思えば当然でした。意地悪な私。でも，壁を作るのはやむを得なかったし，生きるか死ぬかの問題だったのです。新米継母でしたから。継母のことはいろいろ聞いていたし，知っているとも思っていましたが，私は無力で傷つきやすく，臆病でした。新しくできた緊密な関係がもたらす自分の気持ちが，矛盾した二面性が，醜い気持ちが恐ろしかったのです。私は壁を作りました。実際はたくさんの壁です。身を潜め，本当の自分を思い出し，今の自分の姿を見つめる場所が必要でしたから。新米であろうと，どんな継母であろうと，自分の壁と自分の居場所が必要ではないでしょうか。

Column 3　忠誠心の葛藤

　ステップファミリーの子どもたちは，3つの共通する要素を持っていると言われます。英語ですべてLから始まるこの要素とは，Loss（喪失感），Loyalty（親に対する忠誠心），Lack of Control（親の死別・離別・再婚などに自分でコントロールできない状況）の3つです。パトリシア・ラッツの研究によれば，12歳から19歳までの子どもに関し，もっともストレスの多い問題に次のようなものがあります。

- 実親同士の口論やお互いへの悪口を聞くこと（電話でも，家庭内でも）
- もう片方の親に会えないこと
- 実親と継親のケンカ
- 2人の実親の板挟みになっていると感じること
- 継親が決めた新しいルールに適応すること
- 継親のしつけを受け入れること
- 問題があるとすべて自分のせいだと非難されること
- 実親が，自分より継子の方をかまうこと
- 自分の部屋を他の子どもと一緒に使わなければならないこと
- 自分が要らない子だと感じること
- 元の家族に戻りたいと思うこと
- 継親に指図されること
- 新しい家族がうまくやっていけるかどうかは自分にかかっていると感じること

（出典：SAJ『LEAVES ペアレンツ PROGRAM TEXT』2003）

　上記のような課題に触れるたびに，子どもは忠誠心の葛藤を感じたり，喪失感を強めたりすることがあると知っておけば，子どもの心情理解と状況改善に役立つでしょう。

Column 4　単純ステップファミリーと複雑ステップファミリー

再婚カップルの夫もしくは妻だけが子どもを連れているケースを単純ステップファミリーと呼び，双方ともが子連れの再婚カップルのケースを複雑ステップファミリーと呼んでいます。それぞれの家族を下記のようにダイアグラムに描くと，家族関係の複雑さに違いがあることが明確にわかります。

◆初婚の家族
　必ずしもどの子どもとも同じ関係性ではない可能性はあるが，いずれも実子ということで，係わり方の相違は大差がないと想定しています。

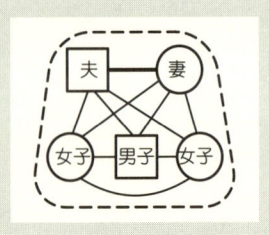

◆単純ステップファミリー
　元夫は共同親権制のもとでは子どもとの関係が存在しています。日本の場合には関わりがないケースもあります。実の親子関係のつながりは強く太く存在しますが，継親と継子のつながりはそれに比べて弱くなりがちです。この場合には夫が継父で，継父が疎外感や子育ての関わり方に課題を感じることが予測されます。

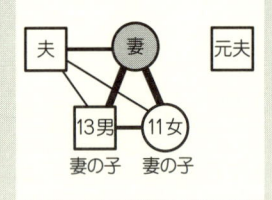

＊数字は子どもの年齢を表しています。

◆複雑ステップファミリー
　単純ステップファミリーに比べ，個々の関わりが複雑に増えていることがわかります。双方子連れのため継親だけが孤立するような状況はないですが，2つのミニファミリーのぶつかりや分裂とともに，実母による子育てへの干渉や注文の難しさなども予測されます。

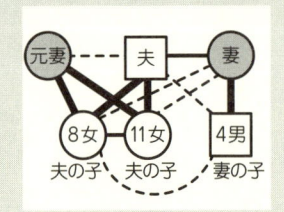

Chapter 2

「あいつは魔女だ！」
おとぎ話と継母に関する文献を紐解く

私たち継母は何者？　どこから来たの？

　普段は，普通の世界で他の人と一緒に暮らす実在する普通の人間です。でも，一旦子連れ男性と結婚すると，それまで信じていた自分とはまったく違う「何か」になってしまいます。継母になると，その役割が自分の内面とはかけ離れていようが，自分の子に対して愛情溢れる母親であろうが，継子が大人であろうが，容赦なく変身してしまうのです。継母もステップファミリーもかつてないほど当たり前になっているにもかかわらず，シンデレラを変身させた妖精の魔法がその方向を変えたかのように，自分の知っている自分とはまったく別の人間へとねじ曲げられ，別人のように見られてしまうようです。父親の奥さん，頑張りすぎ，努力不足，自分の子をひいきする，パパに近寄らせてくれない，金目当て，冷たい，嫉妬深い，自己中心的，母親らしくない。「継子に手を焼いているようよ」と人は噂します。何を言おうとしているかは明らかです。「継母が子どもにちゃんと接していれば，継子に受け入れられるはず。問題があるとすれば，継母のほうでしょう」。

　「私なんかと話しをしてもねぇ。私，意地悪な継母なの。ひどい人間よ」。私がこの本のことで話を聞こうとすると，ブレンダはそう言いました。2歳と3歳の子と十代の継子を持つ知的で魅力的な女性です。ぶっきらぼうな言い方でしたが，継子や恐らく周りの人たちがブレンダを見る目が望まざるものになっていることへの苦悩や怒りの表れだったのでしょう。皮肉を言うことで自分に押しつけられたものを押し返そうとしているのだと気づきました。その瞬間，彼女のことを理解できたのです。私も知り合いの十代の女子の多くが憧れる存

在から，あの二人の女の子から時折敵視される存在へと変貌してしまったからです。警戒し，嫌うことで私を変貌させたのは継子たちでした。継子が向ける感情は，私という人間に対してではなく，継母という役割に対してだとわかっていても慰めにはならず，継子は継母の役割と私という人間を区別していなかったのでなおのことでした。私には，継子たちはずっと私の継母という役割にではなく，私自身に対して腹を立て，責めていると感じていたし，この予想外の事態が耐え難いときもありました。ブレンダ同様，私も本当の自分をはっきりさせたい衝動に駆られることがよくありました。あの子たち，よくも私を本当の私ではない存在，ステップモンスターにしたわね，と。

継母となった女性と話をすると，自分自身をしっかり理解している人や結婚生活に満足している人，仕事で成功している人，愛する子どもがいる人といった，批判や不愉快な意見に動じなさそうな人でさえも，他人からの否定的な視線は否応なくじわじわと入り込み，屈折し，自分自身を見る目すら決定づけてしまうのだと気づきました。継母になると女性の自尊心に好ましくない影響を与えることが多くの研究[注25]からわかっています。継子からの拒絶や非協力的な夫，友人やセラピストさえ理解がないなど，ステップファミリーの問題に直面すると自分は失格だと感じ，継母は継子に対して冷酷だとか気遣いがないとか，無神経で無知だと思い込んでしまうことがあります。誰でも子連れ男性と結婚すると途端に，疑わしきは罰せずの原則は適用されなくなり，また純真で愛情溢れ母性的だと思われなくなっていることに気づかずにいられません。それどころか，多くの女性が語ってくれたように，継子が関係する場合はもちろん，そうでない場合でも自分の行動が突然詮索されている気がします。まるで容疑者であるかのように。

> 夫の子どもともめているんですが，友人たちは「ひたすら子どもに優しくしてあげたの？」みたいなことを言います。とても傷つきます。私が意地悪だから子どもが反発しているということでしょう。「優しい」だけでは，うまくいかないんです。みんなが思うよりはるかに複雑だということをわかってほしい。

> 継子は夫に対して失礼な発言をしたり，急に予定を変えたりします。彼の母

親がひどいことを言っているからでも，夫が息子にけじめをつけさせたことがないからでもなく，すべて私のせいだと義理の親族は思っているようです。この前も義理の母が「あの子，前はこんな振る舞いはしなかったのにねぇ」と言いました。義理の母は「あなたが来る前は」と言いたかったんだと思います。時々，本当にがっかりして，もう頑張りたくないと思うことがあります。

夫は自分の娘たちに対し，激怒することがあります。娘を叱りつけるし，私と二人のときにはあの子たちがどれほど失礼で感謝の気持ちがないかと怒りをぶちまけることもあります。でも，私が娘の言動に呆れた顔をしようものなら，私が娘を刺したかのような態度になるんです。

ウェイクフォレスト大学の社会学者，リンダ・ニールセン博士は，ある役割を持つ人がどんな人かを判断するときには，思い込みがついて回ると指摘します。「私たちは一般的に，特定の集団の典型と言われてきた特徴を探したり，思い出したりします」[26] と説明しています。「それが継母であろうが，中古車業者であろうが，真っ先にその集団についての通念を裏づけるような証拠を探したり，事実をでっちあげたり，出来事を思い出したりします」。

継母であることは，罪のでっち上げのようなものだと感じることがよくあります。実際，でっち上げられ，監視されるのですから。心理学者のアン・C・ジョーンズ博士[27] は，継母の置かれた状況を「社会から拡大鏡で監視される生活」とたとえています。継母の定めとはいえ，常に評価され，判定を下されるのは大きなストレスで疲弊すると述べています。継子がありとあらゆる「継母の罪状」をあげつらうのには驚きです。成人の継子が継母を，一生懸命やっていない，頑張りすぎ，よそよそしい，熱心すぎなどと非難するのを聞きました。私の経験では，疎遠になっている継母のことを語ると決まって同じことを言います。「あの人は私以外の人には優しい」とか「あの人はみんなに好かれているけど，私は本当の姿を知っている」。そんなことってあるのでしょうか。継母は本当に継子に対してだけ「理由もなく」ひどい女性なのか，継母になると自分に問いかけずにはいられないのです。

第2章 「あいつは魔女だ！」：おとぎ話と継母に関する文献を紐解く　39

継母とは何者なのでしょう？　もちろん実在する人間です。私たちは往々にして，継母に腹を立てる継子や良かれと思って問題を過少評価し，私たちの努力を無にしてしまうことすらある夫に対して最善を尽くそうと厳しい状況の中で頑張っています。でも，私たちは別の顔を持つ，別な存在でもあるのです。継母とは，想像と現実のどちらともつかない世界に住む人間であり偶像です。普通に買い物をすることもありますが，同時に歴史と通説によって大方作られた恐ろしい体現者でもあるのです。噂話に映画，神話や歴史，継母は一獲千金を狙う人や死の商人，魔女や嫌な女に姿を変え，幾度となく登場します。19世紀後半には，民俗学者によってシンデレラの物語だけでも350近い別バージョンが，フランス，中国，インド，日本に至るまでのあらゆる国に存在することが発見されました[28]。近親相姦のタブーや蛇を恐れる感情と同じで，悪い継母のイメージは文化を超えて共通で，受け入れられやすく忌み嫌われるものなのです。

　意地悪な継母という登場人物とその物語は，際限なく現れては繰り返すものです。アリストテレス・オナシスの愛情と財産をめぐってジャッキーとクリスティーナが壮絶な争いを繰り広げ，クリスティーナが報道陣に対し自分の継母について「私はあの人を嫌いじゃないの。軽蔑してるのよ」と語ったのは有名です。同様に，ヘザー・ミルズと継娘のステラ・マッカートニーの醜い対立では，ステラがポール・マッカートニーの再婚に対し堂々と反感を公言して，その離婚に大きく関与したと言われています。ステップモンスターの話はジャンルや時代を超え次々に生まれてきます。ショーン・ウィルシーの近著となる自伝『ああ，なんて素晴らしい！　(*Oh the Glory of It All*)[29]』（坂野由紀子訳　新潮社，2009年）では，自分の二人の子どもばかりひいきし，ほしがるものは何でも買い与える一方で，継子である著者（シンデレラ？）には暖房のない屋根裏部屋で寝させた恥知らずな継母が描かれています。ディズニーの白雪姫に登場する邪悪な女王が身にまとうボディコンのギラギラした黒い衣装や細いウェストと赤い唇は，ジャン・ラシーヌの『フェードル (*Phèdre*)』（たとえば，『フェードル　アンドロマック』渡辺守章訳　岩波書店，1993年など）という年上で好色で男を誘惑し，自分の熱望した継息子を殺してしまう女性と重なります。そしてその姿は，継母ディードが鏡の前でストッキングとガーターベルト以外何も身に着けないで立ってい

る姿を見つめるウィルシーと，そのウィルシーを眺める継母の姿と似ています。

　継母の住む世界は，時間を越えた事実と虚構，神話と歴史の狭間なので，その境界線がもはやはっきりしなくなっています。この曖昧な境界線を端的に示し，継母に対する文化的な先入観を浮き彫りにする，つまり，継母が虚構と現実の間の存在だと自らのドラマによって示したのはエドナ・ムンブロをおいて他にいません。

「火のないところに煙は立たぬ」
――1930年の放火殺人事件

　エドナ・ムンブロとは誰でしょうか。彼女が1930年3月のある朝，11歳の継娘に火をつけて焼き殺してしまったというのは事実なのでしょうか？　一時は世間をさわがせたエドナは私たちの記憶から消え，彼女への疑惑は文化という地層の奥底で化石となっていました。歴史に埋没したエドナ・ムンブロを苦労の末に掘り起こしたのは，ペンシルベニア州のエディンボロ大学の犯罪学者であり歴史学者のジョゼフ・レイズでした。レイズの2002年の論文「邪悪な継母か？　1930年のエドナ・ムンブロ事件（The Wicked Stepmother?: The Edna Mumbulo Case of 1930）[※30]」は，エドナを蘇らせその試練の大筋をまとめ，当時の人々がエドナを殺人犯だと信じようとしたことと，母親や子育て，継母についての何百年にもわたる思い込みや枠組みとを関連づけました。

　レイズの多数の資料によって，エドナは殺人継母の疑いがかけられる前は，ごく普通の女性だったことがわかっています。しかし，その数年後あまり芳しくない秘密があったことが明らかになり，それが彼女に対する嫌疑をいっそう強くすることとなったのです。レイズによれば，ピッツバーグに住んでいた16歳のエドナ・ドゥシャンクは，1902年に未婚のまま双子を出産しました。エドナは子どもの父親と結婚しましたが，その後1年と経たないうちに彼が亡くなり，エドナは働き口を探さなくてはならなくなりました。やがて，体の弱い父親とニューヨーク州北部に住むことになったエドナは，ニューベルリンの絹工場で裁縫師の職を得ました。ラルフ・ムンブロも同じ工場で働いていました。エドナが既婚者のラルフと交際を始めて間もなく，ムンブロの妻エディス

が急死。母親の死によって当時8歳だった娘のヒルダが約6千ドルの財産を相続しました。

　エドナが工場での仕事を続けながら妻と母親の役割全般を担う形で，ラルフとエドナはすぐに落ち着いた日常生活を送るようになったようです。しかし，大恐慌が始まり絹工場は閉鎖されてしまいます。そこで，エドナとラルフは父親を姉妹に預け，まだ子どもだったヒルダを連れてやっとのことでペンシルベニア州のエリー市にたどり着き，狭くわびしい安アパートの一室を借りて暮らしたということです。その町でラルフは鍛冶工場で，エドナはまた裁縫師として懸命に働きました。家計は苦しかったようですが，隣人たちはこの家族が夫と妻とその子どもだと思っていて，愛情ある家庭だと見ていましたし，エドナをとても信頼していて自分の子どもを預けたりするほどでした。誰もエドナがヒルダの母親でないなどと考えたこともなかったでしょう。エドナはベビーシッターをして稼いだ副収入で家計を助けていたし，ヒルダを映画に連れて行ったり，アイスクリームを買ってやったりもしました。

　緊張はあったはずです。三人は，かなり狭いアパートに折り重なるようにして暮らしていたのですから。息が詰まるストレスのかかる生活だったに違いありませんし，エドナは何年も前に自分自身の子どもをまともな環境の家庭へ里子に出しており，自分で養育していたのは11歳の継子だけでした。レイズによれば，健康状態が悪化の一途をたどるエドナの父親には高額な治療費が必要で，ますます逼迫しているというのに，ラルフがヒルダに惜しみなくお金をかけることに腹を立てていたといいます。

　エドナの怒りが悲劇の背景にあったのか，あるいは殺人の動機にまで発展したのでしょうか？　それとも，単なる日常の出来事だったのに，事件後に重要な意味づけがなされたのでしょうか？　いずれにしても，1930年3月21日の朝，ラルフが仕事に出かけて間もなく，アパートは炎に包まれました。この瞬間，エドナは一人の人間から偶像，典型，悪意ある固定観念へと変貌したのです。この話は，憶測と空想が入り混じり事実不詳になってしまいました。確かなことと言えば，午前7時過ぎにヒルダが衣服の焼けた状態で自分の部屋の隅で発見され，午前11時前に死亡したことです。

　ヒルダが亡くなったときにラルフは立ち会っておらず，亡骸を安置所に移す

ときにも付き添いませんでした。そのとき，ラルフはエリー保険会社で娘の遺産請求の申請をしていたと言われています。親戚や友人たちは，ニューベルリンで行われたヒルダの葬儀で，エドナは一粒も涙をこぼさず，妙に冷静だったと振り返っています。また，エドナは娘が担架の上で致命的な火傷を追って苦しんでいる傍で「私の毛皮のコートはどこ？」と何度も言っていたのを間違いなく誰かが聞いたと噂していました。別の隣人は，娘が死にかけているときにラルフは引き出しを引っかき回して書類を探しているのを見たと証言しています。またその隣人は，階段でエドナが走って追い越して行くときに火災の原因を聞かれたのには答えず「どきなさいよ。さもないとぶん殴るわよ！」とだけ叫び返したとも言っています。

　エドナとラルフを訝しむ近隣住民からの情報を得て，当局が事件を調べるとエドナはこの事件に関してまったく違う二通りの証言をしていたことが判明。一つ目の話では，恐らくヒルダがガスストーブに火をつけようとしていたのではないかと語っていました。もう一つの話では，洋服をガソリンで洗っていたところ，ガソリンを入れていた皿に火がついてしまったと主張しました。窓の外に放り投げようとしたところ，誤ってヒルダの上に落としてしまい，炎に包まれたというものです。

　エリー郡の当局がエドナとラルフにさらに尋問をしようとしましたが居場所がわからなかったため捜索が始まり，それはすぐにエリー市民を挙げての捜索へと発展しました。実はこのとき，エドナとラルフは結婚するためにニューヨークへ行っていたのです。そして入籍後わずか3日で親戚宅にいるところを逮捕されました。裁判官が「逃亡の危険性」を認め釈放申請に応じなかったため，二人は5日間ニューヨーク州ノーウィッチの郡拘置所に拘留されました。エドナは何時間にもわたる尋問で弁護士もいないまま強く自分の無罪を主張しました。記録によればこの間エドナは涙を流すことも多かったそうです。自分の監房内を歩き回ることもあれば，今にも倒れそうなときもありました。職員の話では，エドナは平然とし，じっと動かず陰鬱な様子だったそうです。エドナは夜眠れるようにと薬をもらうと，一日中アヘンを要求し始めたと言われています。すると新聞ではエドナが臆病な麻薬中毒者だと書きたてました。ラルフの境遇とはまったく異なる，エドナの悪評の始まりでした。

エリーの街はエドナとラルフの裁判を見越した報道関係者で溢れ返り，二人は駅に到着すると何十人ものカメラマンや記者に取り囲まれました。この瞬間から，エドナはニュースで「母親」とは呼ばれず「継母」と称されるようになりました。レイズは，当時の人の多くが最初は母親が自分の子を殺すとは信じられないとこの話を一蹴していたものの，継母という新しい情報が悪意ある犯罪の可能性を匂わせたのだと記しています。どぎつい見出しで，エドナは「鬼継母」とか「エリー市の放火殺人鬼」にされたのです。

　裁判自体が注目の的でした。初日から検察側は単純で直接的な戦略を使い，エドナを悪意ある「貧しく」「嫉妬深い」人物として取り上げ，エルダがラルフと二人で稼いだお金とヒルダの相続した財産，それにラルフまでも独り占めしようとしたと示唆しました。彼らの説明では，エドナは強欲で冷たく母性のない典型的な意地悪継母になっていました。被告側の弁護士は，エドナに不利な証拠は，状況証拠にすぎないと反論。では証拠はどこにあったのでしょうか？ 弁護側が喚問した専門家の証人は，ガソリンが摩擦によって発火する可能性は十分あることは事実だと証言しました。エドナの手に火傷や傷がないことについても，エドナがガソリンの入った容器をエプロンに包んで運んだのであれば十分ありうるとし，実際そのエプロンの焦げ方はエドナが証言した状況と一致していました。弁護側の別の専門家は，殺人を企てる人間がエドナのようにガソリンを瓶の半分しか使わないことがあるだろうか，と疑問を呈し「殺人犯は，犯行に使用する道具や材料を残しておこうとは思いません」と指摘しました。また別の専門家は「女性の場合，あのような（エドナのような）状況下では火災発生状況について矛盾する発言をするのはごく普通です」と言いました。

　裁判開始から数日後，メロドラマのような展開がありました。一人の若い女性が泣き喚きながら法廷に入って来て，驚いた様子のエドナに抱きついたのです。エドナの娘でした。二人は何年ぶりかに再会し，ひしと抱き合い泣いていました。エドナの尋問ではヒルダが死んだ日の出来事を思い出しては何度も何度も「あの子のことは自分の子同然に接してきました」と言いました。そして，もしもチャンスがあるなら，自分がヒルダを産みたいくらいだと主張しました。しかし傍聴人たちの関心を集めたのは，エドナの言葉ではなく行動でした。新聞によるとエドナの目は涙でうるんではいたが，涙をこぼすことはなかったと

レイズは記しています。エドナは一度も涙を流さず，声がかすれたり震えたりすることすらもなかったということです。その数日前の法廷での実の娘との感動の再会やヒルダの葬儀で継子の死について語ったときとは打って変わって，エドナは涙も浮かべず冷静で落ち着いていました。陪審員の審議は24時間以上かかりました。反対していた唯一の陪審員が説得されて意見を変え，エドナ・ムンブロに有罪判決が下りました。

エドナの判決は，10〜20年でしたが模範囚と認められたため，ペンシルベニア州のマンシー女子刑務所に8年服役しました。1938年，エドナの裁判を担当した裁判官が彼女は有罪にずっと疑念を抱いていたとし，減刑を言い渡しました。その後，エドナはラルフのもとへ戻り，二人はニューヨーク州ロチェスターに移り住みました。「1930年の放火殺人鬼」エドナ・ムンブロは，1990年にエリー郡立老人センターで，世間から忘れられて生涯を終えました。

本当にエドナが殺したのでしょうか？ 今となってはわかりません。彼女が罪を犯したかどうかわからない不確実性がこの話の最も重要な点，つまり出発点と考えることもできます。では，こんな問いかけをしてみましょう。証拠もないのにエドナがやったのは間違いないと思われてしまったのはなぜか？ 状況証拠だけで有罪判決を受けたのはなぜか？ 立証不可能なことに対し，なぜ人々は異常なまでに有罪を決め込んでしまったのか？[31]

エドナの事件では，不確定なシナリオに継母という「確定的」な要素が加わったと考えられます。エドナへの疑いと「放火殺人鬼」への過熱した関心が，マスコミで「母」ではなく「継母」と報じられたことに重なったのです。事実，当初「母親が自分の子どもを殺すはずがない」と事件に取り合わなかった人の数を考えると，継母としての人物像を作られなければ有罪判決を受けることもなかったと考えられるのではないでしょうか。母親という有利な立場を失い，エドナは社会が作り出した意地悪継母という物語と継母 vs 継子の物語という大きな文化の網に捕らわれてしまいました。エドナの有罪性は曖昧で憶測と状況証拠に基づいていたにもかかわらず，レイズによれば陪審員と世間が「周知の事実をつなぎ合わせ，意地悪な継母という枠にはめた」[32] ことによって，目に見える形となり，はっきりと意味を持つようになったのです。

エドナを有罪と認めた陪審員や彼女を非難した人々は，どのような考え方や感情，無意識の連想に影響されたのでしょうか？　ここで少し回り道をして，暗い森や心の闇，お菓子の家を通って人喰い鬼とその犠牲者を見てみましょう。

おとぎ話とエドナの運命

　ラルフ・ムンブロは当初は殺人罪に問われたものの，結局，有罪はもとより起訴されることすらありませんでした。火事が起きたとき不在だったので当然ではありましたが，殺人の共犯（生命保険会社に出向いたことが疑惑を呼んだ）の起訴もすぐに取り下げられました。実は，エドナが世間の非難を浴びると，ラルフの共謀を認めないどころか考えてもみない風潮が生まれました。ラルフは突然潔白だと思われたのです。なぜでしょうか？　これにはどんな背景があるのでしょうか？　実の親であるラルフは，そもそも疑惑の対象外でした。しかし，彼を無罪放免にしたのは血のつながり以上に影響力のある何かだったのではないでしょうか。世間はラルフを許すとは行かなくてもその共謀を黙って見逃し，彼を追及するのをやめました。これは多くの点で，『白雪姫』や『ヘンゼルとグレーテル』『百槇の話(びゃくしん)』といったグリム童話に代表される古いおとぎ話[33]や，その大もととなっている古代ギリシャやローマ神話に端を発しています。実際，エドナとラルフとヒルダの話は，破壊的な継母と騙された父親，罪のない犠牲者という構造やテーマで不思議なことに基本的にそっくりで，同じ話の焼き直しなのです。子どもの頃，おとぎ話にドキドキ，ワクワクしたことがあると思いますが，その原形のことはあまり知られていません。子どもに聞かせる物語として作り変えられているからです。こうしたおとぎ話は，死亡率が恐ろしく高かった頃に繰り返し語られていたことは注目に値する点でしょう。無事大人になれるかわからない時代でした。出産時の死亡もよくありましたし，病気や作物の不作，飢餓で一家全員が死亡することもありました。初期の頃の物語には，貪欲な母親や人殺しの継母，無関心な父親らが登場する身の毛のよだつ暴力が描かれていましたが，日々の生活に潜む恐ろしい危険やあらゆる不幸から子どもを守ってやれない親のことを思えば，それほど教訓的な寓話でも現実から逸脱した空想話でもないのかもしれません。

白雪姫の真実
――ナルシズムと人喰い，無抵抗さと純真さ

　グリムが1810年以降に書いた白雪姫の物語は，自殺の場面から始まります。そこでは登場人物が，初期の物語で描かれていた少女とひどい母親から，母親を亡くした少女と悪い継母に変わっています（後にこのような変化が数多く出てきます）。物語の最初のくだりはみなさんご存知でしょう。鏡が悪い女王に向かって，国で最も美しいのは白雪姫だと告げるのです。何百年にもわたって人々の心に取り憑いてきた，ナルシストの継母像というテーマです。これは，私たちの文化で理想とされる無私の母性と対極を成すものです。女王は激怒し，白雪姫を森に連れて行って殺害し，その証に肺と肝臓を持ち帰るよう猟師に命じました。しかし，白雪姫に同情した猟師は彼女を逃し，イノシシの内臓を持ち帰りました。女王はそれを塩茹でして食べようとしました。これは白雪姫を実際に抹殺するだけでなく，その美しさと中身をも取り込んでしまおうとの思いがあったと考えられます。一方，白雪姫は7人の小人の家に行き着き，家事と料理と引き換えに家にいさせてもらうことになります。ここで一つの疑問が出てきます。白雪姫の父親はどこ？　父親の存在は，完全に物語から欠落しています。父親が登場しないことが悪意の入り込む原因となっています。

　しかし，白雪姫の新しい家も決して安全な場所ではありませんでした。白雪姫がまだ生きていると鏡が告げると，女王はすぐに老婦人に変身し，純真で人を信じて疑わない少女を最初はレースで，次に毒を塗った櫛で殺害しようとし，最後に毒りんごによって殺害を成功させます。小人たちはそれまで何度も白雪姫に気をつけるよう注意していたのですが，家に帰ると白雪姫は息絶えていました。小人たちは亡骸をクリスタルの棺に入れ，山の中腹に安置しました。そして通りがかった王子が白雪姫を見つけ，城へ連れ帰り「愛する人」として眺めていたいと小人たちに懇願しました。白雪姫に対する迫害は，白雪姫が無抵抗で自ら動かないことと切り離すことができません。何かをするのではなく何かをされるという不動性は，白雪姫の善良さの本質です。山を下っていると白雪姫ののどに詰まっていたリンゴが出てきて目を覚まし，王子と白雪姫は恋に落ちます。邪悪な女王も二人の結婚式に招待されますが，それが継子のものだとは思っ

てもみませんでした。そこで，女王は（何者かによって）火で熱した鉄の靴を履かされ，死ぬまで踊らされました。継子が大やけどを負って担架の上に横たわる脇で，自分の毛皮のコートを探して大声を出していたと言われているエドナの嫉妬深くナルシスト的な様子と同様，女王も最後には衆目にさらされる中で辱めを受け，その悪意が世に明かされました。屈辱的で壮絶な死をもって，無抵抗で純真な白雪姫（行動を起こさない人）によってではなく，白雪姫に向けた自身の悪意の力によって，邪悪な陰謀を企んだ人間[34]が退治されたのです。

『ヘンゼルとグレーテル』と『百槇の話』
──陰謀と涙とおぞましいご馳走

　白雪姫のナルシストの継母が少女の美しさを妬んだとしたら，グリム童話に登場する他の継母の特徴は，より根源的で破壊的な嫉妬です。継母たちは継子の食べ物，寝る場所，吸う空気さえ与えるのを厭いました。白雪姫のテーマを何度もなぞりつつ，ヘンゼルとグレーテルと百槇の話では継子を優先するどころか，継母のナルシズムを物欲と強欲，つまり継母に殺人や人食を行わせる根源的な「飢え」に置き換わりました。

　『ヘンゼルとグレーテル』の時代背景は，書かれた時期から考えると飢饉の頃であり，書かれた当初はやはり実母でしたが1840年には継母に変わっていました。ある晩，食料庫に何も残っていないのを見て，継母は夫に二人分の口減らしのために子どもを追い出さなくてはならないと言いました。夫は最初こそ反対したものの，結局は同意しました。隣の部屋でお腹が空いて眠れずにいたヘンゼルとグレーテルは，この計画を聞いて恐怖におののきました。グレーテルは泣きましたが，ヘンゼルはある計画を立てていました。そして表に駆け出したヘンゼルは，ポケットに小石を詰め込んだのです。次の日，継母が薪を切りに森へ行くよと言いました。ヘンゼルは，小石を落としながら森を歩きました。気づけば，子どもたちは森に置き去りにされていました。グレーテルは置き去りにされ，死ぬしかないと気づくと嘆き悲しみました。しかし，ヘンゼルが帰り道の目印を残しておいたのでした。月が上がるのを待ち，二人は小石

をたどって家に戻ることができました。父親は，二人が戻ったのを大変喜びました。陰謀を隠し，うわべだけ取り繕いながら，継母も嬉しいと言いました。「こんなに遅くまで森にいるなんて悪い子たちね。もう戻って来ないかと思ったわ！」。

　予想通り，継母はすぐにまた子どもたちを追い出そうと計画します。ヘンゼルは継母の囁きを耳にし，また外に出て小石を拾って来ようとしましたが，悪巧みの得意な継母がドアに鍵をかけてしまっていたのです。翌朝，継母は森の奥へ「もっと薪を切りに」出かけるときに，子どもたちにパンの切れ端を渡しました。ヘンゼルはパンをちぎって来た道に落としておきました。両親はこっそり立ち去ってしまいましたが，今回は道しるべにしたパンを鳥が食べてしまっていたのです。グレーテルは今度もまた泣いてばかりでした。取り残され，飢える寸前になりながら子どもたちは森の中を三日間さまよいました。すると，目の前に魔法のようなお菓子の家が現れたのです。子どもたちの継母のようにうわべだけ優しく振る舞った魔女が，美味しそうな食べ物ときれいなベッドで子どもたちを家の中へ誘い込みました。しかし，じきに邪悪さを露わし，ヘンゼルを薪小屋に閉じ込めグレーテルを働かせ，ヘンゼルを太らせて食べるのだとケラケラ笑いながら言いました。グレーテルはまたしても嘆くだけでしたが，賢いヘンゼルは目の悪い魔女がヘンゼルの太り具合を確認するとき，指ではなく木の棒を差し出し，魔女の悪巧みをうまくかわしました。最後はグレーテルが魔女をオーブン窯に突き落とし，ヘンゼルを助け出しました。二人が戻ると，父親は喜び安心しました。そのとき継母は死んでおり，焼け死んだ魔女との関係を彷彿とさせます。白雪姫ではまったく姿の見えなかった父親が，ヘンゼルとグレーテルでは共謀こそあっても罪のない人間として描かれています。

　人喰い魔女と継母は，ヘンゼルとグレーテルの中では区別はされていても関係性がありますが，百槇の話では途切れなくつながっています。百槇の話は現存するグリム童話の中でも一，二を争うほど突拍子もなく暴力的で生々しい物語です。原作は18世紀終わりのフィリップ・オットー・ルンゲの物語[34,35]ですが，グリム兄弟が1857年に出版した物語には，赤ん坊を望む子どものいない夫婦がまず登場します。しばらくすると妻は妊娠に気づき，たいそう喜びます。百槇の実をたくさん食べますが病気になり，夫にこう言うのです。「もし私が死

んだら，百槇の木の下に埋めてください」。妻は回復し，男の子を産みますが赤ん坊を一目見て幸せのうちに死んでしまいます。その後，男は再婚し，新しい妻との間に二人目の子となる女の子を授かります。新しい妻は自分の娘のマリーンには愛情しか感じませんでしたが，継子を見ると憎悪でいっぱいになりました。

　ある日，継母は男の子にずっしりとした木箱に入ったリンゴをあげようと言いました。リンゴを取ろうと男の子が木箱に首を突っ込むと，継母は箱のふたを男の子の首の上に勢いよく閉め，その首を落としてしまいました。出来心からだったとはいえ，この殺人継母は白雪姫やヘンゼルとグレーテルの悪意ある継母同様，陰謀を持っていたのです。小賢しい継母は，男の子の首をハンカチでもとに戻し，その手にリンゴを握らせました。そして自分の娘に言いました。「お兄ちゃんにリンゴを頂戴って言っても返事をしなかったら，ひっぱたいてやりなさい」。娘が言われた通りにすると男の子の首が転がり落ちました。マリーンは恐ろしさのあまり気が触れたように泣きました。この様子はグレーテルを彷彿とさせます。それを見て，うわべは愛情深く母性的で子を守ろうとした母は「自分のしでかした恐ろしいことは，決して人に話してはいけないよ」と言いました。そして，男の子の身体をバラバラに切ってシチューの中に入れてしまいました。マリーンはずっと嘆き悲しみました。その泣き声は，これから展開する物語のテーマ曲のように何度も語られています。

　夫が帰って来ると，妻は息子が親戚の所へ出かけていると伝え，あのおぞましいシチューを出します。マリーンは泣きながら兄の骨を拾い集め絹のハンカチで包み，百槇の木の下に埋めました。すると不思議なことが起こるのです。光がパッと差したかと思うと木のてっぺんから鳥が現れ，マリーンの心は喜びに満ち溢れました。鳥はマリーンが家に帰るまで歌っていました。

　　　　母さんが僕を殺し
　　　　父さんが僕を食べ
　　　　妹マリーンが骨を拾い
　　　　絹の布に包んで
　　　　百槇の木の下に埋めた

チュンチュン，僕は何てきれいな鳥なんだ！

　鳥は村人たちのところへ行って歌を披露し，お礼に金の鎖と子ども用の靴，石臼の三つ（またしてもこの数字です）を貰いました。鳥は家族の家に帰り，父親が家から出てくるまで歌うと，その首に金の鎖をかけてやりました。妹が出てくると靴を落としてやりました。二人が美しくて心の気前のよい鳥だと大声で話しているのを聞いて，継母も外へ出て行きました。すると鳥は，石臼を継母の頭上に落とし，殺してしまいました。継母が死ぬやいなや，鳥は男の子に姿を変え，家族は本来のメンバーになって家に戻り，食事を取りました。ヘンゼルとグレーテル同様，ここでは亡くなった母の力を借りて賢い鳥が悪巧みをした継母に復讐し，死から蘇りました。また同様に，百槇の木の少年は自ら復讐する立場から，家族のもとに戻る無抵抗で罪のない姿に戻っています。

　父親は悪い継母に騙され，ヘンゼルとグレーテルに至っては悪巧みの片棒を担ぎながら，なぜこのような結末になるのでしょうか。どうして父親はその罪に問われないのでしょうか。一つの可能性は，童話の中の論理では，強欲で悪役の継母の存在が父親の共謀を拭い去り，善人にしてしまうことです。ブルーノ・ベッテルハイムが『昔話の魔力（*The Uses of Enchantment*）』（波多野完治・乾侑美子訳　評論社，1978年）の中で次のような解説をしているのは有名です。実親は子どもにとって，「良い」親であると同時に「悪い」親でもあり，子どもは実親に対し，強い愛情と憎しみを抱きます。童話に見られるように［訳注：二つの相反する側面を］「引き裂いて」しまうことによって，子どもは実親に対する二つの異なる感情（両面感情）を処理することができると言っています。

童話を通して見たエドナ
——涙一粒こぼさない計画犯

　まず父親から母親を，そして母親から継母を，そして善から悪を切り離すこの種の切り離しが，夫ではなくエドナ・ムンブロが犯したとされる罪を償わなければならなくなった一番の要因です。物語は童話と同じく，多額の財産を残し亡くなった（6千ドル）母親とかわいい子どもから始まります。エドナはグ

リム童話の邪悪な継母のように破滅的なほどの嫉妬と強欲，ナルシズム，そして一番か弱い者や他の誰より自分の欲求を優先させる本能的な渇望に満ちていたと思われています。人喰い妻が稚拙な論理（子どもが彼女の物を食べたのだから，文字通りその子どもを食べる）で行動するように，エドナは自分が誰にも分け与える必要がないと思っていたもの，この場合は遺産と夫婦の給料を手に入れようとしています。童話に出てくる無抵抗で罪のない少女たち（グレーテルやマリーン）のとめどなく流し続ける涙が，少女たちが善良な犠牲者であることを裏づけているのに対し，エドナは対照的に涙一粒こぼしません。エドナが裁かれた童話の論理により，エドナは泣かないこと[36]で，被害者とは逆の立場，加害者にすらなるのです。

　三という数字はどの童話でも大変重要ですが，エドナの場合も悲劇的な役割をしています。エドナが三人家族で住んでいた事実はヒルダにとって致命的でした。百槇の話の継母と同じく，エドナは実子のことを最も愛し，その反論にもかかわらずヒルダを見る目は恐らく「憎悪でいっぱい」でした。実際，エドナの最初の夫とラルフの最初の妻がいずれも突然死んだと書いてあれば怪しいと思います。陪審員もその事実を認識していたでしょうから，事件はエドナによる初めての殺人ではなく三つ目の殺人ではないかと思うのも無理はなかったでしょう。そして白雪姫や百槇の話と同じく，多くの観衆と恥辱の中でエドナの有罪が確定しました。家では殺人計画が生まれ実行され，身の毛がよだつような料理が食べられますが，悪事はすべて公共の場，白日の下で曝され，子どもが復讐を果たすのです。エドナの物語は，型通りの展開と残忍な継母，そして衝撃的な報復を期待する私たちの欲求を満たすために，しつらえられたのではないでしょうか。

　中でも恐らく一番重要なのは，童話の継母のようにエドナは腹黒い計画犯で，悪事を働く女とされています。これは，被害を受けるばかりの無抵抗な子どもと，うまく言いくるめられ騙されて共謀を図ってはいるものの，基本的には罪のない父親と明らかな対比を成しています。このようにエドナもまた他の邪悪な継母同様，物語そのものの面白さにとって，不可欠な登場人物となっています。エドナが邪悪さと陰謀，何よりも罪を犯す直接の原因となった力がなければ，物語を進める力も行動も，文字通り物語もなかったでしょう。ハーバード

大学の民族学者のマリア・ターター博士は、ディズニーの白雪姫の継母について「物語のエネルギーを握る人物であり…その破壊的、妨害的、対立的な存在によって映画が文化にしっかりと定着した」[37]と言いましたが、それはエドナのことだったかもしれません。事件のストーリーの何が世間に興奮を与え、仰天させたのかをよく見るとわかりますが、エドナはスリリングなストーリー展開と罪のない被害者の子ども、そして悪巧みを働く罪を犯した継母という何世紀にもわたって深く根づいたこれらの関連性のせいで有罪判決を受けたのかもしれないのです。

古代における継母像
——大昔からの偏見

　エドナ・ムンブロ裁判の陪審員たちは気づかないうちに、西洋文学の歴史の原点にさかのぼるほど古い文化的な論理に基づいてエドナを有罪にしていたのかもしれません。またエドナの事件に対する大衆の反応を左右した童話自体も、さらに古い文献や信条に影響されていました。古典学者のパトリシア・ワトソン[38]は、'saeva noverca' つまり「邪悪な継母」は、古代ローマ神話や文学ではストックキャラクター（お決まりの登場人物）だったと指摘します。特に、継息子を毒殺し遺産を手に入れようと企む継母や継息子を誘惑しようとする継母が、ローマ人のお気に入りだったようだと言います。ヘーシオドスは著書『仕事と日々』(松平千秋訳　岩波書店，1986年)の中で、良い日もあれば悪い日もある、それを言い換えて実の母となる日と継母となる日と見ています。またラテン語の'noverca' という言葉は、継母に危険とか偽り、裏切りの意味合いを含めて使われていました。たとえば、軍隊用語で 'noverca' はキャンプ設営には危険すぎる、敵の目につきやすい場所などを表す言葉として使われていました。

　ワトソンによれば、古代ギリシャ人も継母を危険と結びつけていました。プラトンは妻を亡くした男性は、子どもがいるなら再婚してはいけないと警告し、エウリピデスの悲劇『アルケスティス』[39]では、アルケスティスが自分の死後、再婚しないよう夫に懇願します。「お願いですから再婚し子どもたちに継母を迎えないでください。継母は嫉妬から良からぬ気持ちを持ち、私たちの子ども

に手を掛けることでしょう。そのようなことは決してなさらぬよう，心からお願いします。継母というのは前の結婚の子どもを目の敵にし，毒蛇ほどの優しささえ持ち合わせていないのですから」。

　継母は死後も変わらず邪悪だと考えられています。フィリップの詩集にこんな詩[40]があります。「少年は継母の墓に一礼した／小さな石だ／死が継母を変えたのではないかと／少年が墓にこうべを垂れたとき，墓石が倒れ少年は死んだ／継子よ，継母にはその墓石にさえ近づくなかれ」。またセネカは継息子を毒殺した罪に問われている継母の物語に触れています。拷問を受けながら実の娘の名を共犯者に挙げた女。セネカはその女を「忌むべき女。実の娘にさえ継母のような存在だ。人を殺しても自分は死ぬことすらできないであろう」[41]。

　それから何百年も経ちましたが，エドナの事件の中に歴史は繰り返し，それはまさに何世紀にもわたり描かれてきた継母像であり，先入観の表れでした。エドナの場合は魔女が殺害に使ったような毒ではなく火で，手に入れようとしたのは夫とその愛と関心，収入にとどまらず，「邪悪な継母（saeva noverca）」のように継子の遺産をも狙っていました。結局のところ，当時の人々は殺害行為自体がエドナの心の奥深くにある紛れもない悪意を満足させたのだと思っていたようです。拷問を受けて実の娘に罪を着せたあの女や，死してなお墓石で継息子を殺した女のように，悪を働くための悪を心に持っていたと。

　エドナの物語は多くの点で私たち自身の物語でもあります。エドナは現実の人間でしたが，彼女は神話という色眼鏡を通して見られ，その姿は何千年，何千キロの時空を経て作り上げられたパレットの絵の具を使って，大胆かつ繊細に描かれました。セネカの発言やプラトンの社会批判の継母ように，エドナもまた空想と現実，歴史とドラマの間をさまよっています。グリム童話に描かれた人喰いやナルシストや殺害鬼のように，エドナは私たちの心をつかんでは突き放し，だからこそ非難を受けるのです。有罪。神話と日常を紡ぎ合わせたエドナの物語のせいで，いまだ私たちはエドナにたどり着くことができません。エドナが何者であるかの確信を失い，彼女が本当にしたことを解明する希望を捨ててしまったら，エドナという人物を理解することは永久にできないでしょう。

新たなおとぎ話と昔からの文化的論理
――ヒルドゥル

　むかしむかし，継母は悪だと思われていたことがありました。しかし今では，継母でない人たちやわずかではありますが継母の人でも，状況は良くなっていると言いたい人はいるでしょう。本当にそうでしょうか？　数字の上では，ステップファミリーも継母も最近ではごく当たり前になりました。けれど，継母像は偏見のない現実的なものになっているのでしょうか？　継母人口の大きな変化に伴って昔からの鬼継母像が，チェックのエプロンに手作りアップルパイのイメージに変わるのでしょうか。答えは NO です。

　多くの人が実際の経験から知っていることですが，鬼継母のイメージは健在で，いまだに継母自身や継母を持つ家族に屈折した感情をもたらしています。また，ステップファミリーが一般的になったことで新たな固定観念が生まれています。「ステップモンスター」の裏の顔は，今どきの別人の顔に生まれ変わりましたが，それも「ステップモンスター」同様，まったく現実離れしたステレオタイプで，私は「捨てマム（stepmartyr）」とか「ママ母（stepmom）」とかと呼んだりしています。このちょっとポップなタイプの継母は，大抵若くて「イケていて」昔ながらの退屈で頼もしいお母さんとは逆のスーパーウーマンで，継子の敵ではなくて良き友人，そして最初こそ自分勝手で呆れた人ですが，後にすべてを継子に捧げることこそが最大の喜びだと気づくのです（ジュリア・ロバーツ主演の映画『グッドナイト・ムーン（原題：*Stepmom*）』やサリー・ビョルンセンの小説『独身女性が男性とその子ども，前妻と結婚するためのガイドブック（仮訳）（*The Single Girl's Guide to Marrying a Man, His Kids, and His Ex-Wife*）』[42] はまさにこのパターンです）。ひた向きでやる気に溢れた新しいタイプの継母はポップカルチャーの申し子で，決して過去を振り返りません。彼女たちが何より求めているのは，正しいことをして，継子に気に入ってもらうことなのです。

　確かに，メディアが優しくて穏やかな継母のイメージを伝えてくれるのは素晴らしいことです。それに恵まれた環境のお陰とはいえ，継子の良き友だちとなれる人も間違いなくいるわけです。周囲の誰にとっても健全でやり甲斐があ

ることでしょう。しかし，ステップファミリーの専門家のエリザベス・チャーチ博士[43]は，「たとえ自分の子どもでなくても，子どもからひどい扱いを受けていようと，子どもを優先すべきだ」のような押しつけは，うわべは新しくても，実は昔からの神話の焼き直しに過ぎないと言います。アイスランドに何百年も前から伝わるヒルドゥルの物語では，ある女性が国王と結婚することになりましたが，それには条件がありました。まず3年間，王の娘インゲビョーグと二人きりで暮らすことでした。その間，女は娘の世話をし，亡くなった実母がかけた三つの悪い魔法を解こうと奮闘しました。チャーチは，童話の『優しい継母(おかあ)さん（*The Good Stepmother*）』やオルセン姉妹主演の映画の『ひとりっ娘[2]（原題:*It Takes Two*）』には共通したテーマが流れています。それは，子どもが父親のために継母を選び，継母は子どもとの絆が夫との絆より大切だとして子どもを最優先し，家政婦のように子どもに尽くす，というものです。グリム童話が空想の中で子どもが継母は悪，父親は善だと空想で思わせるのであれば，ヒルドゥルの話の現代版が溢れれば，子どもは「パパと継母はお互いのことは大して関心がない。僕こそが世界の中心だ」と思ってしまうでしょう。

　ヒルドゥルから現代に続く物語では，継子はフィクションの世界で力をつけてきました。「シンデレラは継母のために働かされましたが，今では善良な継母が継子のダンスにつきあっています」[44]とチャーチは言います。ヒルドゥルの神話は，それ以前の邪悪な継母の時代の罪滅ぼしをしているかのようです。とても受け入れ難いことですが，事実多くの女性がいい人に思われたい，好きになってほしい，そして何が何でも意地悪な継母には思われたくないと懸命なのです。インタビューで女性たちは次々とその気持ちを訴えました。

　　怖くて継子に自分で片づけるように言えません。ひどい継母だと思われるんじゃないかって。

　　自分の娘が無愛想にしていたら怒鳴れるし，時には大目玉を食らわせることもあります。でも，継息子には絶対しません。あの子の気分を害したり，怒らせたりしないためなら何でもしますよ。

悲惨です。でも,怖いので(成人した継子たちのそばでは)ひっそりと小さくなっています。継子が言ったことが気に入らなくても,面と向かって言い返す度胸がないんです。他の人になら言えるんですけどね。もう何年も経ちますが,まだ黙ってやり過ごしています。

　チャーチは,継母のレッテルは強力な猿ぐつわだと指摘しています。継母の多くが,日々耐え忍んでいるのです。ヒルドゥルは,継母が恐れから過剰に償おうとしてしまう傾向の現れです。
　継母という言葉に宿る文化的ニュアンスは広がったかもしれませんが,決して以前より現実的になったわけでも,私たちの本当のニーズや気持ち,本物の自分を寛大に受け入れてくれるわけでもありません。一方では,自己犠牲とすぐに湧き上がる愛情という神話[44,45]とナルシストで邪悪という神話のはざまで,私たちは二つのまったく相入れない継母像のどちらかを選べと言われているのです。継母の「進化」を「破壊的で絶対的な権力を持つ」から「召使のように服従し卑下する」までの段階に表すことができますが,その二つの間にはほとんど現実的で心休まるような場所はないのです。継母をしていくうえで,時に神話のような力が必要なのかもしれません。

第 II 部

子連れ再婚の現実

Chapter 3

「あんтананка母親じゃない！」
ステップファミリーの5つのジレンマ

「あんたなんか母親じゃない！　あんたなんか母親じゃない！　あんたなんか母親じゃない！」

　継子の一番の決まり文句です。これには，逃避，挑発，嘲笑が込められています。「あっちに行って」「ほっといて」「あんたの言うことなんて聞くことない」。これは警告であり，罰であり脅しです。あなたはただのよそ者で，つけ足しに過ぎない。本当の家族じゃない。こうした言葉は最悪の侮辱として幾度となく蘇ってきます。まるで頬を引っぱたかれたかのように，あるいはあなたが継母として「ステップファミリー」という小さな火を大きな炎にする役目を負って無理を承知のうえで煽いでいるというのに，その上に水をバシャリとかけられたかのように。あんたなんか母親じゃない。それがどんな状況で言われたとしても，その言葉こそが問題の核心です。他に何を言おうと，どんな口論をしようと，どんな人間関係であろうと関係ありません。すべてはその言葉から始まり，その言葉で終わります。歴然たる事実なのです。

　継母と話したり，心理学者の研究を読んだり，専門家に話を聞いたりすると，ステップファミリーの真実，つまり，ステップファミリーは初婚家族とは違うという真実がにわかにはっきりしてきます。継母と継子が葛藤もなく共存できるとか，互いに共有できるとか，愛情を持てるという考えは，とても切なく感傷的で，時に，葛藤によって自分が真っ二つに張り裂けそうに思われるほどです。しかし，この考えは間違いであることが研究でわかっています。ステッ

プファミリーは核家族ほど強い結びつきもまとまりもない，という事実は多くの研究[46]によって明らかで，継母にとっては当たり前なのに，ほとんど語られることがありません。家族の結びつき[47]は，伝統的な家族に求められるものとは同じではありませんし，頻度も高くありません。継親子の気持ちのうえでの関係は，実親子の関係ほど親密ではありません。実際，継親子関係の特徴は，喪失感や忠誠心の葛藤により継子が継母に対し拒絶や反発することから生じる大きな摩擦です。また，ステップファミリーの専門家，パトリシア・ペーパーナウが「ステップファミリー構造」[48]—実際に家族の中に誰か（主に継親）よそ者がいる構造—と呼ぶ問題もあります。継子と同居であろうが実子がいようが一人で夫の家族にやって来ようが，家族としての結びつきを強くしなくてはと感じつつ，何年もステップファミリーは違うという事実と格闘するでしょう。しかし，臨床心理学者でステップファミリーの専門家のE・メイビス・ヘザリントンによる画期的な長期研究によれば，成人継子で継母に親近感を抱いている人はたった2割[49]に過ぎませんでした。同様に，両親が離婚した173人の成人に対して行ったヘザリントンの包括的な研究[50]から，心理学者のコンスタンス・アーロンズ博士は，親が再婚した子どものうち継母を親だとみなしているのは3人に1人に過ぎないのに対し，継父を親だと思っている人は半数以上に達していたことに気づきました。また，母親が再婚した人の半数はその再婚に満足していましたが，父親の再婚に満足していたのは3割足らずでした。この無味乾燥な数字に人間の感情や反応を入れて，数字の背景にある実際の家族の暮らしや気持ちを想像してみると，話は原点に戻ります。ステップファミリーは誰にとっても大変ですが，中でも継母は最も難易度の高い役割だということです。

　34歳のソーシャルワーカー，エラにとっての課題は家の内と外の両方にあります。エラ夫婦は三人の子どもに加えて，夫と前妻との間に二人の子どもがいて，全員10歳になりません。「彼の子は町の反対側に住んでいます。彼の子が週末家に来て，何かを忘れて行ってしまうと夫はすぐに車で行って届けようとするんです。私の子どもがちょうど夫とレスリングごっこをしようとしているときでもそうなので『ちょっと待ってよ。明日取りにくればいいじゃない。それとも明日の放課後学校で渡してもいいし』と私は言うんです。みんなが公

平に家族としての時間を取れるようにしたいので」。また，エラは夫婦と三人の子どもとでプロのカメラマンに写真を撮ってもらいたいと思っています。「問題は，それが彼の子どもに意地悪しているように思えることです」とエラは言います。「写真はだめですよね？　それとも構いませんか？　私たち家族は向こうの家族とは別だと思うんです。そうでしょ？」。混合家族という呼び方がありますが，家族がどう混ざり合っているのでしょうか？　どんな混ざり方を目指すべきでしょうか？　どのくらい親密なのでしょうか？

　継母と継子の対立を生むジレンマがいくつかあります。この章で取り上げる5つのジレンマがすべてを網羅しているわけではありませんが，継母や専門家との話から考えると，この5つはほぼ普遍的だと言えます。この「ステップのジレンマ」を知り，はっきりと書いてあるのを読むだけでも謎は解け，ステップファミリーの問題で打ちのめされそうなとき，戸惑いや孤立，至らなさといった気持ちを和らげてくれることでしょう。

ステップファミリーのジレンマ1
——混合家族という神話

　「あら，それ，うちとは全然違うわ」。インタビューの途中，大きな声で強調したのは，物静かでありながらはっきりした物言いをする38歳のアーニーです。アーニーの父親は妻と10年ほど前に死別し，その後再婚しました。「混合家族だか何だか知らないけど，くそ食らえだわ」。別の女性は笑いながら言いましたが，その言葉は私がインタビューした女性たちの共通の思いを言い得ていました。つまり，「混合家族」【→Column 5】なんて言葉も考え方も大嘘だと。このプロジェクトで話を伺った人のほぼ全員が，マスコミが好んで使う「混合家族」という言葉に対して嫌悪感を持っていました。私たちの多くには「混合家族」は嘘っぽく響きます。自分に実子がいて，継子が別のところで暮らしている場合は特にそうです。またある人にとっては，その言葉は問題を否定するように感じられます。ステップファミリーの本当の問題や苦労を全部覆い隠して，あたかも問題は収まり，スムーズに行っているかのように，あるいはそうあるべきだ，そうできるはずだ，と言われているようにさえ思われるのです。それ

を目標にするかのように「うちの混合家族」と呼ぶのは，ステップファミリーで達成する一番大事なこと—たくさんの不和や相違や衝突を乗り越えること—を軽視することです。ステップファミリーという道は平坦ではないのです。

　全米ステップファミリー・リソースセンター（NSRC：(旧名称) 全米ステップファミリー協会:SAA）は，ステップファミリーの専門家で作る協会であり，ステップファミリーに役立つ情報を提供する情報センターです。NSRCは心理療法士やその他の専門家に対し，「混合家族」という呼称を使わないように呼びかけています。その名称が非現実的な期待を生み出し，挫折感や罪悪感といった感情を引き起こしてしまうからです。NSRCのコーディネーター，フランチェスカ・アドラー＝ベーダーは，「混合家族」という言葉がいかにステップファミリーの現実からかけ離れているかを説明してくれました。「その言葉はステップファミリーを一つのまとまりとして描いています。でも，二つの家がある子どもにはどう響くのでしょうか？　その子はどちらかを選ばないといけないのでしょうか？　それに，ステップファミリーは結びつきが弱いにもかかわらず，とてもうまく機能することがあると研究で示されています。ステップファミリーでは人と人との結びつきは様々で，その結びつきの度合いも様々です。混ざり合うことが当たり前だとしてしまうと，ステップファミリーはそれぞれ違うだけなのに，当たり前ができない挫折感に苛まれることになります」。

　パトリシア・ペーパーナウは，自身の研究や論文で「混合家族」という言葉を使わず，このように言っています。「ステップファミリーが混ざり合うということは，誰かが犠牲になっているということです。『家族』が昔ながらの親子関係をモデルにしている場合は継親に負担がかかり，夫婦が新たな期待やルールをたくさん持ち込んだりしている場合は，性急すぎて子どもに負担がかかります」。つまりペーパーナウによれば，家族が早くまとまったり混ざり合ったりするのは，問題を隠している表れだと言います。しかし，問題はまだそこにあり，必ず「また現れて悩ませる」のだとペーパーナウは言いました。

　それなのに，多くの継母が（毎日，あるいは休日や隔週末，耐え難い日を過ごしていたとしても），いつか混ざり合えると期待し続けています。それはなぜでしょうか？　夫が完璧に混ざり合った家族というミックスジュースを作る幻想を持ち続けたい気持ちはわかります。私たちの生活が何の努力もなしに愛

第3章　「あんたなんか母親じゃない！」：ステップファミリーの5つのジレンマ　63

情に溢れた美味しいスムージーだったら，夫も罪の意識から開放されることでしょう。心理療法士の仕事は，私たち継母に希望を抱かせ，気分を晴らす手助けや，感情とうまくつきあえるようになるための手助けをすることです。だから，多くの心理療法士が「混合家族向け治療」を標榜しているのかもしれません。継親向けの本も私たちを励まし，楽観的にさせるのが目的です。でも時として，その素晴らしい目的のために，この不適切で非現実的な言葉を使って，不幸で非現実的な神話を語り続けるのです。一方，よくわかっているはずの継母はどうでしょうか？　なぜ「混合家族」の周りを堂々巡りしているのでしょう？　私たちが受け入れているのは単なる言葉ではありません。その裏にある，すべて完璧に行くはずだという考えも合わせて受け入れているのです。その考えのためにイライラし，ひねくれ，傷つき，挫折したような不快な気分になるのに，なぜでしょう？　ギャビーは，三人の成人継子を持つ五十代の快活な女性ですが，やはりこの混合家族という考え方に相当苦しめられてきました。ギャビーは言いました。「彼の子たちみんなに，もう一度ユダヤ教の休暇に来てもらおうと頭の中で思い描いています。一度実現したときは，とてもうまくいきました。それで翌年も来るよう誘ったところ，継娘が夫に言ったんです。『もう終わったでしょ』って。継息子に至っては『何でまた行かなきゃならないわけ？』と聞いたそうです。私，傷ついて泣き出してしまいました。馬鹿にされた気がしました。それなのにまだ休暇のときに来てほしいと思っています。どうしてかしら」。ギャビーは泣き出してしまいました。

　混合家族というイメージが根強く残っているのは，ギャビーのように私たちが混合家族になることを望み，必要としているからではないでしょうか。そんなに簡単にできないようなリスクを背負い込んでいるのは恐ろしいことです。継子たちが望んでいないのは明らかなのに，なぜ継子に来てもらうのがそんなに大事なのか，なぜそこまで頑張るのかをギャビーに尋ねてみました。ギャビーは少し考えて言いました。「夫は若くありません。娘のスーキは夫にとって遅くできた子ですし，私自身ももう若いとは言えなくなってきました。スーキのそばに私たち以外の誰かにいてほしいんです。スーキを助け，愛し，家族は三人じゃないと思わせてくれる人。私たちが歳をとって世話が必要になったときにも，スーキのそばにいて力になってやってほしい。一人ぼっちで私たちの負

担を抱えてほしくないんです」。ギャビーは最初こそ夫が歳をとっているという具体的な話から始めたのですが，最後は家族とか連帯感とか，一人じゃないとか，これからも持続する関係，といった単純な理想に戻ってきました。これこそがギャビーが本当に望み，努力しているもののようです。理想化した連帯感を追求することが，ギャビーの自尊心や幸せと引き換えになっているにもかかわらず。

　家族はそこにいる人が違うように，家族の文化もそれぞれ異なります。ですから，それぞれの家族はおのずと自分たちの期待や希望に沿ったものになります。継母の中にはギャビーとは違って継子が休暇や週末の誘いを断るとホッとして，またの機会があるからプライベートな時間を楽しもうと思う人もいます。でも，私たちの多くは混合家族になるという夢を捨て切れません。その夢のために私たちはずっと悩みますが，同時に安心を感じます。素直に信じられない一方で，諦めきれないものを期待しながら。

ステップファミリーのジレンマ2
──母親らしい継母という神話

　混合家族神話が拠り所とし，神話が生まれる根拠となっているのはもう一つの神話（広く支持され，大切にされる非現実的な概念）の存在です。それは，女性はいつでもすべての子どもを愛せるはずだというイメージです。その期待は情け容赦なく，例外を一切認めません。自分の生活や仕事，プライベートで手一杯の成人継子に対しても，イライラ怒りっぽく継母を厄介扱いする若い継息子に対しても，継母など消えてしまえばいいと思っている嫉妬と怒りでいっぱいの継娘に対しても例外にはならないのです。どうやら自分の子どものためすべてを投げ打つ女性が賞賛されることから，自分の子でない子どもにも同じように自らを犠牲にすることが期待されているようです。事実，継母向けの本には，継子の母親でないことは限界であり，諦め受け入れるべき悲しい事実としています。そして友人やカウンセラーやマスコミからこんなアドバイスをよく聞きます。「自分の子だと思わないこと。自分の子どもであるかのように話さないこと」とか「子どもには実母がいるのです。それを忘れないように」な

どです。とは言うものの，一般的に私たちの文化は，継母は継子の母親ではないとはいいながら，その裏の側面，つまり辛い継母の事実は認めようとしません。私たちは継子を産んだわけでもなければ，大抵は赤ちゃんや幼児の頃を知っているわけでもありません。継子のほうも私たちの子だと思っていません。ですから，継母が継子に対して母性を感じない，感じられないのは当然なのです。子どものいる男性を選んだのは確かですが，その子を選んだようなふりをする（継母の多くがそうですが）のは誠実ではありません。私たちが選んだのは彼であって，子どもは彼についてきたのです。私たちが継子に対する不満を漏らせば，それに共感できない人たちはこう言うでしょう。「どういうものかわかっていたでしょう」。「何を期待していたの？」。

継母の立場というと馴染みが薄いのですが，まったく知らない世界でもありません。たとえば，継母の「自分が選んだ」関係を手厳しく批判する人でも，「自分で選んだ」にもかかわらず必ずしもうまくいくとは限らず，時として対立してしまう相手（すぐに思い浮かぶのは姑です）がいるかもしれません。「母親のいる男性と結婚するとどうなるか，わかっていたはずでしょ。何を期待していたの？」と言う姿を想像してみてください。あるいは愛する夫が，自分の妹と折り合いが悪いこともあります。こうした結婚にありがちなギクシャクした関係や対立関係が他にも存在するのに，継母と継子の関係が対立していたり，ちょっとうまくいかなかったりするだけで人は不快に思うのです。なぜなら人の心には継母に不利な仕組みが仕掛けてあるからです。それは，たとえ自分の子でないにしろ，子ども嫌いな女性など「おかしい」という偏見です。

ですから私たちの，継子に対する気持ちが明らかに母親らしくないと思い悩んだり，罪の意識を感じたりするのです。ある継母は腹立たしげながらも恥ずかしそうにこう言いました。継娘の匂い（不快ではないが独特な匂い）やその子の不器用さで気分が悪くなることがあると。「耐えられないほどの日もあります」。そう切羽詰まった様子で打ち明けた彼女は，そのことが自分の魂の闇の部分だと確信しているように見えました。継子の引き起こす厄介事で気が狂いそうだと訴える継母もいます。どれも明らかな現実であり，耐え難く見逃し難い象徴的な事例ばかりです。継母は，まるでそれがすべてを物語るかのように，こうした細かいことや不愉快な点にこだわる傾向があります。ある意味そ

うかもしれません。そうした些細なことは，母親と同じようには耐えられない私たちの無能さと，自分自身を許せない無力さの複雑な形での表れです。私たちが嫌だと感じるのは，継子の独特な行動だったり，癖だったり，匂い，あるいはリビングの床にぐちゃぐちゃになった汚れた衣類のはずで，継子本人のはずはない。継子が嫌だと思うと自分が嫌な人間に思えてしまうので，私たちはそんなはずはないと信じる必要があるのです。

　ある女性は継子のいない週末をどれほど心待ちにしているかを語ってくれましたが，明らかに罪の意識を感じているようでした。否定的に首を横に振りながらこう言いました。「私には母性回路という部品が欠けていると思います」。それでは何も説明できないことに気づいていないようです。どういう意図で言ったのかはわかりませんが，母親的な行為であれ母親的な感情であれ，彼女に母性回路が欠けているかどうかは，継子への接し方では判断できません。仮に母性回路が存在するとしても，それは母親のものです。それがあまりにはっきりした真実であるために見過ごし，もっと複雑でもっと間接的で，もっと辛いものを探し出し，何とか継子への葛藤を説明づけようとします。継子は実母を愛するようには私たちを好きになってはくれません。それが継母の苦しさのはずです。でも，口に出さずとも今まで何度こう思ったでしょう。「心配ご無用。私はあなたの母親になんてなりたくありませんから」。

ステップファミリーのジレンマ3
――難しい発達段階

　母親なら，子どものかわいい段階はいつか終わってしまうことがわかっています。子どもへの感情の潮が満ちたり引いたり，強まったり弱まったり，日々変わるのを経験しています。また母親として挫折したり，苛立ったり，追い詰められたりするのに慣れています。そしてたまに母親同士で息抜きし合います。「2歳より4歳のほうがよっぽど大変になるって，どうして誰も教えてくれなかったのかしら。もう耐えられないわ！」とか「十代女子はみんな島流しにすればいいのよ。似たもの同士で勝手にやって」。でも，継母なら口に出すのはもちろん，そう思うことすらタブーに感じられます。「もし，調子の悪い日に

私の本心を話したら」，十代の継息子を持つ女性が笑いながら言いました。「児童保護施設に電話しなくちゃいけなくなるわよ」。継母は，母親のようにうっぷんを晴らせないのです。専門家は，母親歴が長い人ですら継子とは難しい関係が延々と続き，どうしようもなく感じることがあると指摘しますが，恐らくそのことも一因なのでしょう。たとえば，ステップファミリー向けの治療を行う療法士，ジェイミー・ケレム・ケシェット[※51]は，継母の患者は継子の行動が「その瞬間の感情ではなく，常に持っている意見や態度の表れ」だと思っていることに気づきました。継子が「話したい気分じゃない。あっちに行って」と怒鳴れば，継母は単にそこから逃げるだけではないでしょう。その言葉を事実ととらえ，何日間も子どもを避けるかもしれません。それ以上の拒絶を恐れ，当然怒りを覚えているでしょうが，それだけでなく継子の突発的な言葉を鵜呑みにしてしまっているからです。ケシェットはこれを「継子の言葉の文字通りで長期的な解釈」と呼び，継母と継子の間だけでなく，夫婦の間にも亀裂が生じる可能性があると指摘しています。

　特に，継子と一緒にいるのが辛いと感じるのは，継子と継母の関係が完全にでき上がっていない場合や，その思春期の子が優しく，かわいらしかった頃を知らない場合かもしれません。一つ良いお知らせは，こうしたつきあいにくさは，実はおばあちゃんたちが「そういう時期」と呼んでいたものに過ぎないかもしれないことです。研究でも実体験でも子どもが「魔の2歳児」と呼ばれる2歳，4歳，そして特に思春期においては，継母が継子との関係を始めるには非常に困難な時期と言われています。こうした発達段階にある継子は自己形成に苦しみ，大人や権威のある人を誰彼かまわず拒絶し，人を寄せつけません。

　2歳児の癇癪は誰にとっても厄介なものですが，継母は恐らく他の人よりも幼児の不満を個人的に向けられたもの，あるいは個人的な否定と受け止めてしまいます。そして，自分が子どもの気持ちを逆撫でしているのではないか，そばにいるだけでストレスを与えているのではないかと考えてしまいます。それでも2歳児は3歳児になり，愛くるしい魅力を身につけます。言葉もはっきり話せるようになり，比較的うまく使いこなせる4歳くらいになると，子どものイライラや癇癪は大体静まっていきます。反面，この発達段階になるとおしゃべりで反抗的で，きつい一言もはっきり言うようになります。「あんたなんて

嫌い」は，自分がおつきあいしている男性や結婚した男性の子ども—そんな言葉さえなければ愛くるしい子なのに—から聞きたくない一言でしょう。また，4歳という年齢は異性の親に対し愛着を感じる年齢です。たとえば，男の子は母親に愛情や性的関心を抱く一方，父親に対しては報復を恐れ，避けることがあります。子どもの中では父親が究極のライバルなのです。同じことが女の子でも起こります。父親に愛情を感じて育つと，「次は私がパパと結婚する番ね！」（うちの長女の継子が4歳のときに言ったらしいです）などと言うかもしれません。子どもからそんなふうに言われたら親としては愉快で嬉しいでしょうし，同性の親は悪者になって，この時期を笑ってやり過ごすこともできるでしょう。でも，継親にとってはそうはいきません。34歳のローリーはこんな話をしてくれました。「誰もがかわいいと思うでしょうね。うちの4歳半の継娘が私と夫のところへやって来て，二人の手をほどいて自分が夫と手をつなぐんですから。あの子はまだ小さいんだ，と自分に言い聞かせています」。

　ニューヨークの精神分析医のニコラス・サムスタッグ博士は，継母は一般的に「自分が正しいかどうか，特に不安になりやすい」と話してくれました。継母はこんなふうに思うかもしれません。「私は彼と手をつなぐ資格も一緒にいる資格もないけど，彼の娘はその資格がある」。サムスタッグが指摘しているように，こうした不安感によって「継母はごく普通の愛情関係にさえも傷つき，怯えかねません」。4歳の子どもは他人を寄せつけないほど独占欲が強く頑固で強引ですが，全般的には人とのやり取りや情緒的な結びつきに関心があり，この状況は1，2年，早ければ数ヶ月で収束します。統計によれば，未就学の子を持つ男性と結婚した女性が一番うまくいくことがわかっています。継子がかわいく愛くるしいときに過ごせるのは特権（疲れるのは承知ですが）ですし，継子が恐怖の思春期や騒々しい二十代になってさえも，以前からの家族としての歴史があればまだ耐えられるものなのです。

　しかし，継子が思春期のときに足を踏み入れた継母は，想像を絶する激流に飲み込まれることがほとんどです。私は十代女子のエキスパートを自認していますが（広告業界で仕事をしていたとき十代女子の顧客層に特に関心を持ち，その後市場調査会社の共同創設者として十代女子に関する綿密な調査を実施していた），それでも継娘たちの行動は不可解で，ゾッとすることもしばしばで

した。

　実際，彼女たちを見ていると自分の中高生の頃を思い出しました。どうしようもないほど不安定で（「大好き！，大嫌い！」），おしゃべりで，自分の都合ばかり。自己中心的でわがままという典型的な十代女子は，我が子でも堪え難いものです。それが自分の子でなければ，普通は拷問です。40歳のドラはこう言いました。

> あれでよく結婚生活がもったと思いますよ。結婚1年目，18歳の継娘は来るたびに突然号泣し始めたり，ドラマみたいな展開やくだらない話で注目を集めたりして，私を悪者にしようとしました。それで父親にこう言うんです。「パパは変わっちゃったわ。ドラと結婚してからすごく厳しくなっちゃって。こんなに変わっちゃうなんて」と泣き始めるんです。これが始まるのは決まってあの子が何か頼むときでした。最初はお金だったのが，少し経つと門限とか高価な靴とかをねだって，私たちがダメだと言うとこれです。あの子，顔を真っ赤にして，私のことを責めていました。

　この話がすべてを物語っています。夫婦仲を引き裂こうとし，一日を台無しにしてしまうような感情の爆発，十代女子にありがちな自己中心的振る舞いとメロドラマのような展開。結婚したてで，まだ関係がひ弱なところにこんなプレッシャーを与えられたら，結婚の存続を左右する大きな問題になるのは当然です。事実，我が子でない十代の女子と同居する以上のストレスは思いつきませんし，それを裏づける研究[52]も数多くあります。十代の男の継子は，女の子ほど話もしませんし嫉妬心を露わにしませんが，だからといって扱いやすいわけではありません。男の子は他人に対し，攻撃的，反抗的で，怒りを向けたりしやすいと研究者[53]は言います。また，ウェイク・フォレスト大学の社会学者リンダ・ニールセンによれば，離婚後の母親が「父親をけなすようなことや憎悪に満ちたことを，娘に対してより息子に対して言うことのほうが多くなります[54]。これが特に悪影響をもたらすのは，男の子が父親に対して否定的な思いを持つと自分自身にも否定的になりやすい点」です。こうした自尊心の問題[55]は，他の問題の原因になるだけではなく，父親や継母への反抗にもつ

ながります。

　思春期とその問題は，アメリカの一大産業を作り出しています。思春期をテーマにした書籍は文字通り何千冊もありますし，ひっきりなしに専門のトークショーが流れ，親向けの雑誌には次々に特集が組まれます。これは，思春期の継子がいる再婚で最も危険なことの一つです。なぜなら，私たちは継子のために自分自身の生活をそっちのけにし，注意とエネルギーを自分やパートナーではなく継子に注がなくてはならず，疲弊してしまいます。思春期の子は自分のアイデンティティを確立し，全精力を注いで統合する大仕事に必死です。さらに，アメリカのような脱工業化社会では，思春期が長引く傾向があると社会学者[56]は指摘しています。多くの継母から寄せられた言葉を借りると，継子は30歳になってもそばにいるだけで「部屋の酸素を全部吸い取ってしまう」といいます。

　専門家は，十代の継子と同居する再婚の場合の，不安定で疲労困憊する時期を乗り切りやすくする戦略をいくつか挙げています。E・メイビス・ヘザリントン[57]は，お勧めの再婚のタイミングは「継子が10歳の誕生日を迎える前か，16歳の誕生日以降」だとしています。このスイートスポットを外すのは自己責任です，とヘザリントンは忠告します。さもないと，ちょうど拒絶と個の形成という十代の発達段階とぶつかることになります。しかし，多くの人にとってはこのアドバイスが現実的でない，あるいは，自己犠牲が多すぎて受け入れ難いと感じます。大人には自由な恋愛関係の権利がありますし，再婚のタイミングとしては悪いものの，多くの人がそれを乗り越えています。その場合は，期待度を下げ，「これは普通のことだ」と信じると一歩離れて状況を見ることができます。また，自分の「家族」はドラマ『ゆかいなブレディー家（原題：*The Brady Bunch*）』のような楽しい再婚家庭というよりは，「寮の友だち」のようになる可能性が高いと思えば受け入れやすくなります。

　思春期の子どもの治療を専門に行っている，ニューヨーク州オールバニー市の臨床心理士，ローレン・エアーズは，一番大切なことは自分の大人としての生活を大事にすることだとアドバイス[58]します。たとえば，思春期の子と一日16時間一緒に過ごそうと思ってはいけません。それがたとえ必要だとしても，です。十代の子に気持ちを注ぎ込む上限を設けてください。そして自分の

感情とその子の感情をきちんと分けて，その子の気分いかんで自分の幸せが左右されないようにしてください。際限ない要求があり，不安定な思春期の子に引っ張られがちになることをエアーズは認めたうえで，あなたの人生もその子の人生と同じように大事であると強調しています。この点において，継母は夫に手本を示し，「悩める十代の呪縛症候群」から開放する手助けができます。継子が一番かわいげのない発達段階で距離を置くことも，時折継子に嫌悪を感じることも，それらは思やりと突き放しを程よいバランスに保つ規範になる側面があります。私の下の継子は，全寮制の学校に行きたいから両親を説得するのに力を貸してほしいと私に言ってきました。私は，全寮制に行くことが母親と父親のどちらと住むかという難題を避ける選択肢だと気づきました。私には，親としてのセンチメンタルな気持ちや罪悪感がなく，判断に迷うことがなかったので，少し物理的な距離があったほうがうまくいくのではないかとわかりました。結局，継娘は全寮制の学校で自立した大人へと成長し，結婚生活を破壊しかねなかった思春期のドラマが身近で起こらずに済みました。そのおかげで継子とより親しくなれたのは確かです。

　パトリシア・ペーパーナウは，十代の継子がいる再婚を乗り切るいくつかのアドバイスをしています。インタビューの中で，ペーパーナウはお勧めの方法の概要を話してくれました。まず，継子と何かするときは，一対一（父と子，継母と継子）ですること。というのは，集団での活動は，そこから抜けたい，反抗したいという十代の子の衝動を駆り立ててしまうとともに，仲間／よそ者意識をよりはっきりさせるからです。ホームドラマみたいになりたいという気持ちを抑え，「みんな一緒」の活動は極力少なくしましょう。二つ目に，競争ではなく協力するアクティビティを選びましょう。パズルや映画やお菓子作りは十代の子と一緒にできるうえ，直接お互いに向き合うのではなく他のことに集中できます。最後にもう一つ。十代の継子がいる夫婦にとって，夫婦の時間は不可欠です。夜に寝室で過ごすだけではだめです。毎週デートする夜を作ると，夫婦の活性化にもやすらぎにもつながります。

　残念ながら，こうした実践的な対処法は，不十分で，遅きに失してしまうことがあります。E・メイビス・ヘザリントンが改めて言っているように，親の離婚を経験した十代の子[59]が，深刻な社会的，情緒的問題を抱える可能性は

それ以外の子どもの二倍にもなります。十代の継子との同居に継続的な困難が伴う場合は，母親のもとへ返すなり，その他の生活環境を考えるなりすることも一案です。その他の選択肢を失敗や悪意の証だと否定しないでください。思春期の子どもが引き起こしがちな負担や燃え尽きから結婚生活を守る必要があるのです。

継母が十代や成人した継子との同居をやめたり，継子が前進したりすると（成人，大学進学，就職，自分自身の恋愛関係）大きな負担がなくなり，関係が改善する傾向があります。厄介事も敵意も一日，二日耐えれば済むならイライラも軽減されます。また，継子の関心の中心が継母ではなく，恋愛や大学での専攻に移っていくと，拒絶も少なくなります。ともすると，気がつけば継子にとってかけがえのない相談相手になっているかもしれません。「私が役に立てたのは，親じゃなかったからじゃないかしら」。ギャビーは継息子が安全なセックスについてのアドバイスを求めてきたことを話しながら言いました。もしかしたら私たちには，胃が痛くなりそうな継子の人生の急カーブに動揺したり，巻き込まれたりすることなく子どもを思いやれる潜在的可能性があるのかもしれません。

ステップファミリーのジレンマ4
——競争心

競争は往々にして，継母継子関係の中心にあり，それがすべてを物語るようです。お金や，夫／父親との距離，夫／父親と過ごす時間をめぐる競争。影響力における競争，つまりどちらが力を持っているか——明らかな関係性と直接性を持ち，現在を味方につけた継母か，それとも同じくらい影響力のある甘美な思い出と感傷と哀愁が響く懐かしく魅惑的な過去の支配を意のままにできる継子か？——この競争は道路をふさぐ巨大な岩のようなものですが，誰もが無視している事実です。しかしこの不快な現実を無視しても，それは歴然と残ったままなのです。二人の成人した子を持つ男性と結婚している43歳のアンジーは，ステップファミリーの典型的な人間関係といえるこんな話をしてくれました。

夫家族は私が来る前，いつもみんなでスキーに行っていました。でも私は，スキーはできないし，寒いのが大嫌いなんです。それなのに毎年言い出すのです。「スキーに行こうよ。昔は楽しかったよね」って。あの子たち，私ができないのを知っていてずっと言い続けるので，傷つき嫌な思いをしました。去年の冬，私は家にいるからみんなで週末スキーに行ってくれば，と夫に言いました。それが妥協点だと思って。それでみんなで出かけて行きました。私は穏やかで静かな時間を過ごせるだろうと思ったんですが，取り残された感じがしました。みんなが帰ってくると，旅行がすごくよかったという話を延々とするので，本当に腹が立ちました。

　アンジーの話は私たちの多くが思っていることそのものです。継子はいつもそこにいます。時間もスペースもエネルギーも使ってしまいます。負担も要求も多く，人を呼びつけ，頼みごとをし，そこに居座って，私たちを追い出そうとします。人生はパイみたいなもの。継子がいれば私たちの取り分は少なくなります。このような共有が，私たちの最悪の部分を引き出してしまいます。人間の脳の最も幼稚で退化した部分のスイッチが入るようです。それが暴言という形で表れることもありますが，多くの場合は，アンジーのように引きこもって黙り込み，一人で傷を癒すのです。しかも外に出せないエネルギーと怒りへの罪の意識で，その傷を大事にして大きく育てようとさえしてしまいます。実子がいれば私たちは変わることができ，すべてうまくいくと思われますが，それでも継子が現れると脇に追いやられる気がします。実際，継子のほうもそれが頭にあるのかもしれません。ステップファミリーの課題は，誰もよそ者だと感じない状況を作ることだと専門家の意見は一致しています。

　アンジーはスキューバダイビングのエキスパートです。次の休みには，またスキーに行ってのけ者にされるよりも，みんなでスキューバができるところへ行き，自分の知っていることを継子に教えてあげることもできるのです。こんなちょっとした作戦で固定化した好ましくない人間関係をあっという間に変えることができます。こうした作戦が大きな違いを生み，継子が近くにいると耐え難く，いなくても緊張が続くような結婚生活と，継子がいると少々波乱があっても常に楽しく快適な結婚とを分けるのです。

お金や夫／父親への距離における競争は，少し解決が難しいかもしれません。ここでの課題は，可能な対策を立てて，エネルギーを別のことに振り向けることです。

お金にまつわる競争

　お金は，再婚家庭内の亀裂や対立を表面化させたり，生み出したりする最たる物です。「あの子がいなければ，もっと私たちに回ってくるのに」と継子を持つ女性なら自分の給料を預金し，養育費の小切手を切りながら苦々しく思うものでしょう。一方，「相続が減るじゃないか」，父親が若い女性と再婚すると聞いた継子は，感情的に言います。昔からそういう諍いは知られていますが，継母も継子もお互いに欲張らず，礼儀正しく公正でありたいと思っているときでさえ，継子には権利があり継母は強欲という先入観を拭い去るのはなぜそんなに難しいのでしょうか。

　恐らくその答えはお金があまりに現実的で，限りある存在であるからでしょう。それをみんなで分けるのです。継母がやってきた時点で関係者の利害関係はかなり大きい可能性があるのは否定しても仕方ありません。継母の登場が与える脅威の度合いは，再婚のタイプや関係者個人の経済状況や気質，不安といった多くの要素によって変わってきます。

　たとえば，子どものいない女性でお金や仕事がある人が子連れ男性と結婚した場合，女性が男性の子どもの生活費にどの程度お金を出すかということが夫婦間で問題になるでしょう。しかし，概して女性と子どもがお金でもめることは比較的少ないです。また夫婦二人ともに子どもがいて再婚した場合は，お互い様という感覚があり，お金や公平感についての執着や論争は少ない傾向にあります。こうした状況 [60] では，夫婦は「ほぼ合算」した家計でやりくり（たとえば大学進学用の貯金は別にしておき，その他の光熱費，ローン，食費，子どもへの出費などは平等に分担）する方法に落ち着くようです。

　対照的に，財産も仕事もない女性 [61] が子どものいる男性と結婚した場合や，結婚後女性が仕事を辞めた場合，様々な衝突が起きうることが統計によって示されています。こうした場合，私たちは敵味方に分けたくなるようです。それは，

夫と私vsあの子たち（邪魔者）とか，パパと私たち（本当の家族）vsあの人（よそ者）といったものです。お金は現実的でありその価値が一目でわかることから，それが単なる象徴に過ぎないことや，無意識の欲望—平等に分配したい，取り返したい，自分の重要性や優位性を示したい，被害者意識を伝えたい—が蠢く舞台になることを忘れがちです。「あの子たちはブラックホールよ」「あの子たちのせいで一生退職もできやしない」「大学院は諦めないとね」「あの継母が家をリフォームするせいでお金がなくなるじゃないか！」。

　信託と財産を専門とする弁護士で，ニューヨーク法科学校で教鞭を執るフィル・ミケルズは，お金はとても現実的で象徴的であるという事実に加え，三つ目の理由が継母と成人継子との間に摩擦を引き起こすと指摘しています。「30年ほど前は，相続は棚からぼた餅のようなものでした」。しかし，最近の大人は相続を当てにすることが多く，実際に人生の予算に組み込んでいます。「ですから，父親が再婚して家を買い，リフォームし，妻とリッチなバカンスに出かけると，その子どもたちは，ちょっと待ってよ，うちの子どもたちの大学進学のお金がなくなる（と思うかもしれません）」。

　このように文化が大きく変わって，親の資産を譲り受けるのが当然の権利という思いは世代を追うごとに高まっており，双方に不満や不信，不安を生み出します。成人継子が父親の結婚の前に「当然」自分のものだと思っているものを守ろうとして，婚前契約を取り交わすよう父親にせっついたという女性が何人もいました。そうした厚かましく行き過ぎた行動を父親が放置してしまうと，何年も不快な気分や禍根を残すことになるのは言うまでもありません。成人の継息子を持つ59歳のジュリーは，こう言いました。「夫が先に亡くなって（継子に）裁判所へ引きずり出される夢を見るんです。お金がたくさんあるわけではないんですよ。でも…私が少しでも相続しようものなら（継子が腹を立てるんじゃないかと）。彼は父親が再婚しようと，自分の立場は変わらないと思っているようです」。

　ジュリーのように，継子に不利にならないよう配慮しつつ，自分が再婚によって多くを犠牲にし，与えていることを認めてもらえるような解決策を望んでいる女性はたくさんいます。特に，実子がいる場合はバランスを取りたいという願いは切実です。子どものいる再婚夫婦は，お金や時間をかけてでも信託・財

産専門の弁護士に相談する価値があるかもしれません。「最近の傾向は，夫婦の子ども全員あるいは子どもと妻とで平等に分配する方向ではなくなっています」とミケルズは言いました。「夫婦の中には，『夫の子は歳も上で，もうお金もかからなくなりましたが，私たちの娘はまだ2歳です。私たちが明日死んでもあの子たちは娘ほどお金が必要ありません』と言う人たちもいるでしょう」。公平にするといっても，みんなが同じだけもらえるように分配するやり方から，死ぬまでにすべて使い切ってしまおうという夫婦まで実に様々です。

　ミケルズは，一般的でわかりやすい見解を示しています。「子どもも妻も夫も含め，あまりに多くの人が，物質的な遺産こそが唯一の本物のつながりであり，究極の証だと信じています」。これは多くの家族療法士の見解とも重なります。それは，子どものいる男性が再婚すると，継母だけではなく全員が自分の「価値」に対し，困難で苦痛すら伴う変更をしなくてはなりません。グレース・ゲイブ博士とジーン・リップマン＝ブルーメン博士は著書の『ステップ戦争（*Step Wars*）』の中で，ほとんどの成人した子[62]は，親はそのどちらかが先に亡くなったときの分与の取り決めをしていると思っています。つまり，母親が生きていたら父親のお金を相続できないことがわかっています。しかし相続については，実親も継親も同じとは思っていないかもしれません。夫が将来についての意思を前もって明らかにし，「自分が死んだら，スーザンに財産分与するつもりだ。それは君が自分の伴侶にするのと何ら変わりはない」と伝えることで，最初は反発があるかもしれませんが，将来的には曖昧さも嫌な気持ちも少なくなります（言うまでもなく，訴訟の可能性も低くなります）。彼の子どもが何を期待しているかに関係なく，夫婦は自分たちなりの公平さを見つけ出さなくてはなりません。そして年月を経て継子が成長し，子どもができたら，もう一度考え方を見直すことがあるかもしれません。お金は対立やわだかまりを生むことがあること，そしてお金は現実的であると同時に，象徴的でもあることを認めるだけで心が休まるものです。

夫／父親をめぐる競争

　お金同様，夫も限りある存在です。夫は一人しかいませんし，その時間もエ

ネルギーも限られています。それなのに，継子もあなたも彼を求めています。簡単に解決できそうですが——継母が広い心で身を引けばいいと思われてしまいますが——これは深刻で，耐え難い戦いの物語です。小さな子どもがパパを独り占めしたいという話にとどまりません。驚いたのは，四十代，五十代の成熟し，精神的に安定した大人でも，父親が再婚して自分たちとの時間が減ったことや，再婚したこと自体に明らかに腹を立てている人がいたことです。パトリシア・ペーパーナウは，離婚再婚を経験している五十代の患者は，85歳の父親が継母と初めてのクリスマスを過ごしにヨーロッパへ二人で旅行に行ったことにひどく腹を立てたという話を紹介してくれました。「父親の男性は妻を亡くしてから長年独り身で，ようやく幸せを見つけたところ」だったといいます。「男性の妻が，夫の六人の子どもと孫たちと休暇を過ごしたくないのももっともです。圧倒されてしまいますからね」とペーパーナウは言いました。にもかかわらず患者の男性は，父親が「家族を捨てた」と憤慨していました。五十代の男性によるこのような行動は，「ステップファミリーも初婚家族と同じだという幻想」が「どれほど強いかを物語るよい例」だとペーパーナウは言っていますし，私はそれがどれほど理不尽かを示しているとも添えたいと思います。

　精神科で看護師を務めるマーガレットは，継母とは「良好な関係」だと言いますが，父親の再婚に喜びを感じる一方，心理的な壁もあると説明してくれました。「自分の一部は認めていますよ。継母は愛情深く，父をすごく大切にしてくれます。でも，脳の原始的な部分が父を見てこう言うんです。『お父さんはここ，じゃあ，お母さんはどこ？』って。父と母はもう一緒にはいないということはわかっていますが，時々そんなふうに思ったり，期待したりするんです。失った手足がまだそこにある気がするのと同じです」。

　マーガレットほどの認識がない継子の場合は，この奇妙な感覚を正し，バランスを戻そうとして，父親の顔を見るにつけ過去にしがみついてしまうことがあります。継母にとってそれは目の前でドアを閉められるようなものです。一時期，継娘たちが（継母が来る前に）三人で行った旅行や冒険，以前のガールフレンドとの楽しい思い出話を取り憑かれたかのように延々と事細かに話すことがありました。継子たちがそういう楽しかった思い出話をするのは，決まって車の中や私に逃げ場のない場所でした。彼女たちはただ純粋に過去を懐かし

んでいたのかもしれませんが，無意識（あるいは意識的）だったにせよ，私をのけ者にしようとしているように感じられ，新米継母のひ弱な心に突き刺さりました。

やはり，特に女の子は父親の愛情をめぐって継母とライバルになるものです。それに，ボーイフレンドができても，結婚しても競争が終わるとは限りません。両親が離婚した女の子の多くは，常に父親の人生の中心にいたいと望むのです。また，父親は罪悪感に苛まれていたり，娘からの関心が嬉しかったりするので，娘の思い通りになることが往々にしてあります（詳細は第5章を参照）。

「パパがヨットを買って，パパと赤ちゃんと私が出かけて，あなたは家にいればいいんじゃない。だってヨット好きじゃないでしょ」。継子が「怒ってみなさいよ」と言わんばかりに淡々と言って来ました。彼女が16歳の夏の午後でした。私は「でもね，パパは私と過ごしたいのよ」とか「仲間はずれにされていると思ってるんでしょ。だから私を仲間はずれにしようとしてるのね」などと答えてもよかったのですが呆れた顔をして何も言わず，後で夫にこんな冗談を言いました。「パパ，あの女を捨てて私と結婚してヨットに住もうよ。私たちの赤ちゃんができるかもしれないよ！」。夫はユーモアのセンスがあり，娘たちのあからさまに私を追い出したい願望をジョークにして笑い飛ばしました。ジョークにすると，彼女たちが夫婦の間を引き裂こうとするのが，ごく普通で，笑い話だと思えるようになりました。私たち夫婦はステップファミリーの醜い現実を認め，大局的に見られる共通の言葉（皮肉たっぷりなジョーク）をうまく見つけることができました。私が言えるのは，こうした問題は子連れ結婚では完全に消えてなくなることはないということです。継子が自分の居場所に不安を持ち続ける限り，継母を排除する行動は続く可能性があります。しかし，夫婦が二人を中心とした関係を強め，夫婦としての一体感を感じられるようになると，排除行動もそれほど腹立たしくなくなります。

ステップファミリーのジレンマ5
——継母ビジネスの嘘

継母向けの本はある神話を広めます。顕著な例は，混合家族という神話と母

性溢れる継母神話です。こうした本は終始楽観的で，読んでいる継母は，自分が時折継子に対してネガティブになり，イライラすることのほうがおかしいのではないかと感じてしまいます。別のタイプの本はお気楽で，自分の置かれた状況や対応にユーモアを見出せばよいと押しつけがましいため，読んでいる私たちの心配など取るに足らないことで，気楽に振る舞えばいいだけだと言われているように感じてしまいます。しかし，そういった多くの継母向けの本が持つ本当の問題は，私たちがどう解釈するかではなく実際に書いてある内容です。例を挙げましょう。

　　彼の子どもが最優先であることを忘れないようにしましょう。

　　しつけは彼に任せましょう。

　　継子にかっとなったり，意地悪を言ったりするとずっと後悔します。だからそれだけは絶対にしないこと。

　　耐え忍んで愛情をかければ，子どもはあなたに歩み寄って来ます。

　これらの教えは事実上のモットー，つまり否定できない継母の黄金律ですが，だからと言って正しいわけではありません。たとえば，多くのステップファミリーの専門家は，子連れ再婚の場合，夫婦関係を最優先することが不可欠だという意見で一致しています（第6章参照）。「子どもが一番大事」という概念が誤りで，夫婦関係を害すると聞くと不快に思われるかもしれません。あなたは二の次でありそれを受け入れること，時間的にも彼の子どもが最初にいるのだから彼の心の中でも一番であること，そして彼がこの考え方を信じて行動すればいい人になれるというのは，大きな影響力を持ち，根強く信じられています。しかし，こうした考えは子連れ結婚にとって致命的になりかねません。また，その考えは子どもにとっても，不相応な自由や過度の気遣いやプレッシャーを与えることになり，悪影響を及ぼします。

　ニューヨークの精神科医であり療法士であるアンドリュー・ゴツィス博士は，夫婦の治療に携わっています。多くの結婚カウンセラーのアドバイスと同

様，こう話してくれました。「子連れ再婚の場合，家族の序列を早い段階ではっきりさせる必要があります。まずは夫婦がいて，一つのチームだと子どもに認識させる必要があります」。そうしないと子どもが夫婦の間を引き裂き，結婚生活にいつまでも緊張が続きかねないとゴツィスは警告します。子連れ結婚では，継母がダメと言えば子どもは父親に助けを求め（逆パターンもあり），チームを分断させようとする話はざらです。継母は状況を打開しようと疲弊してしまいます。こうした理由から社会学者のリンダ・ニールセン[63]は，継母がうまく乗り切るには「私の最大の目標であり一番重視するのは，夫との絆を深め，私自身のニーズにしっかり対応することであって，継子とのつながりや承認を求めることではない」という態度で臨むことだと述べています。また，こうした変化は単独では起こり得ないとも言っています。つまり，夫婦が同じ認識を持っている必要があるのです。結婚生活がうまくいくには「夫が夫婦のパートナー関係を作り上げることを重要視し，結婚が子ども中心に回るのではなく，夫婦の関係を中心とし，その周りに子どもがいるようにしなくてはなりません。特に，子どもが継母を嫌っている場合は，父親は子どもに権限は渡さないこと，子どもは結婚より優先されないことをはっきりさせておかなくてはなりません」と強く求めています。

「事態が好転したのは，娘のことは愛しているけれど，最終的には妻に忠誠を尽くすことを娘にはっきり伝えてからでした」[64]と，子連れで再婚した当初の大変な時期を乗り越えた男性は振り返りました。そのことで，男性の家庭でどんな激震が起こったかは想像するしかありませんが，結果的に夫婦の結束は強まりました。そして男性の娘にとっては，父親の結婚が続くのだという証になりました。またそれによって，娘が家庭内で絶対的権力を持つことによる混乱が，家族の一員であるという安心感に変わりました。

「しつけは彼に任せましょう」というアドバイスは誰が言ったか知りませんが，父親の不在中に継子が来ている家に行ったことがないのでしょう。もちろん，最初の数日や数週間は口出しし，継子にあれこれ指図しないほうがいいですし，そもそも意地悪だと思われたくないのでそんなことをする人はほとんどいないと思います。しかし，悪者に思われないように自分はずっとある程度遠慮して，夫のサポートをすることは，理論的には良く思われますが，実際には

必ずしもうまくいくとは限りません。継子の行動が行き過ぎたときに，夫がいなかったらどうなるのでしょう？　何もせず口をつぐんだままでいますか？　それともきっぱりと「それは良くないわよ。わかってるでしょう？」と言いますか？　さらに，継母が介入を遅らせれば遅らせるほど，けじめをつけ，権威ある大人として認識されるのが難しくなることが実際の経験からわかっていますります。私がその事実を証明できます。なぜなら，結婚1年目，私はどちらかというと借りて来た猫のようだったのですが，その後の2，3年は時々継娘たちが私を試すかのようなひどい仕打ちを仕掛けてきたので，虎のようになって対抗しなくてはなりませんでした。これは彼女たちのせいばかりではありません。暴言を吐かれ，床にスーツケースを放り出され，無視されたことに対し，自分の態度をはっきりさせるまでにかなりの時間を費やしてしまったのですから。

　時には継子の嫌な習慣に目をつむり，16歳の誕生日パーティーをどうするかの話し合いに参加せず，継子の結婚式の準備では理性的な立場でいるほうが楽で賢いこともあります。継子を持つ多くの女性が，「関わらない」ことが場合によっては一番の得策だということに気づいています。（第4章参照）しかし，ひどい態度を無視すると，傷つき怒りが助長されると感じる場合もあります。では，どうしたらよいのでしょうか？

　一般的に私たちの文化は，女性の怒りを適当にはぐらかそうとします。特に継母へのアドバイスは，感情を表に出せば取り返しのつかない悲惨な結果を招くという警告ばかりです。私は，これはばかげていると思います。継母を怒らせようとしたことのない継子など，ほとんどいません。継母が腹を立てるのも当然です。嫌われたらどうしよう，意地悪だと思われたらどうしようと，怒りを表すと大惨事につながるように感じるかもしれませんが，私はできるだけ早いうちに自分の怒りを表すべきだと思っています。そうしないとハードルがとても高くなり，継子が子どもであろうと十代あるいは大人であろうと，永遠に気に障ることをし続け，継母の我慢試しを続ける状況を作ってしまいます。それに一番大切なのは，嫌われるのは継母という職業上のリスクであって，私たちの価値を問う人気投票ではないことを，実際に経験してできるだけ早い時期に気づくことなのです。「パパの彼女だったローラったら，車の中で私たちを

怒鳴りつけたんだよ」と継娘は出会って間もない頃，真面目な顔をして言いました。なぜそんなことを私に話したのかは定かではありませんが，私にはローラの気持ちがわかりました。そして，継子たちの行きすぎた行動にちゃんと気持ちをぶつけた彼女に感心しました。

「あんたなんて母親じゃない！」。私たちの多くは怒鳴ったり，厳しくしつけしたり，腹を立てたりすることや，もっと優しく，忍耐強く，無私の心になれなかったりすると，継子に受け入れてもらえず，遠ざけてしまうのではないかと恐れています。もっと自分を律することができたらいいのに。しかし実際は，混合家族や母性に対する非現実的な期待や難しい発達段階，避けようのない競争，継母についての嘘，その他諸々の要因のほうが新しくできた家族がまとまるかどうかを決めるうえでより大きな役割を果たしているのです。事実，私たちは継子の母親ではありません。おとぎ話のように「ずっと幸せに暮らしました」とか，幸せいっぱいというのは理想で，普通の核家族でさえ稀なのです。いつかは，継子との間に親しみや居心地のよさ，楽しさを見つけることができるかもしれません。しかし，継子が喜んでくれているか，幸せか，私たちを愛してくれているかによって自分の幸せが左右されてしまえば，自分が幸せになる力まで放棄していることになります。

Column 5　混合家族

　子連れ再婚家族をどう呼ぶかという点で，様々な呼称が存在していますが，それぞれに思惑や期待が込められています。ステップファミリーの特徴を理解し，初婚家族とは異なるイメージを持つことで，健全な発達を助けることになります。2014年にSAJが開催した国際セミナーのために来日した，NSRCのフランチェスカ・アドラー＝ベーダー博士は，次のように説明しています。「ステップファミリーについて，煮込み料理やスープのようなイメージを持たれることがよくあります。全員がブレンドし，溶け合って，初婚家族のようにひとつの姓を持っていて，均等に互いにつながり合っているイメージです。しかし，ステップファミリーは実際にはサラダや海苔巻きのようなイメージに近いと思います。いろいろなものが集められて，混ざってはいるのですが，その経歴やルーツは違うわけです。形や味が異なっているし，その差異がずっとそのまま続く状態なのです。違うままで一緒にいる。（中略）健全なステップファミリーとして，そのような状態であってよいのです」（SAJ・野沢，2015）。フランチェスカ・アドラー＝ベーダー博士は，混合家族（Blended Family）という概念が，初婚家族のような均一な関係形成の期待を孕むことを指摘しています。子連れ再婚家族は，初婚家族とは異なる発達や家族関係を有するものだということを理解する必要があります。

Chapter 4

「あんたなんか私の子どもじゃない！」
怒り，嫉妬，不満

　私たちは，残酷な継母の物語に嫌悪や怒りを感じると同時に興味をそそられます。夫の子どもを追い出し，迫害する継母に居心地の悪さを感じますが，それと同じくらい安心も覚えます。異常だという思いと，もっともだという思いです。大学院時代の友人は「父の再婚相手」と呼ぶことが多かったのですが，私にはゾクゾクするほど大人びていて，よそよそしく反抗的に聞こえました。それは「あの人は母親じゃない」とか「継母ですらない」「私にはどうでもいい人」と言わんばかりでした。「あの人は本当にひどいのよ。継母は意地悪だっていう通説を克服しようって気がない」と友人は言いい，どう意地悪なのかを説明しました。彼女が大学生の頃，父親と二番目の奥さんは同じ町の別の場所に引っ越しましたが，友人には新しい家の鍵を渡さなかったのです。私はこの「のけ者」行為にショックを受けました。その家は友人の父親のものだから，友人のものでもあるんじゃないの？　友人は自由に行き来する権利があるんじゃないの？　どうしてその継母は恥ずかしげもなく，嫉妬深く心が狭く，継子を疎んじる意地悪継母に成りさがってしまえるのだろう？　「鍵すら持たせてくれないの？　父親はそれでいいの？　どうして？」。何年も前に友人とその継母について聞かされた興味深い事実から，「どうして継母はそんなに意地悪なの？」「どうしてそうなってしまったの？」と多くの疑問が湧きましたが，答えは一つも出ませんでした。

　20年後，私の考え方は変わりました。友人の継母は締め出したのではなく，自分の周りにバリケードを築いたのでしょう。継母が一番理解されにくいのは，何年も感謝されず非難すらされてきたために，精神的に弱り疲労困憊していて，

自分を守るために行動しようとしているときでしょう。周りを拒絶し，怒り，嫉妬し，不満で，単に冷淡に見える継母は，本当の自分とは一番離れた対極にいるのかもしれないと私は気づきました。何年も継子に直接であれ婉曲的であれ「あなたは母親じゃない」と言われ続けると「あんたこそ私の子じゃない」と，お返しをしてやろうと思うかもしれません。そして実際にそう行動するでしょう。その動機は単なる仕返しではなく，もっと複雑なのです。

不満を感じている継母はどこか似ていますが，その原因の多くは女性という性別にあります。女性は人間関係を重視するために，荒廃したステップファミリーをもと通りにしようとします。つまり，「まとめ役」となり「前妻の子」を再び家族として迎え入れ，怒りに満ち反抗的な継子を永遠の親友に変えるいい人になりたいのです。それは単なる願いではありません。継母はその非現実的な行動を自分がしなければならないと感じてしまうのです。なぜわかっていても，そんな超人的で報われない仕事を背負い込んでしまうのでしょうか？それが女性にとって必要不可欠だからです。専門家によると，女性の自尊心とアイデンティティは人間関係における成功にあり，それらは切っても切り離せません。社会学者で家族を専門としているヴァージニア・ラター博士[65]は，次のようにまとめています。「多くの研究により，女性の自尊心が他人との人間関係に左右されることが示されています。これは，ステップファミリーにも当てはまります」。要するに，女性は相手を好きになり，相手から好かれる必要があり，それができないと落ち度や失敗だと感じてしまいます。

ステップファミリーの問題を解決する必要がある，それが自分自身にかかっている，という思いは長年両親や社会から刷り込まれており，抗い難いものです。ウェストチェスター家族療法研究所の創立者，名誉所長であり『見えざる網：家族関係における性別のパターン（*The Invisible Web: Gender Patterns in Family Relationships*）』の共著者であるエリザベス・カーターは，「女性はあらゆる人に対して責任があるかのように育てられます[66]。ですから継母は，継子がかわいそうだ，あるいは夫では役に立たないと思い，…自分が助けようと行動します。自分が取り組むべきかどうかにかかわらず，女性は問題を解決しようと行動する」と述べています。ご承知の通り，ステップファミリーはそ

うした問題や対人関係のもつれや怒りに事欠かないため，自信喪失や自己非難，失敗意識の原因となります。実際，ベイラー大学のジェームズ・ブレイ教授の研究によれば，再婚家族の中で最も自分を責めるのは継母[67]であることがわかっています。

　この点において，女性は男性と大きく異なります。研究[68]によれば，継父は対立やストレス，罪悪感も低いですが，同様に継子に対する関与も非常に低いことがわかっています。ですから，夫自身が継父かどうかに関係なく，女性が人との結びつきが必要なこと，そしてそれができないときの落胆ぶりに，（一番よい反応でも）戸惑いを感じてしまうのです。女性と男性ではステップファミリーの悩みの処理方法が違うため，夫と妻の間に距離ができ，結果的に妻の断絶感や失敗感を強めてしまいます。二人の小さな子の母親であり，十代の男の子の継母であるブレンダの話は，継母なら良くわかるでしょう。「家族のまとまりが作れなかったり，継子のことで夫と喧嘩したり，思うようにうまくできない自分が嫌になることがあります」。

　関係が作れない，修復できないのは女性にとって一大事です。インタビューでまったく同じ話や似たような話をした女性が何人もいて，不思議なくらい同じ不安を繰り返し訴えたのもそのせいでしょう。それは，多くの継母が何度も経験するコミュニケーション，誤解，やり場のない不満と怒りの感情についての話です。「助けてください！　映画の中に閉じ込められているみたいです」と継子のいるある女性は表現しました。継子のこととなると，私たちの中から醜く忌まわしい感情が出てくることがあります。たとえばこんな物語です。

　ある継子はひと月に何度か電話をかけてきて，留守番電話に決まって同じような伝言を残します。「もしもし，パパ。元気？　会えなくて淋しいよ。電話してね。じゃあね，パパ」。何十件もの伝言の中に，父親の妻への挨拶は一言もありません。留守番電話のメッセージは妻の声で，伝言を受け取るのも彼女なのに。（継子は知らないでしょうが…）さらに残念なことに，彼女はこの継子とある期間一緒に住んだことがあり，二週間に一度は駅に迎えに行ったり，バースデーカードを送ったり，結婚準備を手伝ってあげたり，あるいは何年にもわたって幾度となく継子のために生活や優先順位を変えたりして，夫に子どもがいるという現実を受け止めて絆を作ろうとしてきたのです。

この女性は自分のことをそれほど繊細なタイプだと思っていませんが，それでも留守番電話のメッセージは気に障ると認めていました。毎回繰り返されていては，継子が彼女の存在すら認めていない事実に気づかないはずはありません。一番辛いのは，継子が一度も彼女に挨拶をしないことに思いをめぐらしたりするだけで，自分がつまらない人間に思えてしまうことです。ステップモンスターはこんなふうに生まれます。誰のせいでもないのに，継母がそんな思いを持つことで問題を作り出してしまいます。次に継子が電話してきたら何か言ってやろうと想像するのがやっとです。「こんにちは，元気？　そう，よかったわ。ねえ，ちょっと言いたいことがあるの。気づいているかわからないけど，メッセージを残すとき私には何も言わないでお父さんにだけ言うのよね。ちょっと…傷つくのよね。そんなつもりはないんだろうけど」。でも，決して口には出しません。もしそんなことをしたら，あの人は何でも思い通りにしようとするとか，神経質だとか執着心が強いとか，小うるさいとか，嫉妬深いとか，自分に対する不満（彼女はもう気づいています）を助長させるだけだとわかっているからです。

　いや，継子には言わないでおこうと思い直します。かわりに夫にこんなふうに話をします。「おかしいのよ。ティミーが電話してくると必ず『もしもし，パパ』って言って『こんにちは，ジーン』とは絶対に言わないのよ。流れているメッセージは私の声なのにね」。何かしてほしいというのではなく，軽く伝えるだけで十分ではないかと期待しつつ。夫は頷きますが，上の空というか，少しイライラしているようで話題を変えます。継子からのメッセージは変わりません。その数ヶ月後，あるいは１年後，女性は夫への伝言を一切止めたくなります。しかし，そこまで自分をおとしめはしません。女性はこの部分は慌てて身構えた様子で話し，実際にそんなことをするように思われるのを心配していました。私自身が継母だというのに，彼女は一瞬抱いた意地悪な考えを私が批判するのではないかと疑っていました。

　確かにそんな些細なことに彼女は苛立ち，傷ついています。しかしその些細なことが彼女にとっては，わざと軽視され存在を否定される（無意識であっても）行為に思われました。でも彼女は大人ですから，何もしないで不満を溜めるのではなく，落ち着いて直接的な対応をすることにしました。腹を立ててわ

だかまりを残し，ことを大きくするのではなく，もう一度夫に話してみようと思ったのです。もちろんわかってくれるわ，と心の中でつぶやきます。そしてきっと子どもに対し「素通り」はちょっとおかしいんじゃないか，留守電から継母の声が聞こえたら「もしもし，パパ，ジーン。ティミーだよ」と言うべきだ，と言ってくれるはずだと。

　しかし夫は，「またその話か。つまらんことで大騒ぎしすぎだよ」と，急に怒り，守りに入ります。「あいつは滅多にここには来ないだろ。なのに，それでも批判しようというのか。考えすぎだよ。気にしなければいいだろ」。

　「あの子の態度を指摘しただけでしょう。どうして私に当たるの？」。女性は驚き，落胆し，どうしていいかわからなくなり，言い返します。彼女は本当に批判的でしょうか？　自分の気持ちを伝え，夫に助けてもらいたいと思っていただけなのに。子どもの行為について話しただけなのに，なぜまた喧嘩になってしまったのでしょう。彼女の気持ちは取るに足らないことで，自尊心が高すぎるのでしょうか？　無茶を要求しているのでしょうか？　女性はそうは思っていませんが，確信は持てずにいます。夫の子どもが彼女にとって無礼で傷つくことをしたときの彼女の心の負担は見過ごされ，否定され，なかったことのようにされるのはなぜだろうと思うのです。

　口論はたとえ短くても大きな苦痛をもたらします。喧嘩を繰り返しても何も生み出さず，問題は決して解決されません。なぜまた振り出しに戻ってくるのでしょうか。子連れ男性と結婚した女性はパニックに陥ります。誤解され，当然のように思われ，怒りを覚えます。その怒りは，夫に対して，夫の子どもに対して向けられます。何度も何度も！　それは勝ち目のない不毛な戦いをするようなものです。物事が順調で，その感情を何ヶ月も忘れていても，心のどこかに存在しているのです。くだらない留守電メッセージの件はもうおしまい。ほんのわずかの間，彼女は夫を，継子を，継母である自分をも嫌いになります。すると少し気分が良くなります。そして感じるのは「どうしてこうなってしまったのだろう？」「いつになったらよくなるのだろう」という疑問です。心理療法士のジェイミー・ケレム・ケシェットはこうした感情について次のように述べています。

継母が継子に気持ちが届いたと思ったのに，継子から何の反応もないと，とても辛く感じることがあります。場合によっては，…この拒絶感によって人間としての価値に疑問が湧いてくるかもしれません。ほとんどの継母は，継子に対し葛藤を抱いています。継子への愛情ある肯定的な感情だけを認め，怒りや不満を否定しようとすると無意識のうちに否定的な感情を自分自身に向けやすくなります[69]。

　私たちはいつも愛情に溢れていなくてもいいし，継子から無視や軽視（意図的に思えることが多いのですが）されたら，聖人ではなく人間として反応してもいいのです。「継母としてうまくやるには，傷つけられないようはっきり主張するか，ものすごく自己犠牲を払わないといけない気がしています」と言ったのは，二十代の継娘が怒りっぽく冷淡な態度から一転し，露骨な敵意を見せるようになった女性です。「私は物事をはっきり言うタイプではないのですが，『あの子ったらまた私にひどい態度を取る。個人的なものでもないからどうでもいいわ。気にしないから』と言えるような人間でもないのです」。継母の気持ちも他の家族同様に大事だと言ってくれる人には滅多にお目にかかれません。実際私たちは，気持ちを隠したり抑えたりするように言われて（「もう放っておけばいいだろう！」），そうしなくてはならないことが多いのですが，それは百害あって一利なしです。イライラや嫌悪感が募り，ついには怒りが噴出し，時には爆発することもあるのです。

　この悪循環をどうやって止めればよいのでしょうか？　まず初めに，年齢に関係なく多くの場合，継子は継母をのけ者にしようとすることを知っておきましょう。意識的かどうかは別として，継子の行動によって私たち継母は軽んじられている，疎外されている，感謝されていないと感じることがあります。継子は時にさりげなく，時にわざとらしく，継母などいなければいい，写真の中や留守電から継母を消し去ってしまいたいというメッセージを送ってくることがあります。夫と20年近くも結婚していたにもかかわらず，夫の娘の結婚式に招待されなかった女性の話を聞いたことがあります。「だってママに悪いんだもの」という理由だったそうです。女性の夫は妻と一緒でなければ出席しないと娘に言ったそうですが，継母の心の傷は癒えることはなく，当然ながら夫

の娘のために頑張るのを長い間やめてしまったそうです。別の女性は，キャンプ場で宿泊している継子のもとを訪れました。彼のベッドの隣の壁には家族写真がテープで貼ってありましたが，そのすべてから彼女の顔だけがきれいに切り取られていたそうです。夫がそれに気づかなかったこと，そして息子のことを弁解したことにいっそう傷ついたと話してくれました。

　夫は「えっ，本当？　きっと実母が来るからだよ」と言いました。そうかもしれないけど，それまで継子のためにすごく頑張ってきたんです。継子は6歳じゃないんですよ，16歳ですよ。それまで一緒にいた時間があれほどあったのに，あの子が文字通り私を切り取ってしまったことに驚き，傷つきました。それから気がついたのです。私が何をしてあげようとどれほど優しくしてあげようと，継子は心から私を受け入れ，家族だと思ってはくれないんだと。あの子のことを責められませんよ。だって私は家族とは言い切れませんから。とにかく，それからは自分自身のことと結婚生活のことに目を向けて，継子との関わりから距離を置いたほうがいいと気づきました。

　また，継子は継母を締め出し，巧みに父親を動かし，夫婦の仲を裂く天才ように思えるときがあります。タブーかもしれませんが，怒るのは当然で，普通の反応でしょう。悪いことをしたのは継子なのに，継母を悪者にしてしまう継子の恐ろしい能力を目の当たりにすると怒りが高まります。アイェレット・ウォルドマン[70]はこの観点から継母をとらえ，小説『水曜日のエミリア (Love and Other Impossible Pursuits)』を書きました。小説は自分の赤ちゃんを亡くしたエミリアが，ませていて，時に嘘つきだけれど感情的に豊かな夫の5歳の子を受け入れようと悪戦苦闘する物語です。

　ある凍てつく午後，エミリアは継子ウィリアムを連れてセントラルパークの池，ハーレム・ミアに行きます。そこで二人は初めて楽しい時間を持てたのですが，ウィリアムが足を滑らせ，浅瀬でブーツを泥まみれにしてしまいます。その後，夫のジャックとマンションのロビーでばったり会うのですが，エミリアは厄介なことになった，ウィリアムがさっきの出来事を利用するのではないかと悟ります。思った通り，ウィリアムは大声で泣きながら，継母が「池に突

き落とした」と話し始めたのです。エミリアは自分の無実を訴えますが，それは問題ではありません。問題は，エミリアがウィリアムを好きではない，大事にしていないと夫が思っていることです。父と息子が風呂へと向かうのを見送りながら，エミリアは締め出され，はめられたと感じ，ひとこと言ってやろうと決めます。

「あの子に言ってくれないわけ？ちょっと泥と水があるだけで大騒ぎするなって。私たち，楽しんでいたのよ，ジャック！」

ジャックは口を一文字にし…「君は気にもかけないんだろ。あの子は寒くて，怖がってるんだ。君は全然気にしてないじゃないか」

「気にかけているわよ。でもあの子，怖がってなんかなかったわよ。ウィリアムのことわかってるでしょ。大げさに振る舞ってるだけなのよ」

［ジャックは］私のほうに身を乗り出し，低い声でこう言った。「エミリア，君は自分があの子をどんな顔で見ているかわかっていないんだ。君はハーレム・ミアより冷たい」

ジャックは乱暴にドアを開け出ていき，バタンと閉めた。彼の子に打ち解け始める前はそうだったかもしれない。でも今，彼の言葉と言葉にしなかったメッセージは，私の上にまるで液体水素のように降り注いできた。私は彼の言葉に凍りつき，傷つき，身動き一つできなくなった。彼が知っているよりずっと冷たい私。私は無実だが，冷酷だ。

このときのエミリアの気持ちはどんなものだったのでしょう。夫が息子の肩をもち，不当に責められ，心ない人間，彼の息子を虐待した未熟なステップモンスターに見られてしまったこと，そして何より絶望的な恐怖と孤独感。継母の多くはこの気持ちに馴染みがあるのではないでしょうか。継子が必ずしも白雪姫のように純真な犠牲者ではないという純然たる事実は，誰も語らず，認めず，「すべきだ」や「しなくてはならない」，「大人でしょう」や「放っておけ」

という言葉の間にうずもれてしまっています。ウィリアムのように，継子が継母を追い出そうとしているようなことも多々あります。ウォルドマンは，もう一つの知られざる継母の真実にも迫っています。継子が敵意ある行為や発言をしたときに，夫が見過ごしたり認めなかったりすることや，他人から指摘されれば父親としては黙っていないような継子の無作法を夫が見ないふりをすることで，夫が裏切ったように感じることがあります（この現象については，第6章で詳しく取り上げます）。

　ウィリアムがメロドラマのように夫婦を分断し，父親がそれを信じてしまうという筋書きは，私が聞いた実話と比べればどうという話でもありません。ある女性は，階段で継娘に突き落とされそうになったのに，夫は「大げさ」だとかえって女性を非難しました。また別の女性は成人の継娘たちに本当に殴られ，そこでようやく夫が割って入り，娘たちにもう来なくていいと言いました。またある女性の継息子は，卑猥な話のときだけ継母に話しかけ，夫は「二人の問題に首を突っ込みたくない」と言ったそうです。もちろんこれらは，継子の敵意が放置されて起こった特殊なケースです。しかし，継子が継母に対し無作法な振る舞いをすることに加え，父親が子どもの行動に対して何もしなかったり，否定したりして妻をサポートしないと，継母への反抗がいっそう助長されてしまうのですが，残念ながらこうしたことは非常によくあるのです。

　もちろん，夫がサポートしてくれなければ自分で自分を守ったり，夫が強く言えないときに自分で言ったりすることはできますが，それは裏目に出たり，意地悪継母と言われたりする（何としても避けたいのに）ことが多いのです。医師で二人の子どもと10歳の継子を持つレイニーは，こう説明しています。「自分の子に対してはないのですが，遠慮や意識してしまうんです。（継子の）テディーに対してだと，いろんなことを考えないといけなくて，同時に別のプロセスが動いています。実子なら困ったことをしたら，タイムアウト［訳注：しつけの方法］をします。でもテディーの場合は，ちょっと考えてしまいます。タイムアウトさせるべき？　やめとくべき？」。タイムアウトという正当な対応でさえ，継子や夫と対立するのではないか，私たち家族と実母との間に対立が起こるのではないかと心配になることがあります。継母は何も言わないでずっと黙っていることを期待されています。継子が私たちに敬意ある行動をしないこ

とに対し文句を言ったり，規則を作ったり，来なくていいと言ったりすれば，私たちは器の小さい典型的なステップモンスターになってしまいます。こうした状況に陥ると継母は黙り込み，やがて腹を立て，ついには継子を激しく非難するという，決して望まない役割を演じることになるのです。ブレンダは，楽しく人に好かれるタイプだと思っていますが，まんまとこの罠にはまってしまいました。「どうしてこんなことになってしまったのかわかりません」。悪循環の状況を説明しながら悲しげに言いました。ブレンダの継息子が無愛想で挑発的な態度だったので夫に文句を言ったところ，夫は彼女の気持ちにとりあわず，ブレンダを非難しました（「一体どうしたいんだ，あの子の親は離婚してるんだぞ」「あの子は辛いんだ。どうしてもっと思いやりの気持ちを持ってやらないんだ」）。その結果，継子がやりたい放題する反面，ブレンダは家庭内で何の権限も与えられていないことを痛感することになりました。そして，怒りが増し，継子に不機嫌な態度で接するようになりました。あなたの状況がブレンダたちのケースほどひどくないとしても，ステップファミリーの人間関係の行き詰まりは結婚そのものを危険にさらす可能性があります。

　継母の苦労に気づかないことや，継母の継子に対する扱いに批判的なことが多い夫ですが，自分の子どもとの時間を楽しみにし，生きがいにしているようです。しかし，それは継母の苦手な時間なのです。そして，夫が子どもと過ごす気持ちと継母が継子と過ごす気持ちの違いが，夫婦の間に巨大な壁を作り上げてしまいます。運良く環境が整って（第9章参照）いない限り，夫のように無条件で継子を好きになることはできませんし，継子が来るのが必ずしも嬉しいわけでも，継子がいる事実に喜びを感じるわけでもありません。その気持ちをひた隠すのはたやすいことではありません。負い目を感じる真実を認めるといっそう問題が増えそうですが，逆に終わりのない葛藤に対してずっと欲しかった安堵感がもたらされ，ハードルも血圧もぐんと下がるのです。またそれを認めることで，世界破滅の危機とすら思えるこの圧倒的な感情の奥底にあるものを探る段階に進むことができるようになります。

嫉妬

　継子の怯えや所在なさ，心の傷，恐れといった感情はよく知られています。しかし，継母が経験する現実はあまり語られません。それは，継子が自分ではどうしようもない様々な理由（と自分でなんとかできる多くの理由）によって，頻繁に怒り，嫉妬し，継母がいなくなってほしいと思っていることです。意地悪な継母が，実母の「悪い部分」を切り離し寄せ集めた姿であるように，継母が無力な夫の子に向ける「復讐心と嫉妬」もまた，あらゆる年齢の継子が根深く都合の悪い真実を否定するために継母に投影したものかもしれません。父親の人生で大切な存在となった女性のせいで傍に追いやられたと感じた継子は，怒りと嫉妬の感情に駆られ，復讐心を被害者意識へと変貌させることがあります。「『自分は怒り，嫉妬している』と認める代わりに，自分や話を聞いてくれる人に対して『あの女は嫉妬深く，怒っている』と言います」とニューヨークの精神分析医のステファニー・ニューマンが話してくれました。言い換えれば，子どもはこうした強烈で嫌な感情を持て余してしまうため，往々にしてそれを継母に転嫁します。「救い難いほどの嫉妬心を持つ，器の小さい継母の話をする患者さんには，それをヒントにして患者さん自身が抱えている嫉妬や怒り，不満や妬みといった感情を理解してもらえるように導いて行きます」とニューマンは説明しました。

　だからと言って，継母が嫉妬心を持たないわけではありません。嫉妬や不満を持った継子と，身近に接して暮らしていたり，週末や休日を一緒に過ごしたりすると，自分も蝕まれていく気がします。「あのやきもち焼きのガキども」と，ある女性は6歳と8歳の継娘が夫の膝の上に座り「パパは私たちが一番好きだもんね！」と言ったとき，嫉妬を覚えたと言いました。また，自分の幼少期や性格，過去の経験などから嫉妬心がもともと自分の中に存在している場合もあります。嫉妬心は継母が経験する中で最も恥ずべき感情で，私たちは認めようとせず，嫉妬する自分を密かに責めてしまいます。継母の嫉妬心ほどタブー視され，醜悪で，陳腐な感情はありません。蔑視され恥ずべき感情かもしれませんが，この嫉妬心は現実の感情なのです。

　精神分析医のメラニー・クライン[71]は，嫉妬と羨望に関する画期的な研究

を行い，嫉妬とは私たちの中核となる人物との関係が失われたときや失いそうなときに生じる，怒りや裏切られた思い，苦痛といった感情だと定義しています。クラインによれば，最も端的な嫉妬の例は三角関係，つまりある人が，その愛する人と他者との愛情関係を嫉妬することだと言っています。一方，羨望は自分が持っていてしかるべきなのに持っていないと感じられる性質を他人が持っていると思うときに感じる悪意や怒り，破壊的な感情だと区別して定義しています。羨望の対象となる性質は，自分をどう定義するか，どう定義したいかに関係しているとクラインは述べています。

　心理学者でステップファミリー専門家のエリザベス・チャーチは，クラインの理論をさらに発展[72]させ，継子が継母に羨望と嫉妬の両方の感情を持つことが多いのに対し，継母からの報告が多いのは嫉妬だと述べています。チャーチの継母と嫉妬に関する考察は，タブーだったトピックに初めて取り組んだ果敢な試みでした。チャーチも指摘していますが，継母民話や継母の臨床研究では嫉妬深い継母というのが広く見られますが，その理由についてはほとんど分析されていません。42人の継母を対象に行った調査では，童話に登場する継母の姿は実際の継母とはかけ離れているものの，そのイメージは継母が嫉妬や羨望に対してどのように感じるかに大きな影響を与えているとチャーチは説明しています。

　チャーチの研究結果で驚くのは，嫉妬はそれ自体が重要というより，嫉妬が指標，つまりある感情が別の感情を隠す迂回路となっていることのほうが重要であることがわかったことです。チャーチは，具体的に言うと継母の嫉妬心は通常「人間関係において無力で軽視されていると感じることへの反応」だと言います。嫉妬心を認め，処理する問題に悪影響を与えているのが，嫉妬心への偏見です。チャーチは「継母の多くが意地悪な継母のイメージのせいで口を閉ざしてしまう。中には自分が意地悪だと思っている人もおり，それは継子に対して嫉妬心を抱いている人ほど顕著である」[73]と説明しています。チャーチは，再婚家庭の中では嫉妬心が本当は無力感，つまり疎外感とそれに対する無力感が表出したものだと発見しました。嫉妬心を抱いている継母は恐らく，実際に感じているのは無力感なのに自分でもそれをはっきりと説明できないのではないかとチャーチは言います。「これが単なる「無力感」ではなく，実際に

「無力」かもしれない点に留意することが重要だ」[※74]とチャーチは指摘しています（チャーチの原文では斜字体）。

　継母が無力な存在とはどういうことでしょうか？　チャーチは無力感が嫉妬としてとらえられる場合がいくつかあると言います。それは，夫と継子と継母の関係の中で自分は二番目だという感覚，よそ者感，ライバルだという思いです。多くの場合，このような人間関係は，簡単な心理教育で修復できます。ステップファミリーではどこまでが普通なのかという情報と，悪化する状況を緩和する方法を提供するのです。以前，男女のカップルと男性の9歳くらいの娘を映画館で見かけ，観察してみました。子どもが以前の結婚での子だというのは外見からも，やり取りからも明らかでした。席に着くとき，席替えのような動きがありました。大人たちが，誰がどこに座るかを考えていて動きが止まったぎこちない瞬間でした。男性が娘を通路側へ，その隣に自分，反対側の隣に女性を座らせました。「まあ，二人の間に娘を座らせるよりいいじゃないの」と考えている自分がいました。男性は真ん中の席に落ち着くと女性のほうを向き内気な笑顔を見せて右手で彼女の手を取り，左手で娘の手を取りました。女性は男性のほうを見ましたが，その中途半端な笑顔の下にやり場のない苛立ちを隠しているのが私にはすぐにわかりました。彼と娘はしばらくすると立ち上がり何も告げずに去って行きました。多分売店にでも行ったのでしょうが，女性はその背中を見送りながら首を振っていました。二人はお菓子を抱え，おしゃべりしながら楽しそうに戻って来ましたが，男性は女性が黙ったままで，目を合わせようとしないので困惑しているようでした。複雑だけれどもよくある物語が，この先に待っているのだと思いました。

　他の人がこの光景を見たら，どんな状況なのか見当もつかないかもしれませんし，女性がつまらないことにこだわりすぎだと思う人もいるかもしれません。しかし，考えてみてください。同じようなことが何度も何度も起こっていたかもしれないのです。多くの継母と同じように，この女性も夫と娘のデートに割り込んだ邪魔者のように感じたことがもう百回もあって，二人とも首を絞めてやりたいと思ったかもしれません。そしてそんな気持ちになった自分が腹立たしく，失望したことでしょう。そのとき，映画館を出るこのカップルに渡すパンフレットがあればいいのに，と思いました。そこにはこんなふうに書かれて

第4章　「あんたなんか私の子どもじゃない！」：怒り，嫉妬，不満　　97

います。「子連れ再婚では，妻はどうでもいい邪魔者のように感じることがよくあります。ご主人のための対応策はこれです！」。仲間とよそ者の役割に縛られてしまうのは普通のことで，嫉妬心は意地悪や性格の悪さから生まれるのではなく，何度も繰り返し締め出されることで生じるのだと理解することが第一歩なのです。

　継母がよくあるただでさえ複雑なステップファミリーの設定に，より個人的な感情を持ち込むことがあります。そして，往々にして隠れている具体的な原因を理解しない限り，嫉妬心が収まることはありません。継娘たちは父親を独占しようとし，私を目の敵にしていたので，私が心理療法を受けなかったら結婚生活は破綻していたでしょう。私はカウンセリングのたびに，継娘たちの棘のあるもの言いや，テーブルや映画館，車の中で私が夫の隣に座ろうとするとすかさずその場所を取って私と競い合うような態度や，それに対しどれほど頭にきたかを話しました。そして，心理療法士は私の心の底にある，激しい怒りに駆り立てるものに向き合えるよう力を貸してくれました。「パパは私たちのものよ，あなたには渡さないわよ」という継娘たちの父親に対する特権意識は，私の心の奥深くにあって表に出ない怒りを刺激していました。それは，私自身が自分の父親にそれほどの愛情も親密さもなかったことへの怒りでした。私は，過去にもこれからも持つことのない父親の愛情を，継娘たちがすでに手にしていると無意識に感じていました。そして今度は，私が唯一持っている夫の愛を奪おうとしていたのです。私が継娘たちに抱いていた怒りは，彼女たちの行為（文字通り私の席を横取りして居場所をなくしたり，二人きりの時間を妨害したり）だけではなく，彼女たちの年頃の自分にはなかったものにも向けられていたのです。この気づきは大いに役立ちました。継娘たちがお父さん子という事実は変わるべくもないのに，私はそれにこだわっています。でもありがたいことに，この事実に対する自分の心の奥底にある謎めいた破壊的な感情には，それほどこだわらなくなりました。

不満と怒り

　自分と継子の嫉妬心の次に苛立たしいのは，継母の心を逆なでする継子の権

利意識でしょう。継母と継子のそれまでの関係がどうであれ，継母は継子が帰ってくるときには必ず家にいるものだとか，継子への愛情は無限で尽きることがないとか，継母の優しさは水のように継子が飲みたいときに蛇口をひねればいつでも出てくるとか，私が話をした継母の多くにとってそれが当然だと思われることが一番辛く，腹立たしいことでした。四十代半ばのシーシーには男の子の継子とまだ小さな実子がいますが，こう語りました。

　継子と私は今でこそ親しい仲ですが，あの子が十代の頃は（何ヶ月も）口をきいてくれないことがありました。私の希望で，あの子は父親と一緒に私のところに引っ越して来ました。私は一つの家族になろうと思っていたのです。でも一番腹立たしかったのは，私が給料を家計に入れて，食事の支度をして，家のローンを払っているのに，継子はまったく私と話をしようとしなかったのです。私が部屋に入ると，あの子は立ち上がって部屋を出て行ってしまうのでした。本当に腹立たしく，窓から飛び出したい気持ちでした。でもそれはもう終わったことです。今は彼に会うのは楽しみですし，私の息子を可愛がってくれるのも嬉しく思います。でも，週末に継子が来ると聞くと「まあいいわ，でも来ないほうが楽しいんだけれど」と思うこともよくあるのです。

　私が話をした継母の多くが，この同じテーマを繰り返しました。感謝の気持ちも態度もなく平気な顔をしている継子と，子どもとはそんなものだとわかっていつつも憤りを感じずにいられない継母の構図です。この当然の権利という感覚と継母は大目に見るものだと思っている平然とした態度は，一方通行の関係であり，耐え難いものです。このため，継母は継子のことを「甘やかされたガキ」とか「ブラックホール」とか「恩知らず」と，継母でない人が聞いたらステップモンスターのような口調で呼んでしまうことが多いのです。確かにいろいろな意味で，継子はありがたみがわかっていません。跪いてプロポーズしたわけでもなければ，尊敬し，従わなくてはいけないという気持ちもありません。これはわからなくもないし，仕方ないことかもしれません。継子は継母のことを最初から好きなわけでもなければ，いつも好きというわけでもなく，人によってはずっと好きにならないことだってあります。しかし，さらに理解に

苦しみ受け入れ難いのは，あらゆる年代の継子の多くが，シーシーの継息子と同じように，継母は嫌いでも継母からは愛されたいという，相反する二つを求めることです。そして不思議なことに，継子は「おはよう」の一言すら返そうとしないで継母を怒らせようとするのに，継子が焚きつけた母親らしからぬ自分の思いから継子を守らなくてはならないと，継母は感じるのです。

　エリザベス・チャーチは，嫉妬心が継母の無力感を覆い隠すのと同じように，継子と継母の役割への不満が，無視され，軽く見られているという感情を覆い隠していると指摘[75]します。継子と継母の関係が相互関係であることはほとんどありません。女性は他者との関係がうまくいくことに自分の価値を見い出す傾向があるため，これは非常に辛い人間関係です。継子の行動を変えることはできないので，私たちは自分自身をうまく適応させたほうがよいのです。

　ある女性の継娘は，幼い妹に誕生日プレゼントがあると知らせてきては，毎回来るたびに「しまった，忘れちゃった」と言うことが3, 4年続けてありました。この女性の継息子は誕生日会に来ると言いながら，土壇場でキャンセルします。心理学者は，継子の「なんでもちょうだい」症候群，つまり自分は与えないが人からはもらいたいという切望は，奪われたという気持ちと，二倍もらえば（父親，家族を）奪われてしまった気持ちが癒されるかのような子どもっぽい試みから生じていると言います。ひたすら与えられる立場になることで，継子は自分が締め出されていると感じる世界の中心になり，継子が見返りとして何をしようが何を与えようが，父親と継母の愛が左右されないことを確かめているのです。同様に，パーティーに来なかった継子は，そのことで彼がパーティーの中心になったと満足を得られます。自分が中心ではないと感じた彼は，矛盾していますがパーティーに現れないことで再びスポットライトを浴びることができるのです。

　こうしたことを知っていて，理解していたとしてもこの行動はやはり好きになれませんし，気分を害します。否定的な反応を外に出さないようにすると，かえって怒りが増すだけです。誕生日パーティーの話をしてくれた女性は不満を夫に吐き出しました。幸い，夫も子どもたちの毎度のパターンを不快に思い，苦しんでいたため，妻の話を単なる子どもへの批判と受け止めず，実際に問題を解決する方向に動きました。女性は引き続き継子を招待しましたが，詳細な

やり取りはしませんでした。実子が大きくなってきたので，来ないかもしれないことを予見して，彼らが来るとは伝えませんでした。また，親戚が「あら，あの子たちはボイコットしているの」などとあれこれ言っていると「肩をすくめて『思春期だからねぇ』と言ってその場を立ち去り噂話から抜け出しました」と言ったそうです。ドラマを展開させないことで，この女性は焦点をもと（実の娘）に戻し，意地悪でも悪意でもなく，単に葛藤を抱え，自己中心的だった継子の振る舞いを正常化することができました。

　料理や贈り物，外出の計画など，継母が頑張っているのに感謝されず，わざと傷つけようとしているのではないかと思えることがありますが，そんな思いを軽減する方法が他にもたくさんあります。ほとんどの場合は，意地悪ではなく戦略として，やってあげるのをやめてしまえばよいのです。たとえば，うちでは継子が来るときは夫が料理を担当します。もともと夫は私より料理が好きなのですが，食事を作ってあげようという私の頑張り（思い上がりのようですが）に対し，継子はつい批判したり不満をこぼしたりします。ですが，私が料理しなければそういう場面を作らなくて済みます。また，誕生日には要注意です。ある女性は「ちゃんと『ありがとう』が言えない人にはメールでカードを送っておけば十分ですよ」と言っていました。また現金はいくつになっても喜ばれますし，思い切った金額にしないで何かの役に立つ程度を送れば，もらった側が忙しかったり，うっかりプレゼントのお礼を忘れたりしてもそれほど気にならないはずです。

　自分の心の整理をするのも一手です。期待や努力の度合いを変えるのは，不満を克服できた継母の多くが使う秘密兵器のようです。たとえば私の場合，突然かかってくる親しげな電話はお金をせびる前触れです。また卒業式などの大きなイベントに実母が出席する場合は，継子がその状況で私と仲良くするのはぎこちなく難しいため，冷たくあしらわれる可能性が高いです。何年頑張ってこようと危機的な状況があれば継子は私ではなく，必ず夫のところに相談に行きます。それもそのはずです。パパは親ですが，私は親ではないのですから。こうした場合に大事なことは，諦めることでも自己犠牲でもないと思います。イベントで冷たくあしらわれたり，お金をせびられたりすることに甘んじる必要もなければ，我慢する必要もありません。ただそれを予想するのです。少し

だけ継子と距離を置いてもよいでしょう。疲れきってしまったり，拒絶されたりするよりはましです。私はもともと，オープンで社交的な気質で，友人や友人の子ども，自分の子どもに対してはそのように振る舞うのですが，継子に対しては逆に用心し，警戒して接するようになりました。

ただしリスクもあります。少しでも自己防衛に走ると，知らぬ間に感情的にも金銭的にもケチな継母というステレオタイプにはまってしまう可能性があります。少し悲しくも滑稽でもありますが，適切なのだと言い聞かせなくてはなりません。私たちはあの子たちの継母なのですから。

関わらない

継母やカウンセラーの中には，「関わらない」テクニックで継子への怒りや不満を軽くする方法を勧める人がいます。通常この方法は，同居している継子が激しい敵意を抱いていて，夫がひどく非協力的な場合に使えますが，そこまで状況がひどくない場合でも，同居していない十代の継子や成人継子が継母を拒絶する場合にも使えます。

関わらない[※76]，つまり少し手を抜いてみる，あるいは努力をやめてしまうためには，子連れ男性との結婚にまつわる数多くの現実を受け入れる必要があります。

- 継子はあなたの子どもではありません。
- 継子の育ちや情緒的，社会的問題の克服はあなたの責任ではありません。
- 継子がどういう人間であろうと，あなたの責任ではありません。また，どういう人間になるのかもあなたの責任ではありません。
- こうした責任は夫にありますが，彼の子育て（や成人した子への対応）はあなたの期待通りにはならないでしょう。

こうした現実を受け止めたうえで自分に約束をします。「あの子たちが私を不当に扱うような機会は二度と与えない」と。そして今後はできないことを継子にきちんと伝えます。「私に失礼な態度を取ったら，学校には送って行けな

いよ。家で私を無視するなら，あなたの洗濯はしてあげられないよ。お手伝いを済ませるように言ったときに反抗的な態度を取ったら，ご飯は作ってあげられないよ」。そして徹底的に実行してください。サッカーの試合に連れて行くときに継子が失礼な態度を取ったら，車をＵターンさせて家に戻りましょう。「悪いけど，あなたは私に対して失礼な態度を取ることを自分で決めたね。だから連れて行ってあげるのをやめなくてはならないわ」。成人継子であれば，今後しないことを自分自身に宣言するだけで十分でしょう。たとえば，「夫の35歳になる子がうつ病みたいだから精神分析医に診てもらったほうがいい，とはもう夫には言わないでおこう」。あるいは，「継娘の結婚式の準備には関わらないでおこう。継娘の忠誠心の葛藤を招くだけだし，私自身も非難の対象にはならずに済むわ」。または，「夜眠れないほどでなければ，十代の継息子が春休みに来たとき何をしようが関わらないでおこう。継子が部屋を散らかして，昼の一時まで寝ていようが，キッチンに汚れた皿を山積みしようが，夫には口出ししないでおこう。全部放っておいて，夫に任せよう」。

　関わらないようにする目的は，自分の責任でないことを背負い込むのをやめて，努力が感謝されないといって落胆しないようにすることです。これができると怒りや不満や否定的な感情はかなり治まっていくでしょう。この状況なら我慢や愛情さえ芽生えやすく，力強く育っていくことでしょう。そして関わりを持たなくなると，夫はもはや「意地悪継母」に対抗する「正義の味方」ではいられなくなり，自ら進んでやらなくてはならなくなります。

　関わらないことのもう一つのメリットは，継子が反抗する機会が減れば，継母が標的にされる可能性も低くなることです。関わりをなくすことに賛成する人は，人間関係が必ずしも私たちの問題ではないと受け入れると，人生が楽になると断言します。「あんたなんか私の子じゃない」という強烈な感覚は和らぎ，「完璧とは言えないけれど，なんとかなる」という気持ちに変わるかもしれません。

Chapter 5

彼
夫を理解する

　年齢にかかわらず，継子がいる限り，あなたの人生における最重要人物は夫です。夫は再婚家庭において，あなたを幸せにするか惨めにするかを左右します。ステップファミリーの生活が，ストレスでいっぱいになるのか，かろうじて耐えられるのか，あるいは困難や障害が避けられなくても楽しめるのかを決定づけるのは，夫の行動や態度です。はっきり言えば，夫は良くも悪くも，あなた自身よりも，継母継子関係の先行きを決める人なのです。夫が，最も大事なのは結婚生活【→Column 6】であることを，あなたと自分の子（4歳であろうが40歳であろうが）に対して明確にし，継子とあなたとの間に不和が生じたときに，（たとえ，彼が後でこっそりあなたに異を唱えたとしても），子どもの前ではあなたをサポートし，あなたが愛され，大切にされ，そこにいるべき人であることを示すことです。そうすれば，子どもがあなたに対し，少なくとも節度と敬意を持って接するべきだと示せます。48歳の元証券アナリストのベリンダには二人の継子がいます。ベリンダの話は，夫が明確にしつけと妻との関係を最優先し，その二つを両立させている好例です。「夫は必ず私の味方になってくれて，継子も二人がチームだとわかっていました。カエルをベッドに仕込まれるといった，ひどい仕打ちをされたことは一度もありません。もし私に悪態をついたら，夫は子どもたちに『ベリンダにそんなこと，していいわけないだろう。さあ，謝りなさい』と言ってくれました。子連れ男性と結婚した友だちと比べて喧嘩が少なかったのは，夫が早い段階から，けじめをつけてくれたからだと思います」。

　継子の引き裂かれた忠誠心や継母への不満，父親が離れて行くことへの怒り

といったお決まりの障害をあなたが克服するには，夫が重要な存在です。夫が妻の側にいてくれれば，非協力的で予測不能な実母の影響を抑えることもできます。元心理療法士で二人の成人継子を持つサリーはこう言っています。「ダンがいつも言うんです。『まずは僕たち二人だ。僕たちの関係が強くなければすべてが壊れる』。もう本当にストレスでした。前妻が激昂して真夜中に電話してきたり，夫の子といえば，とても荒れていて，万引きしたり，私に怒りをぶつけてきたりと，ありとあらゆることがありました。でも，ダンがついていてくれることも，彼が何を優先しているのかもわかっていました。私はラッキーだと思います」。

　ベリンダもサリーも自分は例外的だとわかっていて，そう言っています。実際，再婚した父親である夫が，きっぱりと妻の味方をしてくれることは多くありません。父親は矛盾を抱えているので，あるときは自分の子どもが継母である妻に腹を立てるのを支持したかと思えば，今度は妻との再婚を弁解し，子どもと妻の間を右往左往することが非常によくあります。この葛藤は大抵，心の中だけに留めておき，滅多に人に言ったりしませんが，妻と子の間で心が引き裂かれてしまうことは，再婚した父親には極めてよくあることです。

　この基本的な内面の葛藤を通して見れば，夫を理解しやすいかもしれません。この混乱を解決するまでは，夫が（夫と親の）一人二役演じなくてはなりません。そのため，夫は思ったように行動できず，やる気を奪われ，夫自身や夫婦の幸せに影響してしまうでしょう。また私が話をした男性は，二つの別々の結婚による実子，あるいは継子への義務感について葛藤する胸の内を語ってくれました。特に男性は離婚後，心残りや罪悪感すら抱きがちです。自分自身が継父である場合は，継母と同じように役割の曖昧さにも悩まされます。そして，継母がその役割において誤解や不当な扱い，批判や「罠にはめられた」といった感情を持つことが多いのに対し，その夫は無力感や心配に苛まれ，何一つ正しいことができないと感じることが多くあります。

夫の無抵抗さが毒になる

　再婚した父親は，昔からよくこんなふうに言われます。再婚男は骨抜きにさ

れている。以前はすごい男だったのに，新しい妻に「拉致され洗脳」されている，と。善良で，脅され騙された父親像は，意地悪継母と表裏一体と言えます。偏見の象徴的な特徴は他の偏見から生まれ，二つは誰かが口にするたび，いっそう絡み合うようになります。たとえば38歳のアニーは，10年前に父が再婚してから父との関係が変わってしまったと嘆きます。「父は，継母の言いなりなんです」とアニーは悲しげに言いました。「父はいい人で，私たち，昔はとても仲が良かったんです。でも，父はあの人には逆らえません。父はわかっていないんです。だからもうあまり会うことはなくなりました。あの人のせいです」。

　私がインタビューした継子の多くが，父親を気の良い，おおらかな人柄で，それにつけこんだ二番目の妻が父親を操り，彼と子どもたちの間に壁を作り分断することで父親を独占しようとしていると話していました。一方，妻たちはやはり，夫が成人した子どもにうまく操られ「カモ」にされているのに，自分の立場がまったくわかっていないとはっきり言いました。何人もの継母の話が，二人の継子を持つ60歳のフローレンスの話と重なっていました。

　　夫は問題に立ち向かうタイプではありません。ですから，彼の子がどんなにひどいことをしても，彼はほとんど何も言いません。贈り物をしてから何週間も電話一本寄こさず，お礼がなくても「おい，どうして連絡がないんだ？」とは言わないのです。子どもがまだ若かった頃でも子どもを一喝して，夫や私に対してきちんとした態度を取るよう言ったことはありませんでした。そういう人ではないんです。そういうことにも気づきませんし，あの子たちが帰ってから，それについて話すことさえもありません。問題があっても気づかないふりをしてしまうのです。

　これは，離婚後再婚した，子どもがいる男性に共通しています。単に「問題を無視」するにとどまらず，対立を避けようとして，耳にも目にも入らなくなっているのです。彼は無抵抗で，正義の味方とはまるで違います。継子ともめごとがあって妻が困っていても夫は妻を放っておき，まったく誠実ではないと感じられることがよくあります。私も結婚した当初の数年間，十代の継娘たちが

私に嫌な言葉を投げかけてくることがありましたが，それでも素知らぬふりをしていた夫を殴ってやりたいと思ったことを強烈に覚えています。後で娘の言動を話したときの夫の答えには，唖然としました。「えっ，そんなこと言ったの？ 聞こえなかったなぁ」。文字通り，聞こえていなかったのです。夫の反応は，離婚後再婚した子連れ男性によくあるパターンです。夫は，我が子と妻の間で板挟みになったと気づくと，耳が聞こえなくなります。ネットの掲示板に，ある女性が不満を書き込んでいました。その夫の回避行動と意図的な無視は，職人芸とも言えるでしょう。「私は夫と夫の娘のいるところで，夫の15歳の娘に家で性行為をするなんて良くないと言ったんです。そうしたら，継娘は私に大声で余計なお世話だ，あんたなんて母親じゃないんだから言うことを聞く必要はない，って言うんです。私が夫のほうに振り返ると（助け船を出してもらおうと），夫はそこにいないんです。部屋を出て行っちゃったんです！」[※77]。

　よくあることでしょうが，この無抵抗で回避的な行動は，ステップファミリーの人間関係を蝕んでいきます。多くの場合，継母と継子が感情的になっているそのそばで，夫は無言で台風の眼のように平静を保っていますが，その周りには怒りが渦巻いています。それにしても，一体なぜ「子どもにきちんとした振る舞いをするよう言う」ことや「押しつけがましい妻に対抗」することを躊躇してしまうのでしょうか？　夫を責める原因となっている，この無力さや無抵抗は，何に由来するのでしょうか？　夫はあなたが幸せになれるか継子とうまくいくかの鍵を握る存在ではありますが，彼は何者なのでしょうか？

父親としての責任の重圧

　複雑に絡み合った偏見を払いのけてみると，そこにはさらに複雑な現実があることがわかります。研究結果や実際の経験からは，離婚後再婚した父親の予想だにしない姿が浮かび上がってきます。彼らは現実的で特有の社会的，心理的課題に向き合っていて，妻が感じるのと同じくらい，いえ，恐らくそれ以上に感じています。離婚後再婚した男性や，そうした男性を研究し，治療にあたる専門家から話を聞くと，男性の気持ちについて何度も聞く言葉が「葛藤」と「手一杯」でした。子どもがいて再婚した男性が自分のことを語るとき，妻も子（確

執があることが多い）も喜ばそうとして心が引き裂かれ，現在の結婚での子どもと以前の結婚での子どもへの経済的，心理的義務を果たそうと手一杯になっていると感じると言います。また，負担や罪悪感，不安を感じることもあります。「彼らは多くの場合，二つの家族から頼られ，必要とされているケースが多い」と心理療法士のメリーアン・フェルドシュタインは言いました。「それは，非常に難しい注文です。また普通は，実子と暮らしていません。その経験のない人には，彼らがどんな気持ちで暮らしているか到底理解できないでしょう」。

　こうした気持ちは，彼ら男性（あなたの夫も含め）が置かれた状況を考えると納得できます。最近の社会の傾向が，再婚した父親がかつてないほど悩み，葛藤する背景となっています。今の父親は，以前より子どもとの関わりが大きくなっています。65歳のジジは，今の父親像と彼女が若かった頃の父親像の違いに驚いていました。

> 今がどう違うかは言えないんですけどね。父親（継息子）が床に座って子どもと一緒に遊んでいる姿なんて，私の最初の夫には想像すらできなかったと思います。今の夫はかなり進んだ考えの持ち主なんですよ。それでも陰でそんな息子のことを，必ずしもいい意味ではありませんが，「ミスターママ」と呼ぶことがあります。世代の違いでしょうね。子育ては私たちの頃は，絶対女性の仕事でした。夫はまったく手を出さず，すべて私任せでした。私たち（女性）が全部一人でやっていましたよ。

　ジジと同世代の女性も同じ思いを語り，息子や継息子や今の50歳より若い世代の男性が子どもの生活に深く関わっていることに，驚き称賛していました。
　彼女たちの見方は的を射ており，2002年の家族・労働研究所（Families and Work Institute）の調査では，平日に子どもの世話や子どもと過ごす時間を比較すると，現代の23歳から37歳の父親（平均3.4時間）のほうが，ベビーブーム世代の父親（平均2.2時間）よりかなり多いことがわかっています。今後も若い父親のこの傾向は続き，子どもへの関与はさらに増えるだろうと研究所は見ています。研究所の所長，エレン・ガリンスキーは「今までで最も強い流れの一つです。…今の男性は本当に変わりました。本物の変化です」[78]と言い

ます。これは若い男性が，親が会社にすべてを捧げた末にリストラされるのを目の当たりにしたり，技術革新によって父親が家で仕事できるようになったり，9.11以降「家庭第一主義」が台頭したりといった要因によるものだと，ガリンスキーは言います。「フォークソングの"Cat's in the Cradle"〔訳注：忙しすぎて息子に構ってやれないまま，息子が自分と同じような大人になってしまったという内容〕をこの世代の人たちは聞いて育ちましたが，そこに大きな意味を見い出していたのではないか」とガリンスキーは言います。比較的若い父親にとって，子どもとの日々のふれあいは強く意義ある絆を生むだけでなく，万一離婚すればかつてないほどの悲しみにつながるのです。

　この新しい世代の父親たちは，親権を持たない場合，どのように子どもとの関係を維持するかという悩ましい課題に人知れず直面しています。四十代のサムは自身が継子であり3歳の子を持つ父親です。9歳のときに両親が離婚した後のことは，彼にとってショックだったようです。「離婚に際して，あんな別れ方をするなんて絶対にできない」と言いました。「父は，二週に一度会う以外，僕たちに会おうとしませんでした。父にはそれで十分だったんです。僕は娘を見ていると，そんなこと考えただけで死にそうです。あの子には僕が必要なんです。本当に理解できない。どうしてそんなことができたんだろう？」最近の父親は，自分の父親が妥当だと思っていた距離について思い悩み，子どもと日々一緒にいられないことを，何としてでも埋め合わせしようとする可能性が高いです。34歳のエラの夫は，実母と暮らす子どもが同じ町に住んでいます。その夫がこう言ったそうです。「君にはわからないんだ。毎晩子どもにキスしてやったり，本を読んでやったり，布団をそっと掛けてやったりできない気持ちが。君はこの辛さをわかってない」。

子ども中心の子育て

　私たちが父親に求める期待は，比較的新しい子ども中心の子育てと時を同じくし，そこに端を発しています。十代の女の子の親権を持つ継母のケンドラは，この点をうまく言い当てています。

私や友だちは，大人の道理優先で育ってきましたが，今は子どもが望むことのほうが優先されるみたいです。私たち夫婦は毎週金曜と土曜の夜，［継娘を］車で送って行き，帰ってくるまで起きて待っています。短気な夫が遅くまで待っていて，しょっちゅう門限のことで娘と喧嘩するので，夫婦にとっても辛いです。夫が娘を待ち，喧嘩している時間は「夫婦の時間」ではなくなってしまったので，結婚生活に大きなストレスになっています。なのに，週末の夜は一日ならまだしも，二日も帰りが遅くなってはいけないと，夫は絶対に娘に言いません。自分の身勝手だと思っているようです。あの子のニーズや希望が最優先されているんです。

　これは，社交的な十代に限りません。ニューヨーク精神分析研究所のステファニー・ニューマンは「現代の子育ては多くの場合，過度に子どものニーズや要求を重視し，夫婦関係を犠牲にすることがよく見受けられます。親はかつてないほど，常に子どもに関わり，完璧な親になることを求められています」と語りました。対照的に1950年代や60年代は，主婦は子どもに一人の時間を与え，自分も一人の時間を持つように言われていました。ある年齢の人なら，母親が電話で喋っていたり，食器を洗っていたり，メロドラマを見たりしているときに，一人で裏庭で遊んだり，部屋で一人遊びした思い出がないでしょうか。そのような子育ては，小児科医やベンジャミン・スポック博士など子育て専門家によってはっきりと推奨されていました。物理的，感情的な距離といったマイナス面もあったかもしれませんが，親にとっても子にとっても休息し，自立する時間になりました。最も大切なのは，子どもの要求や問題を，必ずしも大人がなんとかしてくれるわけではないことを子ども自身に気づかせることができる点でしょう。これとは正反対に，最近の親は仕事をしていようがいまいが，子どものそばを「うろつき」，セサミストリートを見ることからパズルで遊ぶこと，宿題の手伝いに至るまでありとあらゆることに関わろうとし，それをしないとひどい罪悪感を抱きます。1990年代に使われ始めた「ヘリコプターペアレント」という言葉は，この新たな義務感が親の行動に与える影響をうまく表現しています。「親は，いつもそばにいることを子どもに示す必要性を感じています」とニューマンは言いました。「一世代前と比べ，今日の親には，と

てつもなく大きなプレッシャーがかかっているのです」。

　このプレッシャーは，子どもが家を出ても終わりません。子どもが大人になっても，親はかつてないくらい頻繁かつ長期間にわたり，関わり続けます。かつては長距離電話料金が高く，寮の各階に電話が一つしかなかったので大学生の子と親との連絡は週末限定でしたが，最近の通信革命と大学内での熾烈な宣伝活動により，今では親と子は連絡が取りやすくなりました。テクノロジーに後押しされた日常の連絡が，十代後半や二十代前半まで続き，子どもの発達にも強い影響を与えていると専門家は見ています。ペンシルベニア州立大学の心理学者，ピーター・クラブ博士は，親から離れようとし，大人としての自立や親離れが目標となる年頃では，親子の継続的な接触が「未成熟さと依存を助長する」[79]と言います。幸か不幸か，この通信技術は，子どもが，子どもっぽいままで親との関係を続ける期間の長期化をもたらしています。ただし，携帯電話やメールはパズルの一ピースに過ぎません。他の多くの要因も，親離れが以前ほど明確でなくなり，多くの意味で思春期が三十代まで長期化する（第10章参照）状況を作り出しています。子ども中心の子育ては何十年と続く可能性があり，父親はかつてないような関与が求められています。

　しかし，これらすべての社会変化が，父親の関与や義務感，投資意識，親としての期間や力の入れ具合を増してきた一方で，親権の取り決めは一向に変わりません。ほぼすべての州において，父親より母親のほうが親権を与えられることが圧倒的に多いのです。共同親権が一般的になってはいますが，子どもは母親と同居するのが普通です。テキサス州の離婚弁護士，スチュワート・ギャノンによれば，「父親が隣の市より遠くに住んでいる場合，共同親権は事実上，母親が第一身体的親権を持ち，父親は隔週と祝日だけの面会に格下げとなる」そうです。

　48歳のハリーが抱える親権の悩みとその精神的影響は，子どもの日常生活に積極的に関わっていきたいと願う離婚した父親が直面する葛藤を，痛々しいほど浮き彫りにしています。ハリーは金融コンサルタントで二児の父親ですが，離婚後，二人の子を持つ女性と再婚しました。自分と妻がフロリダから北東部の町へ引っ越すことになると，前妻にもそこへ引っ越してくるよう説得しました。そうすれば自分が前妻とともに，息子と娘の共同親権を持つことができる

からです。ハリーは，実子と妻の子が一緒に過ごせるような大きな家族になることが，まったく非現実的というわけではないだろうと思っていました。しかし，ハリーの前妻が心変わりしフロリダに残ると決めてしまうと，ハリーの夢は脆くも崩れ去りました。数ヶ月後，何度にもわたる申し立てと訴訟の後，ハリーと妻は，より報酬が高く安定した仕事が見つかった北東部への引っ越しを余儀なくされました。その後の訴訟では，子どもたちがアルコール中毒の母親と暮らすことには差し迫った危険があると認められ，裁判所の指名した専門家が，子どもたちは早急に父親と生活を始める必要があると，供述したにもかかわらず，ハリーと前妻の交渉は悪化し，裁判は泥沼化しました。

ハリーに話を聞いたある年末，いつもは陽気で楽観的なハリーは，難しい立場に立たされていました。妻の子育てを手伝いつつ，何百キロと離れた我が子に思いを募らせていたのです。ハリーは親権に関する偏見のせいだと感じていて，自分が我が子だけでなく，人の子に対しても素晴らしい父親であると自覚していただけに，大変不満に思っていました。「昔から残っている性別による役割への大きな偏見のせいで，私は不利な立場に追いやられているのです。私は継子のことも愛しているし，とてもいい関係です。でもね，血のつながった父親が責任を放棄して，他人の子を育てている自分がいるわけですよ。我が子のことを思って悲しみに沈みそうなときにも，無理して継子と過ごさなくてはならないときがあるんです」。

家庭裁判所の制度は，進んで子育てを担いたいと希望する父親がいる近年の社会事情に，いまだ追いついていません。私たちの考え方に大きな変化が訪れ，親権に対する先入観をなくさない限り，父親は苦しみ続け，夫やパートナー，継父としての役割にも影を落とすことでしょう。「仕事や経験でわかったことですが，ほとんどの男性は子どもへの義務を，とても真剣に受け止めています」とメリーアン・フェルドシュタインは言いました。離婚は，男性に大打撃を与え，彼らの父親がしたような「ただ前進あるのみ」は，選択肢にありません。事実，彼らには想像すらできません。

彼自身も気づかない気持ち

　心理学の文献や自分自身の経験により，男性は女性に比べてコミュニケーションが下手なのはご存じでしょう。また，男性は一般的に自分や他人の気持ちを考えたりするのに抵抗を感じたり，その感情に気づかないふりをし，結婚やパートナーとの対立を避けたがります。こうした傾向のせいで，難しい話題に触れようとする妻にとっても，男性自身にとっても，あたかも実刑判決のように感じられます。

　昔から男性は「比較的感情的ではない」（虚勢を張るのも，その証拠のようです）と言われていますが，男性とその感情についての研究[80]はまったく異なる結果を示しています。男性は女性より淋しがりらしいのです。死別後または離婚後の男性の再婚率は，女性よりずっと高いのです。男性にとって長期間一人身でいることは，女性と比べて辛いのです。男性は，離婚または死別後13ヶ月以内で再婚する人が多いのに対し，女性の平均は4年以上です。2002年にペンシルバニア州立大学が行った調査[81]によれば，子どものいない独身の高齢男性は，子どものいない独身の高齢女性に比べ，うつ病のリスクが大きいことがわかっており，それは恐らく，男性が女性より社会的支援や友人が少ないことに起因しています。

　しかし，このリスクは高齢の男性に限ったことではありません。アメリカ国立精神衛生研究所（NIMH）が出資した研究では，124人の若い男性とそのパートナーの女性のコルチゾールの量を調査[82]し，男性のほうが女性より二人の関係における対立によってストレスを受けやすいことがわかりました。ステップファミリーの男性[83]の場合，リスクはかなり大きくなります。事実，カービー・ディーター＝デッカードをはじめとする研究者は，ステップファミリーの男性が一般家庭の男性よりうつ状態になりやすく，中でも継母がいる場合（子連れ男性が離婚し再婚した場合），最もうつ状態の度合いが高いことがわかりました。驚くことに，夫が産後うつのような状態で悩んでいることがあります。ディーター＝デッカードの研究では，離婚後再婚した男性とその妻に子どもができると，男性のうつ病の割合が急増します。ステップファミリーは継母だけでなく，夫の精神衛生をも害することがあるのは明らかです。

これはなぜでしょうか？　離婚し，再婚した子どものいる男性は大きなストレスを経験し，そのことを話せないと感じているのはわかります。そうした男性にとって最も大きなストレスの一つを聞いてみると，子どもや妻，前妻，場合によっては，継子といった多くの人への心理的，経済的な義務感です。51歳のジョナサンはエンターテイメント企業の重役として成功している好人物ですが，最初の結婚による二人の二十代の子どもと，現在の結婚での4歳にならない二人の子どもを持つ経済的な課題を，率直に語ってくれました。

　　上の子たちがここに来て過ごすときや，母親と一緒のとき，私はまるでATMですよ。スキー旅行やら洋服や本。あの子たちの家賃の半分と雑費（二人とも今は大学院生ですが，大学の学費は全額）を負担しています。それで（今の結婚での）子どもがいるので，保育園の保育料と私立学校の学費，それにその他の費用があります。それに家のローン。妻も仕事はしていますが，収入は私には及びません。稼ぎ手でありたいと思うし，悪い気はしないのですが，すごくお金がかかるし，みんなの面倒をみるプレッシャーも相当です。よく眠れない夜もあるんですよ。

　離婚すると女性は男性より経済的に苦しくなり，男性は場合によっては経済的にメリットがあるとよく言われます。1987年にスタンフォード大学（当時）の社会学者のレノーア・ワイズマンが書いた有名な論文の中で，母親の生活水準[84]は離婚後1年で73％低下するのに対し，父親は42％上昇すると述べました。しかし，ジョナサンが感じる，かつてない経済的プレッシャーは，その後の多くの研究者による研究結果と一致しています。ほとんどの研究者は，ワイズマンの推定が初期の状態を極端に誇張しているという意見で一致しています。研究者の中には，母親向けの優遇税制と父親から子どもへの直接的な支出を勘案すると，離婚した父親[85]は離婚した母親と同等，あるいはそれ以上に経済的に苦しくなると主張する人もいます。ジョナサンの子どもが男の子でなく女の子だったら，もう一つのハードルを越えなくてはならなかったでしょう。ウェイクフォレスト大学のリンダ・ニールセン[86]は，15年間にわたり大学生の年齢の女子に関する研究を進め，女の子は父親を冷遇し，「批判的な審判や

ATMのように扱う」ことがわかりました。女の子は，母親が自分に個人的なことを話したり，悲しみや辛さを見せたりするのを許しても，父親には許さないものです。ニールセンは，離婚し再婚した場合，この傾向が高くなると言います。若い女性の多くは母親側に付き，父親とはほとんど連絡を取り合おうとしませんが，若いうちは金銭的サポートを父親に期待し続けることにニールセンは気づきました。

ハリーの話から，再婚した父親に継子もいる場合，経済的，感情的プレッシャーが増し，さらに複雑になる様子がわかります。

> すごい責任ですよ。それから変な男の感情っていうものもあるんです。継娘の父親が誕生日にお金を送ってきて，娘をとても大事に思っていると書いてあったんですが，それを見て嫉妬心で心が疼きました。その一方で，父親は生粋のプレーボーイで，どこかで気ままにやっているというのに，自分はその子どもを育てている。この深い，ありのままの気持ちをわかってほしいんです。彼と立場を交換したいわけじゃないですよ。私は幸せですが，今は本当にストレスだらけなんです。私たちは新しい土地で新しい家に引っ越し，私には新しい仕事があり，私たち夫婦はデートするだけの間柄ではなく父親と母親という新しい関係を始めたばかりですから。

親権のない父親であり，親権のある継父としてハリーは，自分の子どもだけでなく妻の子に対しても父親でなくてはならないプレッシャーを感じています。また妻の前夫の存在が見え隠れし，関わりもしないのに自分の子どもだと主張していることが，ハリーの心を揺さぶっています。

五十代の銀行員ミッチには，ジェフリーとロビーという実子と，妻ジャッキーの息子で同居しているマーティンという継子がいます。ミッチは，「平等のストレス」と呼んでいるストレスについて語ってくれました。インタビューの冒頭，ミッチは妻の子を継子と言ったことがないと言いました。「私にとって，あの子は自分の子です，ただそれだけです。子どもはみな同じように扱うようにしてきました」。しかしその数分後，状況によってはそれがかなわず，無理やり押し通そうとして，結婚が破綻しかけたと言いました。

結婚して間もない頃，多分，1，2年後だったと思いますが，ジャッキーが学校の保護者面談のことで激怒したことがあります。私がマーティンの担任との面談に，十分時間を取らなかったというのです。でも，私には自分の子が二人いるので面談時間を半分にして二人について話してもらうことにしていました。だから，二つに分けた面談をさらに三つにはできませんでした。面談は短時間ですし，私が一度に全部に行けるわけがないのです。それを毎日，いつでもどこででもみんなのために何でもやってやろうと頑張っていましたし，仕事もありました。きつい時期でしたよ，身体を三つに引き裂くようにして。でもうまくいかなかったんです。3分の1より1がいいに決まっています。私は引っ張りだこでした。ソロモン王でもないのに。

　自分を「三つに引き裂く」(二人の息子と継息子)というミッチのイメージは，男性がたくさんの人に対して大きな責任があるときに感じる，「裂かれる」あるいは「引き裂かれる」という葛藤を如実に表しています。平等のストレスとは，子どもを皆まったく同じように愛し，子どもたちは同じ「分」だけ父親を分け合うべきだとの期待であり，これが裂けるまで引き伸ばされる気持ちにさせるのです。最終的には，ジェフリーとロビーはいつまで経ってもミッチの子で，マーティンはいつまで経ってもジャッキーの子であることは変わらないと改めて教えてくれたカウンセラーのおかげで，混合家族神話の呪縛を解くことができました。カウンセラーは，ジャッキーとミッチは継子たちと素晴らしく，強い絆を築くこともできるでしょうが，実親こそが親だと再認識する必要があると二人に説明しました。ミッチは私に言いました。「(カウンセラーが) 言ったんですよ。『マーティンは，あなたに父親になってほしいとは思っていないし，ジェフリーとロビーは，ジャッキーに母親になってほしいとは思っていませんよ。どうして，ありもしないつながりを強要しようとするんです？』って」。ミッチは，「どういう意味？って雷にでも打たれたよう」に感じ，その瞬間を「啓示です。その啓示のおかげで命拾いしました。大きな安堵感でした。カウンセラーのおかげで，残酷に思われたことが至極当たり前で，現実的なんだと思えるようになりました」と説明しました。

　この考え方のおかげで，継子の実親みたいになる夢物語も，そこからくるプ

レッシャーや落胆も手放すことができ，ミッチとジャッキーにとってはまさに神の贈り物となりました。自分の実子に対して親として振る舞い，継子とは親子関係とは違う特別な関係を築こうと，夫婦で取り決めると，喧嘩も減り，気分もすっきりしたことに気づきました。しかし，周りの人たちはこの取り決めに違和感を感じていました。実際に，マーティンのユダヤ教式13歳の成人式などの儀式で，大きな混乱があったとミッチは言いました。

　　最初に言っておきますが，［ジャッキーは］ユダヤ教徒ではなく，実父と私がユダヤ教徒なんです。マーティンがユダヤ教の成人式をやりたいというので，じゃあそうしようと費用をジャッキーの前夫と折半して，そこまでは良かったんです。でも，ラビ［訳注：宗教的指導者］にはわかってもらえませんでした。ラビが，「では，儀式のこの時点で，お父さん，お母さん，こちらへ来てください」とおっしゃったので，ジャッキーと前夫と私も一緒になってラビを遮って言いました。「いえ，お母さんとお父さんではなく，『親御さん全員』と言っていただきたいのです」。ラビは困った顔をして，私たちが説明してからも釈然としない様子でした。それに，私たちと一緒に実際の成人式に立ち会った人たちも，釈然としない様子でした。

　離婚し再婚した父親の中でも，子連れの女性と結婚した人は，継母と同じような役割の曖昧さに悩むことがよくあります。ハリーは当惑したように話してくれました。「私は継子たちと同居し，学費から一切を負担しています。それ自体は全然苦にならないし，満足しています。でも，緊急事態での医療処置を決断できるかと言われれば，それはわかりません。法的なものとか，まだよくわからないんです」。ハリーが経験しているのは，典型的な継親の束縛，つまり責任と権威という束縛です。継母にとっての責任は，母親のような気持ちになり，母親のように振る舞うことで，継父でもある父親にとっての責任は，実子にも継子にも分け与えることです。運が良ければ，経済的には問題なく全員に分け与えることができますが，愛や親しみを与えることは，それより難しいでしょう。カウンセリング以前に，ミッチを悩ませていたジレンマの真っ只中にいるハリーは，「みんなが揃っているとき，実子も妻の子も，誰にどれだけ

褒めたり，与えているかをしっかり見ているのがわかるんです。誰か一人が他の子より多くもらうことがないように確認しているんです！」と言いました。

実子と継子への義務感と，子どもはみな平等に扱うべきだという思い込みが，ジョナサン（娯楽企業の重役で，前の結婚と今の結婚でそれぞれ二人の子どもがいる）にも，毎年，年末に送るカード選びの時期に表に出てきます。

> 息子たちは大きくなってもう20歳前後ですが，娘たちはまだ小さいです。息子たちは別の州に住んでいて，一度も一緒に暮らしたことはありません。毎年，妻と年末のカードをどうしようかと相談するのですが，そのカードというのが私たち夫婦と娘二人の写真なんです。でも，そこで思うんですよ，息子たちをのけ者にしていないかと。それで，「子どもの写真はなしにして，サインだけにしよう」と言ってみるんですが，また別のジレンマがあります。私と妻と娘のサインだけでいいかな？　いや，それでは息子たちに不公平じゃないか？　あの子たちにもサインしてもらおうか？　いやそれは変だろう，彼らには彼らの生活があるし，一度も一緒に暮らしたことはないし，（妻の）ジュリアは母親ではないし。毎年これの繰り返しです。そこで，『ジョナサン，ジュリア，家族一同』としてはどうかと提案しました。妻は構わないと言ったものの，「それだと，あまり温かみがないんじゃない？」とも言いました。まだ解決しきれてはいないようです。

ジョナサンの息子たちが，父親ほどカードに思い入れがあるとは思いにくいし，まず目にすることもないとのことでした。実際，息子たちが住んでいる場所や，大学院や旅行やガールフレンドのことで忙しい日々を送っていることを考えると，息子たちが「家族写真」を撮りにわざわざ来ることなど，到底無理だとジョナサン自身もわかっているのです。彼が言う通り，それは自分自身の問題であり，恐らくミッチもハリーも共感を覚えることでしょう。カウンセリングを受ける前のミッチがそうだったように，ジョナサンの「家族全員」の思いは非現実的な幻想ですが，大きな影響力を持ち，あまりに明らかな罪悪感とストレスを与えます。ジョナサンは，「新しい家族」に「乗り換えた」ように思われたくなくて，下の子だけが写っているカードがその印象を与えるのを恐

れているのです。年齢も住む場所も母親も違うのに，どの子もそれなりに「公平」で，「同じ」ように扱う，理想化した現実を作り上げようとする実現不可能な作業は，精神を疲弊させます。

不要な対決
——妻 vs 彼の子

ジョナサンもハリーもミッチもみな，幾度となく二つの結婚それぞれの子どもへの義務感で引き裂かれ，圧倒され，葛藤すると感じています。それがジョナサンのように二つの結婚による実子であっても，ハリーとミッチのように実子と継子であっても同じです。しかし，再婚した子連れの男性にとって最悪のシナリオは，妻と前の結婚の子どもとの間で板挟みになることです。この葛藤はよくあることですが，父親だけでなくパートナーや結婚生活，家族全体にも大きなストレスになります。お話を伺った人たちによると，最も長期間にわたる最も危険な怒り，そして最も激しく劇的な喧嘩は，子どものことで夫や妻が，「妻 vs 子ども」の対立だと感じる状況に関連しているといいます。ミッチはハネムーンが夫婦にとって名実ともに終わった瞬間についてこう語りました。

　結婚式の後，二週間旅行に出ました。そして二人とも人間関係の力学に気づかないまま，即席で作った家族のもとに帰りました。そこからが大変でした。私がジャッキーのことをどう思うか，彼女が私のことをどう思うかはさておき，私たちには三人の子どもがいました。私はマーティンのことを，ジャッキーはジェフリーとロビーのことを知る必要がありました。またジェフリーとロビーはマーティンを，ジャッキーと私もお互いに知る必要がありました。それは，もう大変なことでした。口火を切ったのは，ジャッキーが結婚祝いにもらったネコでした。ネコが砂箱に入ろうとしなかったんです。息子たちは喧嘩するわ，ネコは床の上でおしっこするわで，何一つうまくいかなかった。私は何でも自分でコントロールしたいタイプです。船の行く先を知りたいですからね。あぁ，あれは拷問でしたよ。

問題は，喧嘩している息子たちにとどまらず，ミッチとジャッキーがそこに巻き込まれたことだったとミッチは説明を続けました。些細な喧嘩があると「ジャッキーは自分の息子の肩を持つし，私は私で自分の息子たちの肩を持ちました」と，ミッチは言いました。家全体にこの分裂の空気が漂い始め，ジャッキーとミッチは次第に対立するようになりました。

　　大きな問題がわかってきました。それまではまったくなかったのに，息子たちの素行や規律に問題が出てきたのです。態度が悪くなり，学校で反抗し始め，規則を破ったりするようになりました。とても自分の息子とは思えないほどでした。突然，完璧な世界が完璧ではなくなってしまったのです。私とジャッキーは結婚前こそ，なんとかなるさと笑っていたのですが，一転して罵声が飛び交う，深刻な結婚生活になってしまいました。大皿に指を突っ込まないでとか，お父さんにおやすみを言うときに隣に座っている私を無視しないで，とか言うジャッキーに，ロビーは耳を貸そうとしませんでした。ジャッキーは，私がロビーに彼女の言うことを聞くように言ってくれないと腹を立てていました。

自身も認める，きっちり管理したい性格のミッチに，混沌と争いが重くのしかかりました。ミッチは自分が間違ったのではないかと不安になった恐ろしい瞬間を思い出しました。「家の中がひどい状況になって，ある日自分に問いかけてみました。自分のしたことは正しいのかって。妻などいないほうが良かったんじゃないか，母親がいなくとも家庭が平和なほうが良かったんじゃないかと」。
　ロビーと継母の対立は至って典型的でした。しかし，ジャッキーは，問題が小さいうちに摘み取るという，簡単なことでミッチが間に入ってくれなかったために，侮辱した態度がいっそうひどくなったと思っていました。ミッチはといえば，こうした「些細な問題」にいちいち構ってはいられませんでした。息子たちが適応困難を抱えているのではないかと頭がいっぱいで，ミッチ自身もそれどころではなかったのです。ミッチとジャッキーが一緒に暮らし始めてから，事態が手に負えなくなってしまったため，ミッチは息子たちの学校での成績不振や問題行動は結婚によるものに違いないと考えました。自分の幸せのた

めに，子どもたちの幸せを奪ってしまったのではないかと疑いました。要するに自分の希望を子どもたちのニーズより優先させてしまったことに罪の意識を感じたのです。そしてジャッキーは（わざとではないにしろ）問題の原因になっていて，息子が悩んでいるというのに，つまらないマナーのことで叱ってくれとせっついてきました。こうして対立の条件が整い，アメリカの多くのステップファミリー同様，「妻 vs 実子」の構図ができたのです。

　運よく，この状態とミッチを苦しめた誤解は，長くは続きませんでした。ミッチとジャッキーが相談したカウンセラーは，ステップファミリーの誰しもが最初は適応困難を経験するもので，中でも十代の子どもは，ほぼ例外なく悩みの種になると説明しました。ミッチが再婚しなかったとしても，息子たちが問題を抱えた可能性は高かったのです。ミッチは，「カウンセラーが言うには『押しつけられない多くの人間関係をまとめようとしているので，余計に厄介になっているのが本当の問題』らしいです」と言いました。要するに，夫婦は期待を下げ，「非混合」家族の形を受け入れるようアドバイスされたのです。夫婦が別々に子育てしつつも，家族全員に夫婦関係は緊密で最優先だとはっきり認識させるのです。そうすると家族の中に「穴」があかず，「昔ながら」の家族ではないにせよ，大人が家族を取りまとめていることが明らかになります。「それ以降，みんな少し気が楽になりました。子どもは犬みたいなものです。序列関係がはっきりすると落ち着くんですよ」と，ミッチは言いました。それ以前の子どもたちは，継親と自分のどっちがボス犬かを常に試しているようでした。それがわからないと戸惑います」とミッチは言いました。「妻 vs 実子」が「大人の夫婦が一緒になって最良の方向に導く」になると，夫の気分もすっきりするものです。

　しかし，ミッチとジャッキーのようにカウンセリングの必要性を認識し，ステップファミリーの知識のあるカウンセラーを見つけられるラッキーな夫婦ばかりではありません。第1章で紹介したブレンダには二人の幼子と十代の継息子がいますが，彼女の夫は，妻と実子への忠誠心の葛藤から抜けられずにいます。例によって，そうした葛藤は根深いものです。10年前，ブレンダが夫アヴィの当時7歳の息子に初めて会った時，アヴィの子育てが自分とは違うことに気づきました。

私はキャンプカウンセラーをしていましたし，自分の弟妹の面倒をみていたので，子どもの扱いがうまかったんです。でも，ボーイフレンドの息子には，一対一でどう接したらいいのかわかりませんでした。アヴィと真剣なおつきあいになってくると，アヴィと前妻の子育てが本当に甘いことがわかってきました。二人は，アイスクリームや綿菓子やソーダをジェイミーがほしがるたびに食べさせていました。7歳のときにはR指定の映画を見てましたし，ラップを聴き，寝るのは深夜の1時。私にはありえない話です。そんなのおかしいし，子どもはそういうのは好きではないと思います。

　ブレンダはジェイミーがいる週末には，アヴィの家に泊まったことはありませんでした。2年越しの真剣なつきあいに発展していたにもかかわらず，アヴィが「不適切だ」と思っていたからです。ルールに甘いのと同様に，ブレンダを泊まらせないのはアヴィが息子のニーズと自分のニーズを同等に扱えないことの表れでした。ブレンダは，けちで自分勝手だと思われたくなかったので何も言いませんでした。「息子が泊まりに来ているときに私を泊めると，父親との時間を奪うことになってしまうから息子に悪いと思ったんでしょうね」とブレンダは分析していました。「それはおかしいと思いましたが，私は親ではなかったので，あまり口出しできない気がしました」。

　しばらくしてブレンダは10歳になるジェイミーが，まだアヴィと同じベッドで寝ていたことを知りました。ブレンダはその事実にも驚きましたが，アヴィの平然とした態度にも驚きました。「『あの子10歳になるのにまだ一緒に寝てるの？』と言いました。そうしたら，『そうだよ，母親も息子と一緒に寝てるよ。何が悪いの？』とアヴィは言ったんです。私が普通はそうしないし，子どもにはきっちりした線引きとルールと独立を与えることが必要だと思うと言うと，アヴィは自己防衛に走りました。家族のベッドが火種となりました。継息子が彼のベッドから出て行くのに2年かかりましたよ！」

　アヴィには恋愛関係を表に出すことに葛藤があり，それが投影されて知らず知らずのうちにガールフレンドと息子の間の確執を作り出してしまっていたのでしょう。息子から離れられないアヴィは，考えるだけでも罪の意識を感じ，自分では到底実行できないことを要求し，自分の代わりにブレンダを息子と戦

わせました。やがてジェイミーはアヴィのベッドから出て行きましたが,アヴィの嫌われ仕事をブレンダが肩代わりしたことは,尾を引きました。「ジェイミーvsブレンダ」の構図が生まれ,揺るぎないものになってしまったのです。女性との恋愛関係が息子への裏切りだと誤解したアヴィは,間違った判断をしてしまいます。ブレンダが,彼女自身と息子のどちらかを選ぶよう仕向けたと非難したのです。ブレンダとアヴィは極端な例ですが,父親である夫が罪の意識を持っているステップファミリーの人間関係力学を象徴しています。

　二人の結婚後も,アヴィは息子との関係が結婚に勝る関係であり,まだブレンダを交えることができないと感じ続けていました。ブレンダはこう言っています。

> 私たちと二人の子は,ジェイミー(現在17歳)が来ないと旅行に出かけることができません。ジェイミーの学校の予定はうちの子たちの学校とまったく違うので,ジェイミーがいなければ,といっても本人は行きたいとも思っていないことが多いのですが,旅行に行けないのです。子どもたちの学校が終わっても,夫はジェイミーに数日間母親の家にいてほしい(私たちの旅行中はまだ学校があります)と言うのを心苦しく思うので出かけられません。まったく不愉快です。さらに良くないのは,私たちは継子が一緒でないと旅行に行けないのに,アヴィは年に二回,ジェイミーと二人だけで特別な旅行に出かけるんです。毎回一週間も！その間私は4歳にもならない子ども二人と留守番ですよ。

　アヴィが罪悪感から息子を優遇すると,ブレンダは家族の中でいっそう疎外感を感じ,苦しみました。この気持ちは強まり,ブレンダが年に二週間も子どもと家に取り残されるのは嫌だとアヴィに告げたとき,二人の結婚は危機に瀕していました。そしてアヴィにジェイミーとの旅行は一週間の旅行が一回で十分ではないかと聞きました。ブレンダは不満を募らせていたので,「ある意味要求でした」と言っていました。すると,アヴィは怒りを爆発させました。いまだに当惑し,傷ついた様子でブレンダはその時のことを語りました。「『僕と息子の間のことに口を挟まないでくれ。僕は息子を選ぶからな』と夫は言いました」。

ブレンダの結婚が，夫のおかど違いの怒りと，家庭内で作り出した無用な分裂を乗り越えられるとは考えにくいです。また，アヴィが良き父親になるためには息子を「一番」にしなくてはと感じていたせいで，ブレンダとジェイミーはライバル関係に仕立て上げられてきました。そのせいで，ブレンダの長年の努力も虚しく，ブレンダがジェイミーと関係を築けるとは考えにくいです。ジェイミーは父親が自分を「特別」扱いし，ダメだと言えないことを知っていたので，不相応な権力を手にしていました。ブレンダによると，大人に対しても友だちのような口のきき方をし，ドラッグを使い，ブレンダが作るルールはどれほど妥当であろうと，ことごとく無視したとのことでした。アヴィは，ブレンダが息子に「もっと優しく」，「譲歩する」べきだと感じていましたが，家庭内に蔓延する不幸な事態の多くは，アヴィ自身が率先して作り上げたものです。離婚と再婚に対する罪悪感と，ルールを作れば息子は去ってしまうのではという恐れによって，アヴィは夫婦の連携が必要だと判断できなくなり，結婚生活にも，家族にも悪影響を与えてしまいました。

恐れ
——原動力

　離婚し，再婚した子どものいる男性と話してみると，恐れというものが男性の本分だという気がしました。心理学の文献や会話の中で，男性は自分が発端かどうかにかかわらず，離婚が子どもを傷つけるのではないかと恐れていると言っています。また再婚が「身勝手」で子どもに有害で，二度目の動揺が走るのではないか，とも心配しています。
　そして最大の不安は，子どもと会えなくなることです。親権の取り決めにかかわらず，多くの男性が，前妻を怒らせてしまうと，子どもに自分のことを悪く言ったり，面会を妨害する言い訳をでっち上げたり，実際に単独親権の訴訟を起こしたりするかもしれないと，言い表せないほどの恐怖を抱いています。前夫が再婚したり，子どもができたりすると，前妻が単独親権を求めて訴訟を起こしたという話を数多く聞くと，この恐怖もうなずけます。親権や面会が，もっと養育費をもらいたい前妻や，単に腹いせをしてやろうという前妻によっ

て利用されることが多いようです。

　男性が抱える様々な恐れは，どんな結果をもたらすのでしょうか。恐怖が日々の生活や結婚にどんな影響を与えるのでしょうか。夫が親権を失うのを恐れるあまり，前妻に「NO」と言えなくなっている話を，何度も女性たちから聞きました。レイニーの話をご紹介しましょう。

　　　夫と前妻は共通の知り合いが多いので，彼が私の家にいて結婚式などに出かけようとしているときに，前妻は決まって電話をしてきました。そして「少しお金用立ててくれない？ ATM に行く時間がないのよ」などと言うんです。夫は，前妻に自分で用意するように言わず，彼女の言いなりです。前妻は，赤ちゃんを連れて家を出た過去があるので，夫はまた息子と連絡が取れなくなることを恐れているんです。何に関しても夫は前妻に抵抗したり，NO と言ったりできないんです。

　子どもを失うのを恐れるばかりに，男性は他にもお粗末な決定をしてしまいます。彼らは子どもと過ごす時間が短く，頻繁ではない（多くの場合，週末だけ，あるいは二週に一度）ので，親権がない父親はアヴィのようにしつけに甘くなりがちです。ある男性は「娘はめったに来ないんだから，タオルを掛けろだの，宿題をやれだの，とやかく言って一緒にいる時間を無駄にしたくないんです。一緒に楽しく過ごしたいんです」と言っていました。本当のところは，この男性は自分が「何でも許してくれるお父さん」でなくなったら，娘が寄りつかなくなるのではないかと恐れているのでしょう。こうした甘やかした，恐る恐るの子育てが夫婦間に問題をもたらすことは想像に難くありません。妻が「娘を甘やかせてダメにしている」と不満をこぼせば（もっともですが），夫はますます「妻が子どもと敵対している。妻は子どもに寛容でなく，厳しすぎる」という気持ちを強めるでしょう。

　離婚し再婚した男性が何より恐れているのは，往々にして妻の機嫌を損ねることです。あなた自身は，夫の中での優先順位は最下位だと感じるかもしれませんが，二度目，三度目の失敗（離婚）の不安は，夫の心に重くのしかかっています。妻はこんなふうに言うでしょう。「前妻にきちんと断ってよ！」とか

第 5 章　彼：夫を理解する　　125

「あなたの子にきちんと言ってね，そうしたらもうやめるだろうから」。夫にしてみれば，妻の言う通り態度をはっきりさせると，子どもを失いかねませんが，そうしないとあなたを失うかもしれません。まるで人間関係の地雷地帯で，一歩間違えば地雷を踏み，爆発しかねないと感じるので，何もしないことが都合のいい選択肢に思えるのです。こうして再婚した父親は無感覚になっていきます。男性が対立を避け，消極的で回避的になるのは，自分の意思ではなく，恐れが発端となっているからです。

　罪悪感，対立，恐れだけが夫の気持ちの典型的な特徴ではありません。彼らはそれなりに，恥や「女々しさ」も感じています。夫はそれらを否定し，自ら切り離そうとしますが，こうした心の奥底の感情は形を変え，長く見ないふりをしていると，今までになく強力で破壊的な力を蓄えて，妻と夫の対立という形で再び姿を現すのです。

Column 6　最も大事なのは結婚生活（夫婦関係の重要性）

　ステップファミリーの中での力関係として，子どもは子どものニーズがあり，継親は継親のニーズがあり，実親も独自のニーズを持っているため，それぞれが自らを優先してほしい，尊重してほしいと主張し，その主張が互いに軋轢を生んだとしても不思議はありません。継親と継子の間には，パートナー＝親をめぐる競争が生まれることもあり，その場合実親はパートナーと子どもの板挟みとなります。しかし，家庭内における基本の関係を，まずは個人［I］（Individual）と夫婦の関係［C］（Couple）とした場合にはこのような問題は起こりにくくなります。ステップファミリーの夫婦が，親としての役割［P］（Parents）だけではなく，夫婦の関係［C］（Couple）を深め育むことは，子どもにとっても重要な意味があります。夫婦の関係性が安定したものでなければ，子どもはまたしても家庭を失うことになりかねません。また健全な夫婦の関係性は子どもが将来結婚した場合のお手本にもなり，協力しあう夫婦の姿を見せることが大切です。子どもは幼い間，親に依存して過ごしますが，年齢に応じて成長し独立していきます。しかし，子どもが親の気持ちをいつも考え，親の面倒をみてあげる責任があると感じていると，このように順調に成長していくことができません。

　家族というグループを形成する流れは，まずは個人［I］として自立し，次に結婚し夫婦［C］となります。そして親［P］となります。ここまでは［I］［C］［P］という順番できますが，配偶者と死別あるいは離婚があれば夫婦関係がなくなり，［I］［P］となります。しかしここで再婚したとしても順番は［I］［P］［C］となり，親役割がより強調されるかのようにとらえられますが，家庭運営を行うには，夫婦がより安定したコミュニケーションと連携をとれる状況にしておく必要があるため，夫婦関係の安定がまず重要となってきます。実親が継親を尊重し礼節を大事にすることを示すことは子どもに対して家庭内での規範を示すことに相違ないのです（SAJ『LEAVES ペアレンツ PROGRAM TEXT』2003）。

　誤解をしてはいけないのは，夫婦関係を優先して子どものニーズを無視してよいといったことや，夫婦の愛情がすべてを解決するといったことではありません。夫婦関係の優先が子どもの喪失感を拡大することになれば，状況はより困難さを増すことになるでしょう。また，性的な行動は子どもに感じさせない

よう配慮することも必要です。ここでの夫婦関係の重要性とは家庭運営におけるパートナーシップを確実なものにすることです。夫婦が家庭という船の舵をとり，大切な船員あるいは乗客である子どもを目的地に送り届けることが家庭の役割ととらえるとよいのではないでしょうか。

Chapter 6

結婚
再婚の歴史

　子連れ再婚は社会全体が「あるべき姿」と認めているわけではありませんが，決して珍しくはありません。アメリカでは毎年，結婚の約半数[87]が夫婦のどちらか，または，双方が再婚同士で，そのうちの65％には以前の結婚での子どもがいます。しかし，子連れ再婚が当たり前だと示すのは数字だけではありません。子連れ再婚は，アメリカの歴史に深く根差している[88]のです。一般的ではないどころか，子連れ再婚は，アメリカの歴史を通してごくありふれたことでした。

　実際，再婚率はこの300年ほど，ほとんど変化がありません。1689年にマサチューセッツ湾植民地のプリマスタウンシップで行われた調査[89]では，五十代以上の男性の40％，女性の25％超に，少なくとも一度の再婚経験がありました。この傾向は，その後200年ほど続きました。心理療法士で結婚の研究者であるスーザン・ガマシュ博士[90]は，1850年には，アメリカ人の約半数に継母がいたと推定しています。当時の再婚は，死別によるものがほとんどでした。初期のアメリカでは，農産品や製品の生産によって家計が成り立ち[91]，夫婦の経済的役割が非常に相互依存していたため，子連れ再婚は，家族と地域社会全体の健全な維持のために不可欠でした。

　対照的に，現在の再婚の9割[92]が離婚後になされており，子連れ再婚の象徴的な意味も，実際の生活も，根本的に変化しました。たとえば現代の再婚では，ほぼ必ず以前の配偶者がいて，そのことが子どもの行動に影響し，継親子関係の行方にも多大な影響を与えます。また，現在の子連れ結婚は，昔のように子どもや地域社会にとって，経済的，情緒的に必要だからではなく，選択肢の一

つ（夫婦のどちらかが別の男性や女性のもとへ行くのであれば，不道徳な行い）だと思われがちです。さらに複雑なのは，ステップファミリーや再婚夫婦は，ジョンズ・ホプキンス大学の社会学者で，結婚の歴史の専門家，アンドリュー・チャーリン博士が，「制度化の欠如」と呼ぶ問題に直面[93]することです。これは，ステップファミリーや子連れ再婚に関する明確な規範や，期待，ルールが存在しない状態のことです。そのために，継子の救急治療について決定ができないといった重要なことから，学校の先生との面談をどうするか，継子に何と呼ばせるか，ステップファミリーが初婚家族より劣るという多くの人の（意識的，無意識な）思い込みといった些細なことに至るまで，曖昧さと偏見に対処[94]しなくてはなりません。数百年前の再婚では普通に受けられた善意や社会的支援がなく，公共政策や法的身分での不公平さや批判的なイデオロギーが存在する中で，子連れ男性と結婚した女性は，非常に大きな外的圧力を受けています。子連れ再婚には，他の結婚形態よりも，優先や気遣い，そして一番当てにならないけれど，不可欠なものである真実の愛が求められるのです。

子連れ再婚とは
——概要

子連れ再婚の離婚率は約60%[95]で，全体の離婚率を17%上回ると，これまでの統計で示されていました。現在では，著名な離婚研究者で臨床心理学者のE・メイビス・ヘザリントン[96]が，夫婦いずれかに以前の結婚での子どもがいる場合（単純ステップファミリー）の離婚率は65%，双方に子どもがいる場合（複雑ステップファミリー）は，なんと70%にも達すると指摘しています。子連れ再婚の離婚率は，子連れでない再婚より50%も高く[97]，再婚夫婦は結婚生活においての一番のストレス，対立要因として，子どもを挙げています。ヘザリントンが1400人に対して行った調査では，継子が結婚生活においてメリットになると考えているのは，たった5%でした。簡単に言えば，再婚を最も脅かすのは，何歳であろうが以前の結婚での子どもの存在なのです。

これはどうしてでしょうか？　どうやって彼の子が，二人の関係に異常なまでの圧力を与えるのでしょうか？　普通，子どもは親の再婚や新しい家族のこ

とには口出しできませんが、破局させる凄まじい力を持っている」[98]と、研究者のケイ・パスリーとマリリン・アインガー・トールマンは指摘しています。これまで見てきたように、夫婦は、夫婦の継母に対する敵意や、しつけ、子どもへの期待といった課題に対処しなくてはならないため、特に結婚初期段階では、常に継子が対立の原因となります。ステップファミリーの専門家で、家族心理療法士のパトリシア・ペーパーナウが説明しているように、継子に関する問題は、家族構造に関係しています。「実親は我が子に愛情を感じ、引き寄せられ、元気をもらい、つながっていると感じますが、継親はその子から拒絶や、無視、嫉妬、ライバル視され、疲弊させられていると感じるものです」[99]。また、第3章、4章、5章で説明したように、継母は自分のパートナーが甘い親だと気づいてしまいます。そこで、継母がきっちりとした秩序を作ろうとして、子どもをめぐる喧嘩の舞台ができ上がります。ペーパーナウはよくあるこの人間関係力学を「子どものしつけをめぐる対立」と説明しています。

　まるでしつけをめぐる対立では不十分であるかのように、子連れ再婚をことさら難しくする要因が他にもあります。まず一つ目は、子連れ再婚夫婦には他の夫婦にはない、定義づけの作業や負担が多いことです。夫、妻、継子、みんなが納得できる継母の役割を、夫婦は探さなくてはなりません。この作業には何ヶ月、あるいは何年にもわたる、敵味方を分ける辛い試行錯誤が伴います。二つ目は、女性も子連れの場合、別々の家庭で、別々の家族文化で育った子どもたちをまとめる作業が待っています。その過程で勃発する火を消して回るのは、大変骨の折れる仕事だというのは、言うまでもありません。三つ目に、非協力的な前の配偶者の存在が、事態をより複雑にします。たとえ協力的であったとしても、大人たちはみな、送迎の時間や病院の予約、音楽の習いごとやスポーツイベントといった調整をしなくてはなりませんし、二軒の家庭を行き来するのは、子どもにも大人にも厄介なものです。そして継子が二軒の家庭をつなぐため、双方の家庭を比較したり、悪口を伝えたり、スパイのように偵察したりして、摩擦を引き起こしかねません。子どもが大きければ、再婚夫婦は忙しい休暇や訪問日、卒業式や結婚式、出産といった人生の節目のイベント、それに継子の義理の親族との関係などもやり繰りしなくてはなりません。どれもこれもとても、タフな精神力が必要です。マンハッタンのアッカーマン家族療

法研究所の所長を務めるロイス・ブレーバーマンは「単なるスケジュール調整にも，子連れ再婚であればより多くの人が関わり，その承認が必要になってきます。交渉の毎日で疲れてしまうでしょう。これはステップファミリーに特有で，初婚家族には見られないことです」と言いました。

こうした手ごわい仕事があることを考えれば，再婚夫婦が自分たちの結婚自体をなおざりにしがちなのも無理はありません。マンハッタンに住む，三人の小さい子どもと二人の継子を抱えるエラは，こう言いました。「夫婦二人だけの時間を何とか捻出しようとする，ゼロサムゲーム（誰かが得をしたら，誰かが同じだけ損をする）みたいだと思うことがあるわ」。（時には大人になっても）親の再婚や継母を受け入れず，敵対心すら持つ継子がいても，夫婦は何とかして二人の絆を深めなくてはなりません。

結婚第一主義を取りましょう

これほど形勢不利なのですから，結婚生活に必要なのは，単なる気遣いだけではありません。初婚にはない問題や，人間関係の力学で叩きのめされる子連れ再婚は，夫婦が結婚生活を優先しない限り，続くことはありません。ただし，夫の年齢が五十代後半より上であれば問題にはならないでしょう。その年代の男性[100]は，子どもたちとの関係は妻に任せ，自分は仕事と妻を大事にする傾向が高いからです。この傾向のよい点は，継母にとって自分が二の次にされていると悩まずに済む点です。短所は，成人の継子が，父親の行動は父親自身が選んだものだと解釈し，それが継母のせいだと思いがちだという点です。私が話を伺った成人の継子の中には，父親の態度は，基本的に社会が用意したプログラムにそのまま動かされているということに気づいていながらも，継母のせいにしている人が何人もいました。「父は，何でもあの人の言いなりなんです」と，ある継子の立場の女性は言いました。

第5章で見たように，現在では父親が子育てに参加することが増え，再婚と父親の両立が難しくなっています。昔の男性が子育てを女性に任せ，離婚後は前を向いて進み，干渉しないで隔週末に子どもと会えば十分だったのと違い，「最近の再婚した父親は『二つとも一番』という考えでやっていこうとします」

と，NSRCのコーディネーターを務めるフランチェスカ・アドラー＝ベーダーは，話してくれました。私がこの話を痛感したのは，ある子連れ再婚した男性から話を聞いたときでした。男性には質問に，「まったく当てはまらない」を1，「非常に当てはまる」を10として番号をつけてもらいました。すると，男性は「結婚が一番大事だ」と「我が子が一番大事だ」の両方に10をつけていました。同様に最近の男性は，前の結婚での子どもと妻の両方を，リストの一番上に置かなくてはならない義務感が強く，結果的に精神的に疲労し，結局，二兎を追うものは一兎をも得ず，となってしまいます。インタビューした，再婚した，子どものいる男性の何人かが，この影響について語っていました。「最初の数年，妻も，子どもも，前妻も，ずっと私に腹を立てていると思っていた」。パトリシア・ペーパーナウは，ある患者さんの嘆きを聞かせてくれました。「私は肉で，みんなが一切れずつ欲しがるんです。でも，私が血を流していることに，誰も気づいていません」。

　家族みんなが「同じ立場」で，彼から「平等に」扱ってもらうべきだという意見は，ややこしく，みんなのストレスになります。それは全員同居であろうが，子どもが週末にしか来なかろうが，子どもが成人していようが関係ありません。順調で満足できる初婚家庭では，夫婦のパートナーシップが家族全体の根幹にあります。それがなければ家族は成り立ちません。しかし，再婚では事情が異なります。心理学者のジェームズ・ブレイらが明らかにしたように，離婚後の親は子どもと充実した時間を過ごし，強い絆で結ばれるため，特に，結婚後5年から7年は，父親と子どもの関係は夫婦間の関係より強いことがよくあります。そのため最初からステップファミリーの中の序列は，はっきりしていません。これが子どもや継母にとっての混乱（「あの人によくしてあげるべき？」「あの人，ずっといるのかな？」「無視や失礼なことをしたらお父さんどうするかな？」「夫は子どもと私，どっちの味方になるのかしら？」）の原因になり，力をめぐる争いにつながります。一人親の頃に父親と緊密な関係になった子どもは，継母に「拒否権」を発動したり，邪魔者扱いできると信じていたりするでしょう。父親が子どもの気持ちを汲み，父親の人生で唯一の存在ではなくなった事実を隠そうとするかのように，結婚が第一だと伝えられずにいる期間が長くなるほど，この認識が固定化[101]されてしまいます。しかし，父親

第6章　結婚：再婚の歴史

は妻子を守るどころか，家庭や社会でも子どもの力を過信させ，妻と結婚を攻撃にさらすことになります。

　45歳のレベッカはインタビュー当時，まさにこの渦中にありました。その数日前，友だち夫婦が来るのに合わせて，以前から続けている「ダブルデート」をする予定でしたが，夫から中止の圧力をかけられたと，がっかりした様子で言いました。夫と喧嘩していた成人の継娘がその日電話してきて，家に来て話がしたいと言ったそうです。「夫の娘がうちに来ると決めたら，全部諦めなくてはならないんです」とレベッカは淡々と言いました。「それはないですよね。夫と娘の喧嘩だか仲直りだかのために，滅多に会えない大事な友だちとの約束をキャンセルするなんて。次の日まで待てないんでしょうか。でも，やめるなんておかしいと言うと，夫は『娘と関わるなと言うのか？』と言ったんです」とレベッカはため息をつきました。「もちろん，娘とは関係を持ってもらいたいですよ。でも，娘の気分次第で，自分たちの生活に急ブレーキをかけるのはおかしいと思います」。

　エミリー・ヴィッシャーとジョン・ヴィッシャーや，ジェームズ・ブレイといったステップファミリーの専門家[102]は，そうした問題が起こりかねないことを考えると，大人が強力で最優先されるパートナーシップを築くことが必要であり，ステップファミリーでは夫婦が一つのチームになることが，他の家族形態の夫婦に比べてより重要だとアドバイスしています。ブレイは，研究結果や，心理学者や家族療法士としての長年の経験，それにこの問題に関する自分の立場を総括して，こう述べています。「ステップファミリーの安定度を，ほぼ決定づけているのは，結婚の満足度である。満足度が高ければ，ステップファミリーの生活で当たり前に起きる騒動や衝突にも耐えやすくなる。しかし，結婚に対する満足度が低いと衝突に耐えにくくなり，ステップファミリーは離婚という形で解消されることが増える」[103]。ステップファミリーでは夫婦の関係が壊れやすいため，夫婦関係を最優先するとステップファミリーを続けられる可能性が高まります。言い換えれば，結婚を最優先すること[104]は，みんなにとってメリットがあるのです。

　結婚を最優先するとは，実際にはどうすることなのでしょうか。何も彼の子を締め出すとか，継子がいても無視することではありません。順調な結婚生活

には，夫婦関係は密接で，絆は強く，重要だということを子どもに教えることです。これはちょっとしたこと，たとえば子どもが部屋にいるときに手をつなぐとか（手をつなぐのが普通であれば），夫婦の決まりごとを話したりするのです。たとえば「日曜日の朝はハッシュブラウンを作るのよ，二人とも好きだから」と言って子どもを誘ってみます。ニューヨークの心理療法士，アンドリュー・ゴツィス博士は，子どもが来るたびに大げさな歓迎をするより，何か別のことをするとよいと言います。たとえば，庭に植物を植えるなどの作業や，継子も知っている大人や，継子が会って楽しめる大人との食事などです。こうしたちょっとしたことで，実情はともかく，子どもが日常を一緒に過ごしている感覚を持つことができます。そして，二人の関係が最優先であり，子どもには結婚生活や家庭に対する主導権がなく，家庭を預かるのは父親と継母で，二人が愛し合っていることをはっきり示せます。秩序や自分の立場を自覚できると，子どもは大きな安心を感じると専門家は口を揃えます。逆に，いつも子ども向けの特別な週末にしていると，子どもは自分のために大人が生活を変えるものだと受け取ります。これはあなたにとっても，子どもにとっても大きなプレッシャーになってしまいます。

　まず，結婚を最優先することは，あなたとパートナーを一つのチームだと考えることです。これはたやすいことではないかもしれません。パトリシア・ペーパーナウが述べているように，子連れ再婚の発達過程では「親と子から養育と共同意思決定権を奪い，夫婦関係の中で確立することを伴い」[105]ます。大抵，継子は新しいやり方に不満を持ちます。「私たちはチームだ」などのスローガンは実践で役に立ちます。継子と同居し，日々しつけやマナーについて対立するようならなおさらです。子どもは，夫婦間の不和を感じ取り，つけ込むことでは天才的ですから，夫婦は何があっても子どもの前ではお互いを援護し，一枚板に見えるよう努力しなくてはなりません。たとえば，スージーは約束したのにまだ食洗機に皿を入れていません。あなたはテレビを消したのですが，夫はそのやり方に反対しています。一番いいのは，夫が夫婦二人になるまで口をつぐむことです。子どもが権力を得ると同時に，勘違いし，動揺する最たることは，大人ではなく子ども自身が主導権を握っていると感じることです。また，継母である作家のシェリー・バーンズが書いているように，家を取り仕切る者

として権限をちゃんと行使しようとしているときに子どもの前で妨害されることほど苛立たしく，気持ちが萎え，継母としての体面を傷つけられることはありません[106]。

　夫婦のチームワークを強化し育てる機会が多ければ，二人のチームワークはよくなり，チャレンジをともに乗り越えることが自然になってきます。ゴツィス博士は，夫の子どもが週末に来たら，できれば月曜日の朝の数時間，二人で休みを取ることを勧めています。「この方法によって二人のつながりを再確認し，親密なモードに戻れます」。同居の継母であれば，夫婦二人きりになる時間は，最も重要です。そして，子ども抜きの休暇を，年に一度は楽しむようにしましょう。寝室は継子から解放される場所にしましょう。週に一度デートする夜があれば，結婚が最優先だということをみんなに，特にあなた自身に示すことができます。また夫婦にとっては，親の役割とは別に，大人として過ごせる貴重な時間になることでしょう。

　「言うは易し，行うは難し」と思うかもしれません。「夫はそんなことしてくれないわ」。妻との関係と子どもとの関係のバランスの取り方に夫が悩んでいるようなら，本や牧師，結婚カウンセラーといった外部の中立的な情報源から，あなたの要望は筋が通っていると聞くと効果があるでしょう。子連れ再婚後の激動の数年間を乗り切り，その後それなりの難しさを抱えつつも豊かな結婚生活を送るためには，結婚を最優先するという条件を主張しなくてはなりません。

大きな課題
——セメントベビー

　子連れ再婚では，セメントベビー（mutual child），つまり夫婦の子どもをもうけるかどうか，もうけるならいつかをめぐる問題にぶつかることがよくあります。この本の執筆にあたりインタビューした女性のうち5人は，継母になったときにはすでに子どもがいて，それ以上の子どもを望んでいませんでした。二人は子どもがなくても構わないということでした。残る人たちは，夫婦の子どもを少なくとも一人はもうけることが結婚の前提条件だと言っていました。

　カリフォルニア州バークレーのステップファミリー専門家，アン・バーン

スタイン博士によれば，子連れ再婚した夫婦のおよそ4組に1組が，結婚後18ヶ月以内に「自分たちの子」をもうける[107]と言います。子どもを持てば，自分がよそ者であるかのように感じている家族という神聖な場所への切符が手に入るという幻想を多くの女性が持っています。そして，実際にそうなることもあります。夫婦に子どもができると優先順位が変わり，それに伴って行動力も湧き，前妻の怒りや継子の拒絶反応もそれほど気にならなくなります。多くの女性が，自分の子どもができてから，不快な気分やストレスがかなり減ったと言っていました。ブレンダは「私たちに息子ができてようやく，前妻はこれが現実だと悟ったようでした。彼女はしょっちゅうつまらないでっち上げ話で電話してきて，煩わせていたのをやめるようになりました。私はもう忙しくて，夫と前妻がどうやって継子を育ててきたかなんて，考える余裕はありませんでした。自分のやりたいようにできるチャンスができたのです」と言いました。また，ドラはこう言いました。「ベルが生まれてから，怒りは消えてなくなりました」。女性たちの多くが，守るべき子どもができると，夫が子どもに甘いことや子どもへの批判に耳を貸さないところが理解できるようになったとも言っていました。「今は私にも子どもができて，我が子は完璧だと信じているうっとうしい親の一人になりました」と，夫に息子は完璧でないと言っても聞く耳を持たず，苛立ったことを思い出しながらシーシーは笑って言いました。

もちろん，赤ちゃんが産まれたらステップファミリーの問題が全部解決するわけではなく，悩みやストレスも生み出します。たとえば，継母の妊娠により前妻はいっそう立場が脅かされると感じ[108]，同じ立場の（前妻が妊娠した）前夫に比べ，より不快感を示すようになります。自分がずっと夢見ていた至福の出来事が，他人にとっては悪夢で，怒りと不満が再燃する悩ましさを経験してご存じの方は多いでしょう。また，赤ちゃんができると，継子の問題も起きるかもしれません。私が赤ちゃんができたことを継子に伝えると，二人がしくしく泣き始め，胃が痛くなるほどがっかりしたのを鮮明に覚えています。それから9ヶ月間というもの，夫婦の至福の時間になると（浅はかにも）信じていたことを，継子たちが妨害しようとしているように思えて仕方ないことがありました。もちろん，継子からすれば彼女たちの生活を台無しにしていたのは私なのですが。

赤ちゃんが生まれると想像もしていなかったような「家族」の結びつきができ，継子がより身近に感じられて，赤ちゃんがみんなをつないでくれるような気がします。しかし，同時に母親としての激しい防衛本能と妄想が芽生え，継子を追い払いたい醜い衝動に駆られるのです。サラは，10歳の継息子が「赤ちゃん，エイリアンみたいだね」と言うのを聞いて，怒りがこみ上げてきたと言います。確かに，ちょっとエイリアンに似てはいましたが，そんなことを言われたい母親はいません。継息子の言い方に，のけ者にされるのではという恐れから来る敵意のようなものが混じっていたことと，父親がそれに対して何も言わなかったことも災いしました。サラはすぐに気持ちを立て直したと言いましたが，「ロージーが生まれてからというもの，自分と娘と夫の周りをフェンスで囲ってしまいたいと心のどこかで思います。心の狭い人みたいで誰にも言えませんが，たまに，私たちだけならいいのにって思うんです」とつけ加えました。この点に関しては，サラは自分が思うより普通です。ほとんど語られない継母の秘密は，継母は実子により愛情を感じ，時に「私たちだけ」の生活を思い描くことがあることです。私の場合は，多難な出発ではありましたが，次第に継娘たちに寛容になりました。彼女たちは息子が生まれると，日に日に成長し，魅力的になり，興味深い人へと変わっていったのです。弟への愛情が，当初私に対して抱いていた怒りに勝ったことに驚きました。こうして息子は，うちのステップファミリーにとって本物の救世主となりました。継娘たちがその機会を息子に与えてくれたので，私も彼女たちにチャンスをあげたのです。

　当然，子どもを持つかどうか悩む夫婦もたくさんいます。夫に子どもがいれば，妻にとっては必須でも夫にはどちらでもよいことに思われてしまうなど，根本的な計画や感情の違い[109]が大打撃となることがあります。特に，離婚し再婚した男性は，すでにいる実子を傷つけはしないか，再度破局したら，二つの結婚での子どもの親権や面会交流を両立させなくてはならないと恐れ，新たに子どもをもうけることに態度を決めかねることが多くあります。結婚前の発言にかかわらず，実際にもう一人子どもをとなると，多くの男性が尻込みしてしまいます。当然の成り行きとして，夫婦の話し合いは白熱し，ほぼ間違いなく，ステップファミリーの人間関係力学やよそ者感，経済的問題といった別の問題に飛び火するのです。心に残る協力者の一人，ケンドラもこの状況に陥っ

ていました。

ケンドラの夢：「家族になるんだと思っていたのに」

　初めて会ったケンドラは明るく，太陽のようにエネルギッシュな人という印象でした。素敵な昼食を準備し，温かい配慮をしてくれたおかげで，私はすぐにリラックスできました。ダイニングルームのテーブルのそばの壁には，結婚誓約書や招待状，ケンドラと夫，夫の10歳くらいの娘の写真など結婚式の思い出の品が額に入れて飾ってありました。ケンドラは楽しげにハマス［訳注：ひよこ豆のディップ］の皿を私に勧めると，驚いたことに，結婚生活が「崖っぷち」で，もうすぐ別れようかと考えていると言ったのです。夫のドナルドは結婚を最優先してくれないうえ，経済的な問題があり，また二人の間に子どもを持つかどうか議論になっていると教えてくれました。ケンドラにとってこれらの問題は密接に絡み合っているのです。

　「家族になるんだと思っていたのに」とケンドラは言いました。「夫はミスターママです。いつも母性的でした。私たちが結婚して間もなく，前妻は好都合とばかりに，自分の娘とはもう一緒に暮さないと言いだしました。前妻には恋人がいたんですが，娘のサディはその人が嫌いでした。それで前妻が『私は引っ越すけど，サディは今の学校にいたいから住むところを確保してやって』と言ってきました」。

　ケンドラとドナルドにとって，娘が住みたいという家賃の高い町に住居を確保するのは，かなりの無理がありました。ドナルドは離婚で借金を抱えていたため，ケンドラは自分の家の売却金と貯金を使ってみんなで住める家を買い，リフォームしました。その後ドナルドが失業したため，ケンドラが週60時間働き，サディの私立学校の学費を支払いました。ケンドラはいろんな意味で「燃え尽きた」気がしていました。

　「主人への不満があるとすれば，これでもまだ私が主人にとっての一番でないことです」とケンドラは言いました。「サディは私と同じ家に住んでいながら，挨拶もしないんですよ。ドナルドはずっと前に態度を改めさせることができたはずなのに，娘に一言も言いません。そして今，実母が急に娘を引き取りたい

と言い始めたんです。何年も何もしてこなかったくせに」。

サディが実母と一緒に暮らすとか，公立校に転校させる話はなかったのかケンドラに聞いてみると，笑いながらこう言いました。

> まさか。私がどう思ってるかなんて誰も聞いてくれませんでしたよ。何のためにここにいるのかわからなかった。あの子が10歳のときに結婚して，彼女が週に何日か泊まりに来て，家族になりました。くすぐりっこしたり，髪を編んでやったり，無償の愛とか言うんですかね。そんなことをしましたよ。でも，もうティーンエイジャーですし，ここが彼女の家になったわけですから。自分のスペースもほしいし，離れたいのはわかるけど，ドナルドが好き放題にさせるのには，賛成できかねます。そして，学校のことも夫は絶対に変えません。娘が転校するより私たちが苦しんだほうがいいと思っているから。そんな状況なんですよ。

ちょうどそのとき，ケンドラの継娘，サディが家に帰ってきました。ケンドラの挨拶にはブツブツと返したのに，私にはまぶしい笑顔を向け，ドアをバタンと閉めて出て行きました。ケンドラは苦笑していました。「いつもはブツブツも言わないのよ」とケンドラは言いました。「わかるでしょう，ドナルドは娘に怯えてるの。だからこう言えないんです。『まずはケンドラに敬意を持って接しろ。ケンドラはお前のためにいろいろやってくれている。学校に送って行ったり，小遣いを渡したり，宿題を手伝ってくれるだろう。だから，部屋に入ったときにケンドラがいたら，少なくとも存在を認めるんだぞ』って」。

ケンドラは自分が利用されていると感じ，あまりに一方的なサディとの関係に不満を持っているのは明らかでした。彼女はサディに驚くほど様々なことをしてあげているので，それが原因の不満は，どのくらいだろうと考えました。やってあげることが少なくなれば，不満が軽減されるのでしょうか？ そこで私は，家の一部みたいに扱われている気がしませんか，と聞いてみました。「そうなんです！」とケンドラは答えました。「私がいろんな支払いをしているのに，見向きもされない。それが嫌なんです。そして問題は，サディ自身が困らないことですよ。夫の態度ときたら，本当はそんなことはしてほしくないんだけど

仕方ないな，なんです。だからサディが家の中を牛耳ってしまうんです」。

ケンドラにストレスが溜まりますね，と言うと，少しためらって頷き，こう言いました。「この状況に対処できるのか，対処したいのか考えてしまいます。サディは私のお金で暮らしてるのに，私には何一つしてくれない。感謝されていないんですよ。昔，よくふざけて彼にこう聞きました。『私たち，いつか結婚できるの？』。彼は『サディの心の準備ができたらね』と言っていました。そのときは彼の娘への献身的な愛が素敵だなと思っていましたが，今は貧乏くじを引いただけだと気づきました。だから，私は二番目なんですよ」。

ケンドラは大きく息を吸って，話を続けようか迷っているように見えました。そして思い切って先を続けました。「夫を愛していたから結婚したのであって，お金のためじゃありません。でも，何年間か結婚してきて思うんです。こんなこと，お金持ちと結婚した女性にしかできないって。サディを夏のキャンプに行かせたり，休暇が必要だと思ったらすぐに夫が私を連れ出してくれる余裕があったりすれば，すごくありがたいのに。でも現実は，夫は私の稼ぎに頼っているのに，娘から私のことを守ってくれません。私も彼女を養ってるのに」。

夫からは利用され，サポートされていないと感じ，継娘からは軽んじられていると感じ，精神的な打撃を受けたとケンドラは言いました。かなり長い間，夫のドナルドに愛情や性的欲求を感じなかったそうです。

数年前，サディがドナルドに「お父さんとケンドラに赤ちゃんができたら，私もうこの家に泊まらないから」と言ったことがありました。ドナルドはそれを覚えていただろうし，家計の状態もよくないことを知っていました。でも，どういうわけか私，2005年の5月に妊娠しました。避妊に失敗したようでした。

それを夫に告げると「何をしたんだ。僕に隠れて何かしたんだろ！」と言ったんです。私は「違うわ，事故よ」と言いました。彼がそれほどまでに子どもがほしくないことを，そのとき初めて知りました。いずれは，二人の赤ちゃんを持つつもりだと思って彼と結婚したんです。それは知っておきたい大事なことですよね？　自分たちの子どもを持とうという［合意］がなかったら，彼とは結婚しなかったわ。そこに結婚誓約書があるでしょう。彼の誓約には，二人

第6章　結婚：再婚の歴史　141

は人生で一番大事な女性で，将来男の子も加わってくれると嬉しい，と書いてあるんです。

ケンドラが読み上げた結婚誓約書，特に「二人は人生で一番大事な女性」の箇所は印象的でした。ケンドラのジレンマは，経済的な問題だけでなく，夫が結婚を最優先し，ケンドラにきちんと向き合ってくれないことも複雑に関係しているようでした。ドナルドは中絶してほしいと言いましたが，断ったとケンドラは言いました。結局流産してしまったのですが，ケンドラは心のどこかで，それが喧嘩からくる精神的ストレスのせいではないかと思っていました。その直後から，離婚を考えるようになったそうです。

　私が意図して妊娠したと夫が非難した日に，気づいたんだと思います。彼の子どもは欲しくなかったし，もうほしくないと。お金はそんなになかったし，今もないけれど，お金のせいだけではありませんでした。問題は，夫の娘がどう思うかでした。そのせいで夫と私は子どもを持てなくなってしまったんです。そういうことなんですよ。あの子の影響力は絶大です。

　一時はなんとかなる，あの子の親となって，自分の子は持たないと自分に言い聞かせていました。でも，これが本当に自分の望んでいる人生だろうか？私のためになるんだろうか？あの子が将来どうなるのか，どう生きるのか，他人の目にどう映るのか，私にはどうしようもないことです。彼女のために親として教育することが許されていないのですから。だから，時間の無駄だという気がします。

ケンドラは，夫が子どもを欲しがらない別の理由がわかったと言いました。50歳を目前にして，子育てに疲れ，おしめを取り替える日々とはおさらばしたかったのです。しかし，夫がその問題をすり替えたことで騙されたような気がしていました。

　私はこんな気持ちです。あなたが眠れない夜はもうたくさんだ，もう疲れた

というのはわかる。でも，一時は私のためにやってくれると言ったのに，今はもうしないと言う。何の話し合いもなかった。私はどうなるの？赤ちゃんもいなければ，愛情も母親としての楽しみもない。

彼は「そんな場所もないだろう」と言うけれど，「よく考えてよ，ガレージの上に増築だってできるし，誰かが赤ちゃんのために，何かしてくれるかもしれないじゃない。そんなことどうでもいいじゃない！」と言いたいわ。

ケンドラは一人で子どもを育てられるか，数週間かけて考えると言いました。もしだめそうならドナルドとの関係を続けるかもしれません。しかし，母親になることだけがすべてではありませんでした。継娘に対して自由に親として振る舞えないことも，同じくらい不満に感じていました。私が荷物を片づけて帰り支度をしていると，ケンドラは首を横に振りながら言いました。「世界一の継母になろうと努力したのに，それが許されない。そんなふうに感じます」。

喧嘩とコミュニケーション

ケンドラとドナルドは，経済的問題や子どもを持つかどうかの決断，ドナルドのしつけのまずさ，感謝されず二番目だというケンドラの気持ちといった問題を抱えています。このすべての問題の下に，最大の課題である，喧嘩の仕方を知らないという根本的な問題が潜んでいます。ステップファミリーの専門家によれば，このスキルの欠如こそ，子連れ再婚を撃沈させる最大の要因ですが，逆にこのスキルがあれば勝ち目のない勝負にも勝てるのだと言います。

最初に知っておきたいことは，もうご存知でしょうが，喧嘩はつき物だということです。長く激しい戦いは，その激しさや派手さ，騒々しさの点でまさにワグナーの音楽のようです。ステップファミリーの専門家，ジェームズ・ブレイは，子連れ再婚後の24ヶ月の特徴が，激しい対立と惨めさだと発見[110]しました。それは，後に仲睦まじく幸せな夫婦になるような人たちでも同じです。パトリシア・ペーパーナウは，再婚家庭が落ち着くまでに4年から7年かかる[111]と言います。中にはステップファミリーの穏やかな発達段階に達するのに，

12年もかかる夫婦もいると述べています。

　ほとんどの人が考えているのとは逆に，喧嘩は夫婦間に暗い影を落とすわけでも，必ずしも大きな問題の表れでもありません。事実，結婚の専門家によれば，結婚生活を不安定にするのは喧嘩自体でも，その頻度でもなく，喧嘩の仕方だといいます。喧嘩は，やり方によっては結婚を破綻させることも，強化することもあるのです。でも，朗報が三つあります。喧嘩の仕方は学べること。チームであることがわかっていれば，喧嘩を怖がることはないこと。そして実は，上手な喧嘩が夫婦関係を強くすること，です。

　逆に，喧嘩をしない，あるいは間違った方法で喧嘩[112]するのは，あなたにとっても結婚にとってもよくありません。マサチューセッツ州の4000人近い男女を調査したところ，男性の32％，女性の23％が，喧嘩のときに感情を抑えていると回答しました。感情に蓋をすることは，調査に参加した男性では，大きな健康への影響は見られないようでした。一方，感情を抑える女性の死亡リスクは，夫に反対意見をいつも伝えている女性の四倍にものぼることが，10年にわたる調査でわかりました。ウェスタン・ワシントン大学で行われた別の調査では，こうした「黙り込み」は，女性のうつ病や摂食障害，心臓病のリスクを増加させることが示されました。また，ユタ州の研究者は，夫婦が口論の最中にどのようなやり取りをするかが，喫煙や高コレステロール同様，重要な心臓病のリスク要因であることを発見しました。この研究に参加した150組の夫婦のうち，妻との口論が支配をめぐる争いの場合，男性の心臓病リスクが高まることがわかりました（「私（僕）が正しいとどうして認められないの？」とか「私（僕）のやり方でやるよ」というのが支配的口論のスタイルです）。支配的な発言をするのが夫でも妻でも，違いは見られませんでした。

再婚夫婦はなぜ喧嘩するのか？

　夫婦喧嘩はどこにでもあり，間違った喧嘩の方法が心身の健康に対するリスクとなるのは明らかです。しかし，恐らく子連れ再婚夫婦は，他の夫婦より喧嘩が多くなります。なぜでしょうか。主な理由はこのタイプの夫婦では違いが，すぐにはっきりした形で現れるからです。家族療法士のロイス・ブレーバーマ

ンがこの理由を説明してくれました。「夫婦二人から子どものいる夫婦になると複雑さの段階が増し，相違を生む側面が現れてくる。たとえば，子どもにどれほど目をかければいいのか？　甘やかしすぎ，厳しすぎとはどの程度なのか？　子どもはどの程度の自立が必要か？　などです。また，非難も出てきます」。

　通常，子どもが加わるのは，二人が時間をかけて相違を認めたり，あるいは違いについて意見が一致しないと認め合ったりした後のことです。しかし，最初から配偶者の一方にだけ子どもがいる場合，違いや批判，ストレスがより大きくなります。たとえば，『私をギュッと抱きしめて（*Hold Me Tight*）』（岩壁茂監修，白根伊登恵訳，金剛出版，2014年）の著者スー・ジョンソン博士は，「子連れ再婚夫婦は，帰属感という大きな課題に直面します。この課題は，多大な不安定さとストレスを作り出します」と説明してくれました。夫は，自分が変化に対応して継母を受け入れることを子どもに要求する，だめな父親だと感じていることがあります。一方のあなたは，彼の子がいつも彼から優先されると，自分が大切なのか，本当に必要とされているのかわからなくなり，締め出された気持ちになるかもしれません。そうした根本的な恐れがあると，子どもをよりストレスに感じ，会った瞬間から関係を深めることが難しくなります。ブレーバーマンは「親子が一緒にいるのを他の人から見ると，子どもが甘やかされているように見えるのは，ほぼ普遍的な事実です。土曜日のわずかな時間，恋人の子どもの行儀の悪さに我慢するのと，一緒に住むことはまったく別物です。何か言わなくてはと思うでしょう」と言います。

再婚夫婦の喧嘩とは？

　子連れ再婚では，夫婦喧嘩の頻度が高いだけではありません。喧嘩の仕方は独特で，それがわかれば効果的な議論へとつながりやすくなります。最も大事なのは，子連れ再婚では夫婦喧嘩が他の夫婦より激しく，早い段階で始まることです。心理分析医のマイケル・ヴィンセント・ミラー博士は，子ども同様結婚にも発達段階がある[113]と述べています。彼の理論では，恋愛期間で舞い上がった後には，幻滅の期間がやって来ます。夫婦は希望と現実のギャップに失望し，相手に騙されたとすら思うでしょう。この幻滅期間は挫折感を伴うこと

が多くあります。挫折感で動揺してしまい，この状況が自分の非現実的な期待から生じたことも，事態が破綻するかもしれないとも気づかず，相手を激しく非難する傾向があります。子連れ再婚では，まだ結婚生活が定着もしていない時期に，この幻滅期間が特に早く，激しくやって来て，初婚であれば何年も満喫できる新婚期間を壊してしまいます。

　どんな夫婦でもアン・バーンスタインの性差による過剰反応／過少反応力学[114]や，E・メイビス・ヘザリントンと夫婦研究者のジョン・ゴットマン博士が，追及する人／逃げる人[115]，と呼ぶ人間関係の力学を経験するでしょう。子連れ再婚夫婦も例外ではありません。まず女性が，「あなたの息子ったらすごく失礼なのよ」と切り出すと，息子の父親は「ティーンエイジャーだからな。そんなもんだろう」と答えます。バーンスタインはこの続きを教えてくれました。「こうなると女性は，自分の関心事が重要なことで，理不尽な話ではないとパートナーを納得させるために，さらに説明せざるを得なくなります」[116]。私たち自身，夫の淡々として素っ気ない返答と反比例して感情が高ぶり，夫に怒鳴ったことがどれくらいあったでしょうか。ゴットマンは，男性が距離を置いて引き下がるのに対し，女性が追及して食い下がる人間関係力学には，生理学的根拠があると説明しています。不一致が起きた場合，男性は女性に比べより激しい怒りがより早く生じ，心拍数や血圧が急激に上昇することがわかりました。自制心を失わないために，今起こっている衝突を和らげる「最も安全な」選択肢だと考えて，男性は逃げるのです。自分が逃げれば，妻はいっそう自分の言い分をはっきりさせようと思うだけだと夫が知ったら，男性は不当にうるさく言われていると思うでしょうし，その事実に驚き，苛立つでしょう。あるいは，たぶんこちらのほうが想像に難くないでしょうが，夫が逃げてしまい，ときどき「筋が通らない」と非難の言葉を差し挟んで黙り込み，取り合ってもらえない妻の気持ちは，どんなものでしょう？

　このやり取りは，どの結婚でも起こりますが，子連れ再婚夫婦は他の結婚に比べ，喧嘩の材料も多く，頻度も高いことから，いっそう目立ち，困難です。継子を持つある女性が，こんなふうに説明してくれました。「私は喋りたいのに，夫は私に黙ってろと思っているんです。つきあっていた頃は，まさか衝突し合うなんて考えてもみませんでした。よくあることでしょうが，本当に嫌なんで

す」。

　子連れ再婚の場合，この性差による力学に，別の要素が加わります。子どもの問題を持ち出す妻自身が問題にされる点です。「夫は何度『たいしたことじゃないのに，君が事を大きくしているんだ』と言ったことでしょう」。グレタは小学生の継娘が，家族で一緒にいると彼女に対してあからさまに無視する様子を語りながら言いました。グレタの夫は最初こそ妻を慰めようとしていたかもしれませんが，「気にしなくていい。大したことじゃないよ」という言葉は，グレタの苦悩が取るに足らないことだと一蹴されたように響きました。それは後に，批判へと変わりました。グレタは，継娘には無視され，そう感じたことで夫から誤解され非難され，二度にわたって締め出された気持ちになりました。

　再婚夫婦間では，ある種の心理的なバリアーが，初婚夫婦に比べて多く見られます。ジェームズ・ブレイは，あからさまに注意をそらしたり，苛立ったり，話題を変えたりする行為は，自分は相手の以前の結婚のことなど聞きたくない，と伝えようとしているのだと説明しています。この種のコミュニケーションの断絶は，その人が結婚に対する甘い気持ちを揺さぶるようなことを聞きたくないために起こります。しかし，このコミュニケーションの問題点は，（特に再婚では）相手に過去のことを話してもらえば，現在の問題を減らすことにつながるのに，その機会を逸してしまう点にあります。たとえば妻が，以前の結婚のことを聞こうとしないために，夫が何を恐れているかを知る機会を逃したり，夫の行動を誤解したりすることがあります。これは夫婦どちらにも当てはまります。

　デービッドは，妻マンディにふさわしくない前夫との結婚生活のことを聞こうとしませんでした。前夫が自分の子どもを置いて一晩中出かけて行ったことがよくあって，ベビーシッターでもやらされている気がしたとマンディが話し始めると，デービッドは知らず知らずのうちに話を遮ってしまうのでした。そのため，彼の7歳の双子の男の子が家にいるとき，ちょっと食料品を買いに行こうとするだけで，普段は有能で自信にあふれているマンディが取り乱し，怒り出す理由の重要な手がかりを見逃してしまっていました。マンディからの聞きたくない話に耳を塞いでいなければ，マンディが前夫の子どもと置き去りにされて，利用されたように感じていたこと，そしてデービッドもそうなるので

はではないかと恐れていたことがわかったでしょう。デービッドが耳を傾けることによって，自分がマンディを利用することはなく，食料品の買物は単に買い物に出かけるだけだとマンディを安心させられるようになりました。

子連れ夫婦は，アン・バーンスタインが「代理衝突」[117]と呼ぶ状況に巻き込まれることがあります。これは，家族の一人が別の家族の感情を背負い込むことです。継母は，良かれと思って二つの代理衝突を引き受けてしまいます。

一つ目の代理衝突は，二人が直接衝突するのを避けるための方法です。たとえば，離婚した母親が子どもを通じて，自分の辛さや怒りを前夫にぶつけることがあります。そのため子どもは，父親や多くの場合，継母に反抗します。あるいは子ども（成人でさえ）自身も継母を苛立たせます。愛しながらも，恐れている父親に楯突くより安全だと思うからです。

継母は親子の対立や元配偶者間の対立を迂回させて「自由発砲地帯」のような役割を担うのに加え，二つ目に無理やり夫の代理にさせられます。私はインタビューや心理学者からの話を聞くうちに，女性が男性の声にならない声，つまり恐怖や不適切と思われる感情を彼に代わって代弁することがよくあることがわかってきました。たとえば，継母と継娘が喧嘩すると，父親は無意識のうちに緊張状態を演出し，妻と娘に自分の怒りや恐怖を演じさせることがあると，バーンスタインは述べています。二人が激しくぶつかっている間，夫は舞台裏へと引っ込み，「女はどうかしてるよ」と呟くのです。

バーンスタインの患者，ネルと夫のケンはまさにこの状況でした。ケンの成人した娘ダーラは，継母のネルを無視したり，まともに返事をしなかったり，邪険に扱ったりしてネルと関わりたくないことをあからさまに示しました。ケンはきまりが悪く，困ったことになったと思いましたが，ダーラのひどい態度に何の対応もしませんでした。当然，ネルは腹を立て，見捨てられたと思いました。しかし，ネルとダーラ，ネルとケンの衝突は回避に過ぎなかったのです。ケンも妻と同じくらい娘の行動を不愉快に思っていましたが，ダーラに態度を改めるよう言えば疎遠になったり，態度が悪化したりするのではないかと不安だったのです。しかし，ケンが意を決して，娘にネルに対する態度を改めるように言ったところ，ネルの継娘と夫への怒りは収まり，ようやくケンは自分自身とダーラに問題があったのに，それまでは自分の代わりに妻に喧嘩をさせて

いたのだと気づきました。

　バーンスタインは，再婚夫婦の喧嘩のもう一つの要素，「悪循環」についても説明しています。悪循環では，妻が子どもの行動に文句を言いますが，夫はそれを無視。妻はサポートを得られないと感じ，抗議し続けます。夫は，自分の子どもに対して，妻はいつも意地が悪いと思うようになります。この場合，妻が態度を軟化させると夫が問題に目を向けることができ，子どもに対して寛容な妻に心を開くでしょう，とバーンスタイン[118]はインタビューの中でアドバイスしてくれました。

　では，しつけをまったく理解していない父親はどうでしょうか。悪循環を打破するには，「まともに機能しない家族の一員にはなれないし，全部を変えられるわけではない」と自分に言い聞かせるとよい，とロイス・ブレーバーマンは教えてくれました。また「私の問題じゃなくてラッキーだわ」と自分自身に言ってもいいでしょう。しかし，バーンスタインもブレーバーマンも，「見切りをつける」ことが，決して横暴にひたすら耐えることではないとも指摘しています。パトリシア・ペーパーナウは，悪循環を打破する方法の一つ[119]は，夫が子どもに対してこう言ってくれるように，落ち着いてお願いすることだと提案します。「君がどう感じるようとお父さんは何も言わない。でも，この家にいるときは，お父さんの奥さんに対して礼儀正しくしてほしいんだ。好きになってくれとは言わないけど，物みたいな扱いはよくない。彼女が話しかけてきたら，ちゃんと目を見て挨拶してくれよ」。夫が躊躇したり，非難してきても，絶対に感情的になったり激怒したりしないで，適切な方法と適切なタイミングでお願いしましょう。そうすれば夫がこの正当な依頼を断ることはないでしょう。

　具体的に言うと，火種になりそうなことを配偶者に依頼するときには「ソフト・ハード・ソフト」と呼ぶコミュニケーション法を使うことを，ペーパーナウは提案しています。たとえば，「あなたの子の私に対する態度はひどいのよ。もううんざり！」の代わりに別の言い方をします。「あなたの子と私が対立関係にあるのは，辛いと思う［ソフト］。でも，私があの子たちのいる部屋に入って行って挨拶したら，挨拶を返してほしいと言ってもらえないかしら［内容はハードだが，批判ではなく依頼］。一生懸命やってくれてるのはわかっているからプレッシャーはかけたくないの。感謝してるわ。ただね，子どもたちに無

第6章　結婚：再婚の歴史　　149

視されたり，ひどい態度を取られたりすると傷つくし，頑張ろうっていう気持ちが萎えてしまうのよ［ソフト］」。子連れ再婚が複雑だと感じたら，状況が困難であることと，あなたの夫への感謝という二つのことを，愛情ある言葉で認め，難しい依頼はその二つの間に挟み込み，和らげるという簡単な方法を思い出しましょう。言えずに溜まっていた腹立たしさをうまく発散させることもできます。

　先延ばしと整理という二つのスキルもまた，熾烈で絶望的な対立でさえ和らげることができます。まず，口論する予定を立てることです。奇妙なようですが，結婚専門家はかなり理屈に合っていると言います。相手が急に話し合いをやめたり，「今はよそう，忙しいんだ」と言ったりしたら，深呼吸して言いましょう。「そうね，これを今話したところで進展はないわね。何時から話そうか？」夫が話し合いを打ち切ってしまったらとても冷静ではいられないでしょうが，この方法は夫の目からは妻が合理的に見えるうえ，後で話し合いを再開するときには二人とも落ち着いている可能性が高いので，試す価値は十分あります。二つ目に，喧嘩から撤退するときをわきまえていることは，あなたの持つ最も有効な武器となります。撤退とは自分の感情を遮ったり，押し殺したりすることではありません。ある程度のことはやり過ごして，本当に大事な課題に集中することです。ある女性が私に言いました。「夫は5年かかってようやく自分の子どもに，私にちゃんと接することができないなら家に来なくていい，と言ってくれました。それでやっと子どもの態度がよくなりました。夫は私が頼んだことをやってくれたので，子どもがしでかす些細なことに目くじらを立てなくなりました。夫は，自分の役目を果たしてくれたのです」。

四つの危険因子と上手な喧嘩

　ときには分析を凝縮し，一番単純なアドバイスにするのもよいでしょう。今まで何度も喧嘩を繰り返してきたでしょうが，今度，子どものことで彼と「大喧嘩」するときは，別のやり方ができると考えてみましょう。専門家が重要な鍵となるという心理教育では，何が正常で何が役に立つのかを学びます。ジョン・ゴットマン[120]は，2000組以上の夫婦を20年以上にわたって調査し，夫

婦関係の破綻を予測する四つの態度があることがわかりました。ゴットマンは，「四つの危険因子」の一つひとつが，次への因子へとつながっていくと説明しています。その四つを避ければ，円満な夫婦関係がずっと続く可能性が飛躍的に高まります。

① 非難：通常，自分は正しく相手は間違っていると示す目的で，相手の人格（行動ではなく）や性格を攻撃。「あなたはいつも…だ」とか「あなたは絶対…しない」，「どうしてあなたは…なの？」といった言葉を使う。
② 侮辱：相手をバカにする，あるいはあからさまに見下すこと。侮辱的な言動や中傷，敵意あるユーモアや物真似，冷笑，軽蔑的な表情など。
③ 自己防衛：責任の否定，言い訳，不平に対する応酬，相手の発言の軽視。「そうだけど…」や「そうじゃなくてあなたが…」「私は…ない」といった言葉を使う。
④ 逃避：反応しない，引き下がる，衝突から物理的に逃げること。「中立的」で役立つどころか，この行為は挑発的。男性は女性に比べてはるかにこの方法に訴えることが多い。

　ゴットマンは，うまくいく夫婦の喧嘩がどのように行われているかについても，重点的に研究しました。ゴットマンによると，うまくいく夫婦は口論で相手への批判的な発言一つに対して，相手について五つのポジティブな発言をしています。口論がエスカレートし，「なんでも口論のネタにする」（「僕の子が嫌いなんだろ。いいよ，じゃあ君のバカ母親が，木曜日にどれほど意地悪だったか話そうじゃないか」のように口論する問題がどんどん膨らむ）ことはありません。また，ジョークを言ったり，気を紛わせたりして緊張を打破します。そして，口論の後には必ず修復を図ります。
　スー・ジョンソンによれば，再婚夫婦の抱える特定の問題を考えると，何より大事なことがあると言います。「基本的な欲求と恐れ（よそ者であること，再婚と忠誠心の葛藤で子どもにストレスを与えること，自分が大切な存在だと知りたいこと）を共有することが，新しい家族を作っていく困難を乗り越えるのに何より役立ちます」。継母にとってそれは，誤解されていると思うときや

裏切られたと感じるときに，プライドを捨て，自分を危険にさらすことです。しかし，同時に逆境を乗り越える強い気持ちのつながりやパートナーシップを可能にするのです。

結婚における子育て

　子連れ再婚では，結婚生活にあなたの子でない子がいるので，他の結婚とは質的に違います。継母が子連れ再婚の特徴を認めて，日々の苛立ちがつきものだとわかってくると，同じように感じているのが自分一人ではないことや，その「家族」は変でも異常でもないことがわかってきます。夫婦を引き離す恐れのある課題にチームで取り組むことで，結びつきが強まります。

ドリップ効果と吸い上げ効果

　不機嫌な十代の子と暮らしたことがあればおわかりでしょうが，自分の気分と子どもの気分を注意して区別しないと，子どもの気分が，家庭全体にストレスや陰鬱な空気をもたらしかねません。初婚では子どもの問題行動が結婚に与える影響は小さいですが，逆に問題を抱えた結婚が子どもに大きな影響を与えます。家族療法士のジェームズ・ブレイは，これをトップダウンあるいは「ドリップ」効果と呼んでいます[121]。親が不満だと，適切なしつけができなかったり，子どもの声に耳を傾けたりできません。また，結婚生活に大きな対立があると，子どもの情緒や行動の様々な問題につながる可能性があることがわかっています。対照的に，初婚で夫婦の結びつきが強く健全であれば，子どもの心に自信や幸福感，安心感を植えつけ，適応力を育み，好ましい影響を与えます。

　しかし，子連れ再婚では結婚と子育ての相互作用は逆方向，つまり，子どもから夫婦へと向かうとブレイは述べています。彼はこれをボトムアップ，または「吸い上げ（パーコレーター）」効果と呼んでいます。こうした結婚では，幸せな結婚が子どもの適応力に与える影響はほとんどなく，子どもは実親と継親の仲を取り持つこともないどころか，往々にして，夫婦が離婚すれば両親がよりを戻せると夢見ています。一方で，子どもの気分や癇癪，問題が夫婦に与

える影響は多大で，多くの場合，幸せな結婚と不幸な結婚を決定づけると言えます。ブレイはこう説明します。「不満を抱える子どもがその感情を露わにすると，家庭の雰囲気が台無しになるだけではない。自分に批判的になってくる継母と，妻の子どもへの批判に身構え，嫌気が差し始めてくる実親との間を分断し始めるのだ」。

　前の章で紹介した，おおらかで親しみやすいシーシーには，小さな子と十代の男の継子がいますが，多くの継母と同様に，この罠にはまってしまいました。夫と当時9歳と11歳の息子が引っ越してきたとき，シーシーは息子たちのテーブルマナーを直さなくてはと思いました。「豚と一緒に食事はできないと思ったんです」とシーシーは言いました。しかし，丁寧にやったにもかかわらず，彼女がやらせようとすればするほど，継息子たちは彼女に腹を立て，不機嫌な声で返事をし，彼女が話しかけただけで席を立ってしまいました。これは予想範囲内ですが，夫のネッドの反応は思いもよらないものでした。「ネッドは『あの子たちにうるさく言うな』と言ったんです。まるで私がガミガミ言っているみたいに。私は人とうまくつきあい，小さいことは気にしないタイプの人間なんです。でも，あの子たちのマナーは最低で，とても我慢できませんでした」。難しいのは，夫がまるで自分自身が批判されているように感じたことです。継息子たちに，大皿から肉を手でつかまないようにとシーシーが言うたびに，夫にはまるで「あなたの育て方が悪いのよ！」と言われたように聞こえていたのです。シーシーのように，継母はテーブルマナーのような最低限のことを望んでも意地悪だと思われる，不当な偏見を感じます。こうした経験が積み重なり，継子が不機嫌な行動をすると不当な扱い受けたことを思い出し，また誤解されていると感じます。このサイクルの最終段階では，子どもが反抗すると，当の子どもより嫌な気分になることがあります。

　しかし，夫婦はこの状況を変えて，継母が夫にとっても，継子にとっても口うるさい人ではなく，力強い協力者だと認識してもらうことができます。心理学者のローレン・エアーズは，こう言いました。「ここに家族相談や夫婦相談で来ている患者さんに，すべての子どもに継母がいればいい，と話すことがよくあります。継母は普通，夫の子に対して，夫より高い期待を抱いています。それは長い目で見ると，実は子どもの意欲を引き出し，健全で役に立つのです」。

継子の行動に「介入」するとき，中立的な疑問で提起（「食洗機に自分でお皿を入れてもいい年頃じゃないかしら。どう思う？」）すると夫のとらえ方が変わってきます。アッカーマン家族療法研究所のロイス・ブレーバーマンは，「責められたと感じるか，サポートされていると感じるかの違いです」と言いました。夫婦が「ともにこの問題に取り組む」姿勢を見せると，ステップファミリーの人間関係の力の向きを修正し，子どもの否定的な態度が与える影響を抑えるメリットがあります。

継母であり作家のシェリー・バーンズ[122]は，暗い継子の気分（「どうしたの？私に怒ってるの？何か悪いことでもあった？」）に引きずられないようにし，個人攻撃だと思わないようにすることで，吸い上げ（パーコレーター）効果を逆転することを勧めています。忙しくしていたり，気づかないふりをしたりするのが，「継子独裁環境」を作り出さない最良の方法だと，バーンズは提案します。子どもは自分が家族と家庭の雰囲気を意のままにしたいと思うことがありますが，子どもが一番安心する環境は，実は大人と子どもの適切な関係を改めて示すことだと，バーンズは言います。つまり，子どもがふてくされようが，意地悪な態度を取ろうが，家族という船は沈まないことを示すのです。本当はそう思っていなくても，「みんなで問題なく航海できる」という態度を見せれば，物事はもっとスムーズに進むはずです。

生物学的な力と中間領域

子どものいる男性との結婚では，単に愛する人との関係とその人との世界を構築するだけではありません。あなたが入ろうとしているところには，習慣や嗜好，うちわ話，問題，希望，対立，儀礼，歴史といった，あなたが来る以前から存在し，あなたが入り込めないものが複雑に絡み合っています。よそ者の感覚，つまり親密にさせないように仕組まれているような感覚は，子どものいる男性と結婚した多くの女性が，結婚後1〜3年の間によく経験します。43歳のライター，ロッテは，パートナーの10歳の娘と15歳の息子が使っていた家のパソコンが，彼の寝室に置いてあり，その部屋は家中で一番人の出入りが多いことにショックを受けました。ロッテが彼に，寝室はもっとプライベート

な場所にしてほしいと言うと,議論は彼女が「子どもを理解していない」ことにまで及び,二人がパソコンをダイニングに移すことに同意するまで何ヶ月もかかりました。また,オリビアという女性には三人の成人した継娘がいて「家に来ると,私は自分の家なのにお客さんになったような気にさせられました。すごい力ですよ」と言いました。別の女性ローナは,当時のフィアンセが,「息子のための」週末に,彼女が泊まってよいかどうかを9歳の息子に決めさせていたことに驚きました。

こうした夫婦は,心理学者のジェームズ・ブレイが「生物学的な力」[123]と呼ぶ,親子の強い結びつきにぶつかっているのです。それは私たちが家族になろうとする努力をはねのけ,寄せつけない壁のように感じられます。しかし,器が小さいと思われたくないので,それについてほとんど何も言いません(この問題は,子連れで結婚する女性のほうが,深刻度が高くないかも[124]しれません。なぜなら,その場合は,女性が自分の「ミニファミリー」を持っているので,夫の「ミニファミリー」の中ではっきりと,よそ者と認識されないからです)。夫婦が二人の関係を家族の中心にする努力をし,心理学者のソニア・ネヴィスが「中間領域」[125]と名づけた関係を積極的に構築すれば,生物学的な壁は時間とともに衰えていきます。しかし,献身的に努力しなければ,今まで見てきたように,夫婦はステップファミリーの複雑なしがらみの中で,最も無力な関係にとどまってしまうでしょう。

「夫婦で一体となってきたのは,結婚して随分経ってからでした」と妻ジュリアとのパートナーシップを説明するのは,第5章で紹介した,エンターテイメント企業の重役を務めるジョナサンです(ジョナサンは前の結婚で二人の息子,そしてジュリアとの間に二人の娘がいます)。「上の息子[マーク]が,自分こそ一番だと示そうとしたので,妻は傷ついていました。息子がわざとジュリアと一緒になる前の出来事の話をしたために,ジュリアがまったく会話に入れないことがありました」。込み入った長い昔話に,妻が会話に入れず「ぼんやり」と,「それは楽しかったでしょうね」と繰り返すほかなかったことが,何度もありました。そして,後で二人になったとき,ジュリアは苛立ちながらジョナサンに,息子が彼女を蚊帳の外に追い出したまま放置するような力関係にうんざりだと告げました。ジョナサン夫婦と長男の苦しみへの解決策の一つ

は時間でしたが,ジョナサン夫婦がその時間を使って,夫婦関係を強化しようとした献身的な努力も解決の一因でした。「年月をかけて,私とジュリアは息子たちと一緒の歴史を作り,それとともに,子どもたちとは別に,二人だけの歴史を積み上げてきたのです」。

「子どもたちとは別」の部分は,非常に重要です。というのは,パトリシア・ペーパーナウが「あうんの呼吸で夫婦がつながる道」[126] と説明する「中間領域」をジョナサンとジュリアが築きやすかったのは,「子どもたちとは別」だったからです。初婚夫婦とは異なり,ジョナサンとジュリアのような子連れ再婚夫婦の多くは,オペラに行くとか,日曜日は決まった順番で新聞を読むとか,カラオケが好きだとかの中間領域が,最初からたくさんあるわけではないのに,それを減らしてしまう子どもがすでにいるのです。ジョナサンとジュリアが,長男が来ている週末のたった30分,あるいは,息子たちがいない週末を二人で過ごすくらいの「夫婦の時間」を優先するにつれ,二人が共有する中間領域は増え,生物学的な力を排他的だと感じなくなり,長男が疎外しようとしてもジュリアがうまく切り抜けられるようになりました。ジョナサンは,「しばらくすると,長男は過去にそれほどこだわらなくなりました。ジュリアがいる現在があり,そこに入っていけると息子がはっきり気づいたのだと思います」と言いました。

ペーパーナウは「子連れ再婚で夫婦の絆を強めるのに必要なことは,ほとんどの場合が,直感的に思うのとは逆だ」[127] と言います。たとえば,ジュリアが数週間続けて,家で仕事の続きをするから週末のうち一日は息子たちを外食に連れて行ってほしい,と夫に言うのを聞いた息子たちは,継母がそれほど「父親を独占」しようとしているようには思えなくなりました。また,ジョナサンは,息子たち,特に長男と一対一で過ごす時間を現実的に見られるようになりました。非常に楽しかったものの,十代の子は皆そうでしょうが,長男は必ずしも一緒にいて気楽な存在ではなかったのです。ジョナサンは,息子の行動を現実的に見て,批判を口にするようになりました。その批判はジュリアも同様に感じていましたが,ジョナサンは,彼女からその批判を聞きたくありませんでした。こうして何年か経つとジュリアは,ガードを固くしているジョナサンに,長男の欠点やひどい振る舞いを指摘したい衝動に駆られることがなくなり,

継子をサポートする側に回ることができるようになったと気づきました。この変化によって，ジョナサンはジュリアをいっそう愛するようになったのは言うまでもないでしょう。

ジュリアは，週に一度は結婚前からの友人と会いたいとも言いました。最初，ジョナサンは反対しましたが，ジュリアは自分がよそ者ではなく，仲間だと感じられる人たちと一緒に過ごすことも，時には必要だと主張しました。友人たちはジュリアをほっとさせ，理解し，たくさんの中間領域を共有していて，ジュリアは継子との生活につきものの苦労で消耗せずに済むのです。ペーパーナウは，これが子連れ再婚と初婚の異なるもう一つの点であると説明しています。「夫が初婚のモデルを根拠にしていると『これはよくない。家族と過ごせないなら，何かおかしいはずだ』[128]と思うことでしょう。しかし，子連れ再婚は，まったく別物です。初婚家族の地図は，再婚家族では使えないのです。夜に外出し，夫や継子から離れて友人たちと時間を過ごすことは，実は子連れ再婚には効果的です。活力を取り戻し，継親が燃え尽きるのを防ぎます」。意外な結論ですが，時には生物学的な力に身を任せたり[129]，夜に外出してみたりすることで夫婦の絆を強め，中間領域を築くことができます。

元の配偶者に関する要因

数世紀前までは，再婚は配偶者との死別後に限られていました。しかし，離婚後の再婚が増えるに従って，新たに複雑な変動要因が出てきました。元の配偶者の存在です。インタビューした女性たちは，以前の配偶者を好ましい存在とはとらえていませんでした。対照的に，話を聞いた男性の多くは，妻の前夫を「無関係，ほとんど問題ない」から「問題ない」，さらには「基本的には信用できる」の範囲でとらえていました。これは，離婚と子連れ再婚の包括的な研究結果と一致[130]しています。つまり，一般的に前妻は，前夫よりトラブルの原因となりやすいということです。

最近でこそ，父親が以前より積極的に子育てに関わってはいますが，一般的には母親が「主たる親」[131]だと見なされ，実際そうなっています。たとえば，母親は親権を持ち，子どもの日々の生活に深く関わっていることが多いです。

母親というのは，子どものために予定を組み，連れて行き，先生との連絡を定期的に行い，宿題や，洗濯，昼食などをどうするかに強い意思や希望，期待を持っているものです。つまり男性に比べて，女性は子どもの生活の細部にわたるまで関与しているので，前夫の再婚家族への関わりが強い可能性があり，最終権限は自分にあると感じています。このように関与が大きいせいで，対立の可能性が高まります。女性である継母は，子どもの世話をするものと思われているため，父親と過ごす間の出来事について，前妻が持つ期待と落胆の矛先が向けられてしまうのです。夫の12歳の継娘が週末泊りに来た後で，前妻がカンカンになって電話してきたと話した女性がいます。「どうして一緒にいるときに，娘に制汗剤を使わせてくれなかったんですか！」と要求してきたそうです。継母のその女性は「私はあの子がテレビを見る習慣を制限できないし，寒い日に何を着るかにも口出しできません。母親が聞いたら激怒し，私が出過ぎた真似をしていると言うからです。なのに，個人的な衛生管理のことで私を責め立ててきます」と，継母が直面しがちな難題，つまり，前妻は責任だけを押しつけ，権限は与えない，という矛盾に憤慨していました（憤慨するものもっともでしょう）。

　多くの女性は，さらにひどい状況にいると感じています。E・メイビス・ヘザリントンは，女性は男性に比べ，離婚後の怒りが長引く[132]ことに気づきました。また，女性は男性より，以前の配偶者が再婚したことによって怒りが再燃しやすいこともわかりました。真っ先に電話してきて夫婦の婚約や結婚を祝福する前妻が，翌日また電話してきて，養育費の増額を要求してきた話を，インタビューで複数の人から聞きました。また再婚後，前妻が親権と面会の見直しを求めてきた話も，何度も聞きました。ヘザリントンは，調査した前妻にも同じ傾向[133]があったと言います。母親がいつまでも怒りを抱いていると，その子どもは，継母に好意的な感情を持つことが裏切りだと感じて，継母と良好な関係を築くことがほぼ不可能になります。これは再婚夫婦にとって，初婚にはないストレスになります。

　前妻とは対照的に，前夫（ここではあなたの夫のこと）は，前妻の新しい配偶者に対してより友好的で歓迎[134]することが多く，これが継父と継子との関係を良好にする下地となっています。男性は前妻に対し愛着を持ち続け，（再

婚するまで）復縁の空想を抱き，たとえ前妻が再婚しても穏やかでプラトニックな関係を望みます。理論的にはとても良い話のようですが，その妻は思わぬ苦労を背負い込むことになるかもしれません。再婚していない前妻のために，夫がいまだに様々な家の雑務をやってあげているのだと，悔しげに話す女性も多くいました。男性は「僕が屋根を直さなかったら，子どもが雨漏りで濡れるだろう」と仕方なくやっていると言い逃れします。こうした雑務で前夫を試し，利用する前妻は夫の再婚を受け入れられず，問題を起こしたり，自分の力を誇示し，今でも影響力があるところを「ライバル」に見せつけようとしたりします。

　夫が前妻の家への出入りを止めたり，差し控えたりすることを，アン・バーンスタインは「望ましいフェンス」と呼びますが，それによって反発を買う恐れが出てきます。通常責められるのは妻のほうで，しかも残念ながら，子どもの目の前で激しい非難を受けることが多いのです。前妻は，悪意から面会交流の取り決めを変えようとしたり，別の報復行動を示してきたりするでしょう。バーンスタインによると「長年の怒りを解放することが，離婚後の家族の治療で最も難しいところです」[135]。前妻が，自分を不当に扱ってきた人たちへの仕返しのために，苦しみ続けることがあると言います。こうした前妻にとっては，自分で壊れたヒューズボックスを修理したり，冗談を笑えたり，前夫と適切な関係でいられたりして，うまくいきすぎると「自分を傷つけた人がもたらした結果を小さくして許してしまうかのように思われる」のだと，バーンスタインは説明しています。つまり，前妻にしてみれば，幸せになったり，順調にやっていけたりすると，前夫を解放することになります。そのため，自分がどれほど不当な扱いを受けたかを示したい一心で，満足のいかない生活を続けるのです。

　心理学者のアーサー・シーガルとエリザベス・シーガルが「非難するための苦しみ」[136] と呼んでいるこの状態によって，前妻は自分には力があると感じるとともに，前夫の再婚や子どもの誕生といった前妻の傷が痛む出来事によって，父親を子どもから引き離す【→Column 8】という別の「利益」をもたらします。しかし，このような行動は名前がつけられるくらいありふれていると思えば，夫婦は平静を保っていられます。「そうそう，聞いてください」と，41歳のローナは復讐に燃える夫の前妻の話を打ち切って言いました。「いつも同じ昔話で

す。前妻が被害者で，私たちが悪者。信じられない話ばかりだから，あの人の子どももいつか信じなくなるでしょう。待つしかありません」。

　結婚していない前妻は，私たち継母にとってはもちろん迷惑ですが，母親は被害者で，母親が独身なのに父親が再婚していると不利益を被ると感じている子どもにとっても，最も厄介な存在ではないかと一般的に思われています。実は，このことは研究によって裏づけられています。端的に言えば，母子家庭の子どもは継親とうまくやっていくのがより困難[137]です。これがわかれば，子どもから拒絶されても，少しは個人的に受け止めずに済むかもしれません。社会学者のリンダ・ニールセン[138]は，前妻がどれほど問題になるかを決定するいくつかの要因をまとめました。すると，衝突のレベルが最も高いのは，実母が白人で，大学院を卒業し，世帯収入が高い場合だとわかりました。こうした女性たちは，子どもにとっての最善の方法を探るために本を読む時間も活力もあり，心理療法にも通いやすいにもかかわらず，なぜ怒りを手放すことがそれほど難しいのでしょうか？　研究者は，これは社会によるプログラミングの問題だと示唆[139]しています。他のバックグラウンドの女性と異なり，中流からアッパーミドルクラスの白人女性[140]は，子育てを夫以外の大人と共同で行う伝統が少なく，「村全体でやろう」という意識を持ち合わせていない場合が多いのです。富裕層の白人女性も，低所得層や他の人種に比べて「独占的な母親像」を見て育っています。こうした女性は，自分の子どもが他の大人，特に母親的な人物と親しい関係になることに脅威や嫉妬心を感じやすいのです（対照的に，子どもが様々な親的な存在と親しい愛情関係を結ぶのは，西インド諸島やポリネシア，ガーナといった地域や，米国内ではプエブロやナバホ族，アフリカ系アメリカ人によく見られます）。そういった難しさに加え，世帯収入が高く高学歴の白人のシングルマザー[141]は，寛容度の高い子育てスタイル[142]（優しく，甘い）であることが多いです。同居親の子育てスタイルは，子どもが継母など他の大人に対して悪い態度を取ってはいけないと感じるかどうかを決める，大きな要因になります。子どもの継母に対する態度が悪ければ，結婚生活に不和やストレスが生じます。また，甘い母親と比較すると，まともな期待を持ち，普通に物事をはっきり言う継母がモンスターのように見えてしまいます。さらに，前妻が薬物乱用者だったり[143]，精神病やパーソナリティ障害

を抱えていたり，うつ病を患っている場合，子連れ再婚へのストレスは劇的に大きくなります。

　子どもが小さく，面会交流や養育費の支払い，授業料，しつけなどに関わりがある場合は特に，離婚した夫婦が根本でつながっているため，前妻が再婚夫婦に与える影響力は非常に大きくなります。しかし，前妻と死別した男性と結婚したからといって，必ずしも楽なわけではありません。研究によれば，死別後の子連れ再婚は，離婚後の子連れ再婚と比べると，継母も夫婦も子どもも，うまくいっている[144]と回答していますが，前妻と死別した男性と結婚した女性には独特の苦労があります。フローレンスが言った「セラピストに『夫の前妻が亡くなって月日が経てば経つほど，故人は聖人化され，力を持ってくるものです』と言われましたが，まさにその通りです」という言葉はそれをうまく言い当てています。

　たとえば，フローレンスは継子の子どもたちに親しみを感じているので，わざわざ遠方まで会いに行ったり，プレゼントを送ったり，近くに来たときは一緒に過ごしたりしています。しかし，孫の誕生日会の日に合わせて5年続けてプレゼントを届けたのですが，お礼の電話もなければ，招待する素振りもなかったので，頭に来ると同時に傷つきました。そして結婚して25年で初めて，フローレンスの夫がフローレンスの代わりに息子に電話し，なぜプレゼントへのお礼が一度もないのか尋ねました。45歳の息子は，カードに「フローレンスおばあちゃん」と書いて寄越すのはやめてほしいと答えました。「あの子たちの本当のおばあちゃんは亡くなってるんだ」と息子は言いました。「あの人のやってることが僕にどう映るかわかる？お母さん，つまり，お父さんの最初の奥さんに失礼だと思わないの？」フローレンスが30年近くにわたって精一杯やってきたことやフローレンスが「素晴らしくはないけど，かなり良好」という継息子との関係があるにもかかわらず，継息子は継母がおばあちゃんになりたいという思いを，実母への冒涜や軽視，否定とさえ感じていたのです。フローレンスの贈り物への感謝や継孫との愛情ある関係を作りたいというフローレンスの思いを受け入れることが，成人した継息子にとっては，それ以上の意味を持っていました。それは実母に対する裏切りと同義で，実母こそ「おばあちゃん」の名にふさわしいと思っていたのです。その一方，フローレンスは「何と呼ば

第6章　結婚：再婚の歴史　　161

れようと構いませんが,継息子がまだそんなにデリケートだったとは驚きます。ちょっとうんざりです」と言いました。フローレンスを喜ばせたのは,継息子の妻が最近になって祖母の日のカードを送ってきてくれたことです。継息子はためらっていましたが,彼女はそう認めてもらえるのをずっと望んでいました。

共同養育と並行養育【→ Column 9】

　再婚したときの夫の子の年齢と前妻との対立の度合いによって,継母の立場は共同養育者,並行養育者,あるいは傍観者のどれかになることになるでしょう。かなりの柔軟性と交渉が必要とされ,アン・バーンスタインが名づけた「望ましいフェンスと望ましい橋」[145]を夫婦が築き上げるまでは,もつれた関係が妻／継母にも夫婦にもストレスになります。

協力的共同養育
　　　——「最良のシナリオ」

　近年,共同養育が離婚,再婚の話題の中で中心的な存在になっています。心理学者のコンスタンス・アーロンズが名づけた「良い離婚」[146]の重要な部分である協力的共同養育は,離婚した親が互いの相違はさておき,子どもの利益を最優先するために親同士がタッグを組む理想的な方法です。たとえば,電話連絡を取り合って,宿題をやったかの確認や,スポーツイベントへの同時参加,家庭のルールや子育て方法の取り決めなどを行います。また,休暇や子どもの誕生日パーティーに集まることもあります。極端な例では,子どもが離婚した夫婦それぞれの家を行き来するのではなく,親が子どもの家を週に何日間か代わる代わる泊まりに行く取り決めをしている夫婦もわずかですがいるでしょう。協力度の高い養育は,普及し始めているようです。共同養育が子どもにとってメリットがあることを本で読むなどして,親たちの間でよく知られるようになったことと,州が離婚した夫婦向けに養育講座の受講を義務づけ始めたこともあり,アッカーマン家族研究所のロイス・ブレーバーマンは,ここ10年の共同養育の増加を確認しています。「子どものために養育では協力し合えるよ

う，離婚後に激しく対立したり喧嘩をしたりしないように努力する方向へ向かっているようです」とブレーバーマンは言いました。

協力的共同養育は，長い目で見ると誰にとって一番よいやり方でしょう。継母の観点からすると，子どもが父親と強い結びつきを持ち円満であれば，継母を脅威と見なさなくなり，結果的には結婚への妨害が少なくなります。また，夫と実母がしっかりした協力関係にあり，実母が子どもに継母とオープンに接するのを促すのであれば，子どもの忠誠心の葛藤は消えていき，継母と友好的な関係，あるいは親しい関係を育む余地が生まれます。しかし，何十年にもわたり離婚家族や再婚家族に関わってきたブレーバーマンは，離婚した両親がしっかりとした協力関係にあるのは，離婚後の子どもにとってはとてもよいことですが，それは妻／継母にとっては辛いかもしれないと言います。「自分たちの生活や結婚のことになると，夫は身動きがとれなくなっているという苛立ちを感じてしまう」とブレーバーマンは言います。「物事を決める関係者が多いのです」。つまり，ロマンチックな旅行を計画するという単純なことでさえ，呆れるほど複雑になったり，無理だったりするのです。場合によっては，継母にとってだけでなく，夫婦の健康や子どもの幸せにとっても度が過ぎた協力的共同養育もあります。

レイニーの夫の前妻は「私たちが，一つの大きな幸せな家族になると思っていたんです。実際，彼女は一緒に家族旅行に行こうとしていましたが，私は全然興味ありませんでした」と言いました。さらに面倒なことに，前妻の家は，夫の家の道を隔てたところにあり，レイニーは「境界のない一つの大きな家みたい」に感じることが多く，引っ越して状況を変えたいと言っていました。別の女性たちは，「子どものために」夫の前妻と盛大な「家族」イベントをしなくてはならないプレッシャーを感じると言いました。しかし，そんな取り決めがうまくいく人は，非常に少ないのです。私が話した別の女性でとてもおおらかな方がいました。その方自身には家族はなく，夫の前妻は彼女同様こだわりがなく気立てがよい人でしたが，やはり休暇を家族で過ごしたがりました。

再婚した夫婦が，自分たち自身の慣習や伝統を作って続けていき，子どもがそれに自由に参加できることと，結婚も現実であり，子どもへの誘いも本物だと伝えることは，非常に大切です。私の考えでは，最初から不利な状況にある

再婚を育み守る義務は，多くの離婚した父親が感じる，もう存在しない過去の行事を子ども（実際はそれが変だと思っているでしょう）のために再現する義務や，前妻をなだめる義務より，はるかに大事です。

子連れ再婚は子ども中心に回り，できるだけ変化がないようにすべきだという善意による意見が次第に広がっていますが，これは関係する人すべてにストレスを与えかねません。継子のいる女性にとってはストレスだということは容易に想像できますが，離婚した夫婦が密接に関係している場合も，高葛藤の場合と同じく子どもを混乱させ，逆効果を招くことが研究[147]によってわかっています。子どもは「お互いに好き合っていてうまくやっていけるなら，どうして離婚したの？」と不思議に思い，夫婦仲が良いとはどういうことかわからなくなってしまうでしょう。映画の『グッドナイト・ムーン（原題:*Stepmom*）』は，呆れるほどいきすぎた期待を描いています。映画では，ジュリア・ロバーツ演じる継母が，クリスマスを夫と夫の子どもたち，そして死期が迫った前妻とともに，彼女の家で過ごし，前妻に「家族写真」に入ってほしいと言われ，感謝の気持ちでいっぱいになります。でも，心配無用です。ハリウッドの夢物語ではなく現実に即してみると，前妻が協力的であれば子連れ再婚の未来は明るいことは確かですが，前妻と多くの時間を過ごすことまでは求められませんので。また，前妻と緊密に調整し合い，「許可」をもらうのも，子どもが大きくなるにつれて少なくなることも心に留めておきましょう。

並行養育

協力的共同養育が理想の姿なら，並行養育は標準的な姿です。テキサス州の家族法専門家のスチュワート・ギャノンの話によると「人々の期待が変化し，より多くの人が，離婚した夫婦は子どものためにうまくつきあっていくよう努力し，子どもの誕生日会などの行事に一緒に参加すべきだと考えるようになりましたが，実際の行動は伴っていません」。事実，E・メイビス・ヘザリントンが行った離婚に関する大規模な長期研究では，離婚後「協力的養育関係」を維持できているのは，参加者の四人に一人程度に過ぎませんでした。ヘザリントンが追跡調査した離婚した親のうち約半数が，程度の差はあれ，お互いを無

視したやり方をしていました。「並行養育」と呼ばれるこの方法は，基本的に離婚した親が各自バラバラに子育てを行います。たとえば，一方の親がもう一方の親に電話して，子どもの学校のイベントに出席するかどうかは相手に任せる方法ではなく，メールで一方的に自分が出席する予定を伝える方法です。並行養育だと各家庭によってまったく異なるルールがあることがありますが，研究者によれば「これがうちのやり方だ」と一，二度聞けば子どもの混乱は収まることがわかっています。

　ヘザリントンの研究[※148]によると，こうしたやり方では，離婚した夫婦間のあからさまな対立や長期的な対立が最小限になることがわかりました。また，継母が自分の家でのしつけ，特に一番問題になりやすい掃除や礼儀についてより発言権を得られるので，継母にとっては好都合になりやすいと言えます。また子ども自身は，明らかに異なる並行養育環境にうまく適応しているとヘザリントンは驚きをもって報告しています。そして多くの場合，子どもは「二つの別々のルール」という認識とともに「二つの家」「二世帯の別々の親」と認識しています。私の下の継子も，この点では柔軟性を見事に（そして典型的に）発揮しています。彼女が大学の寮に入る前，実母の家から電話してきたときに，私たちがどこにいるのか尋ねると「家よ」と答えていました。一方で，住所を記入する用紙には，大抵私たちの家の住所を書いています。また，友だちと電話で喋りながら「ニューヨークの両親のところに来てるの」と言っていることもあります。

　しかし，並行養育で育った子どもは，「仕組みを巧みに利用する」処世術といった，好ましくない対処方法を身につけてしまうことがあります。両親が連絡を取り合わないことが当たり前になると，お金や宿題や門限などを巧みに操れるようになります。「算数の宿題は全部終わったよ。ママのところでやってきたから」。単に宿題をやりたくないときに，継子はそんなふうに言うかもしれません。両親が連絡を取り合わないと誰も確認できず，子どもは本当のことを言わなくても何の問題もないと思い始めます。継母は子どもに対し楽観視もなければ，親としての罪悪感を通して子どもの振る舞いを見ることもないため，こうした子どもの傾向は，我慢する継母にとってはストレスになります。ある女性は，思春期の継息子が実母，実父双方に修学旅行のお小遣いをせがんでいた

ことがわかったと言いました。「結構な額でしたよ」と女性は言いました。「夫と前妻は話をしないんですが，たまたまわかったんです。両親があらゆる点で意見が違うので，［それを利用することを］学んだのだと思います。でも，そういうことをするのは好きじゃありません」。継子にもっと公正で信頼できる人になってほしいと考え，継母がそうした行動を明らかにすると，変化をもたらすどころか怒りを買うことになりかねません。自分の子どもの批判など聞きたい親はいませんし，離婚に罪悪感を持ち，子どもの行動や性格的な問題の根が，彼自身にあるのではないかと密かに思っている父親はなおさらです。

　夫が前妻と協力的共同養育の方針を決め，それに伴う感情面の作業と実務的な作業を行っても，あるいは最初から並行養育を決め込んでいても，どちらの対応方法も継母に影響があります。苦痛に耐えきれないと思ったときは，共同養育の期間は決まっているのだと思い出してみましょう。子どもは成長し，旅立ち，母親から離れ，多くの場合新たな観点から物事を見るようになります。予定やスポーツイベント，休日や送迎などの調整は，徐々にカレンダーからも生活からも，心からも消えていきます。一方，夫婦関係は，様々な統計結果やストレスとは裏腹に，永久に続けられます。子連れ再婚に伴うイライラや劇的な出来事などがあっても，あなたと夫の関係こそがそれを支える中心なのです。

Column 7　セメントベビー

　原文では mutual child と表現しています。セメントベビーとは過去の全米ステップファミリー協会（SAA：Stepfamily Association of America）で使われ，日本でも 2001 年のステップファミリーイベントの際に紹介された言葉です。英語の「cement」（絆）を固める子どもという期待を込めてのネーミングのようです。英語の mutual はあまり馴染みがないこともあるのか，また，「再婚した夫婦に新たに生まれた子ども」という表現も伝えにくいこともあるのか，「ステップファミリー」という言葉以上に「セメントベビー・セメントちゃん」という呼び方が日本では定着しています。しかし，初婚であれ再婚であれ，赤ちゃんが悪い状態の結婚を救済することはありません。アメリカでも以前はセメントベビーを推奨するハウツー本が多くあったそうですが，現在はそのような主張は書かれることがなくなったとミズーリ大学のマリリン・コールマン博士は話しています（SAJ・野沢, 2012: 99）。日本でも子どもに家族の行く末を背負わせるような期待に対する批判は多くみられます。mutual child を日本語に置き換えると「現在の夫婦の子ども」が適切ですが，今回，本書においてはすでに日本で馴染みのあるセメントベビーを使っています。この言葉を使用する理由は，家族の絆について非現実的な期待を持たないことや，悪い状態の結婚から良い状態にしておくことが，赤ちゃんを迎える前に必要だということを伝えるためです。ただし，混合家族の場合と同じく，これに代わる表現を考える時期にきているかもしれません。

Column 8　子どもを引き離すという行為

　本文中では明確な名称を挙げていませんが，Parental Alienation（PA）という名称の行動について話しています。日本語に訳すと「片親疎外」という言葉であり，離婚後一方の親がもう一方の親と子どもが会うことを拒絶したり，連れ去ったり，子どもに悪口を吹聴したりすることで，一方の親を疎外する行動を指します。そのような言動は子どもの自己肯定感や親和性など精神衛生に与える影響が大きく，アメリカでは心理系の学会でも PA は取り上げられ社会問題として顕在化しています。そのような心理的状況がステップファミリーに

は出てきやすいということで，本文中では元パートナーの再婚によって嫉妬や復讐心が再燃しやすく片親疎外も起こり得てしまう様子が描かれています。

Column 9　共同養育と並行養育

　アメリカでは離婚後も別居する一方の親と関わることが子どもの人格形成によい影響を与え，継親との関係もかえってうまくいくと調査研究によって明らかにされています。アメリカの離婚時のある parenting program には，どのように関わるのかを2つのスタイルに分けて解説しています。一つは「Co-Parenting（共同養育）」もう一つを「Parallel Parenting（並行養育）」としています。両者の違いを下記に示すとこうなります。

共同養育	並行養育
・子ども中心に考える	・大人を中心に考える
・元夫婦は定期的に連絡を取り合う	・元夫婦は話し合うのは緊急事態についてのみ
・子どもについて大きな決定は二人で話し合う	・大きな決定について、話し合うのではなく知らせるのみ
・子どもに関する問題に、二人が一緒に取り組む	・別々の家庭を持ちそれぞれが子どもについてその家庭の中で決定をする
・子どもにとってベストな状況を作るため、二人で協力する	・子どもにとって何がベストか、それぞれが判断する
・子どもがスムーズに変化に対応できるようにする	・子どもにとって、環境の変化は突然の場合がある
・スケジュールの変更は話し合いによって柔軟に変える	・決定事項は厳しく守る
・一方の親がもう片方の親と子どもの問題について話し合う	・それぞれが自分と子どもの関係について自分で責任を持つ

　Parallel Parenting（並行養育）とは，離婚などにより現在は別れて暮らし

ている両親が双方とも子育てに関わるが，列車のレールのように交わることなく並行して別々に子育てを行うことです。両親はそれぞれ，子どもが自分と過ごす時間は完全に自分が子どもの責任を負います。ただしこれは，たとえば面会交流の日にちや時間を勝手に変更していいということではありません。並行養育では，
- それぞれの親が不可侵の子育てポリシーを持つ
- 元夫婦のやりとりに子どもを挟まない
- 子どもについての話し合いをするとき，できるだけ直接顔を合わせずメールなどで済ませる

といった具合に，境界線を理解し，自分の境界線を設定するとともに，相手の設定した境界線を尊重しなければなりません。

　上記のリストのように，Co-Parenting（共同養育）が成立するのは，両親の双方が子どものために考えて大人として振る舞うことができる場合に限られています。子どもの行動や健全な成長に最も悪影響を及ぼすのが両親の対立であり，これは両親が結婚していても離婚していても変わりません。並行養育では，両親が積極的に協力しないまでも，直接の接触を避け，お互いの批判は口に出さず，前もって決めたルールをしっかり守り，ストレスを増やさないことが重要です。両親が対立する機会を減らし，両親の不仲による子どもへの影響を最小限にとどめるのです。どちらのやり方をするにせよ，元の配偶者と，それなりの友好関係を保つことは，子どもだけでなく，親にとってもメリットがあります。往々にして離婚しても続きがちな元配偶者からのストレスが軽減され，新たな生活に踏み出すことができますし，別居親は，自分も子の親であり子育てをしている実感を持つことができるのです。

　本書の中では，単に新しい方法の提示だけにとどまらず，どちらの方法をとったにせよ課題が生じることが示されています。日本でも面会交流を継続的に実施する家族は増えつつあり，非常に参考になることでしょう。

第 III 部

様々な観点から

Chapter 7

社会生物学
鳥やハチに見る継母の姿

　本書執筆にあたり，情報を提供してくださった療法士や研究者の多くの知見からも明らかな通り，心理学は継母に関する，啓発的で具体的な知識を生み出してきました。しかし，心理学以外の分野にも，ステップファミリーの実態や葛藤を別の観点でとらえ直し，解説できる様々な考え方があるにもかかわらず，ステップファミリーというトピックにはほとんど影響を与えていません。どうすれば心理学的な発見とその貢献を補いつつ，内面ばかりに目を向ける傾向と，継親の抱える問題のほとんどが「修正」できると誤解している療法士に反論できるでしょうか？（この偏見は，第9章で詳述）。もちろん，名だたる家族専門医がステップファミリーの治療にあたる中で，継母に関する歴史的，文化的な理解によって現代の継母事情をより広い文脈で見られるようになりました。それによって単に内面的または人間関係の問題と思われがちなジレンマを理解し，解決に導く新たな方法が示されています。しかし他の学問分野は，さらに先史の時代や他の世界（少なくとも他の文化）などにも視野を広げてくれるかもしれません。進化生物学や人類学は，継母に関して単なる新しい視点をもたらすだけではありません。心理学的な衝動や精神力学的な行動以外に，何が私たちの社会的な行動を形作っているのかを探ることで，継母とは何か，継子を持つとはどういうことかを根本的に考え直すきっかけになります。

　ハーバード大学の昆虫学者，E・O・ウィルソンは，1975年に『社会生物学（*Sociobiology: The New Synthesis*）』（坂上昭一・他訳，新思索社，1999年）を出版し，いまだに物議を醸し続ける論争を巻き起こしました。自然淘汰は生物の身体の

みでなく，社会的行動，態度，感情にも影響を与えるという彼の論点は人々の感情を逆なでするものでした。この怒りは，ウィルソンら社会生物学者が提唱した，動物（人間を含む）の社会的行動は，遺伝子によって定められているという意見に端を発していました。また多くの人は，行動，中でも好ましくない行動が，進化するうえで有利あるいは，適応度が高かったために選択されたと示唆されたことに不快感を持っていました。社会生物学を支持したのは，ウィルソンだけではありませんでした。研究の同僚や協力者には，ロバート・トリヴァースやウィリアム・ハミルトン，サラ・ブラファー・ハーディーといった生物学者や，動物学者，霊長類学者，文化人類学者がいました。社会生物学は，チャールズ・ダーウィンの理論から生まれ，広がっています。その中心的な主張は，個体の適応度（生き残り，強く健康な子孫を産み，その子が生き残って繁殖する能力）を高める行動をとった個体に，自然淘汰が有利に働くというものでした。

　30年後，人間の社会的行動がどのような生物学的な根拠に基づいているのかに関心のある人たちは，自らを人間行動生態学者と呼んでいます。呼び名が何であれ，そうした科学者たちはかつてないほどコンテキスト（文脈）に注目し，育児などの特定の人間の行動の根底にあって，複雑に作用し合う生物学的，社会的，文化的，生態学的な要因に着目しています。科学者たちは，こうした行動は遺伝子にプログラムされてはおらず，何百万年にもわたる自然淘汰から学んできたものだが，状況によってその表れ方が異なると示唆しています。たとえば，母熊が厳しい環境ですべての子熊を守ろうとして，みな死なせてしまう確率を高めるより，そのうちの一頭を死なせることのほうが本当の母親らしさかもしれません。適応度や利他行動，繁殖のトレードオフや母性的行為の節減，親の投資，親子の対立，血縁選択といった行動生態学や社会生物学の中心的概念は，なぜ継親は困難でありながら広く普及しているかを考える手立てになりそうです。

　不思議に思われるでしょうが，継母と，継母の内面的，外面的な葛藤を理解する格好の方法は，社会生物学者や行動生態学者の母親に関する見解を見てみることでしょう。さらに奇妙なのは，人類以外の種の母親についての見解にも，現代の人間の継母が抱える難題を解明できそうな示唆に富むものがあることで

す。遠回りだとは承知のうえですが，この方法は先史の時代までさかのぼり，人類の親戚はもちろん，鳥など人類とはあまり近くない動物にも話を結びつけながら，ユニークで総合的な見方ができるのです。

ラックによる鳥の研究
—— 個体と母親とトレードオフ

社会生物学者，サラ・ブラファー・ハーディーは最高傑作と言える『マザー・ネイチャー：「母親」はいかにヒトを進化させたか（*Mother Nature: Maternal Instincts and How They Shape the Human Species*）』（塩原通緒訳，早川書房，2005年）（本章と次章の主な情報源です）の中で，1940年代前半に英国鳥類学協会の顧問を務めていたデイビッド・ラックを「初の繁殖生態学者」[149]と呼びました。第二次世界大戦後，ラックはイギリスの愛鳥家を何百人も組織し，シロオビツバメやコマドリなどの鳥に関する情報収集の協力を仰ぎました。参加者たちは慎重に巣を観察し，卵の数を数え，重さを測定して，その後ヒナが孵化して成長するのを観察しました。

ラックが知りたかったのは，産卵した卵の数，孵化した数，孵化したうち実際に育ったヒナの数，その理由，数に差が出た理由でした。たとえば，三つの卵から成鳥になったのは二羽，あるいはたった一羽なのはなぜか？　繁殖期にまったく子育てしない母鳥がいるのはどうしてか？　ラックの関心は，鳥が子育てで「自然にやっていること」に仮説を立て，検証することでした。集まった膨大なデータから，ラックは，個々の鳥によって繁殖の成功に明らかな違いがあると気づきました。繁殖が上手な鳥とそうでない鳥がいるらしいのです。また，母鳥が種や集団のために繁殖を調整しているのではありませんでした。ハーディーの言葉を借りると，産卵し，巣を守り，孵化させ，餌をやり「繁殖努力を操作」[150]することで，「自分たちのおかれた環境の中で，最善を尽くしていた」のです。科学者のヘレナ・クローニンが進化は種の存続だという誤解を説明するために作った言葉，「偉大なる善人」[151]どころか，母鳥たちは個々のもくろみを実行していたに過ぎなかったのです。

そして，それは見かけよりずっと複雑だとラックは気づきました。ある繁殖

期または一生のうちに，一番たくさんの卵を産んだ鳥や，卵を全部孵化させ育てようとした鳥，あるいは休むことなくヒナに餌を運び続けた鳥が，必ずしも進化というギャンブルで大当たりして，最も多くのヒナを育て上げたわけではないのです。子育てで成功する母鳥とそうでない母鳥は何が違うのでしょうか。なぜ他の鳥より多くのヒナを育て上げる鳥がいるのでしょうか？　答えを見つけるためにラックは，時間差で産卵する現象に注目しました。ワシやカモメなどのメスは一日から数日あけて産卵しますが，母鳥は産卵直後から卵を温め始めるので，最初に産まれた卵は二番目の卵より数日早く孵化します。当然，最初のヒナは次のヒナが孵るまでは何度か餌を与えられ，巣を独り占めし，餌の獲得で優位に立てます。よって餌が不足した場合には，かわいそうな二番目に孵化したヒナが飢えることは間違いありません。この競争では，憂き目に遭っている若いヒナのために，母鳥は何もしてやらないのです。しかし，餌不足がなければ豊富な餌の恩恵も受けて，最初に孵化したヒナが巣を独占しようとする中でも，母鳥は二番目のヒナが生き延びられるよう対処します。

　母鳥は卵を二つ以上産み，必要なら最初のヒナが他のヒナを犠牲にするのを受け入れ，餌の供給具合に合わせてヒナの数を調整します。餌が豊富で好ましい環境であれば，二羽以上のヒナを，厳しい状況であればヒナは一羽だけにし，ヒナに餌を与える母鳥が疲弊してしまわないようにします。

　ラックには，母鳥が愚かには見えませんでした。周囲の環境を見定めたうえで，巣の中のドラマのシナリオを決め，リスクを分散させていたのですから。母鳥が卵を全部孵化させるのか，あるいは一つだけ特別扱いするのか？　すべてのヒナに等しく力を注ぎ，餌を与えるのか？　あるいは，最初に孵ったヒナに後から孵ったヒナの存在を抹消させてしまうのか？　ラックの鳥は，ハーディーの言葉を借りると「とても洞察力の優れた母親で」[※152]（選択肢を吟味し，状態を見極め），「ヒナを献身的に育てるかは，状況次第」だったのです。

　すべてを考え合わせると，ラックに一つの考えが浮かびました。こうした母鳥の生態には根本的なトレードオフ（交換取引）があるということです。つまり，より多くのヒナを育てそれぞれへの配分を少なくするべきか，あるいは少ないヒナに全力を傾けるべきかの選択です。ラックの発見によって，母親が現在の繁殖機会を，将来のより良い可能性と引き換えにするトレードオフを行ってい

る可能性を後の科学者が研究する道筋を作りました。メスが行動を決定することには，様々な意味があります。一つ目は，リスクをうまく避けられる母鳥とそうでない母鳥がいることです。こうした違いは，自然による淘汰の力（選択圧）を受けていることを意味していました。つまり，より優れた戦略を持った母鳥がヒナを産み，やがてそのヒナが繁殖するのです。成功率に差があるのは，母鳥の利益が必ずしもヒナの利益と一致していないことも示していました。ヒナが，遅く孵った別のヒナをつついて死なせてしまったり，飢えで死なせてしまったりしてもそばで知らん顔している母鳥もいることでしょう。あるいは，ヒナを狙う侵入者を撃退する死闘に全力を傾けることもあるでしょう。つまり，すべては状況次第なのです。ラックの研究は，母親であることは「何も考えずに子育てすること」でも「自動的に母親になること」でないことを示唆しています。母鳥たちは，（ハーディーの言葉を借りると）「臨機応変な戦略家」で，昔のホームドラマのお母さんというより，むしろサスペンス映画に登場する冷徹な判断を下す女性に近いと言えます。母鳥の献身的な子育ても，子育ての「本能」も，死につながる論理と切り離すことはできないのです。「子どものためになることが，自分のためにならなくはないか？」「この子にすべてを与えるべきか，もっと丈夫な子のためや，将来状況がよくなったときのために取っておくべきか？」と母親が計算し，戦略を持っているという非難を浴びそうな事実について，生物学者がそのトレードオフが，ハチや人間を含む他の動物の母親に見られる行動の特徴だと提唱したことにより，いっそう物議を醸し出しているようです。

ハミルトンによるハチに関する研究
——適応度と血縁選択説

　ラックの調査した戦略家の母鳥は，生涯を通じて毎回繁殖期の状況を見極め，トレードオフを行い，繁殖の成功度を上げたり，下げたりしながら，個体の適応度を最も高めるために力の入れ方を加減していたことがわかりましたが，これはさらなる疑問を投げかけました。科学者たちは「動物の母親は，他にどのような方法で生態系の状態に合わせて，親の投資を加減しているのか」疑問に

思い始めました。他の動物が変化する環境に合わせて母親としての投資を加減するように，ラックの母鳥が，特定の繁殖期に育てる子どもの数を（ある意味）決めているのだとしたら，子育てはしても，子を産んで母にならない動物についてはどう考えればよいのでしょうか？　それも，数回の繁殖期だけでなく一生，自分の子ではない子を育てるのです。自分では繁殖しないで，無私無欲になれる動物の動機は何なのでしょうか？

　これがミツバチやアリやスズメバチなどの「ハチ目の社会性動物」の進化の方向性を研究していた人たちがぶつかった疑問でした。ミツバチはユートピアのような社会（生物学者はこうした生活形態を「真社会性」と呼びます）に生き，熱心で自己犠牲を厭わない究極の保育士や，私たちが夢見る献身的な継母のようです。働きバチは女王バチのために身を粉にして働きながら，自分の子どもは持たずに女王の子どもの世話をします。なぜでしょうか？

　これは，ダーウィンの進化論に逆行し，個体の適応度に当てはまらない事例のように思われていました。そんな中，ウィリアム・ハミルトンという科学者が，「何万匹ものメスの中で，たった一匹だけが母親になる」[153]，非常に協力的な繁殖コロニーについての理論を提唱しました。ハミルトンは，そういった昆虫が自分の子どもではなく女王の子を世話するのは，女王と非常に近い血縁関係があるからだと主張しました。事実，自分の子がいたとしても女王のほうが，血縁関係が近いほどです。シカゴ動物協会の生物学者で霊長類学者のダン・ワートンは，なぜこのような（人間にとっては）おかしな状態になったのか説明してくれました。「ミツバチのメスは二つの染色体（二倍体）を持ちますが，オスは一つだけ（半数体）であるため，半数性単為生殖になります。半数性単為生殖の生物は，同じ父親を持つ姉妹のほうが，母親や自分の子より共通の遺伝物質を多く持っているのです」。つまり，ハミルトンが研究した，ミツバチの究極の自己犠牲に見えた行為は，実は抜け目ない利己的な行為だったのです。

　ハミルトンはそうした生物を考慮すると，適応度の概念は個体だけでなく，自分と近い遺伝的親族にも広げられると主張しました。つまり，集団より個体が重要だというラックの主張は正しかったのですが，ミツバチなどの場合は，集団が実は個体の極めて近い延長線上にありました。ハミルトンが提唱した「包括適応度」とは，個体の適応度に共通の祖先からの遺伝子を共有する一番近い

血縁個体の適応度を加えたものでした。行為者のコスト（C）が，係数 r（二つの個体に共通する遺伝子の割合）の個体を助けることにより得られる適応に関わる利益（B）より小さい場合，利他行動が進化するとハミルトンは提唱しました。この現象は「血縁選択説」と呼ばれ，$C<Br$ の不等式で表され，ハーディーはこれを「あらゆる社会性生物の扶助行動の進化の根底にある」[154]と言っています。これによって，一般的に人間が非血縁者より血縁者を優遇することも説明できます。

　行動生態学者は，人間が非血縁者より血縁者を優遇することに影響する遺伝子やその組み合わせはないが，（人間を含め）動物での優遇傾向は普遍的だと指摘しています。エメラルドゴキブリバチなどの昆虫を使った初期の実験では，包括的適応度が実在することが証明されました。後に行った人間の調査[155]でも，血縁選択の普遍性が裏づけられたようです。では，血縁選択は実際にどのように作用するのでしょうか。ハーディーは，「人間に関して言えば，血縁者を優遇する強い傾向は，たとえば非常に幼い頃から見慣れた人を認識できるようになることや，その人に対して利他行動をとりやすいことといった，非常に古い感情システム，認知システムに由来していることくらいしか推測できない。人間がこの点で他の社会性生物と似ているというのも，こう考えれば一番簡単な説明ができる」[156]と言っています。

トリヴァースの家族論
——協力と対立

　ウィリアム・ハミルトンの説は，社会生物学者のロバート・トリヴァースにある考えをもたらしました。包括的適応度によって，遺伝物質が共通の思惑を持つ近親血縁者同士の間に，協力や利他行動をもたらす方法を説明できるのであれば，近親血縁者間の思惑の相違も説明できるのではないか？　母親とその子は遺伝的に同一ではないことにトリヴァースは注目しました。であれば，血縁選択説や包括適応度，それにラックの研究をもとにすると，母親の利害は必ずしも子の利害と一致しないと考えるのは妥当ではないか？　子の観点からも同じことが言えるのではないか？　たとえば，子どもは自分自身の血縁度は

100%ですが，母親との血縁度はその半分で，父親が同じであれば兄弟姉妹でも半分です。父親が違えば血縁度は25％になります。一方，母親は自分の子はどの子も同じ血縁度があるとトリヴァースは言います。ですから，母と子，子と子の関係が協力関係であるだけでなく，対立関係[157]になることは避けられません。つまり，母親と子の要求やニーズは完全に一致しないのです。この考察は論理的で合理的ですが，母と子は互いにとって快適な共生環境にいるという概念を覆す意味合いを持っています。

それどころか，ラックがトリヴァースや後進の人たちに示したように，妊娠，出産や食料供給といった繁殖努力は，負担がかかり消耗する行動です。母親が一匹の子に注ぐ力は，別の子に注ぐ力を奪い，新たな子を産む能力も損ないます。トリヴァースはその理論を親の投資と呼びました。1972年に発表された親の投資理論では，親が一匹の子を生存させる努力のために失う，他の子に投資する能力[158]だとトリヴァースは主張しました。ハミルトンが提唱した血縁選択説や対立の可能性を考慮すると，このような疑問が出てきます。母親は，どのくらいの期間，どの程度子育てをすればよいのか？ 親に依存する小さな存在は，いつ母親自身と同じもくろみを持たなくなり，足手まといになったのか？ トリヴァースは「親と子は，親の投資の期間や程度，子の利他行動と利己行動に関して立場が異なるはずだ」[159]と記しています。

サラ・ハーディーは，家族は協力的であると同時に，競合的でもあるととらえ直そうとしたトリヴァースの方法を，乳離れという現象を使ってこの理論を具体的に説明しました。「乳離れにおける対立は，母親が子どもに乳を与える程度と期間に関して母子の間に不一致が起こる典型である。生後間もなく，授乳が乳児の生存に不可欠なときは，母親と子どもは同じ立場にあることが多い。…［しかしその後］母親がもっと別の栄養を与えようとしても乳児は乳を欲しがる」[160]。

文化や種の違いを超えて，乳離れにはひどい癇癪や意思のぶつかり合いがつきものです。離乳期のヒヒやチンパンジーは，金切り声を上げたり怒りを表したり，さらには鬱症状が見られると霊長類学者は報告しています。トリヴァースはアフリカのサバンナでヒヒを探している現地調査員に，乳児は離乳にほぼ間違いなく抵抗するので，早朝に離乳期にあるヒヒの騒ぎを聞けばよいと助言

したほどです。授乳期が長い人間の社会（あるいは，私たちの社会のように授乳期が短くなっている社会）でも，同じような問題が起こります。クン族（ボツワナのカラハリ砂漠に暮らす狩猟採取部族）の母親は妊娠すると，3，4歳の子どもに「もうおっぱいはもらえないよ。そんなことをしたら死んでしまうからね」[161]と言います。子どもたちは駄々をこねたり，癇癪を起こしたりしてまだ母乳が欲しいと訴えます。クン族の3，4歳の子どもの多くは，この反抗期に別の部落にいる親戚とともに暮らすため，子どもも母親も同様に大きなストレスを抱えます。実際，ほとんどのクン族は大人になっても乳離れのことを思い出します。西洋文化では，子どもが6ヶ月になると母乳を欲しがる赤ちゃんに胸を見せないようにしたり，気をそらせたり，あるいは離乳食を食べさせるようにして，他の文化では何年もかけるプロセスを早めるので，乳離れが8ヶ月から1年くらいの比較的早い時期に終わります。

トリヴァースが考えていた母親と幼児が早い段階で直接，激しく対立しがちなもう一つの課題は，西洋の先進国では「一人寝トレーニング」です。ある段階で添い寝をやめようとすると，長い進化の中で置き去りにされるのを恐れるようになった子どもの期待を裏切ることになります。赤ちゃんはベビーベッドに寝かされ「一人で寝ることを覚える」のです。赤ちゃんが求めるのは抱っこしてもらうこと（安心感を得るため）ですが，親が求めるのは睡眠（やるべきことをやるため）です。その結果，赤ちゃんの気質や親の決意の固さによっては，何時間も泣きやまない日々が延々と続くこともあります。この試練は非常にストレス（子どもの一人寝トレーニングのストレスで帯状疱疹を発症した母親もいます）となりますが，子ども部屋で一人泣き叫ぶ子への葛藤や苦痛があるからといって，親と子それぞれが求めるものが根本的に相反する事実は変わりません。

幼児の依存性とうまく折り合いをつけるための様々な戦略や，そうした戦略が必要だという思いには，トリヴァースが指摘したように母と子が互いに食い違う様子がはっきりと表れています。では，子どもへの授乳や，見捨てられる苦痛や恐怖を感じている子どもを安心させるといった基本的なことさえ母子の対立や不和になり，母子の思惑が必ずしも同じでない遺伝的に異なる個人であり，同調し優しく愛情ある相互依存関係ではなく，母子の関係が時に争う関係

であるなら，継母と継子はどんな関係になるでしょうか？　ラックが研究した食糧不足の可能性を常に意識し，戦略を立てる母鳥は，不作の年に「薪を切りに」子どもを森の奥深くに連れて行き，置き去りにし，家族の食糧を減らさないようにする人間（おとぎ話であれ現実であれ）を彷彿とさせます。

エムレンによるシロビタイハチクイの研究
——まるで人間みたい？

　人間と鳥の比較は見かけだけに思えますが，まったく前例がないわけでも，根拠がないわけでもありません。コーネル大学の行動生態学者で，人間の家族に特に関心を持つスティーブン・エムレンは，毛むくじゃらのいとこより羽を持った友人からのほうが学ぶところが多いと確信しています。確かに霊長類は，道具の使用や問題解決，手話の学習の才能といった認知力や精神的能力においては，人間と似ています。しかし家族に関しては人間とサルでは類似点より相違点のほうがたくさんあります。たとえば，「チンパンジーは群れで生活し，オスは子育てを手伝うことはありませんし，ゴリラやマントヒヒは一頭の支配的なオスが大きな「ハーレム」を形成し，何頭もの血縁のないメスと暮らします。一方，ほとんどの鳥はつがいになり，中には一生同じ相手と添い遂げるものもいます。そして，オスは積極的に子育てに関わります。また，中には「コミュニティ」に暮らす鳥もいます。こうした類似点にはどんな意味があるでしょうか？　鳥類学者や進化生物学者の中には，人間の行動を考えるときに鳥たちはユニークな考え方を教えてくれると言う人もいます。「類似したタイプの社会に暮らす動物は，同様の社会を選択した長い進化の歴史を持っているはずで，それゆえ行動様式についても同様のルールを発展させているはずだ」[162]とエムレンは説明しています。

　数十年前エムレンは，ある鳥の「コミュニティ」に関心を持ちました。ケニアに棲むシロビタイハチクイは，大変社会的な生き物で，300羽以上の一見ユートピア的な社会を形成し，非常に平和的，利他的に暮らしているという話をエムレンは聞きました。そこでは共有し，世話し，無私無欲な行動が当たり前の社会だと思われていました。たとえば食糧が不足すると，自分の近くにいる鳥

たちと食糧を分かち合っていました。オスとメスは子育てを分担し，つがいで過ごす時間は 85％（エムレンによれば，人間とほぼ同等）でした。そして成長した子は往々にして親元に留まり，「巣のヘルパー」として後から生まれたきょうだいの世話を手伝っていました。驚くことに，若鳥たちは近隣の鳥たちの「ベビーシッター」も務めていました。エムレンは「ハチクイを調査した理由は，鳥たちが複雑な非家族の互助社会を形成していたように見えたからだ」と説明しています。もちろん，これは個体の適応度と血縁選択説を重要視した進化理論とは逆行する行動でした。

　ハチクイの社会で一体，何が起こっているのでしょう？　血のつながりもないのに互いに助け合うことにどんな意味があるのでしょうか？　徹底した社会生物学者であるエムレンは，このケニアの事例が血縁者を優先するハミルトンのルールの例外ではないかと考えるようになりました。エムレンはこの事例には，進化生物学の別の理論「互恵的利他行動」が作用しているのではないかと仮定しました。互恵的利他行動は，ある個体が将来の見返りを期待して，別の非血縁の個体に利益供与することです。それが成立しないと見返りを得られなかった個体からそれ以上の利益供与はなくなり，社会的にも孤立します。こうした行動は，アヌビスヒヒが他のオスと攻撃的関係にあるときに同盟を組もうとする行動や，ベルベットモンキーのメスや，ライオンのオスが群れを乗っ取る際に見られます[163]。シロビタイハチクイも，同じような行動をしていたのでしょうか？　エムレンが最終的に発見した事実は驚きであり，ステップファミリーにとっても驚くほど関係があったのです。

ケニアで繰り広げられるメロドラマ：対立，協力，血縁選択

　ケニアの泥の土手で何千時間も観察を続けたエムレンは，シロビタイハチクイが進化のルールに反しているどころか，ルールそのものだと気づきました。鳥たちはまったく血縁のない仲間と暮らしていたのではなく，何世代にもわたる遠い親類関係だったのです。ハミルトンが研究したハチ同様，鳥たちは親類を助け，それが最終的には自分自身のためになっていたのです。表向き自己犠牲に見える行動は，根本的には自分のためでした。成長した子が近隣の鳥の巣

の手伝いをすることを例に取りましょう。これは比較的近い親類を援助することで，自分自身の適応度を上げていることがわかりました。たとえば外敵に卵を食べられるなどして自分の巣作りに失敗した場合，その鳥は自分のきょうだい夫婦やおじとおば，あるいは自分の両親の巣に乗り換えることがあります。エムレンはハミルトンの血縁選択説を使って，どの個体がどの個体を助けるかを予測できるようになりました。「巣作りに失敗する」[164]と，どれだけ共通の遺伝物質を持つかによって「その鳥から援助を得られる個体を予測できるはずだ」とエムレンは言い，実際にそれを可能にしました。自然淘汰は，何千年にもわたって影響を及ぼし，その中で鳥は血縁のある他の鳥との相対的な重要度と血縁度を比較検討し，遺伝的に自分に有利になるような「意思決定の規則」を習得していたようでした。

　しかし，それだけにとどまりませんでした。ハチクイの「平和な社会」は，まるで別物だったのです。協力的で，面倒見がよく対立がないどころか，あるネイチャーライターに言わせると，「愛と裏切り，嫌がらせ，離婚と不倫が横行するメロドラマが渦巻く」[165]社会だというのです。エムレンとその妻と助手たちは，特定の鳥に目星をつけ毎日朝から晩までの行動を追跡したところ，鳥たちが人間さながらに，巣から離れたところで「別の個体との交尾」のための求愛や侵入，密会を行っていたことがわかり，衝撃を受けました。また，成長した子が隣の泥の土手に作られた自分の「アパート」に移るのではなく，親鳥と一緒に「実家」で過ごすことが多いのは事実ですが，これも当初考えられていたより複雑な事情がありました。親鳥が自分たちの都合のために，一旦出て行った子に巣に戻るよう強く迫っていることがありました。たとえば，ある日エムレンが観察していると，一羽の父鳥が息子鳥の巣の入り口で何度も何度も「挨拶」を繰り返し，それがあまりに執拗に続くので息子鳥はずっと自分の巣に入れずにいたことがありました。巣の中ではメスが卵を抱いていましたが，オス鳥は中に入ってメスに餌を与えることができませんでした。

　エムレンは観察を続ける中で，こうした無理強いによって，親鳥が自分の子の営巣を失敗させる可能性を高めていることに気づきました。そして思惑通り，子は「実家」に戻り，親鳥の子育てを手伝うのです。父鳥は，自分に一番近い近親者である自分の子が，自分の子ほど近親ではない孫より生存できるよう取

り計らっているのです。そして，一番の身内である先に産まれた子を信頼度抜群の「お手伝いさん」として利用していました。もちろん，成長した子にもメリットがあります。自分の子を育てるのでなければ，次善の策は遺伝子の半分が自分と同じきょうだいを育てることなのです。

　しかし，必ずしもうまくいくわけではありません。エムレンは，活動的なハチクイにはもう一つ人間との共通点があることを発見しました。繁殖がうまくいかなかったつがいは，エムレンをはじめ多くの鳥類学者が「離婚」と呼ぶ行動をとる可能性が高かったのです。営巣に失敗してつがいが別れてしまったハチクイは，新しい相手を見つけて新たなつがいとなりました。エムレンは，長年連れ添ったハチクイのつがいが別れて新しい相手を見つけるとどうなるのかを，間近で観察しました。エムレンは疑問に思いました。皆うまくやっていくだろうか？　それとも継親鳥が来ると緊張関係が生じるのだろうか？　元のつがいの子との関係は続くのか，それともなくなるのか？　ハミルトンの法則から，エムレンは直感しました。そして彼の発見は，実際に適応度の理論に合致していたのです。

　元のつがいの子は，片親とその新しいパートナー（継親）との間に産まれたヒナには，自分の実の両親のヒナほど子育て支援をすることはありませんでした。その結果，継親が現れると元のつがいの子は散り散りになって行き，他の親類を手伝うことが増えました。この結果はエムレンには意外ではありませんでした。元のつがいの子と，実親と継親との子に共通する遺伝子は，甥や姪と同じ（25％）なので，手伝いの範囲がより流動的になるのです。また，子が親と継親の巣を永久に離れる可能性が高まったこともエムレンは当然だと考えました。「元のつがいの子は『もう結構。以前ほど手伝いもしないし，餌も取って来ませんよ。他の家族のために時間を使うことにしましたから』と言っている」[166]とエムレンは説明しています。そして，新しいパートナーがやってくると，ある理由により緊張と敵意が急激に高まります。「新しいパートナーのメスと息子の間に，母鳥と息子にはない大きな利害関係が生じ，父鳥がメスを守ろうとして息子を攻撃して衝突が生じることがある」[167]とエムレンは述べています。

　しかし，これは人間にとってはどんな意味合いがあるのでしょうか？　徹底

した適応主義者のエムレンは，大きな意味があると考えています。淘汰の圧力を受け，似た傾向（おおむね一夫一妻制で，長期的な夫婦関係，離婚，再婚，夫婦共同の子育て，親族の一員として暮してきた進化的歴史）を持つ人間もまた同じような「意思決定の規則」（社会における行動規範となる無意識の戦略）を作ってきたとエムレンは言います。エムレンにとってハチクイは，家族とその問題を進化の視点から広い視野で比較しながら観察できるレンズのようなものでした。ステップファミリーには，ケニアのハチクイの家族に見られる現象のほとんどが確認できるとエムレンは言います。たとえば，継子の早い時期の巣立ちや，ステップファミリー内の対立や性的緊張関係の増加，実子や実親，実きょうだいの優遇，などがそれです。どれも取り立てて好ましくはありませんが，かといってものすごく物議を醸すわけでもありません。調査や臨床研究をもとに，多くの社会学者や心理学者がエムレンと同じような結論に至っています。しかし，エムレンはこうした問題や対立が「遺伝的に決定づけられている」わけでもなければ，避けられないわけでもないと指摘しています。環境や文化が遺伝的要因の次に影響のある要因かと問われると，エムレンははっきりと違うと答え「遺伝も環境も主要因だ」[168]と主張しています。「人間の行動は，ほとんどが文化や環境の強い影響を受けていることに異論はないが，生物学的な土台もある。その性質は受け継がれ，社会における相互作用を形成するうえで，以前考えられていたより重要な役割を担っている」と言います。これはどういう意味でしょうか？

人間の場合
——エンジェルパークの一夫多妻制社会

　行動生態学者のウィリアム・ヤンコヴィアクとモニーク・ディードリックが2000年にモルモン教徒の家族を対象に行った研究[169]は，エムレンが指摘した，生物学的要因が社会的行動や人の感情に与える影響を明確に示しています。ヤンコヴィアクとディードリックは，エンジェルパークと呼ばれるモルモン教徒のコミュニティで，両親が同じきょうだいと異母きょうだいとの人間関係と親近感を調べました。このコミュニティは，モルモン教徒の一夫一妻制社会の中

でも独特な存在で，一人の父親と数人の妻とその子どもたちとで一つの「まとまった調和のある家族」として暮らすことが，教会での説教や日曜学校，高校や家でも絶えず理想として奨励されています。そのため，エンジェルパークに暮らす一夫多妻制の家族の中にある遺伝的な違いは，いつも意図的に重要視されない一方，家族の精神が強調されています。母親が違う子どもたちは共有エリアで暮らし，そこで遊び，いつも「みんな本当のきょうだいだ」と言われます。そのため，エンジェルパークは，遺伝的なつながりの重要性を調べるのにうってつけなのです。本当に異母きょうだいたちは，両親とも同じきょうだい同等に親近感や愛情を感じているのでしょうか？　異母きょうだいにも同じように親身になるでしょうか？　言い換えれば，エンジェルパーク（一般的な話でしょうが）では，きょうだいの一体感は，生物学的な親類関係に左右されるのでしょうか？　あるいは，社会学者や心理学者が唱えるように，一緒に育てられることや年齢の近さといった別の要因が親近感を形成するのにより大きな役割を果たしているのでしょうか？

　ヤンコヴィアクとディードリックの疑問は，血縁関係がない人でも常に近くにいて理想的な支援を受けられる環境であれば，血縁関係があるのと同じように互いに愛し合えるようになるのか，というものでした。ステップファミリーでは，血縁のないきょうだいや，片親の違うきょうだい，両親とも同じきょうだい，そして血縁のない大人もある程度「混ざり合う」ことを強要されていると感じながら一緒に暮らしています。ですから，この問いとその答えが，ステップファミリーにも何らかの手がかりになることは想像に難くないでしょう。

　研究では32組の一夫多妻制家族を中心に，両親を同じくするきょうだいと片親のみ同じきょうだいがコミュニティ内に暮らしている70人に話を聞き，数多くの評価基準を用いて「親密度」と連帯感を評価しました。小さい子どもには「自分の家族の絵を描いて」もらいました。絵に描かれない人物には否定的な感情を持っているという理論によるものです。二，三人の乳幼児と同じ家に住んでいる小さい子どもには，「一番好きな子は誰ですか？」と尋ね，続いて「その子はあなたが産まれてきたお母さんの子ですか，別のお母さんの子ですか？」と尋ねました。大人には，最近きょうだいからお金を借りたことがあるか質問しました。大家族によくあるように，エンジェルパークでは常に現金

が不足しているため，お金の貸し借りは必要であり，慎重に行われています。また，最近きょうだいにベビーシッターを頼んだかも尋ねました。子どもが大勢いる環境では，子どもの世話は重宝され，気安く頼んだり引き受けたりできません。金銭の貸し借りやベビーシッターについての回答が「はい」であれば，さらに「そのきょうだいの母親は自分の産みの母親ですか，別の母親ですか？」と質問しました。最後に，誰が誰の誕生日パーティーや披露宴に出たかを分析しました。出席者は，両親とも同じきょうだいと片親のみが同じきょうだいとの間で数に違いはなかったのでしょうか？

　データを収集し分析すると，両親とも同じきょうだいと片親のみが同じきょうだいとでは，親近感や忠誠心，愛情に大きな違いが見られました。ヤンコヴィアクとディードリックは，両親とも同じきょうだいに対する愛情や愛着が圧倒的に強く，面倒を引き受ける意思も強いことがわかりました。これは宗教が掲げる理想や，異母きょうだいとの年齢の近さや，近くで育ったかどうかに関係なく当てはまりました。

　一番血縁関係の近い者に対する優遇は，少なくとも二つのことから明らかになりました。それは当初，研究者たちが評価に使用する予定ではなかったのですが，コミュニティでのインタビューや他の作業をする中で観察されました。一つ目は，一夫多妻の家族の父親が生きているうちは，成人した子どもたちが毎週父親の家に集まり家族で食事をするのですが，父親が亡くなると突然興味深い現象が起こったのです。片親が違うきょうだいは，シロビタイハチクイの継子鳥たちが巣から離れていったように散り散りになりました。その後，家族の集まりは，亡き父親に替わって産みの母が家族の中心となり，両親とも同じきょうだい同士の集まりに自然と変わりました。二つ目は，インタビューを受けた大人のほぼ全員が，母親以外の父親の妻がその実子をひいきした経験が少なくとも一，二回あったことを覚えていたことです。たとえば，血のつながらない母親が自分の子のためにルールを曲げたり，他の子より大きいケーキをあげたりしたのを覚えていました。ここでのキーワードは「感じ方」です。重要なのは，そうした感じ方を消し去ろうとし，血のつながりの有無にかかわらずどの母親も子どもを平等に愛することを奨励している環境であってさえもその「感じ方」が定着し広がっている点です。では，その逆を推進している文化で育っ

た子どもだったらどう感じるでしょうか？

　研究者は，控えめな表現で「エンジェルパークには，感情と愛情が集団ごとに分かれており，それは包括適応度の理論と一致する」[170]と結論づけました。血縁のない親類や片親が違うきょうだいでも「血のつながりがある」ように感じることが理想とされ，子どもたちは生まれてからずっと近くで育つ環境であっても，最後は血縁度が物を言うのです。ステップファミリーが「混ざり合う」のに「失敗した」ことを，努力不足だと批判する人たちに，この結果を見ていただきたいものです。

ステップファミリー
——そんなに親しくない？　悲観的にならないで

　ステップファミリーは，比較的血縁度の低い家族のメンバーに対しても大きな愛情を持つことができますが，シロビタイハチクイやエンジェルパークのモルモン教徒と同じように，やはり自分に一番近い者に対して最も親近感を感じるようです。たとえば，1981 年に 11 歳から 16 歳の子どもを対象に行ったアメリカの全国調査[171]では，「自分の家族だと思う人は誰ですか？」という問いに対し，継子の 31％が同居の継親を家族とはみなしておらず，41％が継きょうだいを家族として挙げませんでした。

　「彼の子たちは休暇に来ないの？」あるいは「どうして大学生の継息子さんは，赤ちゃんを見に来ないの？」。親戚や友人，知人さえも唖然として聞いてきます。そこには何かがおかしいとか，多くの場合，何か継母に問題があるのではないかという明らかな嫌みが込められています。彼女は文化が作り上げた「家族の大工さん」や，継子にとって「温かく母性的」な存在になれていません。数多くの研究で確認された明白な事実[172]は，ステップファミリーは（第 4 章で見たとおり）初婚家族とは違うということです。部外者にはもちろん，時として継母自身も受け入れ難い点を改めて言いましょう。ステップファミリーのまとまりは初婚家族より低いのです。また，ステップファミリーが時間とともに距離が縮まり，まとまりができるという思い込みは，ほとんど実証されていません[173]。さらに言えば，ステップファミリー初心者や，初婚家族と同じ方法で

ステップファミリーを理解しようとする人は戸惑うでしょうが，初婚家族とは異なっていても，それなりにやっていけるものなのです。

同居しているステップファミリーは，大学の寮とかルームメイトのような感覚を持っており，これには「家族」イコール，初婚家族のようにいつでも一緒でとても仲の良い間柄と考える人は面食らうでしょう。特に夫婦ともに子連れの場合は，家族それぞれの食事の時間が違っていたり，クリスマスツリーを二本飾ったり，別々に休暇を取ったりすることもあるのです（これらはインタビューした人たちから聞いたことです）。子どもが大きくなって別で暮らし始めると，さらに「結びつき」が弱まるのが普通です。成人の子がいるステップファミリーに何組もインタビューしましたが，休暇だからといって家族が集まるわけではないので，お互いに何ヶ月も顔を合わせないケースがいくつもありました。また，多くの人に対して義理を果たさなくてはならないので，感謝祭などが「みんなが集まる日」という思い込みはありませんでした。

初婚家族の人はステップファミリーの現実を不快だとか，「間違っている」とか思うかもしれませんが，こうして物理的にも心理的にも距離が近くないからこそ，ステップファミリーは独自のやり方で仲良く暮らし，前向きな関係を紡ぎ出すことができるのです。ステップファミリーでは，「緊密な関係」よりも，敬意ある態度や柔軟性，まとまりの低さなどがより一般的であるだけでなく，より適しているため，そのほうが好ましい結果が予測できる[※174]と多くの研究者が述べています。ステップファミリーは「こうあるべきだ」という無知な他人の非現実的で容赦ない思い込みが重荷になったら，思い出してください。エンジェルパークやケニアの泥の川岸から得られた思いもよらない進化生物学的事実や，とんでもなくかけ離れた世界が，意外と私たちに近いことが慰めになることでしょう。

ローワーによる鳥の継親の研究

エムレンの関心が，鳥や人間などの動物の一般的な家族とステップファミリーの実態にあったとすれば，他の多くの生物学者の関心はその理由にあります。なぜ，動物の世界にも継親が存在するのでしょうか？　クマノミやヒヒ，

キガシラムクドリモドキやシロビタイハチクイ（すべて継親的行動が確認されている）といった生物は，なぜ利他行動をとるのでしょうか？

恐らく，以前はそのようには考えられていませんでした。1975年の「ムジルリツグミ：実験による利他主義への反証」という論文で，鳥類学者のハリー・パワー[175]は「真の利他主義」つまり「自分の包括適応度を下げて，他者の繁殖を成功させること」が実在するかどうかは，鳥たちの他者の子に対する行動を観察すれば確認できると述べました。パワーは，営巣期にムジルリツグミのつがいを別々にしました。一羽になった鳥は別の相手を見つけましたが，その相手のほとんどは元のつがいの子の子育てに関わりませんでした。パワーは，これは当然の結果だと言っています。他者の子を育てる努力は，利他主義の発展につながる遺伝子を広めるのではなく，競争相手の遺伝子を広めることにつながるだけなのです。パワーは，基本的に継親の「無私無欲」は，適応の点で理にかなわないと主張しました。

大きな影響を与えた多くの科学者同様，パワーは数多くの疑問を解決すると同時に，同じだけの疑問も生みました。その論文出版から10年後，シーベルト・ローワーという別の鳥類学者が，パワーの結論と発見に異議を唱えました。ローワーが，新しくつがいになった鳥の，継子鳥に対する行動に関する文献を改めて調査すると，継親になった鳥による子育てが稀ではないことがわかりました。たとえば，クーパーハイタカやハヤブサ，アメリカオオセグロカモメ，カナダヅル，ミナミワタリガラスなどのメスは自分の産んでいない卵を温め，ヒナを育てます。タカやカモメ，アメリカコガラ，シルスイキツツキ，ムラサキツバメ，サボテンミソサザイなど多くの種のオスは，抱卵中のメスに餌を与えたり，保護したりすることはもちろん，ヒナを保護したり餌を与えたり，子育て全般まで行います。

他にも選択肢はあるというのに，なぜそんなことをするのでしょう？　血のつながっていない子がいる鳥には，三つの選択肢があるとローワーは言いました。子殺し，何もしないが容認，あるいは積極的な子育てへの参加です。実際は，容認と子育てが子殺しよりも一般的であるとローワーは，結論づけています。それはなぜでしょう？　子殺しのほうが理にかなっているのではないでしょうか？　霊長類学者のサラ・ブラファー・ハーディーは，インドに棲むラングー

ル（ヤセザル）の仲間には，群れを乗っ取ったオスが，可能であれば子殺しすると述べていました。メスは授乳をやめると妊娠が可能になるので，新たに入ってきたオスにとって子殺しは，自分の子を繁殖させるうえでメリットになるとハーディーは言いました。子殺しをするオスに対して，メスはオスを撃退したり，父親がわからないようにするため，複数のオスと交尾して撹乱させたりする対抗策を編み出しました。しかし，最初の子を殺してしまったオスであっても，メスにとっては再度繁殖できることが，一番の利益となります。結局は，メスにとっても繁殖の適応度の問題なのです。そのため，おぞましいことではありますが，子殺しにもこうした適応度の論理が働いています。

　その後，生物学者はライオンにも似たような戦略が見られることを発見しました。群れを乗っ取ったオスは，次の繁殖期までの待機期間を短縮するために子殺しを行いました。こうなるとある意味，ローワーが発見した，継親になる鳥の行動は驚きに値します。ローワーは疑問に思いました。こうした行動は，子育ての対象を誤り，不適応が起きているからだろうか？　鳥は自分の子かどうか判別できないのか。メロドラマで，妻に自分の子だと騙されてしまう何も知らない登場人物のようなものでしょうか。あるいは，継親になることも実は適応の一つではないかとローワーは仮定しました。それは，配偶努力の一つで，ラックの説で言うトレードオフかもしれません。つまり，他者の子を育てる見返りに，いずれその親と交配する機会を得るのです。

　ローワーはキガシラムクドリモドキを使った実験を行い，鳥が自分の子を認識できることを確認し，「継親行動は配偶努力」という仮定を支持しました。鳥が他者の子の世話をするのは，特定の状況の場合だけだとローワーは補足しています。場合によっては，相手の子を容認し，世話することが，最良の配偶戦略だからです。ラックが調査した母鳥が，特定の時期に特定のヒナに対して人間から見れば無私無欲で尽くしたり，逆に冷血漢になったりするのと同様，すべては状況次第なのです。他者の子に尽くす価値を決める要因は，生態系の特定条件に関連していました。

　たとえば，鳥は無意識の「意思決定の規則」を使って，選択肢を比較して様々な評価を行います。ある意味，私たちにもなじみのあるやり方です。つがいになっていない鳥は本当に少ないのか？　つまり，ヒナを持たない相手を見

つけるには時間も労力もかかり，今つがいにならなければずっと相手が見つからない恐れがあるのか？　以前の相手の鳥とのヒナや卵を抱える鳥と新たにつがいになったら，長期の関係が見込めるのか？　将来自分の子を産める機会が多いのであれば，繁殖期を一回見送ってもよいのではないか？　営巣がうまくいかなかった鳥のつがいは別れてしまうことが多いのか？　もしそうなら，以前のつがいの子を殺したり，餌を与えなかったりすれば営巣に失敗し，不利になるだけではないか？　ヒナを亡くした鳥は，すぐに繁殖できる状態に戻れるのか？　それとも時間がかかるのか？　時間がかかるなら，自分の子でないヒナが巣立つのを待っても大した負担はないのではないか？　そして，今の繁殖期にもう一度産卵を産む時間はあるのか？　ないのであれば，自分の子ではないヒナを気に留めず，容認し，餌を与えてもそんなに負担にならないのではないか？

　カナダの生物学者で進化心理学者のマーティン・デイリーとマーゴ・ウィルソンは，ローワーの鳥の研究を総括して[176]「繁殖地域や交配相手が少なく，一旦相手ができると長期的な関係が保てる状況では，継親としての投資が，将来相手と繁殖機会を得るための代償であるのは明らかだ」と述べています。こうした特定の環境や生態の制約によって，鳥だけでなくクマノミのような一夫一婦制の魚やヒヒの仲間にも「継親になることを求婚の一環として認めている」ものがいるとデイリーとウィルソンは述べています。そして驚くことに，二人は人間の継親にもほぼ同じことが言えるという仮説を立てています。

　　人間にも類似点があるように思われる。継親の主な役割は後継の配偶者であり，親の後継という役割は派生的である。継親は，実親との相互関係の中で擬似的親としての義務を持つ。実親は，新たな配偶者が容認し，投資してくれることが自分と子の利益になることをある程度はっきり認識しているため，継親にその見返りを与える。

デイリーとウィルソン
——親心は差別的

　デイリーとウィルソンは，人間の継親にとってのトレードオフとメリットに重点を置き，継親とは無私の行為ではなく，実は戦略的（無意識にそうしているのですが）だと言っています。その研究結果は，ヘンゼルとグレーテルが小石やパンの切れ端を置いていった小径のような暗い道へと続き，親のネグレクトやもっと恐ろしい行為への警鐘を鳴らしています。カナダのマクマスター大学を拠点に夫婦で研究を進める二人は，本当に継子が実子に比べて不利なのかを確認しようとしました。その調査のために，継親（実際は継父——後ほど詳述）による，長期にわたる児童虐待が死亡に至った事件を取り上げました。これを選んだのは，継親が全員人殺しだと考えたからではありません（事実，99％は違います）。しかし，虐待による死亡事件は一番極端な事例ですが，継子に対する不利益の最も明白で検証可能な指標だと考えました。死亡事件は，ほぼすべてが報告されるため，多くが報告されない他の児童虐待に比べて，信頼性の高い指標になります。デイリーとウィルソンはアメリカ，カナダ，イギリス，オーストラリア，フィンランド，韓国の統計や調査，警察の報告書や児童虐待の登録記録を調査し，実親と継親と同居している継子は，最も深刻な児童虐待に遭う可能性が高いと結論づけました。彼らは1988年の『サイエンス』誌で，同居継親が2歳未満の子どもを死なせる可能性は，同居実親の70倍にのぼる[177]と報告しています。

　しかし継親との同居での死亡事件は継親だからではなく，貧困など他の要因が絡んではいないか？　あるいは継親が原因ではなく，単に虐待と相関関係があるだけではないか？　デイリーとウィルソンはすでに自らの発見に対し，こうした反駁を加えていました。貧困や親の年齢，家族の人数など，関係がありそうな変動要因と継親になる人の特徴といった変数を入念に調査[178]し，再婚した大人に暴力的な人の割合が多いのが理由ではないかと考えました。しかし，こうした要因を除外しても，継親との同居はあらゆる虐待のリスク，中でも死亡のリスクが劇的に高まることが判明しました。

　デイリーとウィルソンは，継親からの虐待による死亡事件が多いことに加え，

継親による継子の殺害と実親による実子の殺害が異なることに気づきました。実子を殺害する親はうつ傾向にあることが警察資料や心理学者の研究で示されていました。多くの場合，子どもを将来の困難や苦しみから救ってやるという幻覚から，寝ている子どもを窒息死させたり銃殺したりしていました。そういう親は子どもを殺害した後，自殺する可能性が高いこともわかりました。一方，継親は殴る蹴るなど暴行を加える，デイリーとウィルソンいわく「より攻撃的な方法」で，継子を殺害していました。また，殺害後に自殺することはありませんでした。デイリーとウィルソンの仮説を最も裏づけるのは，継父による継子の虐待と殺害は，実子に対するより頻繁に起こっているという発見でした。

　継父と実父の殺害対象と方法が，質的にも量的にも異なることは，衝撃であり，嫌な気持ちにさせます。しかし，デイリーとウィルソンの発見には特に注目したい点があります。不自然にも，継親による殺害リスクが最も高いのは，乳幼児だったのです。それはなぜでしょう？「手を焼く」年長の子どもなら，度を越して理不尽な継親の怒りを買うことは考えられます。しかし，一体どうしたら無防備な幼児が，度を越した怒りを招くことができるのでしょうか？進化論が理解不能な事象を解明する糸口は，ここにありました。デイリーとウィルソンは，殺害の被害者と加害者の不快な現実に向き合い，ラックやハミルトン，トリヴァースの研究成果をもとに，「親の差別心」という理論を発表しました。この概念は，トリヴァースが提唱した親の資源は限られているという前提とハミルトンの血縁選択説から生まれました。また，鳥の種によって，自分の子を識別できるものとできないものがいる，というラックの研究成果も引いています。

　デイリーとウィルソンは，次のように理論をまとめています。一つ目は，自分の子を他者の子と区別できてしまうことは，親，特に父親が進化の歴史の中でぶつかってきた問題です。二つ目は，子どもを案じる思いの強さには違いがあり，自分の子であればより思いが強く，自分の子でなければそれほど強くない，またはまったく思いがないということです。人間の子を育てるのはかなりのエネルギーを長期間必要とすることを考えれば，進化の観点から自分自身の子どもに投資しようと思うのも不思議ではありません。逆に，デイリーとウィルソンは「親からの利益を，実際の配分割合を意識せず無差別に配分すること

があれば，それは進化の観点からは例外的である」[179] と記しています。生物学者であり心理学者である二人は，この課題を行動と感情の両側面からとらえようとしています。「子育ての心理的な土台が自然淘汰から進化したのであれば，通常，同じ種の子であるというだけでは，親心や親としての行動が生じないと考えられる。ただし，子どもが①自分自身の子であり，②子どもの面倒をみることで生存と繁殖の機会が増加する場合，世話をする選択をするであろう」[180]。

親の差別心と自然淘汰，そしてオスの抱く疑惑

　赤ちゃんほどか弱く，しかも要求の多い存在はありません。赤ちゃんは，常に世話され見守られ，注意を払われ，あやしてもらおうとし，そのためにありとあらゆる方法を進化させてきました。泣いたり，世話する人をじっと見つめたりする行為から，ぽっちゃりと健康的に見えるようにたっぷり蓄えた脂肪，かわいらしい丸みを帯びた目や顔まで，赤ちゃんは何千年もかけて父母や親族，世話をしてくれる人から愛され，面倒をみてもらえるように，数多くの戦略を進化させてきたと，サラ・ブラファー・ハーディーは指摘します。実際，適正な条件下では，自分の子であろうがなかろうが，赤ちゃんと触れ合うと心を奪われてしまうことと，それが起こる仕組みが研究[181]によってわかっています。父親でも母親でも赤ちゃんと継続的に接すると，愛情や愛着感を生み出すホルモンのプロラクチンの量が増加します。また父親が数時間赤ちゃんの世話をするとテストステロンの量が減少します。人間は生物学的にも文化的にも，新生児を世話するように予めインプットされていると言えます。

　では，2歳にもならない子を虐待死させてしまう継父は，どうなのでしょうか？　なぜ，死亡する幼児の割合が児童や十代の子より高いのでしょうか？　デイリーとウィルソンは，こうした殺害を犯す継父は，子殺しをするキツネザルやライオンとは違う[182]ことを，まず指摘しています。子を殺したところで何の適応度も得られないからです。加害者は幼児を殺しても自分の適応度を上げることも，負担を減らすこともできません。それどころか，恐らく一生刑務所に閉じ込められ，社会から怒りを買うだけです。進化の歴史から見ても，継子

の虐待や殺害が加害者の適応を高めたことはないとデイリーとウィルソンは強調しています。しかし，一方で自分の子を優遇することは適応度が高いことです。進化生物学は，そうした当惑する行動に対して（かなり回りくどい）説明をしています。多くの生物学者が指摘しているように哺乳類のオスの抱える難題は，自分が父親であるか確証が持ちにくい体内受精にあります。子どもが自分の子であることがわかっているメスと違って，オスは騙されて自分の子でない子を育ててしまうかもしれません。こうした不確定さのために，オスとメスはそれぞれ別の生殖戦略を発展させてきたと生物学者は考えています。メスは子育てに力を注ぎ（親の努力），オスは配偶努力に力を入れるのです。哺乳類のオスとメスの違いによって，オスは子が生まれると必ず難しい問いにぶつかることになります。この子が自分の子だと信じて子育てに力を入れるべきか，それとも他に子を作るべきか？ ここにとどまる（投資する）べきか，他に行く（他で交尾をする）べきか？ あるいは，とどまってもう一度交尾するべきか？

　進化の歴史の現実や戦略が性別によって異なるため，自分が父親であることに常に不確定さを抱えるオスは子育てをする敷居がメスより高く設定されています。そのため，あやしたり，抱っこしたり，大変な育児をさせる幼児の魅力に抵抗することができるのです。一方女性は，自分のお腹の中で育てて産んでいるので，赤ちゃんが自分の子かどうか迷うことはありません。人間は馬などとは違い，生まれた子が立ち上がり，他の女性のところに行って乳を飲むことはありえません。有史以前には，女性が他人の子に授乳することが稀にあったと言いますが（実際にあったとする有力な説もある），それは継続的な授乳というよりおやつ代わりのようなもので，近親者の赤ちゃんに限られていました[183]。女性は自分の子（または近親者の子）だと確信できるので，赤ちゃんを愛することは単純に利益になります。しかし，男性にとってはパートナーの産んだ赤ちゃんが自分の子か，絶対的な確信は持てません。他人の子に対して温かく穏やかな気持ちになりにくいのは，自分の子ではない子を愛する可能性を低くするための，ある種の防衛策なのです。

　デイリーとウィルソンは，子どもの虐待死の「根拠」ではなく，淘汰の長い歴史の中で，男性が自分とつながりのない赤ちゃんがずっと何かを要求して泣

き続けると,「心の耳栓」を使うよう進化してきたという,説得力があり綿密に立証された証拠[184]を見つけました。ハーディーが考察したように,母親(や確信のある父親)の感情と比べると,男性の無関心[185]は,誤った判断や怒り,不満といった幼児虐待につながるあらゆる要因を防ぐバリアが低くなることを意味します。虐待や暴力の割合が高いのは「自分の適応度に関係ないため,配慮が低くなる」[186]からだと考えるのが一番解釈しやすいと,デイリーとウィルソンは強調しています。

　赤ちゃんは,何年にもわたり大変な世話,つまり最も多くの投資が必要になるため,虐待のリスクが最も高いのです。一番か弱く,長期間支援が必要な者が最も危険であるという事実は,デイリーとウィルソンの立てた,親の差別心と疑似的親としての義務への不満に関する仮説を証明[187]するものです。生物社会学的な観点から考えると,与える「心づもりがない」人にとっては,自分の子でない者や長期間献身的な投資を要求する者は,最も大きな不満の種になるのではないでしょうか。

　デイリーとウィルソンは,ほとんどの継親・継子関係は,暴力や虐待とは無縁だと強調することも忘れていません(事実,ウィルソン自身は「虐待などない,素晴らしい」継父がいたと教えてくれました)。また,虐待死は親の差別心の極端な表れ方であり,通常は,継子が実子より早い時期に家を出るなどの穏やかな表れ方をすることが,親の差別心がある有力な証拠であると述べています。「理想的というより恐らく典型的ですが,継親子関係は,お互いの幸福に本当の相互利益がある友だち関係のようなものになります。義理の関係も問題になりがちですが,必ずしも対立関係でないのと同じです」と二人は言いました。

　しかし,二人は親の差別心があるのは事実で,それが継親と継子,実親と継親の間の根本的な思惑の違いが生じる原因だろう[188]と主張しています。たとえば,どの子にどのくらいの期間,どれほどのお金を配分するかといった問題です。継親が実親と同じ愛情や責任を感じることは少なく,かつ自然にはそうならないと提唱することがそれほど物議を醸すことなのかを,二人は知りたいと思っています。「継親の葛藤や苦しみがごく普通のことだと理解され,実親が継親に当然のことのように要求するのではなく,継親が努力してやってくれ

ることに感謝したほうがよいと奨励されたら，助けになりませんか？」[189] と二人は考えています。

　デイリーとウィルソンの調査のほとんどが継父に関するものです。同居の継母は統計的に少なく，虐待死の件数は少ないと指摘しています。しかし，継母は児童虐待の統計上では数が多いと言い，継父に匹敵するリスクだと推定しています。デイリーとウィルソンはその証拠に，全米人道協会（American Humane Association）の調べ[190] によると，同居の継父より同居の継母による虐待が多く，ニューヨーク市にいる思春期のホームレスの子は，継母が同居している家の出身である割合が高いと報告しています。また，二人の論文で引用している韓国人の学童期の子どもたちに関する調査によれば，継母や継父と同居している家庭の子どもが殴られる頻度はどちらも高く，両親と暮らす子どもと比べるとその比率が著しく高かったそうです。こうしたことから，デイリーとウィルソンは，親の差別心は女性にも当てはまることを示しています。

　しかし，女性が他人の赤ちゃんの世話がそれほど苦にならず，自分の子でない不安を持たないように進化したのであれば，もっとよい継母になってもおかしくないでしょうか？　バリアは低くても継子が赤ちゃんということがほとんどないために，差別を和らげられないのでしょうか？　恐らくそうでしょう。あるいは，親の差別心が他の性質より強く表れてしまうのでしょうか？「求愛」期間が終わると，「求愛努力」が日常の努力，他人の子へと向けられます。しかも，相手は尽くしてもらおうと，ありとあらゆる魅力を振りまく赤ちゃんではありません。そうなると女性の求愛努力がすべて無駄に思えるかもしれません。だから，殴ったり殺したりという稀な方法で差別するのではなく，世話を減らす，与えるものを減らすという方法で差別するのだとこの理論は示しています。

　別の可能性も浮かび上がってきます。それは，継親行動が何らかの適応行動として進化してきたという考え自体が間違っているという可能性です。エール大学の生態・進化生物学部長のリチャード・プラムは，自然淘汰が継親行動を作り出しているとの考えに懐疑的な見方をしています。鳥類学者のプラムは，ショウジョウコウカンチョウのオスがコンクリートの池の端に止まり，口移しに虫を与えている写真を見せてくれました。その先にいたのは，金魚でした。「な

ぜ単に親の努力と呼ばずに,対象違いの親の努力と呼んだり,他者の子を育てる選択をした鳥の行動を"継"親としての努力と呼んだりするのでしょうか?」とプラムは私に質問しました。金魚は大きな口を開けることで,オス鳥から親としての感情を呼び起こしていますが,これでわかるのは鳥には父親として素晴らしい資質があることだけです。「私にその資質があれば,公園にいる知らない子どもの洟を拭いてあげるでしょう」とプラムは説明しました。「自然淘汰は,頭の中にある親の行動回路をそこまで微調整できないでしょう」とプラムが説明した通り,そんな小さな決断や行動が自然淘汰の圧力によるものだとは考えにくいのです。ローワーやデイリーとウィルソンの考えの欠点は,「遺伝子によるすべての行動様式が,単独で自然淘汰の影響を受けると考えた点です」。鳥類や人の継親行動を進化論から説明するには,繁殖行動のある特定の特徴が選択されると,他の特徴が損なわれるようなことがあってはならないため,プラムや進化生物学者は賛成していません。彼らの考えでは,よい親はよい継親になる,またその逆もしかりだと言います。継子を殺害したり虐待したりする継親が自分の子なら愛し育てることができるという考えは,進化論的観点からすると理にかなわないとプラムは言いました。淘汰は,そのようには作用しないだろうというのです。「子殺しが適応度を上げるために行われるという証拠があっても,それは子育てとあまり関連がない」とプラムは説明しました。「群れを乗っ取ったライオンは一番幼い子を殺すことがありますが,その後,自分の子にもほとんど親らしいことはしません」。

　では,その難しさはどう説明すればよいのでしょうか? プラムによれば,遺伝子や淘汰や親の差別心はそれほど関係ないと言います。むしろ,ステップファミリーの難しさは,家族が文化であることによると言います。「新しい親は,異なる社会的安定に対する要求や経験,期待を持っています。それに,私たちは生まれ育った家族に心地よさや安定を見い出しますが,他人の家族にはそれが感じられません」。こうしたすべてが積み重なってステップファミリーの緊張や劇的な出来事を生み出してしまうのです。

　デイリーとウィルソンは,民話についても広く研究し,科学者の鋭い目線でそこに明らかな矛盾を見つけました。継父による実際の虐待数は,継母よりはるかに多いにもかかわらず,何百という民話に意地悪な継母が登場する一方,

意地悪な継父はほとんど登場しないのです。これはどういうことでしょうか？第6章でも触れましたが，継母の存在がそれほど珍しくなかったからだと二人は説明しています。昔は一般的死亡率，中でも出産時の死亡率が高く，父親が子どものために代わりの母親を見つけてステップファミリーができていました。継母が多ければそれに比例して，虐待や暴力，ネグレクトや継母子が対立することも現代より多かったと考えられます。

　デイリーとウィルソンは，意地悪継母の物語が多い別の理由も挙げています。母親が死ぬことや父親の再婚が多ければ，話す側の社会的目的についても考察すべきだと考えました。シンデレラや白雪姫といった物語は，幼い子どもに向けて語られてきました。話し手は，自分が子どもを置いて死ぬという，恐ろしい可能性に気づいていた母親が圧倒的でした。デイリーとウィルソンは「『お父さんが死んで私が再婚したら，恐ろしいことになるわよ』ではなく，『覚えておきなさい，世にも恐ろしいことは，私がいなくなってお父さんが代わりの人を連れてくることなのよ』」というメッセージが込められた物語を，なぜ子どもに語りたがるかは容易に想像できる」[191]と説明しています。人間生態学は，自分の子どもと関わりのない人は子どもを優先しないという恐れが，単なる想像でも言い伝えでもなく，少なくとも若干の事実に基づいていることを示唆しています。有史以来，ほとんどすべての種において，母親は一見容赦なく思いやりのないトレードオフや決定，ハーディーが名づけた「世話の削減」[192]をしてきました。母親が献身的であると同時に，血も涙もなく戦略的だという特徴を持ち合わせているなら，継母には何を期待すればよいのでしょうか？　母親であることが（ハーディーいわく）「無条件では受け入れがたい負担」であるなら，継母になることはどういうことでしょうか？　この疑問はさらなる疑問を突きつけます。自然淘汰によって自分の血族を優先する傾向が生まれているのであれば，なぜ，継母と継子がうまくやっていけるケースも多いのでしょうか？

Chapter 8

世界の継母
文化人類学と愛着と文脈

ニサが教えてくれること

　人間行動生態学者は，現代に生きる狩猟採取生活を送る人たちの中に，人間がたどってきた進化の過程での日常生活や社会行動や意思決定がどのようなものだったかのヒントがあるのではないかと考えています。そうした部族は，タイムカプセルのようなものだというのです。人類が出現した頃で，まだ農業も畜産も行われる前の時代，99%の人類は生きるために植物の根や木の実やイモやベリーを採取したり，少ないにせよ狩りを行ったりしていました。「人類の独自性は狩猟採取の環境で様式化され，そこで人間の個性も形成された」[193]と文化人類学者のマージョリー・ショスタックは説明します。ショスタックの書いた民族誌の主人公で，そのタイトルにもなっている，ボツワナのカラハリ砂漠北部に暮らすクン族の女性，ニサについて鮮明に綴った物語は，一人の女性と彼女を取り巻く人々だけなく，有史以前の共同体での家族やステップファミリーの生活についても語ってくれる名著です。現代の「離婚革命」の話題はともかくとして，ニサの物語はステップファミリーが，歴史の中で逸脱したのでも異常でもなく，常に人類とともにあったことを教えてくれます。全世界どこでも共通なのです。

　ニサは若かりし頃の思い出として，自分の人生がめまぐるしく変わる恋愛と結婚，再婚の数々だけでなく，彼女を育ててくれた親族との切っても切れない関係を語っています。ニサの人生の特徴は，初めから比較的自由で自分の意思を持っていたことでした。ほとんどのクン族の女性と同じように，生涯を通じてある程度自分の意思で小屋から小屋へ，親戚から親戚へ（大人になると恋

人に変わります）と移り住みました。幼い頃の思い出の一つは，ニサが３歳の頃，クン族では早い部類に入りますが，母親が弟を妊娠して乳離れさせられた経験でした。クン族の母親が妊娠すると乳離れしていない末っ子に言うように，ニサの母親はこう言いました。「おっぱいを飲んではだめよ，死んでしまうから」[194]。授乳してもらえなくなったニサは，再三警告されてもおっぱいをせがみましたが，母親は次第に強くその要求を退けるようになりました。嫉妬に駆られたニサは，親の堪忍袋の緒が切れたこともあり，最初に祖母のところへ行き，その後，おばのところで数ヶ月間身を寄せました。「子どもの頃，おばのところで何日か暮らして，…母のところに戻って暮らしたりしました。それからまた祖母のところに行き，一緒に暮らしました。みんなが私を育ててくれました」[195]とニサは回想しています。

　幼少期に親戚の間を行き来するのは，クン族が農耕的な暮らしをする以前は一般的であり，イトゥリの熱帯森に暮らすピグミー族などの狩猟採取部族の間ではより顕著でした。こうして母親の子育てを手助けする人は，「アロマザー」と呼ばれ，通常は親類ですが，必ずしも親戚に限りません。なお，これはハーバード大学の昆虫学者Ｅ・Ｏ・ウィルソンが，ギリシャ語で「その他」を意味する「allo」から作った造語です。アロマザーはヒト以外の霊長類でも一般的ですが，そのおかげ[196]で母親は子育ての負担なく働き，効率よく食糧を探し，場合によっては早く多くの子どもをもうけることができます。有能なアロマザーの子育ては誰にとってもメリットがありそうです。全体的に子どもの生存率が上がり，一方でアロマザーが子を産んだ場合も生き延び，成長したらさらに子を産む可能性が高まるのです。実は，最近のように母親が孤立して，来る日も来る日も子どもの健康と幸福の責任を一人で負いながら子育てするほうが，一般的ではないという証明が数多くあります[197]。同意する進化生物学者が増加している通り，人間は一人または父母だけで子育てするようには進化しておらず，人類が繁栄できたのは核家族の中だけではなく，責任を持ち，協力してくれる血縁者や献身的なアロマザーたちの集団の中で子育てする「協同繁殖」のような行動があったからであろうと考えられています。

　クン族のほとんどの結婚は長続きしますが，離婚は一般的で，比較的簡単だとショスタックは記しています。離婚した夫婦はそれぞれ通常１年以内に再婚

し，子どもは母親と一緒に暮らすのが普通です。ニサはその鋭い洞察力で両親の結婚の変遷を観察していました。ショスタックが現地調査を行った頃は，クン族の約95％が一夫一婦制で暮らしていました。また，一夫多妻制は稀ではありましたが，まったくないわけではありませんでした。男性が，夫を亡くした妻の妹や寡婦となった妻の従妹と結婚することもあったわけです。クン族の夫が親族でない女性や見ず知らずの女性と結婚したり―結婚しようとしたり―することもありました。かつて，ニサの父親には二晩だけ，二人の妻がいたことがありました。ニサはこう語りました。「父は母に，父の弟と他の村に行って泊まってくると言いました。…母にはもう一人の妻を娶ってくるとは言わなかったんです」※198。父親が帰ってくると，予想通りの展開となりました。「お母さんはすごく怒って，父をげんこつで殴って言いました。『小屋の脇に座っている私は，あんたの本当の妻なの？大きな性器を持ったもう一人の妻を娶りに行くってどうして言わなかったの？』」ニサの母親であるチュコはこの調子で話し続け，もう一人の妻は怯えて動けなくなったそうです。翌日，彼女は出て行きました。チュコは自分の主張を通しました。彼女は，自分に何の相談もなかったことに腹を立てていたのだと言い張りました。「もし私が，『私はもう歳だから，…別の奥さんをもらってらっしゃいな。その人は水を汲んできてくれ，私たちが使う薪を取って来てくれるだろうよ』と言ったのなら話は別だよ。私の言うことを聞いてたら，もう一人の妻が娶れたというのに。でも，あんたは騙し打ちみたいなことをして，私に押しつけようとしたんだ」。

　チュコには，抗議し，もう一人の妻を追い出し，夫を叱りつける権利があったのです。なぜでしょうか？　すべて状況次第です。具体的に言えば，経済力の問題です。採取社会では，家族が一日に摂取するカロリーの8割程度の食糧を，女性が提供することが普通です。肉は滋味に富み，女性がもたらす食糧より好まれるものの，食事のほんの一部にしかならず，採取できる食物と違って食糧としては不確定すぎるのです。女性が一家の大黒柱だからこそ，要求もできればそれを通すこともできるのです。「妻が複数いるなんてとんでもない！」※199とニサは声を上げて言いました。運良く，ニサの暮らす社会では複数の妻を迎えることも，自分がその中の一人になることも拒否することができました。一方，男性が狩りや農業によって食糧のほとんどを獲得するような環

境では，生活はより定住的で子どもを産む間隔は短く，男性が部族の政治に関わるため，物事は女性や子どもにとってそれほど都合よくいかないのです。（後ほど詳述）

　このように比較的平等主義的な状況では，クン族の女性もかなり性的な自由を享受していたことを意味しています（クン族の生活が農耕的で定住的になって，生活が変わる前の話です）。たとえば，愛人を持つことは一般的でした（ショスタックが語っていますが，ニサの恋愛関係は思いのほか複雑ですが，常軌を逸するほどではありませんでした。ニサは愛人が何十人もいて，夫の兄弟の子を産んだこともありました）。ニサはショスタックに家族の激変について話していますが，それは性の自由を映し出すだけでなく，ニサに継母ができることにつながりました。ニサがまだ幼かった頃，母親が父親の元から去り，他の男性（母の姉の夫のツォマ）の元へ行ってしまいました。不倫関係は長期化し，ニサの兄弟たちが母親とその愛人に暴行を加える事件など家族に混乱が起きました。その後，家族の反対にもかかわらず，母親はツォマとともに出て行ってしまいました。「［私と弟は］父のそばで，ずっと泣いていました」[200]とニサは言いました。ニサの父親，ガウは何度か妻に戻ってくるように懇願しましたが，「最後はツォマのもとに行くことを許してしまいました」。その後，ガウは旅に出て「年上の新しい奥さんを連れて来ました。父は私たちを連れてその女の人の村で暮らしました」。

　ニサは継母についてはあまり語っておらず，容姿や人柄，その他についてはほとんど触れられていません。数年後，ツォマが亡くなるとチュコが戻ってきたと，ニサはショスタックに言いました。ニサの父親，ガウは妻として迎えることは拒否したものの，隣に住んで「二人の間に生まれた子は二人の間で暮らせばいい。子どもはおれたち二人の子どもだからな。おれが用意したものや，おまえが集めてきたものは，お互いに交換し合おう」と譲歩しました。ニサの継母で，ガウの二番目の妻（チュコにとっては夫のもう一人の妻）はどうだったのでしょう？　ガウはチュコに「おれの妻だって，おまえに食べ物や肉，それにビーズを分け与えるはずだ」[201]と言いました。

　一体どうしたら実際にそんな状況になるのでしょうか？　ニサによると「お母さんは私たちと一緒に過ごしました。…［兄弟］と私は，しばらく父の家の

たき火のそばで過ごし，それから立ち上がって母のたき火のそばで過ごしました。母と食事をしてから，父のところに戻り一緒に食事をしました。そうやってわたしたちは暮らしを続けました」[202]。離婚，再婚後に出入り自由な家庭と境界線を持つこの（私たちにとっては）驚くほど柔軟なやり方は，ニサにとっては特に変わったことではなかったようです。名前もわからず顔も見えないニサの継母のことについては，本の中で深く触れられていませんが，ニサが人間関係の衝突や劇的な経験を詳しく，熱心に語ったことを考えると，継母だけ現れてこないことが際立ちます。仮に二人の間に諍いがあったのなら，そんな話も出たでしょう。

　しかし，ニサはもう一人の継母については語っています。ニサが知っている女性が赤ちゃんを産みましたが，母親は出産直後に亡くなったとニサは言いました。悲しんだ父親は，子どもを殺そうとしましたが周囲の人はそれを止め，未婚で彼の愛人だった女性とともにその子を育てるように諭しました。二人は一緒にその子を育てました」[203]。「子どもはどんどん大きくなりましたが，あるとき死んでしまいました（クン族の子どもの死亡率は高く，ニサの四人の子もみな成人する前に亡くなっています。ニサは自らの子どもを亡くした悲しみをショスタックに長々と語っています）。ニサの話に登場する継母は何らひどいことをしたようには書かれていませんが，クン族でもステップファミリーに明らかに緊張があったことは，他の記述から窺われます。ニサは最初の夫との間に子どもがいましたが，夫と死別し，その後，二番目の夫ベサと再婚しました。ニサの下の男の子，カウがベサを「父さん」と呼ぶと，その姉のナイが抗議しました。「どうして自分の父さんじゃない人を父さんって呼ぶの？私みたいにおじさんと呼びなさいよ」。ニサによれば，カウはニサが再婚したときまだ小さかったので，ベサを父さんと呼び，父親のように思っていたそうです。しかし，ナイは自分の父親を知っていました。「だからベサを父親とは呼びたくない思いがあったんでしょう。…あの子が私の兄弟の家族のところへ行って，かなり長期間暮らすことが多かったのもそのせいでしょう」。これもよくある話です。子どもが継親と親しくなるか距離を置くかは，子どもが継親と知り合った年齢によります。思春期の子は継親との親子関係を拒絶したり，早い段階で家を出たり，完全に家族の元を去ったり，他の血縁者と過ごすことを選びます。

ニサ自身は継母になったことはありませんでしたが，のちに子どもを全員失うと「おばさん」やアロマザーの存在になりました。ある意味人生は一巡し，ニサの弟の妻が三番目の子を妊娠し，二番目の子，ヌンカを乳離れさせようとしましたが，ヌンカはどうしてもやめようとしませんでした。子どもとの衝突にも辟易していた弟夫婦は，子どもをみな亡くしてしまったニサのことも考え，「しばらくあの子の面倒をみてくれないか」[204]と持ちかけ，ヌンカを「貸す」ことにしました。アフリカでは里子に出すのはよくあること（本章の後半で詳述）ですが，ショスタックは3歳のヌンカを里子に出すのは早いほうだったと言っており，ニサの弟夫婦がニサに助けを求めたかのように配慮したものと思われます。ヌンカとニサは，互いに絆を強めました。「あの子が母さんって呼ぶのは…私なのよ。あの子は，実の母親をよその人だと言ってるし，その小屋に泊まるのを嫌がるのです。…夜は，私の隣で横になって寝ますよ。あの子の面倒をみることで，とても幸せになれた。まるで自分で産んだ子みたいで」。母親と特別で大好きなおばさんの間の存在となり，ニサは自分の肉親の子を育てました。この緊密さはニサが語ることのなかった喪失の痛みを和らげてくれました。

　ニサの家族での出来事は，他の産業化前の狩猟採取社会と多くの点で共通しています。産業化前の社会に暮らす人々を研究する文化人類学者は，概して子どもとその母親や父親，きょうだいといった核家族のメンバーとの関係性を重視していると文化人類学者で世界の子育て慣習を専門としているバリー・ヒューレットは言います。しかし，農耕民や狩猟採取民では「子どもは一人前になるまで生みの親とずっと一緒に暮らすことは滅多にない」[205]ため，そうした研究は混乱を招き，偏っているとヒューレットは考えています。つまり，産業化前の社会では，子どもの頃にずっと親と暮らすのが標準ではなく例外なのです。この理由の一つは，親の死亡率が高いためです。たとえば女性は出産時に，男性は戦いや狩猟，蜂蜜やヤシの実を採りに木に登るときに命を落とします。文化人類学者ヒリアード・カプランはパラグアイのチュパポウで現地調査を行いましたが，そこに暮らす11歳から15歳の子ども10人のうち，実の両親と暮らしていたのはたった1人[206]でした。文化人類学者のナポレオン・

シャグノンは，好戦的なことで有名なアマゾンに住むヤノマミ族にも同じような傾向があると示し，これを「家族の減少」と呼んでいます。しかし，産業化前の生活を送る社会でも，離婚率が非常に高く，子どもたちは離婚と再婚によってできた家族で暮らしています。たとえば，中央コンゴのアカピグミー族の離婚率は25％，南インドの狩猟採取民パリヤンでは35％に上ります。離婚改革の支持者だったら，[訳注：南米パラグアイの]アチェ族の結婚事情には真っ青になることでしょう。理想の人を求めて，男性は生涯で平均10.8回，女性は11.7回結婚するそうです。こうした社会では，子どもが継親（一夫多妻制社会なら父親の他の妻）と暮らす可能性は非常に高くなります。実際，パリヤンの世帯の55％はひとり親，あるいは継親がいます。アカピグミーでは，継母家庭は継父のいる家庭より多いかもしれません。アカの16歳から20歳の子どものおよそ4人に1人が，父親と継母と同居しており，同じくらいの割合の子が母親のみと同居，母親と継父と同居の子は二割弱です。

　離婚や子連れ再婚，親の死後に継親（または親代わり）が来ることは，産業化が進んだ社会特有の現象ではありません。多くの文化人類学者が継父について論文[207]を書いていますが，おしなべて継父は実父ほど継子への投資をしないため，継子には不利になると述べています。では，まったく違う社会では，子どもに継母ができる，あるいは女性に継子ができると，どうなるのでしょう？　社会生物学者や人間行動生態学者の知見は，役に立つでしょうか？　文化を超えて通用するでしょうか？　残念ながら，継母を持つ子どもについては，文化人類学者の論文がほとんどないため，あまりわかっていません。進化心理学者のマーティン・デイリーは，アカピグミーなどの例外を除けば，ほとんどの子どもが離婚後母親と，母親が亡くなっている場合は親戚と一緒に暮らすため「継母が母親代わりになる例は非常に少ない」と言いました。産業化していない社会では継母とはどんなものか（ひいては私たちのたどった進化）を知りたければ，現代のステップファミリーと同等あるいは似た家族形態を観察するのが理にかなっているでしょう。エンジェルパークの一夫多妻制で暮らすモルモン教徒（第7章参照）が，他の文化にあるステップファミリーへの示唆に富むように，アマゾンやカメルーンの「里親」になる女性やマリのドゴン族からも学べるかもしれません。

子どもへの不公平な対応
——ヤノマミ族の子どもの不平等を測定する

　民話やおとぎ話や進化生物学者は一様に，継子であることは危険を伴うと言っています。そんな主張は，継母バッシングと同じように聞き流してしまいたいと思うでしょう。しかし，ワシントン州立大学の生物文化人類学者，エドワード・ヘイゲン[208]はベネズエラのアマゾン地域では，実際に継母の存在が健康に悪い影響を与えることを発見しました。十数年ほど前，オリノコ川上流に住む原住民ヤノマミ族は，エルニーニョ現象の影響で短期間ですが食糧不足に陥っていました。しかし，主食のマニオク［訳注：イモの一種］とプランテイン［訳注：料理用バナナ］を栽培する畑が洪水の被害を受けたものの，飢えに苦しんだ人はおらず，状況も改善に向かい始めていました。それは文化人類学者にとって，資源の供給が少ないとき人々が血縁者に分け与えるのか，その場合はどうやって配分するかを観察するのにうってつけの状況でした。子どもに与えるのか，パートナーか，他の血縁者か，それとも自分自身なのか？　食糧不足時に多くもらえる子と，少ししかもらえない子がいるのか？　人はどのような理由で配分を決めるのか？　ヘイゲンたちは，ヤノマミ族の5歳から15歳の36人の子どもの「健康」を調査することにしました。

　研究者は，子どもの腕の皮下脂肪を示す上腕三頭筋の厚みを測れば栄養状態が測定できるだろうと考えました。脂肪が多ければ，食事もよく摂取できているはずだという理由でした。また，同じ子どもたちを対象に，外部寄生虫の数とそれが原因の感染症の重症度を調べ，子どもの健康状態の指標としました。

　子どもの健康状態が養育者との近親度や家族形態と関連があるのではないかと考えたのです。その結果，測定と評価は状況を明白に物語っていました。食事や身の周りの世話は，平等に子どもに与えられておらず，著しい不公平が見られるケースもありました。特に目立ったのは，孤児の結果はもちろんですが，一夫一婦制の子どもに対する一夫多妻制の子どもの結果でした。母親が一夫多妻制の本妻か，第二，第三夫人であるか，あるいは一夫一婦制の妻であるかで，子どもの上腕の脂肪のつき方に大きな違いが出ていました。母親が一夫多妻制の妻だと子どもの皮下脂肪は比較的少なく，母親が本妻でない場合はさらに脂

肪が少なかったのです。一方寄生虫が多かった子どもは，例外なく母親が本妻でないか離婚しているか，あるいは祖父母や遠い親類と暮らしている孤児でした。

　皮下脂肪やノミの数は何を示しているのでしょう？　ヤノマミ族では（私たちでも同じでしょうが），血縁度が影響するのだと研究者は言っています。つまり，子どもに食糧や世話をどれだけ与えるかは血縁関係が重要となります。興味深いのは，食糧と世話とでは配分が異なるというヘイゲンの発見です。祖父母や親類と暮らす子どもの皮下脂肪は，他の子どもと変わりありませんでしたが，本妻ではない母親を持つ子どもと同様，寄生虫が多く，その結果ひどい感染症を患っている率が高かったのです。孤児はノミが多い村の犬と遊ぶことが多いため，あるいはノミを取るのに使う木の針が手に入らないため，もしくは比較的高価なハンモックがないから地面で寝ているためだと，研究者は情報提供者から聞きました。つまり，面倒をみてくれる人が遠縁になればなるほど，子どもへの監督が行き届かず（犬と遊ばせたりして），物質的（針やハンモック）にも乏しくなるのです。そうした子どもには，親がノミを取ってくれるように周りの大人が時間をかけてくれないのです。しかし，孤児は明らかに不利な状況にありますが，一夫多妻制家族の子どもに比べると上腕の皮下脂肪が厚かった（お腹も満たされていたと考えられます）のです。実際に一番状況が悪かったのは，一夫多妻制で順位が下の母親を持つ子どもでした。そうした子たちは，一夫一婦制の母親を持つ子どもに比べて，親が子の身だしなみに費やす時間や食事の量が少なく，食事に関しては孤児よりも少ない状況でした。

　ヘイゲンの発見からは，多くの疑問が生じます。ヤノマミ族の正妻が特定の子どもにあまり食べさせないようにしていたのでしょうか？　あるいは単に，家族に他の母親や子どもがいるせいで，一夫一婦制の母親の子どもほど食べることができなかったのでしょうか？　父親は二，三人の妻の間で「共有」されていると，子どもに与えるために自分の取り分を減らすのでしょうか？　文化人類学のある分野は，一夫多妻制とそれが女性や子どもに与える影響に重点を置いています。文化人類学者は，状況によっては，ほぼ間違いなく一夫多妻制は妻にも子どもにも有益であると言い，人間生態学者で一夫多妻制の専門家，スティーブン・ジョゼフソンのように，子どもの子（孫）[209]に有益である一

方で，極めて不利になることもあると言う人もいます。でも，これが私たちにどんな関係があるのでしょうか？　実は，かなりの関係があることがわかっています。

　モルモン教徒について綿密な調査を行ったジョゼフソンが，「一夫多妻制の一コマ一コマのように見える一夫一婦制の連続」と呼ぶ結婚形態が，アメリカや西欧諸国 ※210 では存在しているかもしれません。結婚や出産，離婚や再婚，再婚後の出産などによって，私たちの家族は，思ったより多くの意味で一夫多妻制によく似ています。もちろん，同居こそしてはいませんが，大人，特に前妻と現在の妻には「うまくつきあい」，協力的な養育関係を作り，継きょうだいや片親の違うきょうだいが「本当のきょうだい」のように思えるよう，手助けしなくてはならないというプレッシャーが大きくなっています。こうした家族形態では，男性は事実上二つの家族があり，前妻とは離婚し，別の女性と結婚したというだけなのです。これは，ジョゼフソンが「実質上の一夫多妻制」と呼ぶ，現代の西欧社会（一夫多妻制を公然と非難する一方，男性の浮気に対する罰則がない社会）で，男性が，互いの存在を知らない二つの家族を密かに持つ浮気とは別物です（フランスのミッテラン元大統領やアメリカの下院議員のヴィト・フォッセラのような高い地位にある男性は特に，このタイプの一夫多妻制を取る傾向が世界的に見られる）。こうした例が示唆しているのは，一夫多妻制と進化の歴史という点においては「ソフト面は変わっていない」とジョゼフソンは述べています。つまりヤノマミ族の子どもの事例は，ほぼそのまま私たちにも当てはまると言えます。

　しかし，視野を広げて見れば，あまり恵まれていないヤノマミ族の「継子」は，あらゆる不利益な面があってもまだ恵まれているとも言えます。地域によっては，父親の他の妻の存在が短期的な不快感や感染症，少ない食事量の問題ではなく，生死にかかわる問題になるからです。

カメルーンの一夫多妻と里子制度

　西アフリカで伝統的に行われる里子制度は，西欧諸国の人には理解し難いかもしれません。母親が独占的で，他人の手を借りずに子育てする文化では，育

児とは血のつながった母親が来る日も来る日も一人で重労働を担い，育てるのが当然だと思われていて，自分の子どもを他人に「貸し出す」ことが奇妙で，不可解なことに思われます。里子制度は何の関係もなく思われますが，それを考えることで，状況によっては継母であることが楽になる理由を解き明かす鍵になります。

里子制度は，西アフリカでは広く行われている慣習です。たとえば，カメルーンでは10歳から14歳の子どものほぼ3人に1人[211]が母親以外の人と暮らしています。なぜ里子がそれほど一般的なのでしょうか？ 多くの文化人類学者が指摘しているように，アフリカの大半では，子どもへの心からの愛情と子どもを持ちたいという強い願望があります。「子どもを持つことは，人生を生きることだ」[212]という格言もあるくらいです。西側諸国では，子どもを経済的な苦労の種と考えがちですが，アフリカでは子どもは富や繁栄や幸福と結びつけて考えられています[213]。事実，サラ・ブラファー・ハーディーは，アフリカ全土では「子ども望まないことは理解不能」[214]だと述べています。

「子どもにはたくさんの母親がいます」[215]。文化人類学者のハイディ・ベアフーフが里子制度について尋ねると，北西カメルーンのバメンダに住むンソ族の女性はそう言ったそうです。姉妹や祖母や遠縁の親戚やあまり知らない人といった「たくさんの母親」が，子育てを手伝うのはなぜでしょうか？ 結局は，全員が恩恵を受ける仕組みだからです。西アフリカでは，子どもは一緒にいて楽しい良い働き手というだけではなく，社会保障のようなものだと考えられています。子どもに投資すれば，将来その子が面倒をみてくれます。ただ，はっきりしていることは，ンソ族や西アフリカ全体では，子どもを継親のもとに「里子に出す」ことは絶対にありません。[継親は]「義務を負う拡大家族のネットワークに入っていないため，一番子どものためになることをしてくれないと考えられている」[216]とベアフーフは説明しています。事実，西アフリカでは子どもは継親と住むことはほとんどありません。その代わり，「再婚した親は，以前の結婚での子どもを育ててくれる他の親戚を探すことで子どもを保護する」とベアフーフは言います。父親の再婚相手より，本当のおばあちゃんでなくても「おばあちゃん」［訳注：養母］のほうが好ましいようです。

里子に出す決まったやり方はありません。子どもを里子に出す女性には，そ

れぞれ置かれている状況や生活事情によって様々な理由があります。ベアフーフが話を聞いたンソ族の女性たちは，子どもを理想的な環境の家に里子に出し，それに満足していました。収入の高い働く女性たちは，里子に出すことは子どもに良い社会経験をさせる方法だと言いました。たとえば，ある女性の子は一人っ子だったので，「兄弟姉妹たち」の中で生活させる必要性を感じていました（西アフリカでは子どもたちは指図したり教えたり，叱ったりできる年上の子どもから社会性を学びます）。都市部で働く別の働く母親は，子どもに田舎でのびのびと生活させたいと，里子に出しました。里子に出す先は，自分の母親か姉妹といった女系の近い親族に限られていました。母親たちは子どもの養育費を支払い，頻繁に会いに行き，母親の勤務時間が短縮されるなど，理想的な環境が整ったら子どもを戻そうとはっきりした考えを持っていました。

　恵まれた女性たちとはまったく異なる状況で里子に出し，その後の成り行きも違うンソ族の女性もいました。その多くは無職か農民，寡婦あるいはシングルマザーでした。こうした女性が子どもを里子に出すのは，より良い教育や医療を受けさせることで子どもの生活水準を上げるための手段でした。子どもは父方の親戚や母方の遠縁（おば）に里子に出されましたが，ある一人の子どもは血縁のない保護者の元へ里子に出されました。金銭的に苦しい母親たちは，子どもに自由に会うことができず，多くの場合，子どもを引き取った人は，母子が定期的に連絡し合わないようにしていました。また里親は，実母が仕送りをしないせいで経済的に苦しいと不満を訴えていました[217]。ベアフーフにこんな不満を漏らしている女性もいました。「うちの家族ときたら［私にお金があるから］，誰彼構わず送り込めば私が面倒をみてくれると思っているのよ」。実母と里親との地位の隔たりが劇的に大きい場合，悲しいことですが実母は子どもにとって最良の選択だとして，子どもに関する権利をすべて放棄することが多くありました。また，里親は里子が「自分の食い扶持」は自分で稼ぐべきだとはっきりした態度を取っていました。ある女性は，里子の男の子について「手伝いをしてくれますよ。私のコーンビールを作るためにトウモロコシを挽くのを手伝い…作るときはかき混ぜてくれます。そして，売り場まで運ぶのを手伝ってくれます。そこで稼いだお金であの子を養っていますから」と話しました。また，里子が将来仕事で成功したあかつきには，里親のことを思い出し，

十分なお返しをすることも期待されています。

　ンソ族の里子制度は，状況によって「子どもには多くの母親がいる」のことわざそのものだったり，西欧の人の目から見ると，シンデレラのように遠縁の人や親類ではない人と暮らし，快く思われていなかったり，自分の食い扶持のために働いているように映ります。別の視点から見ると，長期にわたって里子の面倒をみることは，相当の見返りへの期待と関係しているようです。西アフリカの人々が本当に子どもを大切にし，愛しているといっても，純粋に善意から子どもを里子として引き取る人はいません。条件が整っていなければ，負担はあまりに大きく，あまりに期間が長いのです。その証拠に，シエラレオネのメンデ族の中で暮らした文化人類学者のキャロライン・ブレッドソー[218]によれば，資源が少ないときや，親が里親に十分な贈り物をしなかったり，里子が親戚でなかったりすると，子どもは食事の量を減らされたり，治療を受けさせてもらえなかったりすることがあるとわかりました。

　東カメルーンのバトゥーリで行われる里子制度では，「子どもにとって最良」がまったく違う意味を持っています。そこに住むカコ族の生活を，文化人類学者のカトリエン・ノーテルマンは「社会的経済的に地位が低い」と言っています。女性が農作業をし，男性の多くはレンガ職人や大工，機械工として働いています。しかし，失業率が高く，家計を助けられる男性はごくわずかです。にもかかわらず，一夫多妻制を諦めたくないようです。ある地区では，4世帯に1世帯が正式に一夫多妻制でした。当然ながら，経済的に困窮しているときは，妻たちによる，お金や夫の気を引くための争いが熾烈になります。子どもは，妻たちのお互いの敵対心がぶつかり合う舞台となることが多いようです。

　22歳の女性，シルヴィー[219]はまさにこのケースです。シルヴィーは子どもの頃，一夫多妻制の家庭で育ちましたが，母親と別の妻との喧嘩があまりにひどかったため，シルヴィーの父親はしばらく二人を実家に帰してしまったことがある，とノーテルマンに言いました。シルヴィーは自分のきょうだいと，やはり互いに争っていた異母きょうだいと家に残されました。インタビューでシルヴィーは父親のもう一人の妻を「継母」と呼びましたが，ノーテルマンに対してはこれを「悪い母親」と訳しており，「継母は，魔術を使って私の母親を追い出そうとか，私たちを含めて殺そうとしていました。いつもすごく嫉妬

第8章　世界の継母：文化人類学と愛着と文脈　　213

深いんです」と言いました。結局，シルヴィーの母親ともう一人の妻は戻って来ましたが，その後すぐに，シルヴィーは親類の所へ里子に出されました。母親は夫ともう一人の妻と家に残りましたが，シルヴィーを安全な所へ預けたので，争いでより有利になったと思われます。シルヴィーの場合は魔術やら様々な悪行などとっぴな非難もありましたが，バトゥーリの一夫多妻制の家庭ではよくあることのようです。たとえばカコ族では，「子どもは継母の手では育たない」ということわざがあります。そうした女性は，他の妻の子を奴隷のように扱ったり，食事を与えなかったり，病気のときに放置したり，学業を妨害して大人になっても母親を助けられないようにしたりすると非難されています。多くの母親が，継母が魔術を使って子どもを殺そうとするのを恐れているとノーテルマンは言います。こうした中では，里子に出すことが家庭内の争いや危険から子どもを避難させる戦略として使われています。

　運良く，シルヴィーには里子に出るという選択肢がありました。母親に十分な裁量があり，近くにいた親類が手配を手伝い，娘の面倒を見てくれたのです。また，畑で採れた野菜を売って余分に稼ぎ，里親に仕送りできたので，きちんと面倒を見てもらえました。おかげでシルヴィーは幸せに暮らすことができました。しかし，もし里子に行けなかったらどうだったでしょうか？　逃げ場がなかったり，親類と遠く離れていたり，母親が困窮していたらどうなるのでしょうか？　もう一人の妻との対立がずっと続いたら，子どもはどうなるでしょうか？

マリの邪悪な妻たち

　マリのドゴンに住む女性の生活は，ボツワナのカラハリ砂漠に暮らすニサとはまるで違いました。昔のクン族の女性は採集者としての高い地位のおかげで，自由に移動し，自律性を享受し，性生活や出産の自由がありましたが，一方のマリ，ドゴン地域の女性の暮らしは，制度化された抑圧としか言いようがありません。文化人類学者のビバリー・ストラスマン[220]は，ドゴンのバンディアガラの絶壁沿いにある，砂岩の断崖に作られた村で暮らし，その地域ではあらゆる面で女性たちの地位の低さが明らかだと述べています。たとえば，女性の

労働時間は男性より二割も多いのに，男性の休息時間は女性の三倍もありました。また，女性が授乳や子育て，重労働を担っているにもかかわらず，肉を食べることを許されず，地元で栽培される粟や，夫の庭で自分が収穫した玉ねぎが許されるのみです。

　マリのこの地方では，相続は父系で，家族は父方の家に住みます。つまり，男性は自分の親族の中に暮らし，土地は息子たちに受け継がれて行きます。女性は，唯一の精神的，経済的支えであろう自分の家族から遠く離れたところで，夫と他の妻たちと暮らしています。さらに悪いことは，その妻たちは赤の他人だということです。ドゴン地域では，姉妹はもちろん，遠縁であっても妻同士が血縁を持つことが禁じられているのです。もし血縁関係があれば仲間になれるものを，血縁がないために妻たちは「分断され，他を征服」しようとします。また，自分が本当に父親であるかという不確定さを解消するために，ドゴン族は女性の生殖活動と性生活を管理する方法を編み出しました。女性は生理期間中，月経小屋に行かなくてはならず，そのために村人は皆，誰がいつ排卵を迎えるのかがわかります。父親が誰であるかを撹乱させる女性の強みが使えなくなり，間違いなく自分の夫の子を宿したことがわかります。また，保険として女性器を切除されます。そうすることで快感が得られなくなれば「浮気」も減り，夫が間違って自分以外の子に投資する危険性を減らすと考えられているからです。

　しかし，ビバリー・ストラスマンが指摘しているように，ドゴン族の女性にとって一番堪えるのは，子どもの死亡率の高さです。サングイの乳児の二割以上は，1歳の誕生日を迎えることなく亡くなり，驚くことに46％の子どもが5歳未満で亡くなります。子どもの死亡原因は，不衛生な飲料水やマラリア，はしか，下痢のようですが，本当にそれだけでしょうか？　ストラスマンは現地調査を行う一方，探偵のような調査もしていました。はたして子どもの死亡率は一夫多妻制と関連があるのか？　もしそうなら，どう関連しているのか？　ストラスマンは自分の勘が正しいか試し，謎を解き明かそうとしました。

　サングイ村では，妻が二人いる男性の割合は35％，3人いる男性は11％でした。205人の子どもを追跡した調査により，母親が一夫多妻制の妻だと，子の死亡リスクが劇的に高くなることがわかりました。たとえば一夫多妻制のグ

ループでは，6年間の研究で37人の子が死亡，81人が生存していましたが，これとは非常に対照的に一夫一婦制グループで亡くなった子はたった3人で，55人が生存していました。子どもの年齢や性別，家族の経済状況といった死亡予測要素を勘案しても，一夫多妻制はサンガイの子ども，特に男の子にとって危険なのは明らかでした。ストラスマンは，手掛かりを探しながらこの発見を分析したところ，最大のリスクは「働く／食べる」グループに属し，他にたくさん子どもがいる男の子であると気づきました。つまり，妻たちとその子どもたちが畑で仕事し，食事をともに摂る場合は子どもの死亡が増えるのです。これは至近距離で生活し食事を摂り，仕事をするせいで病原菌に接触することが多くなるからだろうか？ とストラスマンは疑問に思いました。あるいは，あらゆるものがある程度平等に分配される結果，子どもの数が多いほど取り分が少なくなる「富の希薄化」という現象が起きるからだろうか？ ストラスマンは，こうした可能性がないと確認できましたが，謎は残ったままでした。子どもの死亡率，特に第一妻の男の子の死亡率が，一夫一婦制の家の子の10倍近くにものぼったのです。

　サンガイのドゴン族の女性が，自信ありげにストラスマンに教えてくれました。選択肢が少なく，権力のない妻は何とか自分の息子たちが生き延びて，子どもたち全員で分配する父親の持つ粟の畑をいずれ相続させたいと，他の妻の子に毒を盛るというのです。相続の順位が一番上の第一妻の息子が特に狙われました。これで，男の子が女の子より死亡することが多い事実も含めて説明できる，と女性は言いました。女の子は嫁いで出て行きましたが，男の子は家に残り父親の土地をめぐり争っていました。マリの裁判所や新聞には，競い合う妻たちが引き起こす子どもに対するネグレクトや虐待，毒殺の事件で溢れていたと，ストラスマンは述べています。時には，自ら告白することもあります。こんなことが実際にあるかどうかは別として，そんな対立が激しい環境で暮らすこと自体，子どもの免疫機能に大きなストレスを与えるとストラスマンは指摘しています。このことだけでも病気にかかりやすく，死亡率が高まることが説明できそうです。

　なぜドゴン族の一夫多妻制の父親は，こんな状況を終わらせないのでしょうか？ どの子も自分の子ですし，人間行動生態学者が指摘するように，自分の

適応度が懸かっているのです。しかし、シンデレラや白雪姫の父親同様、ドゴン族の父親の姿は見当たりません。恐らく、ヘンゼルとグレーテルの父親のように傍観し、妻が陰謀を企て最悪の結末に向かうのを放置してしまっているのでしょう。実は、サンゲイの一夫多妻制の父親は、介入してもメリットにならないから、介入しないのです。妻たちがいがみ合っていれば、自分たちの置かれている悲惨な物質的環境を変えようとしたり、逃げ出したり、ましてや妻同士結託して対抗しようとしたりすることはありません。それに、一夫多妻制の夫は平均して妻一人につき二人の子どもがいるので、子一人に対する投資が少なくても適応度は一夫一婦制の夫同等、あるいはそれよりわずかに高くなります。こうして男の子は、激しい攻撃を受けてしまいます。言い換えると、替えは十分にいるのです。一夫多妻制の父親が、子どものために介入するかどうかを目に見える形で計算することはまずありません。しかし、ドゴン族の家族で行われる投資とリスクと利益についての血も涙もない計算が、夫の揺るぎない地位をもたらしているのです。女性は、状況によっては優しいンソ族の「おばあちゃん」にも、愛情たっぷりのクン族の「おばさん」にも、一夫多妻制モルモン教徒のまずまずの「他の母」といったアロマザーになりえるのですが、ドゴンの妻たちは残酷な魔女や邪悪な継母、意地悪な父親の他の妻から脱することができません。自分の子でない子どもを愛せるかは、置かれている状況次第なのです。

母のように
——愛着が湧くかどうかは状況次第

血縁度が重要、というのは社会生物学や人間行動生態学、文化人類学からわかったことですが、それは人間にも動物にも広く見られ、ヤノマミ族やカコ族、ンソ族やドゴン族にその劇的な姿を見ることができますが、多くの継母と継子が良好な関係に行き着くという事実に変わりありません。それはなぜでしょう？　進化生物学者のスティーブン・エムレンは、人間と動物の家族形態について、あらゆる研究結果をもとに、ステップファミリーが非常に難しいという予測を立てましたが、ステップファミリーの「難しさ」とは「確率について言っ

ているのであり，個々の問題は教育や努力で克服できる」[221]とも強調しています。要するに，逆境に打ち勝つこともできるし，生物学的な条件は味方してくれないという知識だけでも役に立つのです。

　しかし，二件の例外的ケースから，それほど問題のない，あるいは少なくとも私たちの多くが抱えるような大きなハードルがない女性もいることがわかりました。自身の継母経験についての著作を持つ北カリフォルニア州の心理学者バーバラ・ウォーターマン博士と，私が話を聞いた継母のダナの二人は，継子が「自分の子」だという思いが強く，さらに驚くことには継子も同じように感じているのです。二人の女性と夫の子（ダナの場合は前夫の子）は，離れられない存在となり，深いつながりを持って，継母継子ではなく親子だと称しています。これまで私は，継母であることと母親であることが違うことを様々な形で示して来ましたし，それは事実です。しかし，進化生物学を前提とすると，継母と継子が実の親子のように感じる（稀な例ではありますが）ケースはどう説明すればよいのでしょうか？　こうした関係が育まれるのは，どのような環境でしょうか？　私たちもその環境を真似して，努力してみる価値はあるのでしょうか？　進化のルールが当てはまらない女性がいるのでしょうか？　二人の話を聞くと，母親と母親でない人，子どもと「あんたなんてママじゃない」と言う子どもの境界線を飛び越えた人だと感じるでしょう。

　ウォーターマンは著書『養母，里親，継母が生まれるとき：血のつながりを超えて（仮訳）（*The Birth of an Adoptive, Foster or Stepmother: Beyond Biological Mothering Attachments*)』で，継母になるとは，子どもを産むのと同じくらい人生を変える深遠な経験だと語っています[222]。ウォーターマンが「養母業」と呼んでいる子育てでは，女性は「自分で産んだ子かどうかにかかわらず，また子どもの年齢にかかわらず，母親の心構えを持つ」と言います。なぜ，継子に対しては母親だと感じることが少ないのでしょうか？　ウォーターマンは，継母業の問題の多くは，継母が「遠慮して控え目にすべきだという助言を真に受けてしまい，継子に言いたいことが言えず，絆を作ることができない」ことだと言っています。当然ウォーターマン自身は，遠慮も躊躇も感じなかったのでしょう。十代の双子の女の子を持つ男性と結婚すると，情熱と献身の塊のような継母になろうと決め，没頭したのですから。

完全に母親業にはまりました。…頭の中がぐしゃぐしゃでした。全身全霊をかけて継子たちの心が求めるものを理解しようとし，一方で彼女たちの気分に同調し，思春期のブルーな心を励ましました。仕事なんて言うまでもなく，他人との関係は母親になることの二の次でした。新米の母として，継娘たちとの愛情を育むには，自分の赤ちゃんにメロメロな母親のように，彼女たちに首ったけになるほどの愛情がいるのだと知って驚きました。

実際，ウォーターマンは家族になると[223]，用心と必要に迫られて多くの継母が躊躇するのとは逆の行動を取りました。単独親権を持つ男性と結婚した継母として，ウォーターマンは「継娘たちには母ライオンのごとく厳しくし，母親業のいいとこ取り」をしました。本の中で継母業を「母親業」と言ったり，継娘を「娘」と言ったり，自分を「母親」と呼んでいるのは，単なる書き誤りではないでしょう。ウォーターマンは「初婚家族みたい」になりたいと率直に認めています。彼女が継娘たちと親しく母性的で愛情ある関係を築き，守っていくという大仕事に献身的に取り組んでいることは，継娘のためでもありますが，間違いなくウォーターマン自身も称賛されるでしょう。

この話を最初に読んでいなかったら，ダナの話を聞いて相当戸惑ったことでしょう。ダナと前夫の19歳の娘ターニャの関係は，話を聞いた他の誰とも違っていました。ダナは私が数年借りていた事務所のそばで小さな店を営んでいましたが，便利で信頼でき，こぎれいだったので週に一，二度通うようになりました。それもそのはずでした。後から知ったのですが，ダナはとても堅実な経営者だったのです。職場での忙しい朝は無愛想で没頭しているようにも見えましたが，他人に親しげに呼びかけ，気遣いと温かさのこもったまなざしを向ける一面も持っていました。

率直なダナは私が継母について本を執筆していると知ると，是非自分の経験を話したいと申し出てくれました。数日後，私の事務所でダナは高校3年生のターニャ[訳注：継娘]と自身の双子の男の子について話してくれました。最初に驚いたのは，ダナが笑いながら言ったこんな言葉でした。「あの子のことは娘って呼ぶのよ，継子じゃなくてね。あの子は家族以外の人に，私が継母だということを言わないのよ。私があの子の母親で，私のお腹から出てきたと話してる

第8章　世界の継母：文化人類学と愛着と文脈　219

んですよ。実の親子でないと知っている人に『病院で手違いがあって，この人が実の母親だ』と話すこともあるくらいです。私がそれは違うと言うと，本当だって言うんです」と，ダナとターニャのお互いの帰属感をターニャの視点から説明してくれました。遠く離れて暮らし，ターニャとは滅多に電話もしない生みの母について，ダナはこう言いました。「あの子を産んだだけです。私が母親です」。

「お母さん」と呼ばれたいと心から願い，継子からそう呼ばれるために，ダナは間違いなく相当な努力をしました。出会ったとき，ターニャは4歳だったそうです。ターニャの父親は，当時つきあって半年になるダナのボーイフレンドでした。ちょうど彼の前妻に新しい相手との子どもができたばかりの頃で，ダナは初めてターニャに会った日，その子が置いてきぼりで，のけ者にされていると感じました。「あの子のそばにいるときは，あの子のことだけ考えようとその場で決めました」と，ダナは言いました。当時ダナはまだ22歳で，同じ年頃の女性なら子どものいる男性など目もくれず，ましてや子どもとの絆を築こうなど夢にも思わないでしょうが，ダナはターニャとの関係を作るという大仕事に没頭しました。「楽しかったわ。あの子がいると楽しかった」，ターニャと週末を過ごすのは大変ではなかったかと聞くと，ダナはそう答えました。「ずっと母親になりたいと思っていたところに，私を必要とする女の子が現れたんです」。

ターニャは，毎週末来るようになりました。「父親より私のほうが，ターニャを気にかけるようになりました」とダナは笑いながら言いました。二人は一緒にローラースケートをしたり，泳いだり，ディズニー映画を見ながらポップコーンを食べたりしました。ある日の午後，ダナが日光浴しながら横になっていると，ターニャがその上に横たわり，ぎゅっと抱きついてきて，父親が離そうとしましたが，30分経っても離れようとしなかった思い出を話してくれました。この話は多くを物語っています。ターニャはあっという間にダナに懐き，二人は同じ気持ちでした。「ターニャが5歳のとき，『ママって呼んでいい？』って私に聞いてきました」とダナは言いました。家に帰るときになると，ターニャはダナにしがみつき，「帰りたくない！」と泣きました。しばらくしてダナは，真剣なつきあいに発展していたボーイフレンドに，ターニャの親権が取れない

か相談しました。

　ダナ自身の子どもの頃のことを聞いてみると，ターニャと同じ年頃の経験は，決して心休まるものではなかったようです。ダナの両親は，彼女が3歳のときに離婚しています。五人きょうだいの末っ子だったので他のきょうだいとは違って，離婚による母親の怒りや落ち込みの矛先が向くことはなかったといいますが，年上のきょうだいたちは「めちゃくちゃ殴られた」そうです。家族はいつも貧しく，「2年間で6回転校しました」とダナは言いました。「電気も暖房もなく，毎食ピーナッツバターとジャムのサンドイッチ。大変な生活でしたが，母親を責めるつもりはありません。離婚で本当に参ってしまっていましたから」。ダナの父親は，離婚後すぐに再婚しました。「最初の4，5年で，継母〔訳注：父親の再婚相手〕について思い出すことといったら，憎しみくらいです」とダナは言いました。「本当に大嫌いでしたよ。あの人が母から父を奪ったと思っていました」。ダナが9歳のとき，母親のつきあっていた男性から性的虐待を受けました。「子どもに何ができるでしょうか？」ダナは首を横に振りながら私に問いかけました。「閉じこもるだけです。私もそうしました。生きるためにはスイッチを切る方法を見つけないといけないんです」。ダナはそのことは誰にも話しませんでしたが，虐待を受けながらも，いえ，受けたからこそ，彼女はあらゆることをやり遂げてきました。勉強にもスポーツにも秀で，取り組んだことすべてで結果を出しました。「すごく頑張ったんですよ」とダナは言いました。「母親を喜ばせるのが，私の生き甲斐でした。母がすべてでしたから。いつも母が誇りに思うと言ってくれるように頑張りました。私，いい子だったんです」。

　ターニャを救ったのは，ダナがうけた虐待だったかもしれません。6歳のとき，前妻の夫がターニャにとって不快な触り方をしたとダナに告げました。ダナはいくつか質問した後，ターニャを寝かせると怒りに打ち震えました。「怒りで我を忘れるほどでした」とダナ。しかし，その怒りに向き合い，前妻の夫にすぐに抗議するようボーイフレンドに訴えました。「もちろん，相手は否定しましたよ」とダナは悲しそうに言いました。「でも私が児童保護サービスに電話したら，翌日訪問し，脅してくれました。それから，その男がターニャをお風呂に入れたとか，あの子に触れたなんてことがあれば，後悔することにな

ルとターニャの母親にも言っておきました」。ターニャに惜しみない愛情を注いでいたダナは，親権を取るために３年かけて全力で戦い，その間にボーイフレンドと結婚しました。ターニャの母親は最終的に「試運転」に同意しましたが，思春期前のターニャが扱いにくくなってきたと言っていました。ターニャの親権を得たダナの喜びは大変なものでした。夫とは何年も別れたりよりを戻したりを繰り返しましたが，ダナとターニャの関係はずっと変わりませんでした（ダナはのちに，双子の男の子も養子に迎えました）。

ダナは前夫との関係をこう説明しました。「何度か別れてもう戻りたくないと思いましたが，『娘には二度と会えなくなるからな』と脅されました。あの子を失うのが怖かったからよりを戻していました。彼と結婚したかったわけじゃありませんよ。結婚したのは，娘を失いたくなかったからです」。結婚が行き詰まっているちょうどその頃，ダナの母親は死の床に伏せ，ダナはうつ病を発症しました。「私の人生は母を中心に回っていたので，母が亡くなると，何かを達成することや生きている意味がわからなくなりました」。その答えは，ターニャだったのでしょう。

ダナはセラピーに通い，ターニャが学校についていくための支援に集中しました。ターニャは失読症と学習障害と診断されていたのですが，ダナは信じませんでした。「ターニャができることのほうをちゃんと見ていないだけだと思いました。みんな，できないことだけを見ていたのです。そんなのバカバカしいと思いました」。ダナはターニャを再検査に連れて行き，一緒に読む練習をしました。また，ダナが仕事のときは，夏休みにフルタイムの家庭教師を雇いました。ターニャは少しずつ勉強に自信が持てるようになりました。あるときは，二人で親子科学プロジェクトを行い，ターニャが賞を取りました。賞を受けたことでターニャの自信に弾みがつくように思われ，ダナは非常に嬉しく思いました。私がダナに話を聞いたとき，ターニャは高校３年生でしたが，オールＡを取る「優秀生徒」になっていました。「みんなして学習障害があると言った子ですよ」とダナは誇らしげに言いました。ダナが誇りに思うのはもっともでしょう。ダナはすべて一人でやってきたのですから。ターニャの父親は近くにおらず，何年も仕送りすらありませんでしたし，母親は何百マイルも離れたところに住んで，たまに電話してくるだけだったのです。

ダナがターニャの人生を「修正」したように，自分の人生も「修正」したかのように見えましたが，私は心配でした。過去の性的虐待のせいで「自分のある部分の機能がシャットダウン」してしまうとか，男性との関係がうまくいかない，とダナは言っていました。ダナは継娘に対して素晴らしい母親となり，それは自分の母親を超える偉業でした。それなのに，ダナは自分が虐待の共犯であるかのように，まだ心の奥深くで自分は「駄目だ」と思っているようでした。一番心配なのは，ターニャが生みの母親ともっと連絡を取りたいと思ったときです。避けられないことではないでしょうか？　十代の女の子が，長い間どんなに放置されていようと，実母に対して憧れの念を抱いたり，心惹かれたりするのはどうしようもないことです。案の定，インタビューの数日後，ダナから電話がありターニャと実母が話をしたと言いました。もう何年も娘に会っていないのに，実母が高校の卒業式に出席するために飛行機でやって来るというのです。「もちろん，来る権利があるわ」。ダナは力なく言いました。「でも，もしターニャを娘と呼んだり，『自分の娘が優秀生徒として卒業できて誇りに思う』なんて言ったりしようものなら，一喝してやるわ。あの人が何をしたっていうの？何をあげたの？何にもないわ」。

　ダナが言葉にしなかった思いはこうでしょう。「私がターニャの母親です。あの子のためにしてやったのは私です。すべてを与え，あの子はすべてを受け取ってくれた」。

　ダナやバーバラ・ウォーターマンと他の継母は，何が違うのでしょう？　以前は継母が気持ちも行動も「母親のように」なることを，誰しもが期待していました。しかし現在の専門家は，それが求めすぎで，周りの人にとっても得策ではないと考えています。子どもにはすでに母親がいるし，あなたの子どもではありません。そうやって行動しないとほぼ間違いなく感情を害したり，混乱を招いたりします。大多数の継子はもちろん，ほとんどの継母にとっても，友人としてのつきあい，あるいは場合によっては節度あるつきあいがふさわしいでしょう。実際，私たちが置かれている不利な状況を考えると，それすらなかなかできることではありません。

　ダナやバーバラは，他の継母より愛情深く，優れた継母なのでしょうか？

第8章　世界の継母：文化人類学と愛着と文脈　223

愛情深く，優れているから進化のルールが免除されて，他の継母ができないこともできてしまうのでしょうか？　一見するとそんなふうに見えます。二人の話を聞いたら多くの継母は，二人のように無私の心で尽くしていない，夫の子どもにそこまで深い感情を持てないと，罪悪感に苛まれることでしょう。二人は，スティーブン・エムレンが提唱したように，教育や努力だけで継母業の課題を克服できたのでしょうか？　その可能性もありますが，最初から継娘に夢中になっている点に関しては，多大な「努力」をしているように見えません。ダナとバーバラの二人の注目すべき点は，私たちが憧れるような二人の心持ちではなく，二人の置かれていた生活環境です。ルールが適用されていないようですが，ハミルトンのハチやエムレンのシロビタイハチクイのように（第7章参照），実際はルールが適用されていることを証明できるかもしれません。

　子どもとの愛着を研究する心理学者や生物学者は，愛着とはすぐに生じるわけではなく，過程であると言っています。生態学的，社会的な環境が適正であれば，母子は何日も何週間も何ヶ月もかけて，お互いの出す合図に反応し，愛し合うようになります。同様に母親と養子の間にも愛着が生じ，子どもが小さければ実親子とほとんど変わらなくなります。「もう少し年齢が上の子でも，といっても正確な年齢の線引きはできませんが，親と養子が愛情ある絆を作れる可能性はとても高いです」とシカゴ動物学協会の動物学者で霊長類学者のダン・ワートンは話してくれました。人間は，ネズミのように自分の巣の中に子どもがいたら，年齢に関係なくおっぱいをやれるわけではありません。しかしまた，羊のように匂いで自分の子を見分け，すぐに愛着を持ち，その他の子はすべて拒絶するわけでもありません。人間の女性はその両極の間に位置づけられます。どんな赤ちゃんにでも強い愛着を持つことができますが，自分の子であってもそれには時間がかかるのです。

　ダナやバーバラのようなケースでは，時期とタイミングが（ほぼ）すべてと言っても過言ではないでしょう。ダナがターニャに出会ったのは，ターニャがちょうど4歳になったとき，つまり，子どもが分け隔てなく愛着を形成できる無敵の発達段階にありました。ターニャの母親の姿が登場してこなかったことも，ダナに味方しました。最初は赤ちゃんの虜だったのでしょうが，数百キロも離れた町に引っ越し，ターニャと縁を切っていました。そして，ターニャの

父親も去って行きました。別れはターニャにとって辛いものだったことは間違いありませんが，それがターニャとダナのお互いの関係を強くすることにつながりました。ターニャは，多くの継子とは違い「ママ」を必要とし，一方のダナは「ずっと母親になりたかった」のです。事実，ダナはターニャに出会う前の年に流産を経験し，ターニャに出会って数年後に双子の男の子を養子に迎えるまで不妊症に悩んでいたといいます。要するに，ターニャとダナは相思相愛だったのです。ダナ自身が，子どもを放置する母親，虐待する継父，自分勝手で無関心な継母に苦しめられたためターニャを救いたいと思い，そして実際に救い出すことができました。ダナは絶妙なタイミングでターニャにめぐり会い，その経験とモチベーションがまさにターニャのためだけに存在するかのように，ひたむきに尽くしました。

　対照的に，ウォーターマンが継娘たちに出会ったのは彼女たちが15歳のとき，一般的に優しく可愛らしい時期でもなく，大人を受け入れるような時期でもありませんでした。実際，やる気満々の継母との出会いは，継娘たちが親への反発心をある程度抱くのはやむを得ない時期でした。ダナとは違い，一見タイミング的には最悪に思われます。心理学者のウォーターマンは，当然これを意識していて，知性と不利な状況を理解することで継娘たちの心をつかもうとしました。しかし，ウォーターマンがそうした問題に敏感に対応したことだけが成功の理由でも，最大の理由でもないようです。他にも彼女に味方した要因があったのです。まず，自分自身の娘たちの「ご機嫌」伺いに疲れ果てていた実母が，協力的だったとウォーターマンは言います。事実，実母はすぐに親権の取り決めを変更し，母親業の大変な仕事も栄光のどちらもウォーターマンとともに分け合うことを承知してくれたようです。継母が権限もないのに責任だけを持たされ，母の日や息子自慢といったうまみがない普通の状況と大きく違う点です。二つ目は，子どもの頃の大半を父親と継母に育てられた夫のサポートがあったことです。彼にとっては，特に目新しいことではなかったでしょうから，干渉したり細かく管理したり，独占欲を持ったりせず，ある程度妻の裁量に任せていたかと思われます。恐らく必要であれば妻を支援し，妻はそこにいるべき人で，その権限も愛情も本物だと娘たちにはっきり示したでしょう。継子の実親が二人ともサポートしてくれるというシナリオは，両親不在の場合

と同じくらい，もしかしたらそれ以上に素晴らしい継母生活につながるでしょう。

　こうした利点が，ウォーターマンの「母親」になる努力を助けました。しかし，それでは彼女の献身さと情熱は説明できません。ウォーターマンは，本や心理学者が喧伝している，継子に近づきたい一心で行動したり，愛情を押しつけたりしないというアドバイスを継母たちが鵜呑みにしすぎていると言います。しかし，ほとんどの継母にとっては，こうした願望で行動することよりも，まず継子がほしくないことのほうがより重要な問題です。欲しいものを強く欲しいと思ったことで，ウォーターマンは素晴らしい継母になり，優れた結果が出せました。実の両親が，つながりと愛情を築けるよう適切に配慮してくれたことはもちろんありますが，ではウォーターマンの熱意はどうしたら説明がつくでしょうか？　このケースでも環境とタイミングが重要なようです。

　夫となる男性に出会う前，ウォーターマンは妊娠する努力を何度もしていました。しかしダナ同様，流産を繰り返し，不妊に悩んでいました。また，切望し待ち焦がれていた養子を引き取る直前で話が消えてしまう苦い経験を四度もしていました。彼女はずっと子どもを持つ夢を叶えようとしてきたのに，その機会は次から次へと消え果て，これが最後のチャンスだと思うようになっていました。ウォーターマンにとっては遅すぎるくらいでしたが，ついに一人の男性と二人の十代の女の子という自分の家族を見つけたのです。継母の多くにとっては，悲惨な先行きに思え，慎重に検討したうえで怖々入っていくべきだと思えますが，ウォーターマンにとっては，長年の難題への願ってもない解決策で，十数年にわたった探求生活の終焉でした。子どもが「もう一人の母親」に出会った年齢だけが重要になるのではなく，彼女がいつ子どもに出会えるかのタイミングもまた重要なのでしょう。ウォーターマンには他に選択肢がなかったからうまくいったと言うのは言いすぎでしょうし，そもそもそれは重要ではないでしょう。なぜなら，彼女自身が自分の家族を選んだからです。

　バーバラ・ウォーターマンやダナのような女性にとって，大事なのは，血縁よりも生物学的な要因なのです。

第 IV 部

リスクもあれば見返りもある？

Chapter 9

継母の悲しみと憂鬱
リスク要因を理解する

　私たちは，ステップファミリーを普通の家族のようにしよう，明るく，楽しく見せようと奮闘してきました。この数十年，テレビドラマの「ゆかいなブレディー家」から最新版の『スポック博士の育児書（*The Common Sense Book of Baby and Child Care*）』（高津忠夫・奥山和男監修,暮しの手帖社,1997年）まで，ステップファミリーは「普通」の家族とは違うとか，普通より劣るとか大変だという考えを払拭しようと，あらゆる努力をしてきました。もちろん，多くの研究によって，ステップファミリーだからといって罪悪感を抱いたり，恥ずかしく思ったりする必要はないことも示されています。子連れ再婚の専門家による徹底した長期的な研究[224]では，大多数の子どもは親の離婚，再婚後もうまくやっていることが証明されています。また，第1章と第6章で見てきたように再婚から5年ほど経つと[225]，子連れ再婚は初婚より絆が強く，幸福度が高くなり，長続きします。しかし，再婚したパートナーや子どものほとんどが精神的にも健康で充実しているからといって，継母業の根本的な隠された真実が変わることはありません。

　継母業とは悲しみから生まれ，不幸な職業なのです。

　継母は喪失から始まり，そこから切り離すことができません。語源的，歴史的，社会的にもあらゆる意味で，ステップファミリーは哀しみと一体となり，切っても切り離せないのです。古英語の「steopcild」という言葉は「孤児」の意味も持っていました。「steop」という接頭辞は「家族を奪う」という意味の「astiepan/bestiepan」から派生しています。「孤児が，亡くなった両親を嘆き悲しむ意味」[226]と，ある語源関連のウェブサイトで説明されています。実際，

西暦800年以前[227]は「stepfather（継父）／stepmother（継母）」が「孤児の父親／母親になる人」の意味があって，「stepmother（継母）」と「mother-in-law（義母）」はどちらも同じ意味で使われていました。距離，本物ではない，単なるつけ足し，あるいは紙切れによる事後処理であって，血のつながりがない。そして，家族を亡くし悲しんでいるときに来る，あるいは「原因」そのもの。こうした意味がこの言葉には含まれています。継親の役割と喪失や剥奪との関連は，随分前にでき上がっていました。ラテン語で「継息子」を意味する「privingus」[228]は，形容詞の「privus」つまり「奪われた」に由来しているのです。

　しかし，20世紀になり母親の死亡率が減り，離婚が徐々に一般的になると，「stepchild（継子）」が暗に意味していた，孤児になる，悲しむという意味はほとんどなくなりました。こうした社会の変化や人口動態の変化の中で，私たちは「啓発され」てきました（と信じています）。大人も子どもも，多くの人が，継母の存在イコール苦しみ，という考えを笑うでしょう。しかし，コンプレックスが弱さの表れであるように，私たちが払拭し，否定しようとしている継母のステレオタイプは，当惑するような深刻な真実を浮き彫りにしてしまいます。明るく，家族みんなを受け入れるステップファミリーだと頑なに信じていても，ステップファミリーの中の隠れた悲しみはずっとつきまといます。隠れた歴史を持つ言葉からも，死別や略奪，別れなど，何かが奪われたことが窺えます。継母，継父，継子，どれをとっても，ステップ（継）という言葉は，いまだに人との間の距離や，隔たり，空間によって定義されています。まさに，一歩（ステップ）を置いた関係なのです。

　「くよくよ考えるのは好きじゃないし，ネガティブな人間じゃないですよ。むしろ能天気なんですけどね」と話してくれたのは，51歳の継母バベットです。「ときどき憂鬱になります。息子の継兄弟，つまり夫の子があまりに社会性がなく，めちゃくちゃな生活をし，怒りっぽいんです。だから息子には頼れる人が私たち夫婦しかいません。そのことですごく腹が立つんです」。また，40歳の継母ドラはこんなふうに言いました。

　　ときどき，ゾッとします。もし，［自分の娘たちが継娘］みたいになったらど

うしようと。もし，継子に感化されて私に反抗したらどうしよう。母親としてはどちらかといえば歳なので娘が成人する前に死んでしまった後に，継子が娘に悪い影響を与えて，私に反感を抱くようになったらどうしようと，とりとめもなく考えてものすごく悲しくなることがあります。実際，私の事情を説明しようと娘たちに手紙を書きましたが，その時は泣けてきました。心の裏側でこんな気持ちを持っているんです。

別の女性たちは，来る日も来る日も継子に嫌われて疲弊し，自分がどう思われるかになすすべがない悲しみを話してくれました。10人以上の継母が言い方は違っても「自分はいい人だ，本当です！」と言っていました。「普通の」家族でないことや初婚家族だったらどうだったろうと虚しい空想をして，初婚家族にはないストレスに責任を感じたり，打ちのめされたりして，耐え難い無力感を覚えている女性は一人ではありませんでした。また，夫の悲しみを背負い込む女性もいます。「（夫の子は）彼をのけ者にしていますが，そんなことされる言われはありません」と継母のギャビーは言います。「父の日に電話してこないときの夫の悲しそうな顔を見ると，死にたくなります」。また，約束したにもかかわらず，夫がもう子どもはいらないと決めてしまった女性は，悲しみと怒りに飲み込まれ，自分にはもう何一つ残っていないと思えてしまいます。

もちろん，継母がみなこれほど辛い経験をするわけではありませんし，バベットもドラもギャビーも，問題なく過ごす日もあります。夫の子どもたちともめずに，何週間も何ヶ月も楽しく過ごせることもあるでしょう。でも，私がインタビューした中で，継母として申し分ないほど幸せだとか，ほとんどストレスがないという人には出会えませんでした。では，一度気づいてしまった不幸な気持ちとは，どうやってつきあっていけばよいのでしょう？　不幸な気持ちに飲み込まれることなく，嫌な気分を忘れたり，やり過ごしたりすることができるのでしょうか？　そしていつになったら，子どもや父親が失ったものと比べなくなるのでしょうか？

うつ病は，色や質感や立体感の世界が失われる激しく限りない悲しみで，すべてが感情のない単調な世界になり，それは，外に表し難い，誰かや何かへの怒りが自分に向けられたものであろうとよく言われます。うつ病は怒りの表れ

であるとともに，その感情を持った自分への罰でもあるのです。今までも，これからも他人を傷つけることは絶対にないという自分自身と他者に向かっての証明になります。抑うつ状態の人は「苦しんでいるのは私だ」と言うでしょう。自分は落ち込んでいるのだから，他人を傷つけるような人間ではないのだと妙な安心感を得るのです。

　特に夫の子どもを傷つけることはないと思っています。継子を持つ女性には，驚くほどうつ病が多く見られます。一般的に，女性が男性よりはるかにうつ病になりやすい[229]ことはよく知られていますし，十分立証されています。一生のうちで，うつ病になる女性は男性のほぼ二倍にもなります。この原因が，生物学的要因（女性のセロトニン生成速度は男性の半分）であろうと，ホルモン（ひと月で急激に変動するため，セロトニン量や気分に大きく影響）や社会的格差（権利の剥奪による絶望や怒り，抑うつ），あるいは個人の経歴や家族歴（遺伝子や社会的要素，あるいはその二つの組み合わせによって，うつ病患者の子がうつ病になるという説には賛否両論ありますが，うつ病は広い意味で「遺伝性」[230]が見られます）であろうと，再婚による試練が加わると，女性が抑うつの危険にさらされるのは明らかです。また，研究者は長年，親の再婚を経験した子どもの自己申告による不満や不快感，適応問題やうつ病を中心に取り組んできましたが，何年にもわたって継母に着目してきた人はわずかです。再婚の専門家，マリリン・アインガー・トールマンとケイ・パスリーや多くの研究者や心理学者は，継母は母親に比べて，うつ病になる可能性がはるかに高い[231]と報告しています。より具体的に言うと，臨床心理学者でステップファミリー研究者のE・メイビス・ヘザリントンは，夫婦それぞれが子連れで再婚した女性[232]は，継子のいない女性に比べて生活への満足度が著しく低く，気分の落ち込みが激しいと報告しました。これはなぜでしょう？　継母を落ち込ませる原因は何でしょうか？　どんなリスクがあるのでしょうか？

　この疑問を持った研究者の発見は，多くの継母が何となく感じたり，運悪く経験したりしていたことでした。つまり，継母であることは，うつ病発症にもってこいだということです。子どものいる男性との結婚は，多くのリスク要因を生じさせ，それらは相互に刺激し合って大きくなり，結果として最も否定的な感情を引き起こす理想的な条件を作り出します。

うつ病のリスクとは
リスク要因1：孤立と疎外感

「私の経験では，一般的な人と比べて継母は孤立感や孤独感，自信喪失感を抱きやすいとわかりました」とマンハッタンの精神分析医，ステファニー・ニューマンは言いました。私はふと妊娠中にマタニティヨガで出会った女性たちを思い出しました。「あら，家にベビーシッターがいるようなものじゃない」，私が十代の継娘がいると話すと，彼女たちは楽しそうに言いました。いい意味で言ったのでしょうが，その甘い考えと，私も楽観的になるべきだと強要されているように感じたことで，他の女性たちとは住む世界が違うのだと疎外感を味わいました。他の人たちは，これから夫と家族を築こうとしているのに，私だけが違う道を進んでいるようでした。私には，赤ちゃんが生まれることを快く思わない継娘たちがすでにいたのですから。

継子の気持ちにも寄り添うべきだとわかっていたものの，継子たちが私の幸せを不満に思い，私が赤ちゃんの服をたたんでいるのを見かけたり，赤ちゃんの名づけ方の本を見つけたりすると不機嫌な顔をして，何時間も部屋へ引っ込んでしまうことに私は腹を立てていたのです。その大きな恐ろしい変化が継子たちには辛いことは理解していました。しかし，まるで私がひどい仕打ちをしたかのように振る舞う継子たちの行動に，私も怒りを覚えていました。また，父親に対しては腹を立てていないことにも気づいていました。ここでもまた，私が悪者だったのです。その気づきが怒りとあいまって，私は継子たちからも夫からも世界中からも孤立しているという気持ちが強くなりました。そして，他の初婚の女性たち—怒りに満ちた継子や前妻に邪魔されず巣作りに励めて，継子のこと（テレビ，癇癪，衛生状態）で夫と言い争うことがない女性たち—との共通点が少ないことに気づき，どんどん距離を置くようになると，友人は少なくなっていきました。簡単に言うと，継母であることで私は，異質に感じ，孤立し離れてしまいました。有名なカップル研究者で『私をギュッと抱きしめて（*Hold Me Tight*）』（岩壁茂監修，白根伊登恵訳，金剛出版，2014年）の著者スー・ジョンソンは，孤立を「無感覚状態」にたとえました。「どこにも属していない感覚が辛すぎると女性は見捨てられたと感じて，諦めたり，激しく非難したりする」

ときにその状態が生じると説明してくれました。

　他の継子を持つ女性たちも，家族の中で一人置き去りにされる気持ちだと表現しました。第6章で登場したケンドラは「知り合いには私と同じ状況の人はいません。継子がいる女性は数人いますが，週末だけの継母です。だから情報交換できる人もいません。子どもがいる友人に話すと同情して『それは大変そうね。うちに来ておしゃべりして息抜きしなさいよ』と言ってはくれます。でも，彼女たちの状況は違っていて，私の生活なんて想像もできないと思います」。孤独感，孤立感が強まると，引きこもりたくなる衝動が強くなります。友人知人のネットワークは狭まり，世の中との関わりが少なくなっていきます。すると，いっそう自分の頭の中でだけ考えることが多くなります。特に危険なのは，ステップファミリー問題について夫と断絶してしまうことです。これは会話で何の結論も出ず，議論が堂々めぐりになり，非難し合うだけになってしまう状態から起こります。長年の研究結果から，ジョンソンは自信を持ってこう言いました。「人と人の感情的なつながりは空気のように，誰もが必要な基本的なものです。これは進化の過程で私たちの脳に生まれつき備わっていて，孤立は実際にとても危険です」。こうして，うつ病の土台ができ上がります。

リスク要因2：考えすぎ

　継子を持つ女性にとって破滅的なのは，孤立だけではありません。孤立によって活発化されるネガティブな考え方も問題だと，エール大学の心理学者で女性とうつ病を研究しているスーザン・ノーレン＝ホークセマ博士は言います。「孤立し，友人がいなくなると何が間違っているかばかり考えるようになります」[233]とノーレン＝ホークセマは見ています。その状態から「考えすぎ思考」と呼ぶ，「過去を思い返し，将来について過度な不安を抱き，何も行動しないのに同じ問題を何度も反芻し，その結果，心配ごとが他の問題に飛び火し，最後には心配と圧倒的な感情が押し寄せてしまう循環行動」へと，あっという間に移行してしまいます。

　ノーレン＝ホークセマは，さらにこう言っています。「模様替えした部屋について継子が意地悪なコメントを言うと，それによって以前食事に対して継子

が言った文句を思い出し，次に子どもの失礼な態度を認めようとしなかった夫のことを思い出し，最後には「夫はいつも子どもの味方をする」[234]と思うようになり，心の中で何度も何度もつぶやいて信じ込むようになります」。ノーレン＝ホークセマは，女性が男性よりはるかに考えすぎる傾向があることを発見し，実際この雪だるま式の効果は，インタビューした女性の多くに共通していました（このよい例は，第4章で紹介した留守番電話のメッセージのケースです）。ノーレン＝ホークセマの長年の研究によれば，考えすぎは暴飲暴食などの自暴自棄な行為に加え，うつ病や不安障害の一因となることがわかっています。

継母のバミューダトライアングルともいえる，孤立とそこから生まれる疎外感や考えすぎ思考に私たちはただ圧倒されるばかりで，飲み込まれ，以前の自分を跡形もなく失ってしまう恐れがあります。サリーは，考えすぎの傾向の典型的なケースです。サリーは家族のイベントに継息子とその妻が現れなかった日の話をしました。「そのことを考えずにはいられませんでした」とサリーは言いました。「もっとひどいこともあったんですが，あのことが引き金になったんです。くよくよ悩んで，考えれば考えるほど腹が立って，頭から離れなくなりました。ぐるぐる回って止められませんでした」。このように固執して考えすぎると，何時間も何日も失うばかりか，自分自身も失ってしまいます。「今も時々なるんですが，あんなふうに夫の子どものことで頭がいっぱいになると，自分の生活がダメになってしまいます」とサリーは話を終えました。

リスク要因3：人間関係を重視する姿勢

これはサリーに限ったことではありません。怒りや悲しみ，落胆を何度も何度も思い出すことは，継子を持つ女性の職業病のようなものです。医師のレイニーは，パートナーの息子（「ものすごく気難しくて，意地悪で反抗的で，時に敵意を持っている」とレイニーが言う現在の継息子）と，特にうまくいかない日は，シャワーを浴びて「髪をゴシゴシ洗いながら考えましたよ。『この人と結婚する価値はあるだろうか？ あの子も一緒なのよ』とゴシゴシ洗い流しながら，何度も何度も考えたものです」。

第4章で述べたように，女性は人間関係を作る名人です。人を好きになったり，好かれたりすることは女性にとって最も重要で，幸福や成功を感じることができる人間関係の要と言えます。ですから継子からずっと敵対視され拒絶されると，ひどい苦痛を感じることは容易に予想できます。人と関係が結べない，問題を解決できないことを女性は気に病んでしまいます。こうして自尊心が低くなると，ますます不安やストレスを抱えたり，無気力に陥ったりしがちです。こうした感情が長期間続くと，うつ病につながる可能性があります。実際，社会学者で家族を専門とするヴァージニア・ラッターは，こう簡潔にまとめています。「女性は，ステップファミリーがうまくいかないと落ち込み，自分を責める」[235]。

　女性は，ステップファミリーが混ざり合わないのが自分のせいだと感じるうえに，夫婦関係がうまくいっていないと，考えすぎの傾向が強まり，それにより不満が募る悪循環に陥ると，スーザン・ノーレン＝ホークセマは補足しています。女性はそこで考え，解釈し，解釈し直します。私は，夫と継娘たちと何年もずっとうまくいかなかったことがありましたが，それを気に病み，個人的なものだと受け止めていました。継娘の不機嫌な態度や敵意について夫とちょっと話をしたことや夫が私をサポートしてくれないことを，オフィスで何度も考えていると，子連れ男性との結婚は，カルト教団に入信したようなものだと思えてきました。私の人生の中心となった，他人には理解不能で，活力が奪われる新たな信念を受け入れるために，私は普通の世界から断絶し，それまでの自分や価値を放棄しているような気がしました。人間関係を重んじる存在にとって，この隔絶感は破滅的でしょう。

　心理学者のアン・バーンスタインは，女性が男性に比べて人との関わりの中で生きているせいで，夫より問題に早く気づき，より敏感に感じ取り，対処の重要性と解決の緊急性がより高いと考えるのだと言いました。これが結婚にストレスを与える人間関係を作り出し，限界まで追い込んでしまうことがあります。夫は問題に気づかなかったり，問題を過小評価してしまい，妻に問題を撤回するよう言ったり，妻自身が問題だと責めたりします。予想される結果は…妻は夫の無関心によって裏切られ，見捨てられたと感じ，激しい怒りに駆られるのです。

第9章　継母の悲しみと憂鬱：リスク要因を理解する

バーンスタインは，女性が人間関係を重視することによって，他の人間関係ダイナミクスも生じると言います。たとえば，子連れ男性と結婚した女性が夫の感情を肩代わりして，夫の言葉にしていない問題を声にし，代わりに争う「代理対立」です（第6章）。子どものいる男性が再婚すると，対立に麻痺しているので（第5章）自分の感情に気づきにくく，また感情を表現するのに慣れていないため，妻が人間関係の堂々めぐりに巻き込まれてしまうと，バーンスタインは言いました。夫は「たいしたことではない」と言い，妻は「そんなことはない。大問題だ」と主張します。そこで夫が妻を大げさだとか筋が通らないと言って責めると，さらに対立を煽ります。

　ステップファミリーは，一触即発の火薬庫です。女性の人間関係重視の性質に，鈍感な夫と怒りに満ちた継子が加わると，何度も火花を散らす大戦争を簡単に勃発させてしまいます。継母は何ヶ月も何年も，場合によっては何十年もその戦火を消そうとしますが，それを煽り焚きつけている人間関係の力学については知らぬままです。こうした努力は報われず疲弊するだけで，うつ病へ移行する土台を作っているのです。

リスク要因4：過剰補償と「何とかしなくては」の思い込み

　サウスダコタ州立大学の社会学者シンディ・ペノール＝セグリーアン博士は「私たちの社会は，継母は継子を不当に扱うという考えを助長している」[236]と考察しています。この中心的な考えが前提となり，継母は性根が腐っていて，疑わしく，性悪だと拡大解釈され，私たちの心理や行動に影響します。自分がどう見られるか，社会がどう思うかに対してなす術がないのは，辛く，やるせなく，苛立たしいものです。特に，子連れ男性との生活の大変さによって最悪の部分が現れてくると，継母は意地悪だと聞いて，やっぱりそうだと信じるようになります。

　私たちの，為せば成る精神の文化では，個人が達成したことを尊重し，セラピーや規律，やる気によって何でもできるという意識が高いです。そんな中，私たち継母は，ステップモンスターの悪評は自分たちで作り出していて，忍耐と愛情，良心，それに努力があれば打ち消すことができると今まで以上に信

じ込んでいます。意地悪継母の幻影に怯えている継母は，世の中にも自分自身に対しても，自分は邪悪でもサディスティックでもなく，善良で，非難を浴びるどころか完璧であることを証明しなければと，大きなプレッシャーを抱えています。58歳の継母ベリンダは，継母がより清廉潔白で，もっともっと良くなろうという意気込みと，自分に負担をかけてまで過剰に挽回しようとする傾向を「逆シンデレラ症候群」と呼んでいます。「多分，私が継娘たちといい関係でいられるのは，父親が厳しくしたときに，いつも彼女たちの肩を持ったからでしょう」とベリンダは言いました。「私はいつも『外出禁止にしないよう，お父さんに掛け合ってあげる』とか『もっと高いウェディングドレスにしなさいよ。気にしなくていいから』とか言う立場でした。だから『ベリンダと結婚したおかげで，パパはずっと優しくなった』とよく言われたものです」。

　私が夫とその娘たちと初めてのクリスマスを過ごしたときのことを夫が話題にすると，自分がステップモンスターとは無縁だと証明しようと，もの凄い無言の義務感を感じたことを思い出します。夫の目からは，私が娘たちのためにプレゼントを考え，注文し，ラッピングし，せっせと食事の準備をし，感謝の気持ちが微塵もない思春期の女の子二人にとって，最高のクリスマスにしようと全精力を注ぎ込んでいるように見えていました。継娘が気に入るようにと，一つひとつ豹柄の包装紙に赤いリボンをかけたプレゼントの山を見て「ギフトショップみたい」と上の子が素っ気なく言いました。そこには彼女が私のしていることにどこか嘘くささを感じていることが窺われました。下の娘がデザートを二度おかわりしたことに父親がコメントすると「まあまあだけど，たいしたことない」ときつい口調で言いました。継子たちにとって，その日私が用意したものを気に入ったり，感謝したりすることが母親への裏切りのように思われたのだと，今ならわかります。あの日，感謝されていないと感じましたが，二人を責められません。彼女たちが二度目の派手なクリスマスをやってほしいと頼んだわけではなく，そこに私が持っていた彼女たちの母親への対抗意識を見て取ったのでしょう。あの子たちのためだけに頑張ったのではないことが，今はわかります。それは，私が優しく，寛容で温かく，面倒見のよい人だと証明するために，夫と自分のためにしたことでもあったのですから。暖かな暖炉，ツリーに飾られたポップコーンのチェーン，オーブンの中の洋梨のロースト。

私が作り上げようとしたクリスマスの雰囲気は、私が、身勝手で欲張りで思いやりのないステップモンスターとは正反対だという事実を証明してくれるはずだと思っていました。

　他の女性たちも知らず知らずのうちに、様々な方法で自分の価値や善良さを証明しようとしています。43歳のアン・マリーは毎晩何時間も、時には朝学校へ行く直前まで継子の宿題を手伝ったといいます。「あれはやりすぎだったわ」と二人の小さな子と9歳の継子を持つアン・マリーは言いました。「あるとき、これでは翌日のストレスのたまる職場での一日に備えて、ゆっくりする時間もない、と気がつきました。継子のためにくたくたになってしまっていました。もちろん、そうさせたのは私です。継子のために全力を尽くさないといけない、自分のことはどうでもいいと思っていました」。

　なぜ、そうなってしまうのでしょうか？　なぜ、そこまで頑張るのでしょうか？　ステップファミリー研究の先駆者であるルシール・ドゥバーマン博士は、1975年の論文で次のようにわかりやすくまとめています。「継母がまずまずだと思ってもらうには、ずば抜けて優秀でなくてはならない」[237]。そしてずば抜けて優秀になるために、大きな代償を支払っています。1980年代半ば[238]、カナダの精神分析医カティ・モリソンとエアドリー・トンプソン＝ガッピーは、地域の心療内科に通う女性の一部に特殊な状態があることに気づきました。22人の女性は全員継母で、二人の研究者が「うつ病に類似した臨床像」と述べる症状で受診していました。しかし詳しく調べると、そのうつ症状には違いがありました。女性たちが悩んでいた症状には「家族の中での位置づけへのこだわりや不安、拒否反応、至らなさ、罪悪感、敵対心、疲労、自尊心の喪失」などがありました。モリソンとトンプソン＝ガッピーがこうした症状の原因を探ると、女性たちは実は特殊な燃え尽き状態にあることがわかりました。「意地悪な継母でないことを証明するために、継子に対し、ありとあらゆる世話をし、継母という役割を過剰補償していた」というのです。そして精神的な苦痛が表面化してきていました。二人の研究者はこうした症状が「著しく均一」であることから、患者が悩んでいる問題を「シンデレラの継母症候群」という新たな症候群だと考えられると提起しました。この症状で悩む継母は、継父に比べて継子と関わりが多く、継子の子育てにも継父に比べて大きな責任を期待され、

本人もそう感じています。また，実母同様に温かく接しようとします。

　モリソンとトンプソン＝ガッピーの研究をもとに，継母は「意地悪」だという偏見を返上しようと，過剰な埋め合わせをしていることが，その後，専門家によってわかりました。ある研究では，親のしつけや包容力を測る指標の多くにおいて，継母が継子に対して実母同様に肯定的に対応するとともに，否定的対応は実母より少ないことが継母の回答[239]からわかりました。社会学者でステップファミリーの専門家コンスタンス・アーロンズは，継母は良い継親になるための本を読んだりアドバイスを求めたりする[240]ことが，継父に比べてはるかに多いと述べています。長い間懸命に努力するので，ステップファミリーを「修正」できないと気づくたび，挫折感や拒否感がいっそう強まるのでしょう。

リスク要因5：ダブルスタンダードによる無力化

　インタビューした継母の多くが，根本的な不公平について語っていました。継子が継母を嫌ったり腹を立てたりするのは許され，（時にはあからさまに）奨励すらされています。継母にはそんなことは許されてもいなければ，理解されてもいません。大人でも「うちの最低な継母」と愚痴をこぼすのは稀ではありません。では，継子（年齢に関係なく）に欠点があると堂々と言える継母は，どのくらいいるでしょうか？　継子が強い怒りや不満をそのまま吐き出しても世間の支持が得られます。一方，継母の言動には，疑惑のまなざしが向けられます。

　ある夕食会で，招待してくれた友人の女性に促され，継子が校長先生をはじめとする先生やクラスメートや両親や継母にどれほど苦しめられているか，人生が辛いかと大げさに騒ぐ姿を真似て見せました。その場にいた十代を前にした女の子を持つ親が日々耐えている行動で，笑ってわかり合えるはずの場面です。実際そうだったのですが，一つだけ違いました。「あら，素晴らしい演技ね」とある四十代の女性がとげとげしく言い放ち，踵を返して立ち去ってしまいました。

　その後，私はその女性を見つけて気分を害してしまったことを謝罪し，なぜ

第9章　継母の悲しみと憂鬱：リスク要因を理解する　239

彼女を怒らせてしまったのか突き止めました。彼女が十代の頃,父親が離婚し,再婚したとのことでした。話してみると,彼女にも同い年の子どもがいるとわかりました。しかし,彼女自身の一番の立場は継子であって,私は継母でした。恐らく,彼女の中では,私が彼女の継母のように思えたのでしょう。当然ながら,二人の溝は埋まりませんでした。女性は警戒していたので,打ち解けて子どもや学校のことに会話が移ることはありませんでした。二人の間の壁は崩れませんでした。私は彼女に謝りましたが,一体何に対して謝ったのでしょうか？ 私が彼女の父親と母親を離婚させたわけでも,私の夫が私と結婚するために前妻と別れたわけでもありません。仮に夫がそういう理由で別れたとしたらどうだというのでしょう？ 私と継子の関係が,その女性と継母との関係に何か影響したというのでしょうか。私は苛立ち,戸惑いました。私たちは,それぞれ継母と継子という別々の立場でした。私たちはまったく見知らぬ間柄で,しかも私はあの女性より10歳ほど若かったにもかかわらず,継母と継子の力関係が及んでいました。彼女は私には心を開かず,私の良い面は認めず,私のことを「ステップモンスター」と呼んだことでしょう。

リスク要因6：サンドバッグ症候群

　完璧（あるいは単に合格点）になろう,愛され（あるいは単に好かれ）ようと悪戦苦闘しても,何の感謝も得られないのを継母ならご存知でしょう。時として自虐的ですらあります。「私の知らないことを話してみて」と言われ,継子は何でも継母のせいにすると継母が感じてしまうという研究について話すと,鼻で笑う継母も何人かいました。自分のせいでもないことを非難されているという気持ち[241]は,ステップファミリー研究者や専門家によって数多くの研究がなされていて,子どもが抱く父親への怒りが継母に投影されやすいことが確認されています。それはなぜでしょうか？ なぜ,両親の離婚を継母のせいにするのでしょう（たとえ父親が継母となる人に出会う何年も前に離婚していたとしても,そう思う継子は多い）。父親が子どもの行動を制限したり,お金を貸さなかったりすると,なぜ怒りの矛先が継母に向くのでしょうか？ 継母が新しいルールなどに賛成すると,継子はそのことで腹を立てますが,父親の

ことは無罪放免にします。アン・バーンスタインは，この原因は，継子にとって継母は父親に比べると，必要でもなければ，愛してもいないため，対立しても怖くない存在であるからだと述べています。

> 継［母］を家族の中で攻撃対象にして，より恐怖を感じる親子の対立を避けることがある。ある13歳の男子は，継母を苛立たせるのが面白いと明言していた。継母を煽り立てるほうが，より愛情を感じる父親を怒らせるより明らかに安全だからである。大人になっても，継子は子どもの頃の不幸や現在に至る不幸を，親から目をそらして継親のせいにすることがある[242]。

インタビューしたある男性は，十代後半に親が離婚，再婚していて，継母に責任をなすりつける典型的な例でした。温厚で成功しているアーティスト，トミーは皮肉っぽく，控えめで慎重に自分の家族の話を語りました。継母ともめたことは一度もないと言ったものの，その後，継母を「嫌な女」と形容しました。すぐ後に，ある意味「とても優しく傷つきやすい。人生を楽しんだことがないタイプで，多分気が滅入っていたんでしょう。働いたこともなくて。…そういう意味で全然尊敬できませんね。ただ守ってもらいたいだけですよ」。父親がお金にうるさいのも，継母のせいだと思っているようでした。「たまに父に航空券や治療費などを頼むことがありましたが，後でその話をすると父は『彼女はよく思っていない』と言っていました」。

私は父親が自分で断りたくないために，妻を言い訳に使ったと思わないかと聞いてみました。トミーは少し考えて「父は，あの人にノーと言えないんじゃないかと思います」と言いました。私はそこに込められた意味を考えましたが，何も言いませんでした。「もしかすると，父の言い分を認めてあの人を非難しているのは，私だけかもしれませんね」と考え込んでいました。その数分後，彼は継母が電話してきて会いたいとか，愛しているとか，アリゾナに遊びに来てほしいなどのメッセージを残していくことがよくあると言いました。「そう聞くと普通のいい人だと思いますよね」。そして否定するように首を横に振りながら言いました。「でも，私は本当のあの人を知っているんですよ」。その後

の一時間,トミーはどれほど父親に腹を立てていたかを語りました。その中で,彼が十代の頃,週に二度の父親と継母との「家族の晩餐」でどれほど惨めな思いをしたかに触れました。「二人はいつもピリピリしていて喧嘩ばかりでしたから」。

気乗りしていない,怒りっぽい思春期の子が,週に二度夕食にやって来るのがどんなものか,私には容易に想像できます。トミーは,父親と継母がピリピリしていたのが自分のせいだと考えなかったのでしょうか？ トミーのしつけや振る舞いについて二人の間に意見の相違があったかもしれません。私がそう質問するとトミーは本当に驚いたようでした。「いやいや」ときっぱり言い,「私のことでなんて喧嘩してはいませんよ。単に…いつも喧嘩してましたから」。どうしてそんなに確信が持てるかわかりませんでしたが,何も聞きませんでした。トミーには考えてもみなかったことでしたが,継母の私には明らかなことをそんなにもあっさり否定したことが気になりました。

インタビュー後,トミーはメールで「長々と喋ってしまった」ことを謝罪してきました。私が電話し,彼の考えが非常に興味深く役立つと言うと,「私の本当の怒りの矛先は父であって,あの人は父の周りにくっついているだけだと思います」とトミーは言いました。継息子がすべての責任を継母にずっと押しつけることなく,父親の欠点を認めるなんて,彼の継母は運がいいです。継子の多くがそれに気づかず,継母をスクリーンにして自分の怒りをそこにずっと投影し続けます。しかし,トミーのように成熟した知的な人でさえ,自分の行動が父親と継母の間に軋轢を生んだ可能性について,まったく考えたこともなかったことには,厳しい現実を痛感しました。

リスク要因7：サポートしてくれない夫

子連れ再婚に妻が適応できるか,家族をスムーズに機能させられるかは,夫に大きくかかっています。(第5章,第6章)しかし,ある研究でインタビューを受けた子連れ男性の半数近く[243]は,自分の子に対して妻が「もっと母親らしく」してほしいと望んでいました。そのような期待は女性の思いや希望と衝突します。子どもとの関係を築こうとして何度も拒絶されたり,落胆したりし

ていたらなおさらです。さらに残念なのは，夫の子の行動の問題を指摘したり，単に不平を漏らしたりすると「無視しろ」とか「気にするな。大したことじゃないだろう」などと言って，夫が問題を悪化させてしまうことです。それはストレスがいっぱいのところに，つまらないことに思われたとか，大事にされていない，無視されたという感情がさらに積み重なります。ひどい場合は，声を上げることすらできないと感じる女性もたくさんいるでしょう。58歳のミュージシャン，ペギーは「家族」旅行のエピソードを話してくれました。

　継娘の子を旅行に連れて行きましたが，飛行機での振る舞いは目も当てられませんでした。金切り声を上げ，おねだりし，拗ねて，癇癪を起こし，本当に恥ずかしかったです。当時6歳でしたが，まるで2歳児でした。そんなふうに振る舞っても大丈夫だとわかっていて，どこまで悪いことができるか試していたんですよ。夫は戸惑っているようでした。結婚してまだ日が浅かったのですが，どうしても許せなくて。子どもにやめるように厳しく言い，行儀良くしないと旅行は止めになるよと言いました。すると，なんとその一言で止まったのです。旅行は順調に行きました。お行儀も良くなりました。毅然とした態度を取るほうが良いと子どもも思っているのは間違いありません。［週末の旅行が］終わったとき，私は呆れて継娘の子の行儀の悪さについて言いました。すると，夫が激怒して言いました。「僕があの子のことをどうこう言ってもいい。娘の子だからな。僕は娘や娘の子育てを批判してもいいが，君は批判すべきじゃない。君にはそんな意地悪なことをいう権利はない！」。いい教訓になりましたよ。以来，継子や継孫に批判的なことは言っていません。あの日以来一言も。口を閉ざしています。夫の子の文句や批判は絶対言わないことです。

　ペギーは，夫の子ども（や孫）に何を期待していいのか，何を言うべきか，何を言っていいのかという自分の中の指針を捨てて黙り込むことにしました。しかし，自分の言いたいことを言わないのは辛いことです。ペギーの夫が彼女に批判しないでほしいと期待することは，翻ってペギー自身の期待になり，結婚生活やペギーの精神衛生に負担を強いることになります。外に出せない感情はどこかへやらなければならないのですが，抱え込んだり押さえつけたりする

と表面下で巨大化し,強い不満や不安,怒りや気分の落ち込みが複雑に絡み合ってしまいます。夫や夫の子（場合によってはその子ども）が,継母は継子を愛するものだと期待すると,妻との間の溝を大きくしかねません。

リスク要因8：専門家による偏見と悪影響を与えるアドバイス

　非協力的な夫には様々なパターンがあり,その一つが尻込み状態です。夫が妻と問題について話し合ってくれない場合,アドバイスやサポートを別のところに求めなくてはならなくなります。家族や友人の気持ちはありがたいのですが,残念ながら,ステップファミリーの複雑な構造や感情のこととなると,まったくお手上げです。子どものいる男性と一緒になると,頼みもしないアドバイスが洪水のようにやってきます。ほとんどが押しつけがましく,往々にして矛盾し,言うまでもなく役に立ちません。それを全部取捨選択しても,継母が目指すべき姿は見えてきません。しかし,耳障りな正論を聞いていると,継母は完璧にやり遂げなくてはならない,さもなければ大きな代償を払うことになると思えてきます。

親のようになりなさい。	親のようにならなくていい。叔母のようになりなさい。
継子との関係を作ろうと努力し続けなさい。どれほどひどい扱いを受けたとしても。	精神的に頑張りすぎないこと。
努力し続けなさい。手を差し伸べ続けなさい。愛はすべてを克服します。	継子に迎合してはいけない。尊敬されなくなります。
与えたものは返ってきます。与え続けなさい。	継子にないがしろにされたままにしてはいけません。
あの人は継子のためにとても頑張っています。だからうまくいくのです。[＝だからあなたも同じように頑張りなさい]	やめちゃいなさい。

最もよいアドバイスの一つは「大変ですよね。お医者さんに相談しましょう」です。専門家を頼りにするのは理にかなっていますが，セラピーが必ずしも解決にはなるわけではありません。「専門家」が必ずしもステップファミリーの人間関係や，継母の抱える問題に明るいとは限らないからです。「夫婦」カウンセリングの経験がある療法士でも，子連れ再婚の夫婦の治療経験はないかもしれませんし，「家族療法士」でもステップファミリーを扱った経験があるとは限らないのです。それも不思議ではありません。子連れ再婚が増えているとはいえ，ステップファミリー研究はまだ30年ほどの歴史しかない新しい分野なので，まだ新領域ととらえられているのでしょう。

　力になってくれる療法士探しをいっそう困難にしているのは，ステップファミリー研究の黎明期にはその研究自体が偏っていたことです。初期の研究はほとんどが，現在「deficit-comparison approach（欠陥比較アプローチ）」と呼ばれている方法で行われていました。心理学者や研究者は，ステップファミリーを初婚家族と比較して，結びつきが弱く対立が激しいといった点に注目し，概してステップファミリーには欠けているものが多いことに気づきました。この研究方法の問題は，アイオワ州立大学の社会学者で，ステップファミリー専門家のスーザン・スチュワート博士が指摘するように「こうした分析で『より劣る』結果が出たグループは，（単に質的に異なるのではなく）もともと欠陥があると思われてしまう」[244]と指摘しています。問題を中心に据えた研究[245]は，その思い込みを現実化（自己成就的予言）し，家族形態の違いが誇張され，同時に長い間，偏見を残してしまいました。

　ほとんどの研究者はすでにその方法を使っていませんが，いまだにその認識の影響を受けた考え方の専門家もいるようです。ミズーリ大学で行われた285人の療法士の，継親と継子に対する考え方の調査[246]では，多くの療法士が核家族とステップファミリーは異なると見なしていることが明らかになりました。また継親は，核家族の大人に比べて役割を果たせていない，適応力が低いと判断されていました。

　ステップファミリー研究では，もう一つの偏りが根強く残っています。それは研究が継母ではなく，圧倒的に継父に重点を置いている点です。86％程度[247]の未成年の子どもが主に実母と継父と暮らしていることや，家族と世帯

を同様に扱って（初婚家族ならそれも容易で正確ですが）いるために，パートタイムを含めた継母の研究は，継父の研究より重要度が低いと考えられているようです。しかし，この考えは二つの点で正しくありません。一つは，ステップファミリーでは住む場所が比較的流動的[248]で，子どもが二つの家を行ったり来たりする傾向があり，場合によっては何ヶ月間も，何年間も住むこともあります。ですから，「パートタイム」の継母が結局フルタイムの同居の継母となることが往々にしてあります（この取り決めが裁判所で登録されることは滅多にないので，公式ではありませんが）。もう一つは，パートタイムの継母は，フルタイムの継母よりずっと大変で，全般にわたって継父より困難な場合が多いことが数多くの研究[249]で示されています。こうした現実にもかかわらず，ステップファミリー研究で継子を持つ女性が死角となっているのです。

　そのため多くの場合，忠誠心の葛藤や継子の怒り，継母が継子の母親になるべきだという文化的な期待などの継母になる努力を妨害する外的な現実を，専門家が認識できなくなります。ステップファミリーが陥りがちな罠について療法士が知らないと，継母の抱える悩みが子連れ再婚の典型的な問題としてではなく，継母の内面的な問題（愛着のスタイルや家族歴，その他の問題）として指摘されてしまう恐れがあります。

　ステップファミリー研究者のエリザベス・チャーチ[250]は，心理学者や精神科医などの「支援専門家」の中にはステップファミリーを扱った経験やトレーニングを受けたという人もいましたが，多くのインタビュー対象者が支援を受けるのに大変な思いをした経験があると述べています。チャーチが話を聞いたマルタとウィルフという夫婦は，最初に相談した家族療法士に，結婚のせいで夫の子が心の傷を負ったと言われたそうです。責任と罪の意識を感じ，夫婦はそこには二度と「支援」を求めに行くことはありませんでした。その後の療法士もたいして変わりはありませんでした。マルタに激しい怒りを抱いている継子に対して，マルタがもっと「母親」らしく接するよう言われたことも何度かありました。たとえば，継娘がマルタの化粧品や服を無断で持ち出し，返さないことがありました。マルタがどう対応すべきか尋ねると，療法士は「母親と娘なら，よくあることです」と言い，そういう「共有」こそが「幸せな大家族」という思いを醸成するのに役立つと言いました。マルタが継娘に勝手に持ち出

されたことを苦痛に感じていることが，療法士には聞こえていなかったのか，あるいはマルタの反応こそ「異常」だと思ったかのどちらかでしょう。チャーチが指摘している問題は「ステップファミリーを，実の両親を中心にした離婚していない家族のように見なしてしまうと，療法士の助言は不適切あるいは有害になる可能性がある」点です。たとえば，女性に「もっと母親らしく」振る舞うようアドバイスするかもしれませんし，子連れ再婚の初期段階では衝突があるのが普通だと（療法士自身が知らないために），夫婦に伝えられないかもしれません。実際，療法士が子連れ再婚夫婦に対して行う最も重要なことの一つは，夫婦が悩み，うまくいかないと感じていることのほとんどが普通なのだと理解してもらうことであると，見識のある専門家の意見は一致しています。この心強い，元気づけられる見解は，大きな安堵をもたらし，夫婦を諍いや怒り，落ち込みから解放します。

　継母としての最も厳しい現実は，何一つ単純でないことと，何一つ期待通りにはいかないことです。子どものいる男性との結婚は，予期しないことばかりです。それに相当の犠牲も払っています。夢のマイホームや，二～三人欲しいと思う子どもを諦めます。夫の人生の最初で唯一の存在になれません。また，夫を独り占めすることは決してできません。これは夫や継子に関して継母が諦めることの一例です。しかしそれ以外にも夫や継子には関係なく，継母だけが完全に失ってしまうものもあります。恐らく一番辛いのは，継母になると大抵，自分が本来は好感を持たれる，いい人だと思っていたことを放棄せざるをえないことです。人によっては人生で初めて，嫌われ，拒絶され，怒りを買い，誤解される経験をすることになります。その辛さの原因は他人からの反応です。それは私たちを揺さぶります。しかし，もっと深い痛みが自分自身への反応から生まれます。それは「継子を我が子のように愛そう」という思いが，それは無理だという，隠れた不快な気づきに変わるときです。人生相談のコーナーに寄せられた，ある女性が継母としての経験を恐ろしいほど赤裸々に綴った手紙を紹介しましょう。

　　まったく情けない話ですが，二人の継子と一緒の家に住むことに耐えられません。夫は３年前，子どものすべての親権を取りました。…私は，子どもたち

が母親のもとへ行って隔週末にだけ来る夏休みを待ち望んで生きているようなものです。あの子たちが家にいると，ずっと不愉快なお客が来ているような気がします。…継子たちはいい子なのに文句を言ってしまう自分は，典型的な意地悪継母だと思えます。…でも，子どもたちを愛せないし，きっとこの先もずっとそうだと思います。以前は，自分が愛情を感じられないことが異常じゃないかと思っていました。妊娠中，出産で自分の中のスイッチが入るのではないか，…実子を愛することでその異母きょうだいも愛せるのではないかと期待しました。でも，そうはなりませんでした。実子には強い愛情を感じますが，継子には何も感じません。実際，あの子たちがいなくなれば，夫と娘と平和に暮らせるのにと思うことがほとんどです。こんなふうに思っていては，将来継子に悪影響を与えたり，問題が起きるのではと不安ですが，私には変える力がありません。本当は変えたくないのです。ただ，どこかへ行ってほしい[251]。

　この女性の助けと理解を求める訴えは，怖いほど正直で率直で生々しいので，読んだ人は顔をしかめるかもしれません。継子の立場なら，憤慨し，怒り，正義を振りかざして反発するのが目に浮かびます。「大人なんだから，克服しなくては」と主張するでしょう。継子のいない母親や夫が二度目の結婚である母親は「彼女おかしいんじゃない？子どものことでしょ。許せないわ。異常よ」。夫の立場なら，自分が結婚した女性が自分の子を愛してくれないどころか，好きになってもくれないと知ったら激怒し，決して許してくれないでしょう。
　確かにこの女性は，子どものいる男性と結婚することを選びました。だから，少しは予見できなかったのかと他人が思うのも当然かもしれません。しかし現実は，子連れ男性といっても私たちが選んだのは彼であって，そのときには，ほとんどの女性が夫の子どもに受け入れられ，私たちも子どもを受け入れ，すぐに愛情に満たされると信じ切ってしまっているのです。そして現実が始まります。継子はうっとうしく拒絶的だったり，敵意を剥き出しにしたりすることもあります。そうでなかったとしても，この女性の継子のように「いい子」だったとしても，継子は自分の子ではありませんし，継子の要求に応えようと自分をすり減らし，壊れる寸前まで追い詰められてしまうこともあるでしょう。私が話を聞いた女性は，継子から離れる必要性を感じたり，時にはほんの少しで

もどこかへ行ってくれれば少しは平和に暮らせるのにと願ったりする事実を，どうしたらいいのかわからないと打ち明けてくれました。継子が五分あるいはずっといなくなってしまえば，と感じたことのない継母はいるのでしょうか？　継子が永久にいなくなればと願って苦しんでいる先ほどの手紙の女性は極端な例かもしれませんが，そんなことを思ってもみない，独り言にも，密かに願ってもみたことがない継母がいるのでしょうか？　それなのに私たちは，彼女のことを「他人」事のように扱い，自分は違うのだと主張します。

　継母になるとほとんどの女性が，完璧で理想の自分—子どもに黙りなさいとか，出て行きなさいとか決して言わず，夫の子はもちろん，子どもに対して嫉妬や怒りや嫌悪感を抱くことなど絶対にない私—が失われてしまうことを嘆くことになります。手紙を書いた「ひどい女」は私とは違う，と自分に言い聞かせます。しかし実は，私たち自身なのです。継母になり，継母として暮らすと自分が変わっていきます。ステップファミリーが大変だとわかったとき，なんとかしようともがいているとき，拒絶と敵意を目の当たりにし，うまくいかないとき，それまで知らなかった自分がいることに気づき，耐え難い悲しみを感じます。

　それでもいいニュースもあります。多くの心理学者や心理療法士が，継子を持つ女性の支援について検討しています。全米ステップファミリー・リソース・センター（NSRC）は，ステップファミリーや継母について本当に精通している専門家を探すのに役立ちます。また，もし運良く継母の知り合いがいれば紹介してもらったり，その人から地域のサポートグループを教えてもらったりできることもあります。治療を申し込む前に，必ず聞き取り調査をしましょう。「再婚夫婦の治療に携わったことがあるか」「継子のいる女性の治療をしているか」と訊くだけでは不十分なこともあります。ステップファミリー問題専門機関やNSRCなどの関連機関で研修を受けたことがあるかといった具体的な質問をする必要があります。また，実際に何組の再婚夫婦やステップファミリーを治療してきたかも確認しましょう。

　ステップファミリーの専門家なら，最初に「心理教育」を行い，ステップファミリーで普通に起こることや対立や悩みがつきものであることを説明してくれるはずです。「たとえばステップファミリーには，喧嘩もあれば，内部の人と

部外者という位置づけがあること，継子を嫌いなのは普通だといったことがわかると，人として失格だと思っていたことが，普通なのだと思えるようになります」とNSRCのパトリシア・ペーパナウは言いました。ペーパナウらが勧める夫婦／ステップファミリーカウンセリングの次の段階は，パートナーに自分の思いを効果的に伝えたり，一緒に中間領域を作ったり（第6章）する，簡単な対人スキルを学ぶことです。三番目で最後となる段階は，内面の心理的問題に向き合うことです。「自分の生まれ育った家族に端を発する古傷が，ステップファミリーの環境で何らかの影響を与えることがあります」とペーパナウは言います。たとえば，自分の家族で自分が大切な存在だと思えなかった女性や，よそ者のように感じながら育ってきた女性にとっては，継母であることがことさら辛く感じられることがあります。しかし専門家は，この三番目の治療段階を最初に行ってはいけないと指摘しています。「各個人の持つ背景を探り，それが家族の中でどのような影響を与えているかを探るところから始めると，その人は厳しい状況に追い詰められるように感じることがあります。まるで，問題はすべて彼女にあると言っているようなもので，ひどいダメージを与えてしまいます」とペーパナウは言いました。「まずは，苦しいのは当たり前で，状況は改善できると女性に理解してもらうところから始めなくてはなりません。そのうえで次の段階に進むのです」。

Chapter 10

成人継子との関係
「終身継母」からの教え

　「継子が高校を卒業したら終わり」というのが，社会の暗黙の了解になっているようです。ステップファミリーの研究も，専ら年齢の若い継子に重点を置いています。書籍が扱う内容は，どうやって継子をサポートし，理解し，しつけるか（つまりそれができる子どもの年齢を想定）といった課題ですし，辛いときに友人が言ってくれる言葉は「頑張って。大学に行くまであと3年間よ！」でしょう。ステップファミリー研究者のスーザン・スチュワートの言葉を言い換えると[252]，ステップファミリーの文献や社会の考え方によると，ステップファミリー生活は子どもが18歳になったら終わるように思えます。

　これほど現実離れしたことはありません。西洋諸国では高齢化が進み，子どもが成人した年配の親が[253]，死別や離別後に別の人とつきあったり，再婚したりする可能性は高くなっています。また，70年代，80年代に離婚件数の増加に伴って形成されたステップファミリー自体も，歳を重ねています。つまり，かつてないほど多くの成人の継子とその継母がいるということです。そのうえ，二十代の若者はキャリアを形成し，自分の住まいを作り，結婚して家族を作るのに以前より時間がかかり，三十代になっても思春期が続く[254]こともあります。これが最近の「より長期にわたる，より関与の大きい子育て」の潮流[255]とあいまって，成人の継子と親の経済的，精神的関わりが今までになく強まっています。老齢人口の増加，思春期の長期化，「親業の負担増加と長期化」によって，継子問題は時間の経過とともに楽になっていったり，「自然に解決」したりせずに複雑なままで，場合によっては，もっと複雑になります。いつもはとても元気なある女性が，疲れた笑みを浮かべながら話してくれた，成人継子に

まつわる経験は，私がインタビューした五十代，六十代の女性の心情と重なっています。「継子たちが家を出て自分の道を進み，自分の生活で忙しくなれば，ストレスも減るだろうと思っていました。でも，終わりは見えません」。

「父親の妻というか関係ない人」
——成人継子に関わる課題

　十代後半以降，遅い人は五十代になって継母ができることがありますが，それを重要視しない人は大勢います。「父が再婚したのは私が家を出た後だったので，継母といってもあまり関係ありません」とか，「私もきょうだいたちも，もう大人なので，ほとんど問題ではありません」というのが，私が話をした成人継子が口々に言った言葉です。しかし，関わらない態度とは裏腹に，継母の欠点を並べて，父親が選んだ伴侶にがっかりした理由を事細かに挙げるのです。これはステップファミリー歴が長くても短くても同じです。一番不思議なのは，そうした継母への不平が一見するとかなり些細なことで，善意ある大人なら難なく受け入れられることなのです。

　　　あの人，趣味悪いんです。

　　　よそよそしい冷たい人です。

　　　働いたこともなくて。全然尊敬できませんね。
　　　自分の人生ってもんがないんですよ。

　　　何がしたいのかわからない。

　　　子どもを連れて行くと，あの人はすごくピリピリしています。子どもは散らかしたりするものでしょう，それが気に障るのがわかるんです。

　　　基本的にペテン師です。

　驚いたのは，インタビューした大人たちが，精神的にも成熟し，うまくやっ

ているにもかかわらず,「引っかかって」しまっていることや,ある三十代の女性のように「父親の妻というか関係ない人」などと,父親の新しい相手を認めない頑なさでした。私は,なぜ成人した子が継母に親しみを感じないのか,またその逆もしかりなのかを理解したいと思いました。なぜ,基本的には社会性のある大人同士の間に嫌悪感が続くのでしょうか？　たまたま継子と継母になっただけで,個人としては普通に人から好かれる大人であるにもかかわらずです。そして,成人継子のいる継母はどうすればよいのでしょうか？　どんな特有の課題や選択肢があるのでしょうか？

　まずは,現実的に状況を確認してみましょう。「状況は今よりきっとよくなる。そうならなかったら失敗同然だ」という予測や希望から抜け出すと,とても楽になります。ある女性は次のように語りました。「年月が経ち,過ごした時間が長くなったおかげで,以前より気楽に過ごせるようになったのが,良かったことです。気心が知れて,心地よく感じます。悪いことと言えば,状況がいろいろ変化し,いまだに継子のことや夫と継子の関係とか頭にくることがあることです。一つ教えてあげましょう。生活が変わり,お互い歳をとるにつれ,新たなことが出てくるんです。全体的には最初の数年に比べれば楽になったけれど,まだ決して楽だとは言えませんね」。

　「父親の妻というか関係ない人」のような呼び名の問題は,継母と成人継子の緊張関係を解明する最も重要なヒントになるのではないでしょうか。呼び名は根底にある重要な構造的問題を表すので,成人継子にとっては継母との関係を決める非常に現実的な難題です。多くの専門家が述べている通り,人生のこの段階に至っては,親はもちろん,他人からの支援を必要としなくなっています。この発達段階での急務は,独立,つまり自分自身の生活と仕事を持ち,結婚し,自分自身の家族を作ることです。継親歴にかかわらず,継親は以前にも増して「余分」な存在で,余計な負担と思われがちです。三十代の継子の女性はこう言いました。「継母はまあ悪くないんですが,私はやることがたくさんあるし,時間がないんですよね。父に電話するたびに彼女とおしゃべりはできないのに,そうすると嫌な顔をされて。毎回同じことの繰り返しなんだから,必要ないんですよ」。継母から見れば若い継子が家族から離れて行ったり（逆に離れられなかったり）すると,夫の家族の一員となるきっかけを作ろうとし

ている自分の役割が，いっそう曖昧になります。私は誰？　彼らは誰？　お互いにとってどんな存在？　どう接すればいいの？　成人継子を持つ女性にとっては，いっそう難しい疑問となります。48歳のオリビアはこう言いました。

　　出会った時期がかなり遅かったので，私が母という感じではありません。継子には，父親にパートナーがいることがどれほど大事かわかってほしいし，きっとわかっていると思います。私のことを労わるべきだとか，そういうことではありません。ただ，私を認めて，礼節をもって接してほしいだけなんです。それが目標かな。あと少しです。…実は夫とつきあう前，彼の娘の一人と友だちでした。私と同年代なんです。夫とは彼女の家で開かれたパーティーで出会いました。だから私たちの間には母と娘のような関係はありません。でも正直それが何かわかりませんが，年月を経て再び友だち同士になりました。

　また65歳のサリーは，こう言いました。「あの子たちの父親と結婚して25年ですが，傍観者のようになったと思います。継子たちは自分の生活で忙しいし，私は私で忙しい。私の期待も下がりましたが，必ずしも悪いことではないですよ。それでもまだ頭にくることはありますが，今はその中で役者として演じているというよりは，それを見ている立場です」。
　役割の曖昧さや成人継子がずっと持ち続ける迷い，つまり本人は気づいていなくても，継母を認めることは実母への裏切りだとか，父親が継母を愛するのは子どもと実母への裏切りだといった感情が，事態をより複雑にしているのでしょう。『パパが，あなたのママと結婚した：作家が継親，継子とその周囲の人について語る（*My Father Married Your Mother: Writers Talk About Stepparents, Stepchildren, and Everyone in Between*）』の『ステップショック（*Step Shock*）』の中で，キャンディー・クーパーは，父親の再婚の日を次のように書いています。

　　私の夫より1歳年上の新しい継母は，見るからに幸せそうで，みんな上機嫌でお祝いしていました。私は暗くしたホテルの一室で，熱を出して休んでいました。医者はものもらいの抗生物質を処方してくれましたが，私は別の原因だと疑っ

ていました。それは,「ステップ熱」という悲しみの疫病です。私は,父親が幸せだという証拠を探そうと,目を光らせていました。新しい継母が相当努力して,私たちみんなを家族の輪の中に入れようとする姿や子どもへの愛情,父の病気への気遣いは心に刻まれはしましたが,かすかでしかありませんでした。父の幸せについては,適切なレベルが見つかりません。低ければ良くない証拠ですし,高すぎるのは裏切りになったからです [256]。

クーパーの例は,わかりやすい事例です。母親を亡くし,父親との間だけにある親近感や,互いに一番であることまでもが失われてしまうのではないかと恐れる子どもの悲しみです。この作品を調べた社会学者のスーザン・スチュワートは,成人継子の課題 [257] が基本的には未成年の継子と変わりがなく,影響力も同等だと結論づけています。こうした課題には,親の再婚による拒絶感や裏切られた気持ち,親や継親に対する怒りや,自尊心の喪失,同い年の継親を認めることの葛藤,夫婦が手をつないだり抱き合ったり,いちゃついたりする姿に対する嫌悪感,継親と親しい関係を築くことへの親からのプレッシャーにうまく対処できないことなどの悩みがあります。

成人継子が父親の再婚後何年も不調を感じ,回復できない話は,第3章で紹介したアニーとの話で痛感させられました。アニーが母親の死後から1年後の父親の結婚式の話をしながら,私の事務所で泣きじゃくるのを見て,私はいつもの「サポートしながらも中立的」な立場を忘れ,もらい泣きしてしまいました。クーパーのエッセイやあの日アニーから学んだことは,父親の幸福によって亡き母親が父親の一番大事な人ではなくなると同時に,自分自身も否定され,一番でなくなるように感じられるということです。

父はたった1年待っただけで再婚しました。必要最低限の期間ですし,それも姉がそれ以上早めるのは適切ではないと言い張ったからです。父がさっさと立ち去ってしまうように感じました。とにかく,母が亡くなってたった14ヶ月後,継母が自身の三度目の結婚式で真っ白なドレスを着ていたわけです。考えさせられてしまいました。式の間中,ずっと泣いていました。あれから9年になりますが,今でもあの時の気持ちは鮮明です。…もう少し待ってくれたら,

第10章 成人継子との関係:「終身継母」からの教え 255

そういう良識があれば，と。

　継母にとっては，子どもが抵抗するのはもっともだと思えますが，それが大人だとより不快な気持ちになり，受け入れ難く思われます。どんなに優しくて共感できる人でも，できる限りの努力を注ぎ込んだ成人継子が父親の結婚式の間中すすり泣いていたら，いい気分はしないでしょう。
　アニーの話は続きました。「最近，自動車修理会社から電話があって，その配車係が「ご両親を空港でお乗せしたところです」と言いました。そんなふうに，父と継母のことを「ご両親」と呼ばれると，グサっときます」。アニーはこのことを継母には話さないでしょうが，継母を避けたり誘いを断ったりするでしょう。こうして結婚式から10年近く経とうとしていても，お互いに猜疑心と誤解を抱いたまま膠着状態が続いています。インタビュー後半で，もし遅まきながら，二人のどちらかが歩み寄ったらどうなると思うかを尋ねると，アニーはこう言いました。「私が継母をランチに誘ったら，彼女どう対応するかって？（笑）それはいい質問ですね。彼女はきっとそこに現れ，私が何を企んでいるか訝しむでしょう。逆に，向こうからランチに誘ってきたら，何らかの思惑があるからだろうと考えると思います。たとえば家の鍵を返してほしいとか」。
　父親の離婚と再婚が，成人した子に意外なほど激しい悲しみや葛藤，苦痛をももたらすことがあります。成人継子の心理的課題についての論文を書いている，数少ない研究者の一人であるイギリスの心理学者サラ・コーリーは，彼らの愛着スタイルが不安定だったり，両親の離婚に関する未解決の問題を抱えていたりすると指摘しています。これには「自己と他者の関係についての考え方や，人間関係の安定全般についてのイメージに対する不適応」[258]も含まれます。ニューヨークの精神分析医ステファニー・ニューマンはこう言っています。「年齢にかかわらず親の離婚を経験した子は，人間関係全般をあまり信頼していません。これは父親と継母の結婚に対する敬意が低くなるだけでなく，継母と関わることへの動機があまりないということです。『何か意味があるのか？』と感じる成人継子もいるでしょう」。
　成人した子が，親の離婚が永続的であることを受け入れ，理想の家族像の喪

失を悼んで，なんとか「折り合いをつけた」としても，なお困難が残るとコーリーは強調しています。そして中でも，成人した子を持つ男性と結婚した女性が抱える，最大の課題の一つに注目しています。離婚すると，成人した子と親の結びつきが非常に強く，密接になります。時として，仲間や配偶者のように感じることもあります。コーリーは次のように記しています。

> 私の経験では，生まれ育った家族が崩壊すると，親と成人した子の絆が［特に］密接になります。これは，［以前より］親と子が互いにサポートできる大人同士の関係であることを反映していると考えられます。したがって，継親はこの絆を邪魔するものと見なされ，怒りや嫉妬，ライバル心といった感情が生じます。これが長期間解消されないと，その感情が自尊心や安心感を脅かしかねません[259]。

コーリーの臨床研究結果と上記の説明は，成人のほうが小さい子どもより「継母ができる」ことや「継母がいる」ことに対して問題を抱えやすいという，以前は考慮されていなかった可能性を示しています。成人した子と親の親密さは大変特殊で，小さい子どもと親の親密さを超えることもあると，コーリーは指摘します。そのため，常識とは逆に，成長した子には継母の登場が脅威になりえるのです。第1章で紹介したギャビーが夫のプライスと結婚したのは，彼の子が20歳前後の頃で，ギャビーとほぼ同世代でした。夫と前妻は，何年も問題を解消できず別居していましたが，前妻も成人した子も予想通りギャビーのせいにしました。夫の子がギャビーに年齢的に近いからといって楽になるわけではなかったと，ギャビーは言いました。

> 決まり文句みたいなものじゃないでしょうか。お父さんが自分たちと近い年齢の人と結婚するなんて，「ウエッ」みたいな。でも，問題の大部分は，母親から恨みつらみを引き継いでいて，自分もそうしないといけないと感じていたことです。私たち正確には，私はいろんなことに誘われませんでした，「お母さんが不機嫌になるから」という理由で。…でもあの人たちは，私に感謝すべきですよ。夫とつきあい始めた頃，彼はタバコを一日に三箱吸い，四六時中お酒を

飲んでいたんです。わたしはそれを止めるよう手を貸し，うつ病の治療も受けさせました。今の夫を見てご覧なさいよ。

ギャビーとプライスには15歳になる娘がいます。夫には二人の成人した息子がいて，そのうちの一人は年に数回やって来ます。二人との間柄を「少し緊張があるけれど，良くなっている」と言っていました。しかし，成人した娘のジャニンは，もう5年近く音沙汰がありません。娘は自分が父親のせいで傷ついているという口実を探し，自分がのけ者にされ一番なおざりにされた子だと妄想しているみたいだと，ギャビーは言いました。

　　夫の子が全員結婚式に参列してくれることが，私にはとても大事なことでした。その後，事あるごとに会う機会を作ってきて，…そのときは彼女とも親しくなったと感じていました。でも，いつも緊張はありましたよ。特に彼女の〔出産〕後，程なくしてスーキが生まれてからは。いつも不満げでしたね。自分が父親に一番愛されていない証拠を探しているみたいでした。プライスは誰の電話でもせっかちなのですが，こんなことがありました。彼があっという間に電話を切ってしまったので，彼女は兄弟にそのあまりの早さに傷ついたと言ったそうです。そのすぐ後，スーキがヨチヨチ歩きだった頃，継息子が遊びに来て，成り行きで泊まっていくことになったんです。継娘は，自分はうちに泊まったことはないのになぜ弟だけ，と感じたらしく，結局私たちのせいになってしまいました。真偽のほどはわかりません。それ以来，口をきいていませんから。

女の子の継子は，継母に対して強いライバル心を持ち，その存在にひどく脅威を感じること（第3章，第4章）が研究でわかっています。それに加え，往々にして若い娘は再婚前に父親と非常に強く結びつきを築くことや，自分と歳の近い継母ができる戸惑いや，継母を好きになると母親が苦しむとの思い，出産直後に継母も出産して自分たちの影が薄くなってしまうとの思いもあります。こうした現実は，健全な成人の子にとっても難しい課題です。しかし，過度に母親と同一化し，遠い過去であっても両親の離婚に端を発する自己価値の傷をいまだに癒している子にとっては，そうした課題は人間関係を破綻させる原因

となります。残念ながら，成人した継娘が変化に順応できない，あるいはアンバランスな状態に馴染めないと，何年にもわたり自己防御を強めることが多くなります。子どもには真似できない方法で怒りを正当化し，大人だけが持つ武器，つまり永久に立ち去ることもできます。

　発達学者によれば，二十代という，ギャビーがジャニンに出会ったときのジャニンの年齢の特徴は，生まれ育った家族と離れ独立したいと願うと同時に，一緒に協力し合いたいと願う二つの葛藤だといいます。成人継子が，親密さと孤立の両立という典型的な発達上の難問を解決しない限り，継母は絶好の不満のはけ口となってしまいます。サラ・コーリーは，ルイーズという患者が嫉妬や不安，履き違えた母親への忠誠心によって，若い継母が仲良くしたい，コミュニケーションを取りたいと近づいてきても，毎回拒絶してしまう様子を説明しています。しかし，ルイーズができたのはせいぜい継母を近寄らせないことだけでした。継母はどこへも行きませんでした。この現実にぶつかり，敗北感を感じ，ルイーズはうつ状態に陥りました。次のコーリーの記述は，私がインタビューしたどの成人継子にも当てはまるでしょう。「父親の愛情を継母に取られたようにルイーズには感じられた。継母の出現は，自分が受け入れてもらえるか，価値ある存在かという不安を引き起こしたのではなく，再燃させたのだ」[260]。コーリーは，ルイーズの問題の大部分は内面の自尊心の問題で，それを継母という外部の存在にすり替えていると説明しています。継母は「悪そのもの」になり，その行動は「不快に感じた」とルイーズは語気を強めて言いました。たとえば，継母がルイーズに接触しようとすると，ルイーズは土足で踏み込まれた気がしました。継母が距離を置くと，今度は父親から無視され，切り離されたように感じました。ルイーズは母親を離婚の被害者と思っていたので，継母とのつながりを持つことは「間違い」だという気持ちがいっそう強くなっていました。

　コーリーは，成人した継子について，継母の女性が抱えやすい特有の問題を説明しています。それは，継母子の関係の問題や一般的な問題を話すべきか，話すならどう話すべきかの答えを見つけることです。成人した子は父親の再婚に対する迷いを弱さや「未熟さ」だと思い避けてしまうことが多く，解消されないまま残ってしまいます。しかし，実親や継親がこのことを話そうとすると，

成人した子にとってはコーリーの言葉で言うと「過度な配慮や，親や継親のサポートは，立ち入りすぎで不適切だと感じられ」[261]，拒絶されることでしょう。この発達段階において継母が抱える難問は，他の発達段階と同等どころか，それ以上です。ルイーズが言うように，継母が頑張れば押しつけがましく，出しゃばりだととらえられてしまいます。逆に頑張らないのは，関心がないとか「冷たい」証拠だと思われる危険があります。

しかし，成人の継子は自分自身を熟知し，複雑な感情を明確に表現できるため，成人継子の心理だけでなく，子どもの心理に関する研究にも素晴らしい知見を与えてくれます。たとえば，作家のアンドリュー・ソロモンは，エッセイ『オペラ好きの継母との出会い（*On Having a Stepmother Who Loves Opera*）』の中で，妻を亡くした父親が始めて真剣につきあった女性と会ったときの様子をこう描いています。

> その夜の段取りをして，僕はその女性の隣に座った。15年近く経った今なら，ボビーはニューヨークで屈指の素敵な人だと言えるが，その夜，彼女の隣に座った僕は，彼女の一言一言にムッとし，家に帰ると父に手紙を書いてボビーは最悪だと訴えた。父は電話を寄こしてきて，二人して泣いた。…みんな辛かった。彼女は自立した一人の女性であると同時に，僕にとっては悲しみを表現する場だったから，この二つは必ずしも両立しなかったのだ[262]。

ソロモンがボビーを「自立した一人の女性であると同時に，僕にとっては悲しみを表現する場だった」と思っていたのは幸運と言えるでしょう。成人した継子の多くは，継母の人となりを認めたり，目をやったりできず，変化に対する動揺というプリズムを通して世の中を見ています。ですから，「ニューヨークで屈指の素敵な人」が敵へと変貌するように，人が問題になってしまいます。

ソロモンは，父親がパートナーを見つけたことに明らかな葛藤を覚えていますが，彼と弟は何ヶ月後に父親の次の恋人サラに会い，父親とつきあうのを認めようと決めました。ソロモンはウィットに富み，知的でおおらかなサラに「惚れ込んでいた」と認めています。しかし，いよいよ結婚という段になり，すっ

かり親しくなったサラから結婚式の日取りはいつがいいかと相談されると、ソロモンは裏切られた気持ちになり激怒しました。「自分でも驚いたが、激しい怒りを覚えた。まるで繊細な生態系が崩壊したようで、精神がかき乱され、現実とつながっている感覚を揺さぶった」[263]と書いています。「父が再婚するのは当然だという考えが、父が母と積み重ねたものを台無しにしてしまうような気がした」。ここでも、キャンディー・クーパーやアニーが言っていた、自分と母への裏切りだという思いが表れています。

　そして、事態の核心、恐らくもう一つの核心にたどり着きます。年齢にかかわらず継子となる人を悩ます、権限とヒエラルキーという恐ろしい問題です。「それに［二度と結婚はしないと言っていた］父が翻したことも気に食わなかった」[264]とソロモンは書いています。「父は自分の言ったことを翻すような人ではないので、他人のために意思を翻したという事実に嫉妬した。それに、私や弟に相談せずに重大な決断をしたのだ」。

　継子が、父親の再婚の時期や再婚の是非自体に口出しする権限があると思っていることにうなずく継母は多いでしょう。父親の交際相手を決定する権限があると思い込んで、ソロモンがボビーのことで手紙を書いたことと重なります。夫の長女が私と二度目に会った後に言った言葉を思い出しました。「いい人だとは思うけど、パパとは結婚してほしくない！」夫は、娘の気持ちを大事にしているし、母親以外の人と一緒になるのが辛いのはわかるけれども、再婚するかどうかは自分自身が決めることで、娘が決めることではないのだと伝え、誰がどこまで踏み込んでいいのかの範囲をはっきり示しました。成人した継子の場合、しつけの段階は過ぎていますし、父親との関係も子どものように必要性からではなく、仲間のような存在として自ら選んでいるために、こうした線引きをするのは容易ではありません。また、クーパーやソロモンのケース同様、母親と死別している場合は、より辛いものです。新しい人を受け入れれば、死によって理想化された母親が遠ざかり、完全に離れてしまうような気持ちが強くなります。

　しかし、成人の継子は他に何を恐れているのでしょうか？　ソロモンは、孤独や喪失、敗北感への原始的な恐れを抱かせる疎外感、そして、愛する親を自由にできないことだと示唆しています。

父とサラの関係は，私のお気に入りプロジェクトであったが，もう私の手の届かないところへ行き，父たちだけのものになってしまった。結婚式が近づいてきた。…とても辛く，私の憂鬱さに輪をかけた。底なしの不安が大きな口を開けているように思われた。サラと私の意見が違ったら，父はどうやって二人の希望をかなえるのだろう？　母であれば決して問題にはならなかった。父と母は一心同体だったから，父は母の望む通りにしていたが，それはほとんどの場合が，一番私のためになることだったのだ。私の中にあった不安は，父の立場が弱くサラの言いなりになるのではないか，私がサラを敬遠すれば結果的に父を失うのではないかということだった。私は過去の重みを主張し，サラは現在の重要性を求めているのだ 265。

　この複雑な思いの文章に込められたもの（そして，真っ正直な気持ちと同様に印象深いもの）は，サラがソロモンの母親ではなく，ボビーと同様，彼とは別の意思を持った人間であるという気づきです。サラが典型的な意地悪継母のようにソロモンを不幸にしたり，追い出したりする可能性によって，彼のこれからの人生が，母親でない人に対し，無力で傷つきやすい子どもの（少なくともこの思いに囚われているときは）葛藤に塗り換えられています。サラは温かく，愛情深く優れた人で，誰も気づかなくてもソロモンの大叔母の褪せたカーペットやささくれに気を配るような人です。それなのに「父が自分より彼女を大事にするかもしれない」という意識の中に隠された意地悪な人になるのではないかという恐れが，ずっと脅威となっているのです。ソロモンはそれをわかったうえで「根深い妄想」と呼んでいます。なぜなら，その思いは奥深いところにある原始的で，揺るぎない感情だからです。

　オーバーン大学のステップファミリー専門家，フランチェスカ・アドラー＝ベーダーは「特に小さい子どもは，両親とつながっている必要があります」と言いました。そして，ステップファミリー専門家のエミリー・ヴィッシャー博士とジョン・ヴィッシャー博士の研究を取り上げ，子どもは「継親の存在を基本的な人間の欲求に対する脅威として認識し，説明していました。成人でさえ，か弱く，一番情緒的な結びつきが必要だと感じていた頃の自分に戻ってしまう

ことがあります。だから継親が長期間にわたり脅威と受け止められることがあるのです」と説明しました。

　成人の継子が，継母が来ることの深刻さを否定したとしても，実際は大きなハードルを越えなくてはなりません。これは，怒りや嫉妬，場所を奪われた気持ちが，最終的には，継母が「台無しにした」という感情に変わるということです。「父親に拒絶された，置いていかれたとの思いは，継母の粗探しに形を変えて表れます」とステファニー・ニューマンは言いました。大人の多くがこの関係を「父親が再婚したときはもう大人だったから」と片づけてしまいますが，継母にとっては「問題なし」とか「取るに足らない問題」などと簡単にくくってしまえません。夫と結婚したときに継子が二十代，三十代，あるいはそれ以上であろうと，あるいは何年も前に結婚して継子の成長を見守ってきていようと，人生後半も継母として数えきれないほどの問題や課題を経験するでしょう。サリーはそうした問題に苦労しているようでした。

30年間の継母生活
——サリーのケース

　サリーに出会ったのは20年ほど前でした。サリーは，私も含め，誰もが「あんなお母さんがほしい」と思うような人柄です。サリーが夫のダンと結婚したのは25年前ですが，つきあい始めてからは30年になります。夫の四十代になる二人の子との関係は，30年という年数だけでなく，(サリー，夫，継子の)たくさんの生活の変化の積み重ねでもあります。サリーには成人した実子が二人います。現在は成功し，子を持つ親となった息子と娘は，高校生の頃，サリーとダンとともにサンフランシスコに住み，今でも近くに住んでいます。ダンの子はサリーの子と歳が近く，やはり高校生の頃，母親と一緒にサンフランシスコに住んでいました。二人も成人し，それぞれ東海岸と西海岸に住んでいます。サリーは北カリフォルニアで家族療法士の仕事をしていましたが，最近退職しました。また興味深いことに，何年もステップファミリーのサポートグループを運営していました。現実派のサリーは，最近自分自身について「昔は継子のために一生懸命だったけれど，現在は前より少し疎遠になった」と言っていま

した。また，こうも言いました。「継母友だちはみんな幸せの条件が低いの…実際，私も幸せとは呼ばずに，平和と呼んでいるのよ」。サリーには何人も孫がいるので優先順位をつけざるをえません。「実子がいて，継子がいてその子どもがいて，実の孫がいるんだから，できることは限られてるのよ！」何年もの葛藤を経た後，比較的最近になって，離れたところから冷静に継母業を見られるようになったことについては「自分であれこれ管理するのをやめるようなもの。そうしたら別の世界を外から見ている傍観者みたいになれるわ」と言いました。

　サリーは紅茶のカップを手に，オフィスのソファーに腰を下ろしながら，私の服を褒めました。それはいかにもサリーらしいと感じました。サリーの話を聞かせてもらうために，時差ボケを押してわざわざ来てもらっているのに，サリーは他人に関心を示し，優先してくれる度量の持ち主です。そんな寛大で母性的な温かさを持つ彼女が，最初のインタビューでは，継子に対して自分が「わがまま」だとか「意地悪」だと何度も心配していたことが似つかわしくありませんでした。

　　継母は禁句だと思います！　誰も聞きたくないんです。今まで何度か，継母がどれほど大変か，どれほど気が進まないかを率直に話したことがあります。すると，何が問題なわけ？という感じで私を見るんです。今回お話されたいと聞いたとき，ずっと考えていました。まさか，私と話したいわけがないって。今はもう，継子に対してそんなに頑張ってはいません。あの子たちのことがそんなに好きでもないし，やってあげる元気もないことに罪悪感を感じることがよくあります。それでも何とかするのが，あなたの仕事でしょうと思うかもしれません。でも，私にとっては，セラピーを行うのは他人から学ぶという手段だったりするんです。…以前はいい継母になろうとすごく頑張っていましたが，今はね。…親であることは結婚生活にとって負担だけれど，継親であることはもっと負担が大きいとわかりました。それに，祖母であり，継祖母でもあるなんて，本当に盛りだくさんです。少なくとも継子の一人は私にもっと「おばあちゃんらしく」，もっと関わってほしいと思っていると思います。

様々な役割から生じる負担

　フランチェスカ・アドラー＝ベーダーによれば，サリーはこの年代の継母の典型だといいます。実子や継子との関係だけでなく，義理の娘に義理の息子，義理の継娘に義理の継息子，それに孫や継孫との関係も出てくる年代です。そこまで考えるとなると，すべての関係をうまく回していくにはフローチャートが必要なくらいです。アドラー＝ベーダーはこのように解説してくれました。

　　この年代の女性は，割り切って，優先順位をつけるべきときもあります。人間関係が非常に多くなりますから。あちらもこちらも立てなくてはならないだけでなく，母親，継母としての期待はもちろん，継祖母，祖母としての期待もされてしまいます。この時点で，自分の結婚生活と実の孫のほうを大事にする選択もあるでしょう。継孫を愛する血のつながった祖父母がいるのですから，極めて中立的な決定で筋が通っていると私は思います。でも，継子は何か理由をつけたがるかもしれませんし，目のかけ方を変えるのは何か裏があると勘ぐったり，不公平だと思ったりすることもあるでしょう。

　サリーが言う通り，引き下がるという行為は冷たいと受け止められることがあります（「少なくとも継子の一人は私にもっと「おばあちゃんらしく」もっと関わってほしいと思っていると思います」）。

　事態をいっそう複雑にしているのは，役割から生じる負担が成人継子をも悩ませることです。実際，成人継子は四つの家族（母親，父親と継母，義理の父，義理の母など）を行き来して良好な関係を保ち，「家族の休暇」を望む人たちを喜ばせるべく努力しているからです。家でゆっくりするのではなく，小さな子を連れて遠出する苦行をしていると，疑問や不満につながりかねません。継母が実子や実の孫ばかりに目をかけるのはおかしいとか，不公平だと成人継子が感じるタイミングが休暇の時期にあたるのは，こうした理由によるものです。休暇はステップファミリーの火種になりがちです。サリーは大家族で過ごした最近の休暇についてこう語りました。

［夫の息子の］アイザックが，クリスマスに妻子と義理の母と一緒にこちらへ来ることになましたが，私の息子夫婦は，彼らを迎えることを快く承諾してくれました。私は準備を手伝い，小さい子どもたちの相手をして忙しくしていました。すべて順調に行ったと思っていました。でも，その後アイザックから夫に電話があり，みんな「バカにされ」，無視されたように感じたと言ったそうです。夫はショックを受けました。すべてうまくいったように見えたのに！　アイザックは「それに［娘の］体操大会にも来なかったよね。サリーだったらもっともだけど，まさか父さんが来ないとは」と言ったそうです。私は本当に驚きました。何年も継息子のために一生懸命やって来て，努力もしたと思っていましたから。だから，すごくがっかりしたんです。

　年に一度の体操大会にはいつもサリーと夫のダンも出かけるのですが，会場が家から七時間かかるうえ，2ヶ月後にまた出かけて全員に会うことになっていたので，その年は単に行かないとアイザックに伝えていました。そうした諸事情とは関係なく，行かなかったことがアイザックの感情の奥深くに突き刺さり，のけ者にされる，ないがしろにされる，「二番目」の存在といった昔の感情を呼び覚ましたようです。その後の春休みには，ダンの娘のノラと夫とまだ10歳にならない四人の元気な子どもたちが，ナパバレーにあるサリーとダンの別荘にやって来ました。そこでノラが口にした言葉は数ヶ月前に兄のアイザックが感じたことと同じだったでしょう。サリーはこう言いました。

　　子どもたちは，まるで竜巻のようにやって来ます。いい子たちですが，ノラ夫婦は決まりごとをあまり作っていないので，すぐに大混乱が始まりました。リビングでレスリングを始め，テーブルをひっくり返しそうになったので，言いました。「ここは運動場じゃないのよ。レスリングはダメだよ」って。子どもたちは特に何も思わなかったようですが，ノラは何か言いたげに私を見ました。その後，2歳の子がバターナイフを持って歩き回っていたので「代わりにおもちゃを渡してもいいかしら」と言うと，［ノラは］またイライラしていました。そして，「帰ってほしいわけ？　いつでも帰りますから」と言ったのです。「そうじゃないのよ」と私が言うと，ノラは「こういうのが問題なのよ。子どもの頃，あ

なたの実子がいつもひいきされていたみたいに」と言いました。私は「あのね，私はあなたのことも愛してるし，ここにいてほしいとも思ってる。ただ，子どもたちを少しおとなしくさせようとしてるだけ。もういいじゃない」と返しました。［ため息］でも，本当は叫び出したいくらいでした。ね，うちの継子はマイペースで少し変わってるんです。

精根尽き果ててしまう継母

　30年間にわたる，責められた，仕組まれたという気持ちはもちろん，ノラがずっと続いていると言った「問題」への我慢も限界に達してしまうことは容易にわかります。成人した子が，遠い過去に，自分がないがしろにされたとか，親としての至らなかった点を「突きつけて」きたら，「バカバカしい。放っておけばいいのよ」と，普通の親がやるように対応すればいいという女性もいるでしょう。しかし，ほとんどの継母と同じように，サリーは継子に対しては実子よりもずっと気を遣っています。「自分の子なら口論や喧嘩をしても，すぐに忘れられます」。しかし，ノラとアイザックとの関係ではそんなふうに吐き出せません。精一杯二人の気持ちを害さないようにと何十年も過ごしてきたことが，ストレスと不満を大きくしています。

　こうした結果を「継母の消耗」と呼んでいますが，インタビューしたステップファミリー歴の長い女性のほぼ全員が，ある程度この状態だったことがわかりました。継子の妻や夫が加わり，すでに複雑な人間関係にもう一段加わると，継母の消耗状態が悪化することがあります。「昔みたいに我慢できないわ」と二人の成人した継子（うち一人は結婚し，子どもがいる）を持つジジは言いました。何年も「耐えて」来たのに，継息子の妻が来てからは，郊外で過ごす週末がストレスだと言います。

　　継子の妻は特権があると思っているんです。他人が自分のためにやってくれるのが当たり前だと。だから，継息子夫婦はうちに来ると濡れたタオルを浴室に置きっ放しにします。帰るときもベッドの布団はそのまま，どうしたらいいかも聞いて来ませんし，人の家に泊まるときの常識的な礼儀がまるでないんで

す。基本的に，子どもを私たちに預けて，私が立ち働いている間，ハンモックに座っています。以前はあの子たちが来るたびにご馳走を作ったものですが，一度も片づけを手伝おうと言ってくれたことはありません。だから今は頼んでます。私は家政婦じゃありませんから。夫が浴室のドアが閉まっているのを見て，「なんで閉まってるの？　誰かいるの？」と言うので，私は「いえ，誰もいないけど，あの子たちがタオルを床に放置してるのを見たくないだけ」と言って立ち去るのです。これは権力闘争みたいなもので，もう巻き込まれるのはごめんです。だって私が悪者になるし，そんな力関係はごめんです。

　ジジの新しい作戦は実質的にはうまくいっているようです。しかし，ないがしろにされ，利用されているという思いは残り，こうした仕打ちをするのが分別もある，いい大人だということが，いっそう事態を悪化させます。
　私が「おしまい」を決意したときのことを質問すると，サリーは詳しく思い出そうとしてくれました。「すごく頑張るのはおしまい。プレゼントをあげてお礼がないのもおしまい。スーパー継母やスーパー継祖母になろうとするのもおしまい」。最初の「おしまい」は，アイザックが休日や体操大会のことで腹を立てた後だったとサリーは思っていましたが，後日会ったときに，思い出したと教えてくれました。

　　いつだったか，ようやく思い出しました。娘夫婦が何年も不妊に悩んでいたことがあったんですよ。私もダンも経済的，精神的にできる限り力になろうとしました。二人はとても子どもを欲しがっていて，私たちも二人のためにそう望んでいました。そして，ついに娘は妊娠することができました。我が家で妊娠のお祝いをしましたが，継子は二人とも来なかったんです。娘は気丈そうに振る舞っていましたが，実はとても傷ついていました。そして，継息子の妻が四時間遅れでやって来て，そのうえ「プレゼントをキッチンのテーブルの上に置き忘れて来た」と言いました。私が身を引いたのはその時だったと思います。私と夫が12年間，わざわざ七時間かけてバトントワリングの大会や誕生日に足を運びましたが…［彼ら夫婦がそのお返しをしてくれなかったとき］，あの子たちは，私の娘やその夫のことなど，どうでもいいと思っているんだと感じたん

です。妊娠祝いの後も，継子たちはずっと赤ちゃんを見に来ようとはしませんでした。洗礼式にも来ませんでした。

あの子たちにも，その生活にも，興味がなくなったという感じです。あるとき，夫がアイザックのことについて何か言いましたが，私は返事をしませんでした。ただ頷くと，夫が「あいつのことが好きじゃないのかい？」と聞いてきました。責めるような言い方ではなく，単に知りたかったようです。私は「そういうことじゃないのよ。もう，おしまいって感じなの。これからもあっちには行くし，やることはやるけど，もう頑張らないわ」と言いました。夫はわかってくれましたが，時々，自分が意地悪だなと思います。

話を聞いた多くの女性と同様，サリーは継子が自分と同じように「頑張って」くれなかったことや礼節ある大人の対応をしてくれなかったことをきっかけに，燃え尽きを感じてしまいました。また，継子はもう大人なのだから，その責任は彼ら自身にあるのが当然だと感じています。ジジやサリーといった継子の厄介な十代，自己中心の二十代を我慢して来たうえに，継子の父親に対する解消されない怒りの標的となった女性たちにとっては，相互関係の期待が打ち砕かれるのは，ことさら耐え難いでしょう。また，三十代，四十代になったら関係が楽になるだろうと継母が期待するのはもっともですが，一向に楽にならないので，報われずがっかりすることもあります。だから多くの成人した継子を持つ女性が，「精根尽き果てた」と言っていたのでしょう。

複雑ステップファミリーと複雑な気持ち

サリーの継子ノラとアイザックの二人が訴えている不満の一つは，ステップファミリーに特有の家族構成に関連してずっとつきまとう難しさです。サリーとダンの家族は，「複雑ステップファミリー」，つまり夫婦双方が子連れでした。このタイプのステップファミリーでは，ひいきだと疑ったり，非難したりすることが多いと，研究者も当事者も言っています。バージニア州立大学のE・メイビス・ヘザリントンは，「複雑ステップファミリーには，家族内の人間関係

のトラブルや，子どもの素行の問題も他に比べて多い」[266]と言います。それはなぜでしょうか？　ヘザリントンは，機械と同じように「ステップファミリーも複雑さという原理に影響される。つまり，部品が多くなるほど故障のリスクが増える」としています。トラブルは，派閥，責任転嫁，忠誠心の葛藤といった形で表れるとヘザリントンは警告しています。

　三人の子を持つ75歳のグウェンは，この問題を達観して見ています。継子として育った自身の体験をこんなふうに話してくれました。「継母のことは好きになりましたし，彼女も私を本当に大事にしてくれました。継母はとても素敵な女性で，彼女のおかげで私は温かさと笑いに溢れた家族の一員になれました。でも，彼女の実の娘たちと同じように愛してくれたかはわかりません。そんなことできるんでしょうか？」グウェンは怒りも不満も感じていないと言いましたが，実子の中で継子として育った経験をこう表現しました。「ある種の憧れ。ただそう感じました」。

　サリーの夫，ダンの子どもたちは，数年間暮らしたサリーの子どもたちとは違い，サリーとダンと一緒に暮らしたことはありません。また，ダンとサリーの子どもたちとの関係について，サリーは「彼の実子との関係と比べればまったく問題ではなかったですね。ストレスや対立はまったくありませんでしたよ。夫は私の子には大きな期待をしていなかったし，プレッシャーをかけることもなく，うまくやっていました。今でもそうで，とても親しい間柄です」と言いました。これは長期的な継父子関係の典型[267]で，研究者はこの関係が継母と継子の関係に比べて断然対立が少なく，「親密度」も高いことを確認しています。インタビューした成人継子のほとんどが，継父との関係を愛情ある肯定的な関係だと話していました。こうしたサポートは，子どもがいくつになっても大切です。しかし，父親の実子にとってはもう一つ感情的な課題が増えることになり，これは必ずしも時間が解決してくれるわけでないかもしれません。

　確かに，サリーはもちろん，自分の父親までもがサリーの実子やその子どもたちとうまくやっているのを見たら，ノラとアイザックにもグウェンが語ったのとそんなに変わらない「憧れ」が湧いて来たかもしれません。その憧れが，サリーに対する不満や怒りの形で表れています。二人はサリーの実子は持っているのに，自分たちはサリーからそれを「奪われた」と思っているのです。こ

の不満は小さくなるどころか年月とともに大きくなり、自分の子ができると継母とその子どもや孫のせいで自分の子どもがかわいがってもらえないとか、分け前が少ないと、いっそう不公平感が強まるようです。ノラとアイザックには、同居していた母親に加え、子どもの頃から二十代になるまでずっと関係を持ち続けてくれた父親がいますが、それだけでは不十分だったのでしょう。実子のいる継母の存在と、自分たちの父親が継母の子たちと近くに住み、親しく愛情のある絆を作り上げたことが、ノラとアイザックには納得できないのです。

呪われた家：厄介な思春期を忘れられますか？

　複雑ステップファミリーが、事態を複雑にすることは避けられません。しかし、継母が見返りのない関係に不満を感じるのは、以前ほど家族構成が大きな原因にはなりません。成人した継子はもらうばかりで何もしてくれないと思うと、継子の成長段階で最も厄介な時期の一つ、つまり最も自己中心的で頑固になる思春期を思い出してしまいます。ある継母は思春期の継子を、「もらうことと嫌うことではブラックホール並み」と表現しましたが、なかなか的を射たブラックユーモアです。継子たちは何もお返しをしてくれず、「もらうばかりで、何もくれない」とサリーが言ったのは、主に、かなり難しい思春期を送ったアイザックのことだったようです。アイザックは、ドラッグに手を染め、学校を退学し、仲間が死亡した飲酒運転にも関わっていました。また、サリーの財布の中の現金や家の雑貨類、サリーの宝石類までもくすねていました。別の女性の継娘が十代だったときのお決まりの挨拶は、「クソったれ！　あんたの言うことなんか聞くもんか。どいて」だったといいます。

　ステップファミリー研究者のマリリン・コールマンとローレンス・ギャノンが指摘するように、継母が、思春期の継子からひどい扱いを受けたことを許したり、忘れたりできないのは十分理解できます。継母だって人間です。許せないこともあれば、感情だってあるのです。コールマンとギャノンはこう言っています。「継子が継親を無視したり、ないがしろにしたり、嫌ったりすれば、[継親は] [268] なす術がない。時が経つにつれ、継子の継親に対する意識が変わっても、時すでに遅しだ。継親は自分の自我や自尊心を守るため、離れてしまっ

ているかもしれない。子どもは継親に対して,自分がどれほどひどい態度を取ったか忘れてしまっていたり,自分の行動が与えた影響を軽く見ていたりすることがある」。

同様に,加齢の専門家であり研究者のバーバラ・ヴィニック博士とスーザン・ランスペリー博士が行った,25人の女性と成人継子との長期的関係を調べた研究では,夫が前妻と離婚している女性は継子との関係を「あまり親しくない」と評価していました。一方,前妻と死別した男性と結婚した女性は全員,継子との関係を「親しい」または「とても親しい」と評価しました。この違いの原因は実母の存在だと直感的に思うかもしれません。実母が関係すると,あらゆるところに摩擦が生じ,そのために継母と継子の関係がより対立し,疎遠になりがちだとわかっているからです(第6章参照)。しかし,ヴィニックとランスペリーの説明によると,結果の良し悪しを決める重要な要因は,「継子の親が離婚している場合,継母が激動の思春期に対処しなくてはならないことがはるかに多かった。父親が妻と死別した子どもは全員,父親の再婚時に二十代,三十代だったため,すでに自分自身の生活基盤を持っていることが多かった」[269]からではないかと言います。

どんなに献身的な妻でも継母でも,苦しかった思春期を水に流すことはできないかもしれませんし,ずっと昔のことであっても,もう「おしまい」だと思えてきます。成人した継子は,なぜ継母がチャンスをくれないんだろうと疑問に思うかもしれません。しかし,サリーはこんなふうに言っていました。「今は継子たちから距離を置いて,心穏やかに過ごしています。あまり家に呼んであげないし,もっと一生懸命してあげないことを心苦しく思うこともあります。でも,その一方で,努力や期待が少ないほど,不満も少なくなることがわかってきました。今みたいに一歩下がっているほうが,みんなにとって良いと思うんです」。

「いつまでも幸せに暮らしました」を考え直す
——成人継子とのつきあい

幸せの定義をもっと広げて現実的にすれば,成人継子がいる女性にとっての

「幸せな結末」はたくさんあります。サリーは距離を置いて，罪悪感をあまり持たずに結婚生活と実子と孫を重視するようにしたことで，平穏を感じることができるようになりました。

インタビューを受けてくれたナンとベリンダにとっては，継子や継子の配偶者，孫の家族にどっぷりと入り込むことでした。これは，ナンやベリンダのように実子がなく，一人っ子として育ち，賑やかでダイナミックな大家族に憧れてきた女性のほうがやりやすいかもしれません。ベリンダは育った環境を「私も，両親も一人っ子で淋しかった」と語り，継娘の結婚準備に関われて楽しかったと言っていました。「そんなに大役は任されないと思っていたけど，継娘とドレスを買いに行くことができて嬉しかった」と語りました。また，夫と継娘夫婦と一緒に行ったヨーロッパ旅行の楽しかった様子も話してくれました。それは，「ぶん殴ってやろうと思うこともあった」と冗談を言うほどの，思春期の女の子の波乱の時期に耐えてきたご褒美だと言いました。ベリンダは継娘たちに子どもができるのを心待ちにしていて，「そうしたらおばあちゃんみたいなことができるでしょう。準備万端よ」と言いました。

以前は法律事務の仕事をしていた63歳のナンは，笑いながら「私は静かで厳格な家に育ちましたが，結婚した家はまさに烏合の衆」で，五人の継子と，現在では15人の継孫がいると言いました。ランチを食べながらの打ち合わせで，ナンは家族の写真を見たいかと私に尋ね，夫の子と孫全員と，それに前妻までもが写った写真を見せてくれました。25年間にわたる継母の境地を「流れのままに」と表現しました。その間には，家族全員，それに前妻も同じテーブルを囲んで過ごす盛大な休暇もあったそうです。ナンの両親が，子連れの男性との結婚が「間違い」で，宗教的価値観に反するといってナンとのつきあいを拒否した後から，その伝統が始まったそうです。「夫が前妻や子どもたちと一緒に休暇を過ごさないなんて，考えたことがありません」とナンは言いました（男性でも，女性でも自分はナンのように「正しく」［母性的な気持ちを持つこと］なれるはずだと考える人がいることに驚く女性もいるでしょう）。他の人なら手を焼きそうな多くの人間関係がありましたが，ナンは自分自身や夫，前妻が「70年代のヒッピー的反骨精神のおかげで，新しいやり方をして，新しい世界を作りました。自分たちの生活は一種の実験だ」とすんなり思えたそ

うです。もちろん，必ずしも簡単には行きませんでした。夫の再婚後の数年間は，そのことで前妻がひどく感情を害していたとのことでした。また，ナンは若い頃の自分には「継子がいるとはどういうことか，見当もつかなかった」と言いました。ナンは「圧倒される」という言葉を何度も使って，継母としての経験を語りました。「継子がすごく多いんです！」と笑いながら言い，「私は，当時まだ28歳で，たった8つしか違わない継子もいましたし，他の継母の知り合いもいなくて」と説明しました。それでも，夫との間に自分の子どもがいないことを後悔している様子はありません。

> ひどい状況だと思われるかもしれませんが，夫は五人の子で手一杯で，私は夫の子育てに必ずしも納得していたわけでもなく，口論になったことが何度もあります。子どもにはきちんとした秩序があったほうがいいと思っていましたが，夫はしつけが何たるか全然わかっていません。そういう人なんです。五人の子ですら扱えないのだから，もう一人増やすわけにはいかないと思っただけです。くよくよして後悔したり，考え込んだりはしないつもりです。決断して進んでいかなくちゃ。15人の可愛い孫がいるんですよ。これでよかったと満足しています。

ナンに継母としての経験を総括してほしいと言うと，長い沈黙の末，継子について「みんながいてくれてよかった」と言いました。ナンのおおらかな性格や，考え込まず，不満を溜めない習慣，自由奔放さ，育った家族といったことが合わさって，彼女の言う「騒々しさも混沌も受け入れる」選択ができました。また，そのおかげで同じ立場の他の人より楽に継母業ができ，しかも満足していられるのでしょう。実際，女性の性格と家族歴が，継子の成長や結婚，子育ての段階でどれだけ努力を続けようと思うかを決める大きな要因になっています。

また，相性も一因です。少数ですが継子とうまくやれる女性，あるいは，継子のうちの一人とはうまくやれる女性もいます。一方，継子との関係に悩む女性もいます。インタビューに答えてくれた女性の何人かは，関係が難しいのは離婚，再婚のせいというより，違いの問題だと指摘しました。「パーティーで会っ

たとしても，知らない間柄だったらほとんど話すことがないでしょう」とか「あまり気が合わない」と，成人の継子のことを語る女性は，一人ではありませんでした。良好な継母子の関係は，継母と夫の子の性格や価値観が合うかどうかの運次第かもしれません。

　人類に最も近い種であるゴリラの観察に意欲的に取り組んでいる，シカゴ動物学会のダン・ワートンにとっては，これは意外なことでも何でもありません。ゴリラの社会は，一頭のオスとそのオスの子を産む血縁関係のない複数のメスの集団で構成されているので，そこから，継母との類似点を見い出し，教訓を得ることも難しくないからです。「ゴリラのメスと他のメスが産んだ子との関係は，個々の相性次第です」とワートンは言いました。「ゴリラ同士の関係は，その気質で決まります。強い結びつきを持つものもいれば，対立するものもいます」。ここでの教訓は，「母親になると決めてかかるよりも，相性をもとに関係を作るほうが良い」し，「礼節以上のものが得られる可能性も，親友になれる可能性もないかもしれない」ことも冷静に認めたほうが良いとワートンは言いました。

　ステップファミリー歴が長くても，夫の子が成人してからの遅い結婚であっても，「あるべき」姿などありません。子どもが大きくなった段階でのステップファミリーやその課題を，誰もがナンやベリンダのように受け入れようと思うわけでも，受け入れられるわけでもないのです。そこに飛び込んでいく人もいれば，成人継子との関係にずっと精力を注ぐ人もいるでしょう。一方，サリーやジジのように関係を見直し，身を引く人もいるでしょう。

　女性が，以前の結婚での子どものいる男性と恋愛関係になるのは，よくあることです。しかし，だからと言って決して容易ではありません。統計的にもその組み合わせはよくあるのですが，極めて難しく，うまくいかないかもしれません。継母の両極の間の隔たりを乗り越えた女性は，「継母は頑張るのをやめてはいけない」が非現実的なスローガンで，それは継母がこだわりがちな「幸せ」を運んでくるどころか，不満と歪んだ期待の温床になると知っています。しかし，笑いながら自らを「終身継母」と呼ぶ人もいる，継母歴の長い女性たちは，子どものいる男性との結婚についての意外にも単純な真理を知っています。「なんとかなる」のです。

意地悪継母からの教え

　終身継母たちは何年も苦労して得た経験から，継母とは何者か，そして，自尊心を損なわずに継母を続ける秘策を，意外にも，意地悪継母から学べるのだと知っているようです。幸せで，成功している継母は，いつか私たちが，嫉妬や不満や怒りといった醜い感情を持つことを，まず認めているようです。そして，子連れ男性との結婚でうまくいく女性は，こうした感情的な気持ちが単にタブーというだけでなく，仕方のないことだと徐々に理解していきます。ステップファミリーの専門家，エリザベス・チャーチが述べているように，嫉妬は無力感から生じ，これは継母についても言えます。不満は，感謝されていない，優しさが報われないという継母と継子の関係にありがちな苛立たしい現実の表れです。怒りは，ステップファミリーの調和という非現実的な期待が打ち砕かれた印かもしれませんし，あるいは，何年も拒絶され支持されない思いへの健全な反応かもしれません。しかしそれが，いずれ継母や夫に建設的な行動を起こさせるモチベーションになるかもしれません。

　最も幸せな終身継母は，意地悪継母と同じように，継子から好かれる必要性に囚われていません。うまくいけばよし。うまくいかなかったら，こう言わんばかりに肩をすくめるでしょう。「ベストを尽くしたのだから，頑張るのをやめてもいいのよ。負け戦にエネルギーを使う価値もないわ」。また成功した終身継母は，敬意や良識ある扱いを求めたり，父親の前に転がっている物や家政婦ではなく，人として扱ってほしいと言ったりすれば，継子や夫や友人，世間からステップモンスターだと思われるのではないかと恐れ，口を閉ざすようなこともないようです。そうした不安や人から認められたい気持ちは，他の家族と同じように自分も幸せになるために，継母が克服しなくてはならない最大の障害でしょう。最初のうちは家族の中では部外者のように感じることが多く，自分の意見を言いにくかったり，言うのが怖かったりするかもしれません。しかし，それをしないと結果はさらに悪くなります。継子のいる女性たちは，「彼の子どもが侮辱的なことや意地悪なことを言っても，言い争いしたくないから何も言わない」状態から「自分の家なのにはっきり物を言うのが怖い」になるまではあっという間だと，繰り返し言いました。次に起こるのは「子どもの態

度を良くしてほしいと夫に迫ると，大げんかになる」で，その次は「継母なんて本当に嫌」，そして最後には「もうやってられない」となってしまうのです。

　典型的な意地悪継母の意地悪な行為を，毒をなくし穏やかなやり方にすれば，私たちは崖っぷちから生還し，子連れ結婚が楽しいとさえ思えることがあります。たとえば，意地悪継母は鏡に向かってこう聞きます。「鏡よ，鏡よ，鏡さん，この世で一番美しいのは誰？」ここから学べることは，人殺しになることでも，嫉妬に狂うナルシストになることでもなく，自分を大切にすることです。燃え尽き症候群やうつ病になる割合が多いという研究を見てきた通り，継母はステップファミリーの人間関係に対処し，自分を責め，修復しようと頑張るため，自分にとって何が必要かや，本当の自分さえ見失ってしまっています。ほんの少し自分に愛情を注げば，子どもを最優先すべきという，理不尽で強力な社会的圧力とのバランスを取ることができます。少々自分に自惚れるくらいが，不快なことだらけの典型的なステップファミリーのジレンマに対する一番の解毒剤になります。そうでもしなければ，自分が魅力的な女性であり妻であり，目が離せないようなセクシーな女性であること，つまり自分には継母以外のアイデンティティがあることを忘れてしまいます。二人の十代の継子を持つ女性が言いました。「汝を愛せよ。なぜなら，継子から愛されることはないからだ」。

　もちろん，邪悪な継母は鏡の中の自分を見つめるにとどまりません。陰謀を企て，人を操り，強大な力を手にします。でも，本当の継母はそのどれも必要ありません。ただし，夫とその子どもをよく観察し，慎重かつ戦略的に振る舞う価値はあります。たとえば，夫の子から相当ひどい扱いを受けていること（夫は子どもを非現実的なまでに理想化しているので，実際の行動が見えていない）や，あなた自身が傷ついていることを夫に理解してもらうのは，悪くないことです。男性は普通，不当な扱いに憤り，怒っている妻よりも，悲しみ悩んでいる妻のほうが接しやすいことを覚えておきましょう。わかってもらえないことへの怒りの下には，弱さや悲しみがあります。それを見せられるようになっても，努力が台無しになることはありません。また自分が家庭のツートップとして，実権を握っていることを忘れないでおきましょう。家庭を取り仕切る一人であるあなたに敬意を払わない継子（何歳であろうと）に，媚びへつらい迎合したところで，継子から好かれることも，好かれやすくなることもありません。

「うちでは，失礼な対応をしないで」と言えるようになると，継母だけでなく家族全員にとって一番よい結果が生まれることを，終身継母は心得ています。

　邪悪な継母は冷酷で無情です。そして精神的にケチです。でもそれはある意味，もっともだと言えます。継母が継子のために努力していることは，様々な理由により継子が評価してくれることはほとんどなく，ましてや感謝してくれることはありません。また，愛されたいという願いを叶えてくれることもまずないでしょう。それに対する継母の対応策は，与えすぎないことです。あなたの大事なものを継子に壊されないようにしましょう。あなたの心もそうです。大きな期待を持たずに，自分の生活に集中するというマイルドな冷淡さを持てると，プレッシャーのない環境が作り出せます。すると，いつの日にか友情が芽生え，発展するかもしれません。

　邪悪な継母が最も悪名高い点は，実子を一番愛し，何のためらいもなく優先することでしょう。ここから学べることは，悪意を持つことでも，器の小さい人になることでも，あからさまにひいきすることでもありません。しかし，終身継母と専門家は，次の点で意見が一致しています。彼の子と実子を，同じように愛しているふりをしないでください。そして，愛さなくてならないという破滅的な意見を受け入れないでください。彼の子はあなたの子ではありませんし，恐らく，かわいかった赤ちゃんの頃やよちよち歩きの頃を，あなたは知らないでしょう。それに，今だって愛される努力をしていないのではないでしょうか。だったら，事情を知らない人に「我が子のように思っているんでしょうね」と言われ，冗談じゃないと思うような場面で，罪悪感に苛まれたり，自虐的になったりしなくていいのです。事情がわからない人が抱く期待，中でも「母性的な」行動への期待は，継母にとって特に重荷です。しかし，他人の希望を自分の義務にすることはありません。現実的に自分ができることと，他人の思いが違うと認識することは，継子を持つ女性の命綱のようなものです。「私は奇跡の人じゃありませんから」と言うのは，継母のレイニーです。「私は娘と，反抗的な継息子を持つワーキングマザーで，怒鳴らずにいられない日もあります」。生活にも結婚にも満足している継母たちは，もう一つの顔である邪悪な継母になるのを恐れるあまり「完璧な継母」を目指したりせず，「まずまずの継母」になろうと思っているようです。

この本では，継母に共通する特徴と，その多様さを明らかにすることを目的にしてきました。継子を持つ女性が感じる，怒り，嫉妬，不満といったタブー視されている感情や，そこまで劇的ではない疲労感，落胆，絶望といった感情をさらけ出し，文化人類学や文芸評論，進化生物学といった分野の視点を通して継母を検証することで，継母とは，いかに幅広く，深い意味を持っているかを明らかにしたいと思いました。私たちの文化は，継母に強い思い入れと独特の結びつきがあります。継母は卑劣だと思い込む一方で，自分の子ではない子を我が子のように愛してほしいと期待します。また継母を普通の女性だと思うと同時に，おぞましい伝説的な悪の権化（または単なる病）とみなしています。そして継母には無私の「殉教者」を求めるのに，その姿をひどく自分勝手でナルシストに描いています。それらは，継子を持つ女性の本当の姿も，継母のあるべき行動や気持ちも歪めてしまっています。

　このように両極端な方向へと引っ張られ，矛盾した存在として描かれた継母は，自分自身がわからなくなります。実際，意地悪な継母ではないと示さなければならないために，基本的な権利や感情を口にできないかもしれません。しかし，継子のいる女性には，はっきりとした感情的な欲求もあれば，歴史的な背景，文化的な問題もあります。少なくとも，実際の継母を主役にして，その現実を深掘りし，継母に自分自身と自分の生活に目を向けてもらうことができたのではないかと思います。この本は，私にとって個人的な思いのたくさん詰まった本となりました。自分がこんな本があればと思った本，すごく必要だった本を，自分で調査し，書いたからです。この本によって，継子を持つ女性が自分自身をより理解し，孤独から解放され，自分が普通なのだと思ってくださされば，継子の方々が父親の妻の本当の姿をより理解してくださされば，そして男性の方々がパートナーの女性がどんなことに悩み，何を成し遂げてきたのかをわかってくださされば幸いです。

謝　辞

継母は批判に慣れています。それなのに，自分の話を告白し，私の理解を飛躍的に高めた秘密を分かち合ってくださったみなさんに感謝するとともに，称賛の意を表したいと思います。お名前こそ申し上げられませんが，女性のみなさんの鋭い洞察力や経験のおかげで，この本がリアルなものに仕上がったことを，心より感謝します。

調査を進める中で，家族や血縁が遺伝的事実であると同時に，象徴的でもフレキシブルでもあることを実際に学びました。この 10 年，夫の娘，アレキサンドラとキャサリンが，興味深い考察対象を与えてくれたことと，父親の再婚によるあらゆる課題にも明るく対処してくれたことに感謝します。また，この数年間の構想と執筆において，多くの友人が家族同様に支えてくれました。そして，話を聞き，質問を投げかけ，関心を持ってくれたルーシー・バーンズ，サリー・フォスター，メアリー・ゴーシー，エリザベス・ケンドール＝スロン，ウェリントン・ラブ，レベッカ・マニス，ステファニー・ニューマン，ジェフ・ヌノオカ，そしてエリー・スタインマンにもお礼申し上げます。

この本と一番下の子は，出産予定日を同じくしていました。ことによっては，残念な偶然になったかもしれません。しかし，生まれてきた赤ちゃんは聞き分けがよく，私はこの本にも息子同様に愛情を注ぐことができました。長男は，私が仕事する傍らで事務所のソファでお絵描きしたり，遊んだりして過ごした夜もありました。ライルとエリオット，ありがとう。この本に登場する多くの「継母」のみなさんも，他の継母さん同様，ひどい振る舞いや理想的とは言えない環境の中で，本の出版の遅れに理解を示し，辛抱強く待ってくださいました。鋭い洞察と，内容の展開の仕方に的確な意見をくださったうえ，寛容に対応してくださったジェーン・ローズマンとディアン・アーミーに感謝いたします。また，当初，他とは一線を画した方法で継母の真実を浮き彫りにすることを後押ししてくれた，ジャッキー・カンターと，広い心で応援してくださったミリアム・アルツラーにもお礼申し上げます。

この数年間，子どもたちが大変お世話になった女性たちがいます。彼女たちの援助なしには，到底仕事に打ち込むことは叶わなかったでしょう。サラ・スワテス，ジーナ・エドワード，アメリア・スワン，クレモンティーヌ・スワン，エレン・マーフィー，カレン・ヘミングスに，私が母親と作家を両立させることができたことを感謝いたします。

　また，多くの専門家の方々が大変快く，お考えとお時間を共有してくださいました。中でも，スティーブン・ジョゼフソンは，文化人類学や進化生物学の質問に辛抱強く答えてくださり，ダン・ワートンは，お時間を取って霊長類の専門知識やお考えを共有してくださいました。また，継親に関する見解を提供いただいた，カーミット・アンダーソン，マーティン・デイリー，リチャード・プラムにも感謝いたします。また，フランチェスカ・アドラー＝ベーダー，ステファニー・ニューマン，パトリシア・ペーパーナウを始め，多くの心理学者や研究者の方々にもお時間と知見を共有いただき，ありがとうございました。アレクシア・ポールには原稿の校正をしていただき，ブレント・バグウェルには私の見過ごした詳細な部分を確認していただきました。レイチェル・モーザーとジュリー・シーガルは，以前のプロジェクトのために様々な事実の掘り起こしと傾向分析を行ってくださっただけでなく，この本の内容を拡充してくださいました。また，一番の恩人は夫のジョエルです。料理，育児，掃除に応援と様々な面からサポートしてくれました。コンセプトを見直し，考えに磨きをかけるうえでも大きな助けになりました。そして，顕微鏡で観察するがごとく詳細に確認し，検証してくれました。この本を彼に捧げます。

原　注

■はじめに

1　*Experts estimate:* Larry L. Bumpass, R. Kelly Raley, and James A. Sweet, "The Changing Character of Stepfamilies: Implications of Cohabitation and Non-marital Childbearing," *Demography* 32 (1995): 425–36; E. Mavis Hetherington, personal conversation, quoted by Dr. Ron L. Deal, "The Stepcouple Divorce Rate May Be Higher Than We Thought," Successful Stepfamilies, http://www.successfulstepfamilies.com/view/176.

2　*In fact, divorce rates:* Alan Booth and John N. Edwards, "Starting Over: Why Remarriages Are More Unstable," *Journal of Family Issues* 13, no. 2 (1992): 179–94. See also Melvyn A. Berke and Joanne B. Grant, *Games Divorced People Play* (Englewood Cliffs, NJ: Prentice Hall, 1981); E. Mavis Hetherington and John Kelly, *For Better or for Worse: Divorce Reconsidered* (New York: Norton, 2002), p. 178.

3　*experts recommend delaying marriage:* Hetherington and Kelly, *For Better or for Worse*, pp. 197–99, 201. See also University of Florida, Institute of Food and Agricultural Sciences, "Stepping Stones for Stepfamilies—Lesson 3: Building Step Relationships," http://edis.ifas.ufl.edu/FY034; Lawrence Ganong and Marilyn Coleman, "Adolescent Stepchild and Stepparent Relationships," in *Stepparenting: Issues in Theory, Research, and Practice*, ed. Kay Pasley and Marilyn Ihinger-Tallman, pp. 87–105 (Westport, CT: Praeger, 1995); Patricia Lutz, "The Stepfamily: An Adolescent Perspective," *Family Relations* 32 (1980): 367–75; C. S. Chillman, "Remarriage and Stepfamilies: Research Results and Implications," in *Contemporary Families and Alternative Lifestyles: Handbook on Research and Theory*, ed. Eleanor D. Macklin and Roger H. Rubin, pp. 147–63 (Beverly Hills, CA: Sage, 1983); E. Brand and W. Glenn Clingempeel, "Interdependence of Marital and Stepparent-Stepchild Relationships and Children's Psychological Adjustment," *Family Relations* 36 (1987): 140–45.

4　*Some research suggests that women:* P. K. Prilick, *The Art of Stepmothering*, cited in Ann L. Orchard and Kenneth E. Solberg, "Expectations of the Stepmother's Role," *Journal of Divorce and Remarriage* 31, nos. 1/2 (1991): 107–23; Anne C. Bernstein, *Yours, Mine, and Ours: How Families Change When Remarried Parents Have a Child Together* (New York: Norton, 1991), p. 49; Jamie Kelem

Keshet, "Gender and Biological Models of Role Division in Stepmother Families," *Journal of Feminist Family Therapy* 1 (1989): 29–50; Jamie Kelem Keshet, *Love and Power in the Stepfamily* (New York: McGraw-Hill, 1987), pp. 7–10, 73–82; Marilyn Coleman and Lawrence Ganong, "Stepfamilies from the Stepfamily's Perspective," *Marriage and Family Review* 26, nos. 1/2 (1997): 107–21.

5 E. Mavis Hetherington, Ph.D.: Hetherington and Kelly, *For Better or for Worse*, pp. 192–93.

6 *It is no shock:* Constance R. Ahrons and L. Wallisch, "Parenting in the Binuclear Family: Relationships Between Biological and Stepparents," in *Remarriage and Stepparenting: Current Research and Theory*, ed. Kay Pasley and Marilyn Ihinger-Tallman, pp. 225–56 (New York: Guilford, 1987); F. Furstenberg and C. Nord, "Parenting Apart: Patterns of Childrearing After Marital Disruption," *Journal of Marriage and the Family* 47 (1985): 893–905; I. Levine, "The Stepparent Role from a Gender Perspective," *Marriage and Family Review* 26 (1997): 177–90; W. MacDonald and A. DeMaris, "Parenting Stepchildren and Biological Children," *Journal of Family Issues* 23 (1996): 5–25; Laurence E. Sauer and Mark A. Fine, "Parent-Child Relationships in Stepparent Families," *Journal of Family Psychology* 1 (1988): 434–51; Lynn White, D. Brinkerhoff, and A. Booth, "The Effect of Marital Disruption on Child's Attachment to Parents," *Journal of Family Issues* 6 (1985): 5–22.

7 *Remarriage experts Kay Pasley:* Kay Pasley and Marilyn Ihinger-Tallman, eds., *Remarriage and Stepparenting: Current Research and Theory* (New York: Guilford, 1987), pp. 94–95; Francesca Adler-Baeder and Brian Higginbotham, "Implications of Remarriage and Stepfamily Formation for Marriage Education," *Family Relations* 53 (2004): 448–58.

8 *Stepfamily researchers such as:* James H. Bray and John Kelly, *Stepfamilies: Love, Marriage, and Parenting in the First Decade* (New York: Random House/Broadway Books, 1998), p. 28.

9 *Stepfamily developmental expert:* Patricia Papernow, "The Stepfamily Cycle: An Experiential Model of Stepfamily Development," *Family Relations* 33 (1984): 355–63.

■第 1 章

10 *"setting up housekeeping":* Mary Peterson, "With Evelyn," in *Mercy Flights* (Columbia: University of Missouri Press, 1985), p. 34.

11 *"These children have become":* Patricia Papernow, interview, March 2008.

12 *Prominent stepfamily researchers:* Marilyn Coleman and Lawrence Ganong, "Stepfamilies from the Stepfamily's Perspective," *Marriage and Family Review* 26, nos. 1/2 (1997): 107–21.

13 *British psychotherapist Sarah Corrie:* Sarah Corrie, "Working Therapeutically with Adult Stepchildren: Identifying the Needs of a Neglected Client Group," *Journal of Divorce and Remarriage* 37, nos. 1/2 (2002): 135–50.

14 *Research confirms that:* Linda Nielsen, "Stepmothers: Why So Much Stress? A

Review of the Research," *Journal of Divorce and Remarriage* 30, nos. 1/2 (1999): 115–48.

15 *"affinity-seeking behaviors":* Lawrence Ganong, Marilyn Coleman, M. Fine, and P. Martin, "Stepparents' Affinity-Seeking and Affinity-Maintaining Strategies with Stepchildren," *Journal of Family Issues* 20 (1999): 299–327.

16 *The husband who is older:* Jamie Kelem Keshet, *Love and Power in the Stepfamily* (New York: McGraw-Hill, 1987), p. 42.

17 *as research indicates:* See Elizabeth A. Church, *Understanding Stepmothers: Women Share Their Struggles, Successes, and Insights* (Toronto: HarperCollins, 2004), p. ix; Elizabeth A. Church, "Who Are the People in Your Family? Stepmothers' Diverse Notions of Kinship," *Journal of Divorce and Remarriage* 31, nos. 1/2 (1999): 83–105; Susan D. Stewart, *Brave New Stepfamilies: Diverse Paths Toward Stepfamily Living* (London: Sage, 2007), pp. 11, 118–20.

18 *Although the divorce rate:* J. Lawton, Stepfamily Project, University of Queensland, cited in Virginia Rutter, "Lessons from Stepfamilies," *Psychology Today*, May 1, 1994, p. 5.

19 *When psychologists Ann Orchard:* Ann L. Orchard and Kenneth B. Solberg, "Expectations of the Stepmother's Role," *Journal of Divorce and Remarriage* 31, nos. 1/2 (1991): 116.

20 *Another study, of thirty-two:* Pauline I. Erera-Weatherley, "On Becoming a Stepparent: Factors Associated with the Adoption of Alternative Stepparenting Styles," *Journal of Divorce and Remarriage* 25, nos. 3/4 (1996): 155–74.

21 *"I feel like I'm alone":* Ibid., p. 161.

22 *end up calling the shots:* James H. Bray and John Kelly, *Stepfamilies: Love, Marriage, and Parenting in the First Decade* (New York: Random House/Broadway Books, 1998), pp. 28, 42.

23 *"We developed friendly contact":* Ibid.

24 *Although "friend" seems to be:* Ibid., p. 163; Church, "Who Are the People in Your Family?"

■第2章

25 *Researchers have amply documented:* Laura V. Salwen, "The Myth of the Wicked Stepmother," *Women and Therapy* 10 (1990): 117–25; Marilyn Coleman and Lawrence Ganong, "Stepparent: A Pejorative Term?" *Psychological Reports* 52 (1997): 919–22; Stephen Claxton-Oldfield, "Deconstructing the Myth of the Wicked Stepparent," *Marriage and Family Review* 30 (2000): 51–58; Emily B. Visher, *Stepfamilies: Myths and Realities* (Secaucus, NJ: Citadel, 1979); Esther Wald, *The Remarried Family: Challenge and Promise* (New York: Family Services Association of America, 1981); Janet Strayer, "Trapped in the Mirror: Psychosocial Reflections on Mid-Life and the Queen in *Snow White*," *Human Development* 39 (1996): 155–72; Marianne Dainton, "Myths and Misconceptions of the Stepmother Identity," *Family Relations* 42 (1992): 93–98.

26 *"We generally tend":* Linda Nielsen, "Stepmothers: Why So Much Stress? A Re-

view of the Research," *Journal of Divorce and Remarriage* 30, nos. 1/2 (1999): 121.

27 *Psychologist Anne C. Jones:* Anne C. Jones, "Transforming the Story: Narrative Applications to a Stepmother Support Group," *Families in Society* 85 (January 2004): 129. See also Roni Berger, *Stepfamilies: A Multidimensional Perspective* (New York: Haworth, 1998).

28 *In the late 1800s:* Andrew J. Cherlin, *Public and Private Families* (Boston: McGraw-Hill, 1999); Elizabeth A. Church, *Understanding Stepmothers: Women Share Their Struggles, Successes, and Insights* (Toronto: HarperCollins, 2004), p. 4; Wald, *The Remarried Family.*

29 *In his recent memoir:* Sean Wilsey, *Oh the Glory of It All* (New York: Penguin, 2005).

30 *Criminologist and historian:* Joseph Laythe, "The Wicked Stepmother? The Edna Mumbulo Case of 1930," *Journal of Criminal Justice and Popular Culture* 9 (2002): 33–54.

31 *And how could people:* Anna Haebich, "Murdering Stepmothers: The Trial and Execution of Martha Rendell," *Journal of Australian Studies* (December 1, 1998): 1–16. See also Michel Foucault, "Truth and Power," in *Power/Knowledge: Selected Interviews and Other Writings, 1972–1977,* ed. C. Gordon (New York: Pantheon, 1980).

32 *"organized the known facts":* Laythe, "The Wicked Stepmother?" p. 33.

33 *centuries old fairy tales:* Maria M. Tatar, ed., *The Annotated Brothers Grimm* (New York: Norton, 2004).

34 *the evil schemer:* Sandra Gilbert and Susan Gubar, *The Madwoman in the Attic: The Woman Writer and the Nineteenth-Century Literary Imagination* (New Haven, CT: Yale University Press, 2000).

35 *Based on a late-eighteenth-century:* Tatar, *The Annotated Brothers Grimm,* pp. 208–23.

36 *In not crying:* Haebich, "Murdering Stepmothers," p. 7.

37 *"a figure of gripping":* Tatar, *The Annotated Brothers Grimm,* p. 243.

38 *Classicist Patricia Watson:* Patricia Watson, *Ancient Stepmothers: Myth, Misogyny, and Reality* (Leiden: Brill Academic Publishers, 1997), pp. 2–5.

39 *"And do not remarry":* Euripides, *Alcestis* 305–10, quoted in Watson, *Ancient Stepmothers,* p. 7.

40 *"A boy was [honoring]":* Garland of Philip, quoted in Watson, *Ancient Stepmothers,* p. 13.

41 *"an abominable woman":* Seneca, quoted in Watson, *Ancient Stepmothers,* p. 99.

42 *Sally Bjornsen's* The Single: Sally Bjornsen, *The Single Girl's Guide to Marrying a Man, His Kids, and His Ex-Wife: Becoming a Stepmother with Humor and Grace* (New York: New American Library, 2005).

43 *stepfamily expert Elizabeth Church:* Church, *Understanding Stepmothers,* pp. 6–7.

44 *"Instead of Cinderella":* Ibid., p. 7.

45 *Between the myth:* Cindi Penor-Ceglian and Scott Gardner, "Attachment Style

and the Wicked Stepmother Spiral," *Journal of Divorce and Remarriage* 34 (2000): 114. See also Dainton, "Myths and Misconceptions," pp. 93–98; Elizabeth Einstein and Linda Albert, "The Instant Love Expectation: Downhill Slide to Trouble," in *Strengthening Your Stepfamily* (Circle Pines, MN: American Guidance Association Press, 1986).

■第3章

- 46 *A number of studies:* See, for example, C. J. Pill, "Stepfamilies: Redefining the Family," *Family Relations* 39 (1990): 186–93; James H. Bray and John Kelly, *Stepfamilies: Love, Marriage, and Parenting in the First Decade* (New York: Random House/Broadway Books, 1998).
- 47 *The ties do not bind:* Lawrence Ganong and Marilyn Coleman, "Adolescent Stepchild and Stepparent Relationships," in *Stepparenting: Issues in Theory, Research, and Practice,* ed. Kay Pasley and Marilyn Ihinger-Tallman, pp. 87–105 (Westport, CT: Greenwood, 1995); Lawrence Ganong and Marilyn Coleman, "Stepchildren's Perceptions of Their Parents," *Journal of Genetic Psychology* 148 (1986): 5–17; E. Mavis Hetherington and W. Glenn Clingempeel, "Coping with Marital Transitions: A Family Systems Perspective," *Monographs of the Society for Research in Childhood Development* 57 (1992); Charles Hobart, "Experiences of Remarried Families," *Journal of Divorce* 13 (1989): 121–44.
- 48 *"stepfamily architecture":* Patricia Papernow, "Meeting the Challenge of Stepfamily Architecture" (handout).
- 49 *Yet only 20 percent:* E. Mavis Hetherington and John Kelly, *For Better or for Worse: Divorce Reconsidered* (New York: Norton, 2002), p. 232.
- 50 *in her comprehensive study:* Constance R. Ahrons, *We're Still Family: What Grown Children Have to Say About Their Parents' Divorce* (New York: HarperCollins, 2004), p. 134.
- 51 *stepfamily therapist Jamie Kelem Keshet:* Jamie Kelem Keshet, "Gender and Biological Models of Role Division in Stepmother Families," *Journal of Feminist Family Therapy* 1 (1989): 29–50.
- 52 *it is difficult to imagine:* Hetherington and Kelly, *For Better or for Worse,* p. 191; Melvyn A. Berke and Joanne B. Grant, *Games Divorced People Play* (Englewood Cliffs, NJ: Prentice Hall, 1981); Ganong and Coleman, "Adolescent Stepchild and Stepparent Relationships"; Ganong and Coleman, "Stepchildren's Perceptions"; Patricia Lutz, "The Stepfamily: An Adolescent Perspective," *Family Relations* 32 (1980): 367–75; C. S. Chillman, "Remarriage and Stepfamilies: Research Results and Implications," in *Contemporary Families and Alternative Lifestyles: Handbook on Research and Theory,* ed. Eleanor D. Macklin and Roger H. Rubin, pp. 147–63 (Beverly Hills, CA: Sage, 1983); E. Brand and W. Glenn Clingempeel, "Interdependence of Marital and Stepparent-Stepchild Relationships and Children's Psychological Adjustment," *Family Relations* 36 (1987): 140–45.
- 53 *Researchers suggest:* Linda Nielsen, "Stepmothers: Why So Much Stress? A Review of the Research," *Journal of Divorce and Remarriage* 30, nos. 1/2 (1999):

115–48; Aaron Ebata, Anne C. Petersen, and J. Conger, "The Development of Psychopathology in Adolescence," in *Risk and Protective Factors in the Development of Psychopathology,* ed. J. Rolf, pp. 308–34 (New York: Cambridge University Press, 1990); Lee Robins and Michael Rutter, *Straight and Devious Pathways from Childhood to Adulthood* (New York: Cambridge University Press, 1990).

54 *"more likely to say":* Nielsen, "Stepmothers: Why So Much Stress?" p. 138.

55 *Such self-esteem issues:* Nan Bauer Maglin and Nancy Schniedewind, eds., *Women in Stepfamilies: Voices of Anger and Love* (Philadelphia: Temple University Press, 1989); Elizabeth Verner, "Marital Satisfaction in Remarriage," *Journal of Marriage and the Family* 51 (1989): 713–25.

56 *sociologists have pointed out:* Stephen Mintz, *Huck's Raft: A History of American Childhood* (Cambridge, MA: Belknap Press, 2006).

57 *E. Mavis Hetherington recommends:* Hetherington and Kelly, *For Better or for Worse,* p. 201.

58 *Most important, advises psychologist:* Lauren Ayers, *Teenage Girls: A Parent's Survival Manual* (New York: Crossroad, 1996).

59 *teens of divorce:* Hetherington and Kelly, *For Better or for Worse,* p. 7.

60 *Many couples in this situation:* David Jacobson, "Financial Management in Stepfamily Households," *Journal of Divorce and Remarriage* 19 (2001): 221–38; Susan D. Stewart, *Brave New Stepfamilies: Diverse Paths Toward Stepfamily Living* (London: Sage, 2007), pp. 44–46.

61 *when a woman without:* Jean M. Lown and Elizabeth M. Dolan, "Remarried Families' Economic Behavior," *Journal of Divorce and Remarriage* 22 (1994): 103–19.

62 *most adult children presume:* Grace Gabe and Jean Lipman-Blumen, *Step Wars: Overcoming the Perils and Making Peace in Adult Stepfamilies* (New York: St. Martin's, 2004), p. 222.

63 *sociologist Linda Nielsen notes:* Nielsen, "Stepmothers: Why So Much Stress?" p. 135.

64 *"Things didn't improve":* Kenneth Cissna, Dennis Cox, and Arthur Bochner, "Relationships Within the Stepfamily," in *The Psychosocial Interior of the Family,* ed. G. Handel and G. Whitchurch (New York: Aldine, 1994), p. 265.

■第4章

65 *"A large body":* Virginia Rutter, "Lessons from Stepfamilies," *Psychology Today,* May 1, 1994, p. 8. See also Judith Jordan, "The Relational Self: A Model of Women's Development," in *Daughtering and Mothering,* ed. J. Van Mens-Verhulst, K. Schreus, and L Woertman, pp. 135–43 (London: Routledge, 1993); Judith Jordan, Alexandra Kaplan, Jean Baker Miller, Irene Stiver, and Janet Surrey, *Women's Growth in Connection* (New York: Guilford, 1991); Nancy Chodorow, *The Reproduction of Mothering: Psychoanalysis and the Sociology of Gender* (Berkeley: University of California Press, 1978).

66 *"Women are raised"*: Elizabeth Carter, quoted in Rutter, "Lessons from Stepfamilies," p. 8.
67 *stepmothers are more self-critical:* James H. Bray and John Kelly, *Stepfamilies: Love, Marriage, and Parenting in the First Decade* (New York: Random House/Broadway Books, 1998), p. 156.
68 *Studies show that:* Marilyn Coleman and Lawrence Ganong, "Stepfamilies from the Stepfamily's Perspective," *Marriage and Family Review* 26, nos. 1/2 (1997): 114–15; Patricia Papernow, *Becoming a Stepfamily: Patterns of Development in Remarried Families* (Cleveland: Analytic Press, 1993); Linda Nielsen, "Stepmothers: Why So Much Stress? A Review of the Research," *Journal of Divorce and Remarriage* 30, nos. 1/2 (1999): 115; E. Mavis Hetherington and W. Glenn Clingempeel, "Coping with Marital Transitions: A Family Systems Perspective," *Monographs of the Society for Research in Childhood Development* 57 (1992).
69 *"When a stepmother feels"*: Jamie Kelem Keshet, *Love and Power in the Stepfamily* (New York: McGraw-Hill, 1987), p. 38.
70 *Ayelet Waldman nails:* Ayelet Waldman, *Love and Other Impossible Pursuits* (New York: Anchor, 2007), pp. 224–29.
71 *Psychoanalyst Melanie Klein:* Melanie Klein, "Envy and Gratitude," in *Envy and Gratitude and Other Works* (1957; repr., New York: Delacorte, 1975).
72 *Borrowing from:* Elizabeth A. Church, "The Poisoned Apple: Stepmothers' Experience of Envy and Jealousy," *Journal of Feminist Family Therapy* 11 (1999), pp. 1–18.
73 *"Many stepmothers felt"*: Ibid., p. 4.
74 *"It is important"*: Ibid., p. 5.
75 *Elizabeth Church points out:* Ibid., p. 8.
76 *To disengage . . . requires:* StepTogether.org, "Disengaging," http://www.steptogether.org/disengaging.html.

■第5章

77 *"I'm sitting there"*: Posting, Urban Baby message board, UrbanBaby.com, 2007.
78 *"This is one"*: Stephanie Rosenbloom, "My Father, American Inventor," *New York Times,* August 16, 2007.
79 *constant contact between kids:* Peter Crabb, quoted in Jane Gross, "A Long-Distance Tether to Home," *New York Times,* November 5, 1999.
80 *the research on men:* Leslie Buckle, Gordon G. Gallup Jr., and Zachary A. Rodd, "Marriage as a Reproductive Contract: Patterns of Marriage, Divorce, and Remarriage," *Ethology and Sociobiology* 17 (1996): 363–77.
81 *A 2002 Penn State study:* Zhenmei Zhang and Mark D. Hayward, "Childlessness and the Psychological Well-Being of Older Persons," *Journal of Gerontology* 56 (February 2001): S311–20.
82 *A study . . . of cortisol:* L. Meyers, "Relationship Conflicts Stress Men More Than Women," *Monitor on Psychology* 37 (2006): 14.

83 *men in stepfamilies:* Kirby Deater-Deckard, Kevin Pickering, Judith Dunn, and Jean Golding, "Family Structure and Depressive Symptoms in Men Preceding and Following the Birth of a Child," *American Journal of Psychiatry* 155 (June 1998): 818–23.

84 *the standard of living:* Lenore Weitzman, *The Divorce Revolution: The Unexpected Social and Economic Consequences for Women and Children in America* (New York: Simon & Schuster, 1987).

85 *divorced fathers suffer:* William S. Comanor, ed., *The Law and Economics of Child Support Payments* (Northampton, MA: Edward Elgar, 2004).

86 *Linda Nielsen of Wake Forest:* Linda Nielsen, "College Daughters' Relationships with Their Fathers: A 15-Year Study," *College Student Journal* 41 (March 2007): 1–10.

■第6章

87 *Approximately half:* Francesca Adler-Baeder and Brian Higginbotham, "Implications of Remarriage and Stepfamily Formation for Marriage Education," *Family Relations* 53 (2004): 448–58; Andrew J. Cherlin, *Marriage, Divorce, Remarriage* (Cambridge: Harvard University Press, 1981); U.S. Census Bureau, 1998 census, table 157.

88 *Remarriage with children also has:* Susan D. Stewart, *Brave New Stepfamilies: Diverse Paths Toward Stepfamily Living* (London: Sage, 2007), p. 9; Kay Pasley and Marilyn Ihinger-Tallman, "Divorce and Remarriage in the American Family: A Historical Review," in *Remarriage and Stepparenting: Current Research and Theory,* ed. Kay Pasley and Marilyn Ihinger-Tallman (New York: Guilford, 1987).

89 *A 1689 census:* John Demos, *A Little Commonwealth: Family Life in Plymouth Colony* (New York: Oxford University Press, 1999), p. 196; Stewart, *Brave New Stepfamilies,* p. 9.

90 *Psychotherapist and marriage researcher:* Susan Gamache, "Stepfamily Life and Then Some," *Family Connections,* Summer 1999, pp. 1–5.

91 *Owing to the production-centered:* Stewart, *Brave New Stepfamilies,* p. 5; Gamache, "Stepfamily Life"; Pasley and Ihinger-Tallman, "Divorce and Remarriage," p. 33.

92 *today 90 percent:* Larry L. Bumpass, R. Kelly Raley, and James A. Sweet, "The Changing Character of Stepfamilies: Implications of Cohabitation and Nonmarital Childbearing," *Demography* 32 (1995): 425–36.

93 *To complicate matters:* Andrew J. Cherlin, "The Deinstitutionalization of American Marriage," *Journal of Marriage and the Family* 66 (2004): 848–61.

94 *This means dealing with:* Stewart, *Brave New Stepfamilies,* p. 42.

95 *thought to be about 60 percent:* Andrew J. Cherlin and Frank Furstenberg Jr., "Stepfamilies in the United States: A Reconsideration," *Annual Review of Sociology* 20 (1994): 359–81.

96 *E. Mavis Hetherington suggests:* E. Mavis Hetherington and John Kelly, *For Better or for Worse: Divorce Reconsidered* (New York: Norton, 2002); E. Mavis

Hetherington, personal conversation, quoted by Dr. Ron L. Deal, "The Stepcouple Divorce Rate May Be Higher Than We Thought," Successful Stepfamilies, http://www.successfulstepfamilies.com/view/176.

97 *50 percent higher:* Hetherington and Kelly, *For Better or for Worse*, p. 178.
a mere 5 percent: Ibid., p. 182.

98 *although children typically:* Kay Pasley and Marilyn Ihinger-Tallman, *Remarriage* (Beverly Hills, CA: Sage, 1987), pp. 93–95.

99 *"The parent feels":* Patricia Papernow, "Stepfamily Role Development: From Outsider to Intimate," in *Relative Strangers: Studies of the Stepfamily Processes*, ed. William R. Beer (Totowa, NJ: Rowman and Littlefield, 1992), p. 59.

100 *Such men tend:* Maria Schmeeckle, "Gender Dynamics in Stepfamilies: Adult Stepchildren's Views," *Journal of Marriage and the Family* 69 (2007): 174–89; Adler-Baeder and Higginbotham, "Implications of Remarriage."

101 *This perception becomes:* Cherie Burns, *Stepmotherhood: How to Survive Without Feeling Frustrated, Left Out, or Wicked* (New York: Random House, 2001), p. 35.

102 *stepfamily experts such as:* Emily B. Visher and John S. Visher, *Stepfamilies: Myths and Realities* (Secaucus, NJ: Citadel, 1979); Bray and Kelly, *Stepfamilies*.

103 *"Marital satisfaction almost always":* Bray and Kelly, *Stepfamilies*, p. 24.

104 *putting the marriage first:* Ann Sale Dahl, K. Cowgill, and R. Asmundsson, "Life in Remarriage Families," *Social Work* 32 (1987): 40–45; Emily Visher, John Visher, and Kay Pasley, "Remarriage Families and Stepparenting," in *Normal Family Processes: Growing Diversity and Complexity*, ed. Froma Walsh, pp. 153–75 (New York: Guilford, 2003); Patricia Papernow, *Becoming a Stepfamily: Patterns of Development in Remarried Families* (Cleveland: Analytic Press, 1993).

105 *"involves wresting the sanctuary":* Papernow, "Stepfamily Role Development," p. 54.

106 *And nothing makes:* Burns, *Stepmotherhood*, p. 35.

107 *roughly one-quarter of couples:* Anne C. Bernstein, *Yours, Mine, and Ours: How Families Change When Remarried Parents Have a Child Together* (New York: Norton, 1991), p. 319.

108 *ex-wives feel more threatened:* Ibid., p. 151.

109 *such a fundamental difference:* Ibid., pp. 25–28.

110 *the first twenty-four months:* Bray and Kelly, *Stepfamilies*, p. 23.

111 *the settling-in period:* Papernow, *Becoming a Stepfamily*; Patricia Papernow, "The Stepfamily Cycle: An Experiential Model of Stepfamily Development," *Family Relations* 33 (1984): 355–63.

112 *not fighting, or fighting the wrong way:* Tara Parker-Pope, "Marital Spats, Taken to Heart," *New York Times*, October 2, 2007.

113 *marriage, like childhood:* Michael Vincent Miller, *Intimate Terrorism: The Crisis of Love in an Age of Disillusion* (New York: Norton, 1996).

114 *All heterosexual couples:* Anne C. Bernstein, "Remarriage: Redesigning Couplehood," in *Couples on the Fault Line: New Directions for Therapists*, ed. Peggy Papp, pp. 306–33 (New York: Guilford, 2000).

- 115 *the pursuer/distancer dynamic:* Hetherington and Kelly, *For Better or for Worse,* pp. 26–27; John Gottman, *Why Marriages Succeed or Fail and How You Can Make Yours Last* (New York: Fireside, 1994), pp. 137–62.
- 116 *"Now the woman has":* Anne Bernstein, phone interview, February 2008.
- 117 *Remarrieds with children:* Anne C. Bernstein, "Between You and Me: Untangling Conflict in Stepfamilies." SAA's Counseling Corner, Stepfamily Association of America, Spring 1993, http://www.stepfamilies.info/education/Articles/counseling/conflict.php.
- 118 *If you ease up:* Bernstein, interview.
- 119 *One way to break:* Patricia Papernow, phone interview, February 2008.
- 120 *John Gottman has studied:* John Gottman and Nan Silver, *The Seven Principles for Making Marriage Work* (New York: Norton, 1999), pp. 25–46.
- 121 *Family therapist James Bray has noted:* Bray and Kelly, *Stepfamilies,* pp. 28–29.
- 122 *Cherie Burns recommends:* Burns, *Stepmotherhood,* p. 31.
- 123 *"the biological force field":* Bray and Kelly, *Stepfamilies,* p. 146.
- 124 *In these cases:* Jamie Kelem Keshet, *Love and Power in the Stepfamily* (New York: McGraw-Hill, 1987), pp. 7–10.
- 125 *"middle ground":* Sonia Nevis, "Diagnosis: The Struggle for a Meaningful Paradigm," in *Gestalt Therapy: Perspectives and Applications,* ed. Edwin C. Nevis (New York: Routledge, 1997), pp. 57–78. See also Dahl, Cowgill, and Asmundsson, "Life in Remarriage Families."
- 126 *"paths of easy connection":* Papernow, interview.
- 127 *"much of what":* Ibid.
- 128 *"If the husband":* Ibid.
- 129 *sometimes surrendering:* Papernow, "The Stepfamily Cycle."
- 130 *These sentiments echo:* Hetherington and Kelly, *For Better or for Worse;* Constance R. Ahrons and Roy H. Rodgers, *Divorced Families: A Multidisciplinary Developmental View* (New York: Norton, 1987); Constance R. Ahrons, *The Good Divorce: Keeping Your Family Together When Your Marriage Falls Apart* (New York: HarperCollins, 1994).
- 131 *mothers are generally thought:* Bernstein, *Yours, Mine, and Ours,* p. 150; Hetherington and Kelly, *For Better or for Worse,* p. 189.
- 132 *resentment is more sustained:* Hetherington and Kelly, *For Better or for Worse,* p. 58; Ahrons, *The Good Divorce,* pp. 218–19.
- 133 *the same tendency:* Hetherington and Kelly, *For Better or for Worse,* p. 57.
- 134 *ex-husbands . . . are more likely:* E. Mavis Hetherington and M. Stanley-Hagan, "The Effects of Divorce on Fathers and Their Children," in *The Role of the Father in Child Development,* ed. Michael E. Lamb, pp. 191–211 (New York: Wiley, 1997); Hetherington and Kelly, *For Better or for Worse,* pp. 57–59.
- 135 *"Letting go":* Anne C. Bernstein, "Revisioning, Restructuring, and Reconciliation: Clinical Practice with Complex Post-Divorce Families," *Family Process* 46, no. 1 (March 2007): 67–78.
- 136 *"accusatory suffering":* Arthur and Elizabeth Seagull, quoted in Shirley Glass,

"Infidelity," *Clinical Update* (American Association of Family and Marital Therapy) 2, no. 1 (2000): 1–18.

137 *children with single mothers:* Linda Nielsen, "Stepmothers: Why So Much Stress? A Review of the Research," *Journal of Divorce and Remarriage* 30, nos. 1/2 (1999): 115–48.

138 *Sociologist Linda Nielsen:* Nielsen, "Stepmothers."

139 *Researchers suggest:* Ahrons, *The Good Divorce;* Patricia Bell-Scott, ed., *Double Stitch: Black Women Write About Mothers and Daughters* (New York: Harper Perennial, 1991); David Blankenhorn, *Fatherless America: Confronting Our Most Urgent Social Problem* (New York: Basic Books, 1994); Lyn Mikel Brown and Carol Gilligan, *Meeting at the Crossroads: Women's Psychology and Girls' Development* (Cambridge: Harvard University Press, 1992); Patricia Hill Collins, "The Meaning of Motherhood in Black Culture and Black Mother-Daughter Relationships," in *Double Stitch: Black Women Write About Mothers and Daughters,* ed. Patricia Bell-Scott (New York: Harper Perennial, 1991); Elizabeth Debold, Marie C. Wilson, and Idelisse Malave, *Mother Daughter Revolution: From Good Girls to Great Women* (New York: Addison-Wesley, 1992); Sharon Hays, *The Cultural Contradictions of Motherhood* (New Haven, CT: Yale University Press, 1996); Hetherington and Stanley-Hagan, "The Effects of Divorce."

140 *White women of means:* Stephanie Coontz, *The Way We Really Are: Coming to Terms with America's Changing Families* (New York: Basic Books, 1997), pp. 119–21.

141 *very educated white single mothers:* Margaret Crosbie-Burnett, "The Interface Between Stepparent Families and Schools: Research, Theory, Policy, and Practice," in *Remarriage and Stepparenting: Current Research and Theory,* ed. Kay Pasley and Marilyn Ihinger-Tallman, pp. 199–216 (New York: Guilford, 1987).

142 *The parenting style:* Nielsen, "Stepmothers: Why So Much Stress?"; Ahrons, *The Good Divorce;* Sarah McLanahan and Gary Sandefur, *Growing Up with a Single Parent: What Hurts, What Helps* (Cambridge: Harvard University Press, 1994).

143 *if an ex-wife:* Nielsen, "Stepmothers: Why So Much Stress?"

144 *Although most researchers:* Ibid.; Lucile Duberman, "Step-Kin Relations," *Journal of Marriage and the Family* 35 (1973): 283–92; Lucile Duberman, *The Reconstituted Family: A Study of Remarried Couples and Their Children* (Chicago: Nelson Hall, 1975); Thomas S. Parish and Bruno M. Kappes, "Impact of Father Loss on the Family," *Social Behavior and Personality* 8 (1980): 107–12; Jacqueline Lesley Burgoyne and David Clark, *Making a Go of It: A Study of Stepfamilies in Sheffield* (London: Routledge, 1984); Elsa Ferri, *Stepchildren: A National Study* (Windsor, Eng.: Routledge, 1984).

145 *"good fences":* Bernstein, "Revisioning."

146 *"the good divorce":* Ahrons, *The Good Divorce.*

147 *But research also shows:* Adler-Baeder and Higginbotham, "Implications of Remarriage."

148 *Hetherington found minimal:* Hetherington and Kelly, *For Better or for Worse,* p. 139.

■第 7 章

149 *"the first reproductive ecologist":* Sarah Blaffer Hrdy, *Mother Nature: Maternal Instincts and How They Shape the Human Species* (New York: Random House/Ballantine, 1999), p. 29.

150 *"they managed their":* Ibid., p. 30.

151 *"greater goodists":* Helena Cronin, *The Ant and the Peacock: Altruism and Natural Selection from Darwin to Today* (Cambridge: Cambridge University Press, 1991).

152 *"highly discerning mothers":* Ibid., p. 31.

153 *"where only one":* Ibid., p. 61.

154 *"underlies the evolution":* Ibid., p. 63

155 *later studies of humans:* Richard Alexander, *Darwin and Human Affairs* (Seattle: University of Washington Press, 1979); Kermyt G. Anderson, Hilliard Kaplan, David Lam, and Jane Lancaster, "Paternal Care by Genetic Fathers and Stepfathers. II: Reports by Xhosa High School Students," *Evolution and Human Behavior* 20, no. 6 (November 1999): 433–51; Kermyt G. Anderson, Hilliard Kaplan, and Jane Lancaster, "Men's Financial Expenditures on Genetic Children and Stepchildren from Current and Former Relationships" (Population Studies Center Research Report No. 01-484, Ann Arbor, MI, 2001); Mark V. Flinn, "Step and Genetic Parent/Offspring Relationships in a Caribbean Village," *Ethology and Sociobiology* 9, no. 6 (1988): 335–69; Douglas W. Mock and Geoffrey Parker, *The Evolution of Sibling Rivalry* (Oxford: Oxford University Press, 1997); Mary Jane West-Eberhard, "Foundress Associations in Polistine Wasps: Dominance Hierarchies and the Evolution of Social Behavior," *Science* 157 (1967): 1584–85.

156 *"in humans we can":* Hrdy, *Mother Nature,* p. 63.

157 *And so it is inevitable:* Sarah Blaffer Hrdy, "Fitness Tradeoffs in the History and Evolution of Delegated Mothering with Special Reference to Wet-Nursing, Abandonment, and Infanticide," *Ethology and Sociobiology* 13 (1992): 427.

158 *anything that a parent:* Robert Trivers, "Parental Investment and Sexual Selection," in *Sexual Selection and the Descent of Man, 1871–1971,* ed. B. Campbell (Chicago: Aldine, 1972), p. 173.

159 *"Parent and offspring":* Robert Trivers, "Parent-Offspring Conflict," *American Zoologist* 14 (1974): 249.

160 *"Weaning conflicts":* Hrdy, "Fitness Tradeoffs," p. 429.

161 *When !Kung mothers:* Marjorie Shostak, *Nisa: The Life and Words of a !Kung Woman* (Cambridge: Harvard University Press, 1981), p. 46.

162 *"Animals that live":* Stephen Emlen, quoted in Will Hively, "Family Man," *Discover,* October 1997, http://discovermagazine.com/1997/oct/familyman1237/?searchitem=stephen%20emlen.

"*The reason I went*": Ibid.

163 *Such behaviors have been:* Craig Packer, "Reciprocal Altruism in *Papio Anubis*," *Nature* 265 (February 1977): 441–43; Robert M. Seyfarth and Dorothy L. Cheney, "Grooming, Alliances, and Reciprocal Altruism in Vervet Monkeys," *Nature* 308 (April 1984): 541–43; Dan Wharton, phone interview, February 2008.

164 "*If a nest*": Emlen, quoted in Hively, "Family Man."

165 "*a swirling soap opera*": Hively, "Family Man."

166 "*The kids from*": Emlen, quoted in Hively, "Family Man."

167 "*Sometimes, there is*": Ibid.

168 "*Both genetics and environment*": Stephen Emlen, quoted in David Kaplan and Molly Vanduser, "Evolution and Stepfamilies: An Interview with Dr. Stephen T. Emlen," *Family Journal: Counseling and Therapy for Couples and Families* 7, no. 4 (October 1999): 410.

169 *A particularly elegant study:* William Jankowiak and Monique Diderich, "Sibling Solidarity in a Polygamous Community in the USA: Unpacking Inclusive Fitness," *Evolution and Human Behavior* 2, nos. 1/2 (March 2000): 125–39.

170 "*there is a pronounced*": Ibid., p. 135.

171 *a 1981 national survey:* Andrew J. Cherlin and Frank Furstenberg Jr., "Stepfamilies in the United States: A Reconsideration," *Annual Review of Sociology* 20 (1994): 359–81.

172 *The simple fact:* Francesca Adler-Baeder, phone interview, February 2007; James H. Bray and John Kelly, *Stepfamilies: Love, Marriage, and Parenting in the First Decade* (New York: Random House/Broadway Books, 1998), p. 35; Lawrence Ganong, Marilyn Coleman, M. Fine, and P. Martin, "Stepparents' Affinity-Seeking and Affinity-Maintaining Strategies with Stepchildren," *Journal of Family Issues* 20 (1999): 299–327; Marilyn Coleman, Lawrence Ganong, and M. Fine, "Reinvestigating Remarriage: Another Decade of Progress," *Journal of Marriage and the Family* 62 (2000): 1288–1307; E. Mavis Hetherington and W. Glenn Clingempeel, "Coping with Marital Transitions: A Family Systems Perspective," *Monographs of the Society for Research in Childhood Development* 57 (1992).

173 *there is little empirical evidence:* Melady Preece, "Exploring the StepGap: How Parents' Ways of Coping with Daily Family Stressors Impact Stepparent-Stepchild Relationship Quality in Stepfamilies" (University of British Columbia Publications, 1996), http://www.psych.ubc.ca/~mpreece.compdoc.pdf.

174 *A number of researchers:* Charles Hobart, "The Family System in Remarriage: An Exploratory Study," *Journal of Marriage and the Family* 50 (1988): 649–61; Charles Hobart, "Conflict in Remarriages," *Journal of Divorce and Remarriage* 15 (1991): 69–86; Bray and Kelly, *Stepfamilies*; Leslie A. Baxter, Dawn O. Braithwaite, and John H. Nicholson, "Turning Points in the Development of Blended Families," *Journal of Personal and Social Relationships* 16 (1999): 291–314; Patricia Papernow, *Becoming a Stepfamily: Patterns of Development in Remarried Families* (Cleveland: Analytic Press, 1993); Terry Waldren, "Cohesion and Adaptability in Post-Divorce Remarried and First Married Families: Relation-

ships with Family Stress and Coping Styles," *Journal of Divorce and Remarriage* 14, no. 1 (1990): 13–28.

175 *ornithologist Harry Power asserted:* Martin Daly and Margo Wilson, *The Truth About Cinderella: A Darwinian View of Parental Love* (New Haven, CT: Yale University Press, 1998), p. 19.

176 *Summarizing Rohwer's work:* Ibid., pp. 63, 64.

177 *a co-residing stepparent:* Ibid., p. 32.

178 *They had conscientiously tested:* Martin Daly and Margo Wilson, "Is the Cinderella Effect Controversial?" in *Foundations of Evolutionary Psychology,* ed. Charles Crawford and Dennis Krebs (New York: Psychology Press, 2008).

179 *"indiscriminate allocation":* Daly and Wilson, *The Truth About Cinderella,* p. 38.

180 *"If the psychological underpinnings":* Daly and Wilson, "Is the Cinderella Effect Controversial?" p. 383.

181 *In fact, research has shown:* Hrdy, *Mother Nature,* pp. 130–34.

182 *First of all:* Martin Daly and Margo Wilson, *Homicide* (New Brunswick, NJ: Transaction, 1988), pp. 85–93.

183 *this was likely more:* Paula K. Ivey, "Cooperative Reproduction in Ituri Forest Hunter-Gatherers: Who Cares for Efe Infants?" *Current Anthropology* 41, no. 5 (December 2000): 856–66; Sarah Blaffer Hrdy, "The Past, Present, and Future of the Human Family," Tanner Series Lecture on Human Values, University of Utah, Salt Lake City, February 27 and 28, 2001.

184 *unrelated males have evolved:* Hrdy, *Mother Nature,* p. 237.

185 *Such indifference:* Ibid.

186 *"non-adaptive byproducts":* Martin Daly and Margo Wilson, personal communication, March 2008.

187 *For Daly and Wilson:* Daly and Wilson, *The Truth About Cinderella,* p. 30.

188 *Still, they insist:* Ibid., p. 65.

189 *"Might it not":* Ibid., p. 59.

190 *the American Humane Association:* Ibid., p. 61.

191 *"It is easy":* Ibid., p. 62.

192 *Since the beginning of time:* Hrdy, *Mother Nature,* pp. 288–317.

■第8章

193 *"The uniqueness of":* Marjorie Shostak, *Nisa: The Life and Words of a !Kung Woman* (Cambridge: Harvard University Press, 1981), p. 3.

194 *"My milk is":* Ibid., p. 46.

195 *"When I was growing up":* Ibid., p. 56.
the Efe Pygmies: Paula K. Ivey, "Cooperative Reproduction in Ituri Forest Hunter-Gatherers: Who Cares for Efe Infants?" *Current Anthropology* 41, no. 5 (December 2000): 856–66.

196 *Thanks to such allomothers:* See Monique Borgerhoff Mulder and Maryanna Milton, "Factors Affecting Infant Care in the Kipsigis," *Journal of Anthropological Research* 41, no. 3 (1985): 255–60; Riley B. Bove, Claudia R. Valeggia, and

Peter T. Ellison, "Girl Helpers and Time Allocation of Nursing Women Among the Toba of Argentina," *Human Nature* 1, nos. 3/4 (2002): 457–72; Patricia Draper and Henry Harpending, "Parental Investment and the Child's Environment," in *Parenting Across the Lifespan: Biosocial Dimensions*, ed. Jane B. Lancaster, Jeanne Altman, Alice S. Rossi, and Lonnie R. Sherrod, pp. 207–35 (New York: Aldine, 1987); Karen L. Kramer, *Maya Children: Helpers at the Farm* (Cambridge: Harvard University Press, 2005); Karen L. Kramer, "Children's Help and the Pace of Reproduction: Cooperative Breeding in Humans," *Evolutionary Anthropology* 14, no. 6 (2005): 225–37; Paul W. Turke, "Helpers at the Nest: Childcare Networks on Ifaluk," in *Human Reproductive Behavior: A Darwinian Perspective*, ed. Laure Betzig, Monique Borgerhoff Mulder, and Paul Turke, pp. 173–89 (Cambridge: Cambridge University Press, 1988).

197 *there is ample evidence:* Sarah Blaffer Hrdy, "On Why It Takes a Village: Cooperative Breeders, Infant Needs, and the Future," *Tanner Lectures on Human Values*, vol. 23 (Salt Lake City: University of Utah Press, 2002), pp. 57–110; Sarah Blaffer Hrdy, "Comes the Child Before the Man: How Cooperative Breeding and Prolonged Post-Weaning Dependency Shaped Human Potential," in *Hunter-Gatherer Childhoods*, ed. Barry S. Hewlett and Michael E. Lamb, pp. 65–91 (New Brunswick, NJ: Transaction, 2005); Sarah Blaffer Hrdy, *Mother Nature: Maternal Instincts and How They Shape the Human Species* (New York: Random House/Ballantine, 1999); Ivey, "Cooperative Reproduction"; Kramer, *Maya Children*; Kramer, "Children's Help"; Stephen T. Emlen, "The Evolution of Cooperative Breeding in Birds and Mammals," in *Behavioural Ecology: An Evolutionary Approach*, ed. John R. Krebs and Nick B. Davies (London: Blackwell, 1984).

198 *"My father told"*: Shostak, *Nisa*, p. 155.

199 *"A co-wife is"*: Ibid., p. 154.

200 *"[My younger brother and I]"*: Ibid., pp. 248–49.

201 *"Even the woman"*: Ibid., pp. 249–50.

202 *"My mother just"*: Ibid., p. 250.

203 *"It grew and grew"*: Ibid., pp. 168, 203.

204 *"Why don't you"*: Ibid., pp. 282–83.

205 *"seldom does a child"*: Barry Hewlett, "Demography and Childcare in Preindustrial Societies," *Journal of Anthropological Research* 47, no. 1 (Spring 1991): 19.

206 *Of the ten Ache children:* Ibid., pp. 19–23.

207 *A number of anthropologists:* Kermyt G. Anderson, "Relatedness and Investment in Children in South Africa," *Human Nature* 16, no. 1 (2005): 3–25; Kermyt G. Anderson, Hilliard Kaplan, and Jane Lancaster, "Men's Financial Expenditures on Genetic Children and Stepchildren from Current and Former Relationships" (Population Studies Center Research Report No. 01-484, Ann Arbor, MI, 2001); Kermyt G. Anderson, Hilliard Kaplan, David Lam, and Jane Lancaster, "Paternal Care by Genetic Fathers and Stepfathers. II: Reports by Xhosa High School Students," *Evolution and Human Behavior* 20, no. 6 (November 1999): 433–51; Mark V. Flinn, "Step and Genetic Parent/Offspring Re-

lationships in a Caribbean Village," *Ethology and Sociobiology* 9, no. 6 (1988): 335–69; Jane Lancaster and Hilliard Kaplan, "Parenting Other Men's Children: Costs, Benefits, and Consequences," in *Adaptation and Human Behavior: An Anthropological Perspective*, ed. Lee Cronk, Napoleon Chagnon, and William Irons, pp. 179–203 (New York: Aldine, 2000); Frank Marlowe, "Showoffs or Providers? The Parenting Effort of Hadza Men," *Evolution and Human Behavior* 20 (1999): 391–404.

208 *biological anthropologist Edward Hagen:* Edward Hagen, Raymond B. Hames, Nathan M. Craig, Matthew T. Lauer, and Michael E. Price, "Parental Investment and Child Health in a Yanomamo Village Suffering Short-Term Food Stress," *Journal of Biosocial Sciences* 33 (2001): 503–28.

209 *the offspring of one's offspring:* Steven Josephson, "Does Polygyny Reduce Fertility?" *American Journal of Human Biology* 14, no. 2 (February 2002): 222–32.

210 *People in the United States:* Steven Josephson, personal communication, March 2008.

211 *nearly a third:* Catrien Notermans, "Fosterage in Cameroon: A Different Social Construction of Motherhood," in *Cross Cultural Approaches to Adoption*, ed. Fiona Bowie (London: Routledge, 2004), p. 1.

212 *"If you have":* Patricia Draper and Anne Buchanan, "'If You Have a Child You Have a Life': Demographic and Cultural Perspectives on Fathering in Old Age in !Kung Society," in *Father-Child Relations: Cultural and Biosocial Contexts*, ed. Barry S. Hewlett, pp. 131–52 (New York: Aldine, 1992).

213 *in Africa they are associated:* Notermans, "Fosterage in Cameroon," p. 2.

214 *"not wanting a child":* Hrdy, *Mother Nature*, p. 374.

215 *"A child has":* Heidi Verhoef, "'A Child Has Many Mothers': Views of Child Fostering in Northwestern Cameroon," *Childhood* 12 (2005): 369–90.

216 *"Being outside":* Ibid., p. 370.

217 *These foster mothers also expressed:* Ibid., p. 382.

218 *anthropologist Caroline Bledsoe:* Hrdy, *Mother Nature*, pp. 373–74. Hrdy is citing Caroline Bledsoe, "The 'Trickle-Down' Model Within Households: Foster Children and the Phenomenon of Scrounging," in *Health Transition: Methods and Measures*, ed. J. Cleland and A. G. Hill, pp. 115–31 (Canberra: Australian National University, 1991); Caroline Bledsoe, "'No Success Without Struggle': Social Mobility and Hardship for Foster Children in Sierra Leone," *Man* 25, no. 1 (1990): 70–88.

219 *A twenty-two-year-old:* Notermans, "Fosterage in Cameroon," pp. 4–5.

220 *Anthropologist Beverly Strassman:* Beverly I. Strassman, "Polygyny, Family Structure, and Child Mortality: A Prospective Study Among the Dogon of Mali," in *Adaptation and Human Behavior: An Anthropological Perspective*, ed. Lee Cronk, Napoleon Chagnon, and William Irons, pp. 49–67 (New York: Aldine, 2000).

221 *"we are talking":* Stephen Emlen, quoted in David Kaplan and Molly Vanduser, "Evolution and Stepfamilies: An Interview with Dr. Stephen T. Emlen," *Family Journal: Counseling and Therapy for Couples and Families* 7, no. 4 (October 1999): 409.

222　*Waterman argues that:* Barbara Waterman, *The Birth of an Adoptive, Foster or Stepmother: Beyond Biological Mothering Attachments* (London: Jessica Kingsley, 2004), pp. 11–13, 81.
223　*Indeed, since coming:* Ibid., pp. 52–53.

■第9章

224　*Exhaustive longitudinal studies:* Constance R. Ahrons, *The Good Divorce: Keeping Your Family Together When Your Marriage Falls Apart* (New York: HarperCollins, 1994); E. Mavis Hetherington and John Kelly, *For Better or for Worse: Divorce Reconsidered* (New York: Norton, 2002).
225　*after about five years:* Virginia Rutter, "Lessons from Stepfamilies," *Psychology Today,* May 1, 1994, p. 6.
226　*"The sense is":* Take Our Word for It, http://www.takeourwordforit.com/Issue009.html.
227　*before the year 800:* Ibid.
228　*the Latin word for "stepson":* Watson, *Ancient Stepmothers: Myth, Misogyny and Reality,* p. 3.
229　*women suffer depression:* Andrew Solomon, *The Noonday Demon: An Atlas of Depression* (New York: Scribner, 2001), p. 173.
230　*depression is "hereditary":* Ibid., p. 174.
231　*stepmothers are dramatically:* Kay Pasley and Marilyn Ihinger-Tallman, eds., *Remarriage and Stepparenting: Current Research and Theory* (New York: Guilford, 1987), p. 101. See also Laurence E. Sauer and Mark A. Fine, "Parent-Child Relationships in Stepparent Families," *Journal of Family Psychology* 1 (1998): 434–51.
232　*women who brought:* Hetherington and Kelly, *For Better or for Worse,* pp. 196–97.
233　*"When she's isolated":* Susan Nolen-Hoeksema, phone interview, spring 2006. See also Susan Nolen-Hoeksema, *Women Who Think Too Much: How to Break Free of Overthinking and Reclaim Your Life* (New York: Henry Holt, 2003).
234　*"A nasty comment":* Nolen-Hoeksema, interview.
235　*"Women get depressed":* Rutter, "Lessons from Stepfamilies," p. 8. See also Judith Jordan, "The Relational Self: A Model of Women's Development," in *Daughtering and Mothering,* ed. J. Van Mens-Verhulst, K. Schreus, and L. Woertman, pp. 135–44 (London: Routledge, 1993). See also Judith Jordan, Alexandra Kaplan, Jean Baker Miller, Irene Stiver, and Janet Surrey, *Women's Growth in Connection* (New York: Guilford, 1991); Nancy Chodorow, *The Reproduction of Mothering: Psychoanalysis and the Sociology of Gender* (Berkeley: University of California Press, 1978).
236　*"we are immersed":* Cindi Penor-Ceglian and Scott Gardner, "Attachment Style and the Wicked Stepmother Spiral," *Journal of Divorce and Remarriage* 34 (2000): 111–26.
237　*"A stepmother must be":* Lucile Duberman, *The Reconstituted Family: A Study of Remarried Couples and Their Children* (Chicago: Nelson Hall, 1975), p. 50.

238 *In the mid-1980s:* Kati Morrison and Airdrie Thompson-Guppy, "Cinderella's Stepmother Syndrome," *Canadian Journal of Psychiatry* 30 (1985): 521–29.

239 *stepmothers reported responding:* Mark A. Fine, P. Voydanoff, and B. W. Donnelly, "Relations Between Parental Control and Warmth and Child Well-Being in Stepfamilies," *Journal of Family Psychology* 7 (1993): 222–32.
stepmothers also seek: Ahrons, *The Good Divorce,* p. 233; See also Linda Nielsen,

240 "Stepmothers: Why So Much Stress? A Review of the Research," *Journal of Divorce and Remarriage* 30, nos. 1/2 (1999): 134.

241 *Our sense that:* Elizabeth A. Church, *Understanding Stepmothers: Women Share Their Struggles, Successes, and Insights* (Toronto: HarperCollins, 2004), p. 84; Hetherington and Kelly, *For Better or for Worse,* p. 193; Anne C. Bernstein, "Between You and Me: Untangling Conflict in Stepfamilies," SAA's Counseling Corner, Stepfamily Association of America, spring 1993, http://www.stepfamilies.info/education/Articles/counseling/conflict.php; Melvyn A. Berke and Joanne B. Grant, *Games Divorced People Play* (Englewood Cliffs, NJ: Prentice Hall, 1981).

242 *"Step[mothers] can be":* Bernstein, "Between You and Me," p. 2.

243 *nearly half of the remarried men:* Ann L. Orchard and Kenneth B. Solberg, "Expectations of the Stepmother's Role," *Journal of Divorce and Remarriage* 31, nos. 1/2 (1991): 120.

244 *"the group that comes":* Susan D. Stewart, *Brave New Stepfamilies: Diverse Paths Toward Stepfamily Living* (London: Sage, 2007), p. 30.

245 *Too often, these problem-oriented:* Ibid. See also Marilyn Coleman and Lawrence Ganong, "Remarriage and Family Research in the 80s: New Interest in an Old Family Form," *Journal of Marriage and the Family* 52 (1990): 925–40.

246 *A University of Missouri study:* S. H. Bryan, Lawrence Ganong, Marilyn Coleman, and Linda R. Bryan, "Counselors' Perceptions of Stepparents and Stepchildren," *Journal of Counseling Psychology* 32, no. 2 (April 1985): 279–82.

247 *Since some 86 percent:* Mary Ann Mason, "The Modern American Stepfamily: Problems and Possibilities," in *All Our Families: New Policies for a New Century,* ed. Mary Ann Mason, Arlene Skolnick, and Stephen D. Sugarman, pp. 96–116 (New York: Oxford University Press, 1998).

248 *residency is relatively fluid:* James H. Bray and John Kelly, *Stepfamilies: Love, Marriage, and Parenting in the First Decade* (New York: Random House/Broadway Books, 1998); Marilyn Coleman, Lawrence Ganong, and M. Fine, "Reinvestigating Remarriage: Another Decade of Progress," *Journal of Marriage and the Family* 62 (2000): 1288–1307.

249 *a number of studies have shown:* Alan Booth and Judith F. Dunn, eds., *Stepfamilies: Who Benefits? Who Does Not?* (Hillsdale, NJ: Erlbaum, 1994); Andrew J. Cherlin and Frank Furstenberg Jr., "Stepfamilies in the United States: A Reconsideration," *Annual Review of Sociology* 20 (1994): 359–81; Mark A. Fine and Andrew I. Schwebel, "Stepparent Stress," *Journal of Divorce and Remarriage* 17 (1992): 1–15; Nan Bauer Maglin and Nancy Schniedewind, eds., *Women in Stepfamilies: Voices of Anger and Love* (Philadelphia: Temple University Press, 1989); Charles Hobart, "The Family System in Remarriage: An Explor-

atory Study," *Journal of Marriage and the Family* 50 (1988): 649–61; Charles Hobart, "Conflict in Remarriages," *Journal of Divorce and Remarriage* 15 (1991): 69–86; Patricia Papernow, *Becoming a Stepfamily: Patterns of Development in Remarried Families* (Cleveland: Analytic Press, 1993); Donna S. Quick, Patrick C. McKenry, and Barbara M. Newman, "Stepmothers and Their Adolescent Stepchildren," in *Remarriage and Stepparenting: Current Research and Theory*, ed. Kay Pasley and Marilyn Ihinger-Tallman, pp. 105–27 (Westport, CT: Praeger, 1995); Sarah Turner, "My Wife-in-Law and Me: Reflections on a Joint-Custody Stepparenting Relationship," in *Women in Stepfamilies: Voices of Anger and Love*, ed. Nan Bauer Maglin and Nancy Schniedewind, pp. 310–30 (Philadelphia: Temple University Press, 1989); Lynn White, "Stepfamilies over the Life Course," in *Stepfamilies: Who Benefits? Who Does Not?* ed. Alan Booth and Judith F. Dunn, pp. 109–37 (Hillsdale, NJ: Erlbaum, 1994); D. Whitsett and H. Land, "The Development of a Role Strain Index for Stepparents," *Families in Society* 73 (January 1992): 14–22.

- 250 *Stepfamily researcher Elizabeth Church:* Church, *Understanding Stepmothers*, pp. 275–79.
- 251 *"I am ashamed"*: Letter, *Salon*, December 1, 2005.

■第 10 章

- 252 *To paraphrase:* Susan D. Stewart, *Brave New Stepfamilies: Diverse Paths Toward Stepfamily Living* (London: Sage, 2007), p. 190.
- 253 *older parents with adult children:* Ibid., p. 202.
- 254 *adolescence has now been:* Ibid., p. 193.
- 255 *the recent trend:* See, for example, Jane Gross, "A Long-Distance Tether to Home," *New York Times*, November 5, 1999; Stephen Mintz, *Huck's Raft: A History of American Childhood* (Cambridge: Belknap Press, 2006).
- 256 *"My new stepmother"*: Candy Cooper, "Step Shock," in *My Father Married Your Mother: Writers Talk About Stepparents, Stepchildren, and Everyone in Between*, ed. Anne Burt (New York: Norton, 2006), p. 239.
- 257 *the issues of adult stepchildren:* Stewart, *Brave New Stepfamilies*, p. 195.
- 258 *"maladaptive notions"*: Sarah Corrie, "Working Therapeutically with Adult Stepchildren: Identifying the Needs of a Neglected Client Group," *Journal of Divorce and Remarriage* 37, nos. 1/2 (2002): 141.
- 259 *"In my experience"*: Ibid., p. 137.
- 260 *"For Louise, it felt"*: Ibid., p. 144.
- 261 *"find high levels"*: Ibid., p. 138.
- 262 *"We arranged an evening"*: Andrew Solomon, "On Having a Stepmother Who Loves Opera," in *My Father Married Your Mother: Writers Talk About Stepparents, Stepchildren, and Everyone in Between*, ed. Anne Burt (New York: Norton, 2006), p. 51.
- 263 *"Very much to my"*: Ibid., p. 56.
- 264 *"Then too, I disliked"*: Ibid.
- 265 *"The relationship between"*: Ibid., p. 57.

266 *"complex stepfamilies have more":* E. Mavis Hetherington and John Kelly, *For Better or for Worse: Divorce Reconsidered* (New York: Norton, 2002), p. 196.

267 *This is typical:* Paul Schrodt, "Sex Differences in Stepchildren's Reports of Stepfamily Functioning," *Communication Reports* 21, no. 1 (January 2008): 46–58.

268 *"When stepchildren decide":* Marilyn Coleman and Lawrence Ganong, "Stepfamilies from the Stepfamily's Perspective," *Marriage and Family Review* 26, nos. 1/2 (1997): 119.

269 *"the stepmothers of the children":* Barbara Vinick and Susan Lanspery, "Cinderella's Sequel: Stepmothers' Long-Term Relationships with Adult Stepchildren," *Journal of Comparative Family Studies* 31 (June 2000): p. 381.

文　献

Abraham, Laurie. "Can This Marriage Be Saved? A Year in the Life of a Couples-Therapy Group." *New York Times Magazine*, August 12, 2007.
Adler-Baeder, Francesca. "Development of the Remarriage Belief Inventory for Researchers and Educators." *Journal of Extension* 43 (June 2005): 1–7, http://www.joe.org/joe/2005june/iw2.shtml.
———. "What Do We Know About the Physical Abuse of Stepchildren? A Review of the Literature." *Journal of Divorce and Remarriage* 44 (2006): 67–81.
Adler-Baeder, Francesca, and Brian Higginbotham. "Implications of Remarriage and Stepfamily Formation for Marriage Education." *Family Relations* 53 (2004): 448–58.
Ahrons, Constance R. *The Good Divorce: Keeping Your Family Together When Your Marriage Falls Apart.* New York: HarperCollins, 1994.
———. *We're Still Family: What Grown Children Have to Say About Their Parents' Divorce.* New York: HarperCollins, 2004.
Ahrons, Constance R., and Roy H. Rodgers. *Divorced Families: A Multidisciplinary Developmental View.* New York: Norton, 1987.
Ahrons, Constance R., and L. Wallisch. "Parenting in the Binuclear Family: Relationships Between Biological and Stepparents." In *Remarriage and Stepparenting: Current Research and Theory*, edited by Kay Pasley and Marilyn Ihinger-Tallman. New York: Guilford, 1987.
Alexander, Richard. *Darwin and Human Affairs.* Seattle: University of Washington Press, 1979.
Anderson, Kermyt G. "Relatedness and Investment in Children in South Africa." *Human Nature* 16, no. 1 (2005): 3–25.
Anderson, Kermyt G., Hilliard Kaplan, David Lam, and Jane Lancaster. "Paternal Care by Genetic Fathers and Stepfathers. II: Reports by Xhosa High School Students." *Evolution and Human Behavior* 20, no. 6 (November 1999): 433–51.
Anderson, Kermyt G., Hilliard Kaplan, and Jane Lancaster. "Men's Financial Expenditures on Genetic Children and Stepchildren from Current and Former Relationships." Population Studies Center Research Report No. 01-484, Ann Arbor, MI, 2001.
Ayers, Lauren. *Teenage Girls: A Parent's Survival Manual.* New York: Crossroad, 1996.
Baxter, Leslie A., Dawn O. Braithwaite, and John H. Nicholson. "Turning Points in

the Development of Blended Families." *Journal of Personal and Social Relationships* 16 (1999): 291–314.

Beer, W. R., ed. *Relative Strangers: Studies of the Stepfamily Processes.* Totowa, NJ: Rowman and Littlefield, 1992.

Bell-Scott, Patricia, ed. *Double Stitch: Black Women Write About Mothers and Daughters.* New York: Harper Perennial, 1991.

Berger, Roni. *Stepfamilies: A Multidimensional Perspective.* New York: Haworth, 1998.

Berke, Melvyn A., and Joanne B. Grant. *Games Divorced People Play.* Englewood Cliffs, NJ: Prentice Hall, 1981.

Bernstein, Anne C. "Between You and Me: Untangling Conflict in Stepfamilies." SAA's Counseling Corner, Stepfamily Association of America, spring 1993, http://www.stepfamilies.info/education/Articles/counseling/conflict.php.

———. "Remarriage: Redesigning Couplehood." In *Couples on the Fault Line: New Directions for Therapists,* edited by Peggy Papp. New York: Guilford, 2000.

———. "Revisioning, Restructuring, and Reconciliation: Clinical Practice with Complex Post-Divorce Families." *Family Process* 46, no. 1 (March 2007): 67–78.

———. *Yours, Mine, and Ours: How Families Change When Remarried Parents Have a Child Together.* New York: Norton, 1991.

Bettelheim, Bruno. *The Uses of Enchantment: The Meaning and Importance of Fairy Tales.* New York: Vintage, 1989.

Bjornsen, Sally. *The Single Girl's Guide to Marrying a Man, His Kids, and His Ex-Wife: Becoming a Stepmother with Humor and Grace.* New York: New American Library, 2005.

Blankenhorn, David. *Fatherless America: Confronting Our Most Urgent Social Problem.* New York: Basic Books, 1994.

Bledsoe, Caroline. "'No Success Without Struggle': Social Mobility and Hardship for Foster Children in Sierra Leone." *Man* 25, no. 1 (1990): 70–88.

———. "The 'Trickle-Down' Model Within Households: Foster Children and the Phenomenon of Scrounging." In *Health Transition: Methods and Measures,* edited by J. Cleland and A. G. Hill. Canberra: Australian National University, 1991.

Booth, Alan, and Judith F. Dunn, eds. *Stepfamilies: Who Benefits? Who Does Not?* Hillsdale, NJ: Erlbaum, 1994.

Booth, Alan, and John N. Edwards. "Starting Over: Why Remarriages Are More Unstable." *Journal of Family Issues* 13, no. 2 (1992): 179–94.

Bove, Riley B., Claudia R. Valeggia, and Peter T. Ellison. "Girl Helpers and Time Allocation of Nursing Women Among the Toba of Argentina." *Human Nature* 1, nos. 3/4 (2002): 457–72.

Brand, E., and W. Glenn Clingempeel. "Interdependence of Marital and Stepparent-Stepchild Relationships and Children's Psychological Adjustment." *Family Relations* 36 (1987): 140–45.

Bray, James H., and John Kelly. *Stepfamilies: Love, Marriage, and Parenting in the First Decade.* New York: Random House/Broadway Books, 1998.

Brown, Lyn Mikel, and Carol Gilligan. *Meeting at the Crossroads: Women's Psychology and Girls' Development.* Cambridge: Harvard University Press, 1992.

Bryan, S. H., Lawrence Ganong, Marilyn Coleman, and Linda R. Bryan. "Counselors' Perceptions of Stepparents and Stepchildren." *Journal of Counseling Psychology* 32, no. 2 (April 1985): 279–82.

Buckle, Leslie, Gordon G. Gallup Jr., and Zachary A. Rodd. "Marriage as a Reproductive Contract: Patterns of Marriage, Divorce, and Remarriage." *Ethology and Sociobiology* 17 (1996): 363–77.

Bumpass, Larry L., R. Kelly Raley, and James A. Sweet. "The Changing Character of Stepfamilies: Implications of Cohabitation and Nonmarital Childbearing." *Demography* 32 (1995): 425–36.

Burgess, Ernest W., and Harvey Locke. *The Family: From Institution to Companionship.* New York: American Book, 1960.

Burgoyne, Jacqueline Lesley, and David Clark. *Making a Go of It: A Study of Stepfamilies in Sheffield.* London: Routledge, 1984.

Burns, Cherie. *Stepmotherhood: How to Survive Without Feeling Frustrated, Left Out, or Wicked.* New York: Random House, 2001.

Cherlin, Andrew J. "The Deinstitutionalization of American Marriage." *Journal of Marriage and the Family* 66 (November 2004): 848–61.

———. *Marriage, Divorce, Remarriage.* Cambridge: Harvard University Press, 1981.

———. *Public and Private Families.* Boston: McGraw-Hill, 1999.

———. "Remarriage as an Incomplete Institution." *American Journal of Sociology* 84, no. 3 (November 1978): 634–50.

Cherlin, Andrew J., and Frank Furstenberg Jr. "Stepfamilies in the United States: A Reconsideration." *Annual Review of Sociology* 20 (1994): 359–81.

Chillman, C. S. "Remarriage and Stepfamilies: Research Results and Implications." In *Contemporary Families and Alternative Lifestyles: Handbook on Research and Theory,* edited by Eleanor D. Macklin and Roger H. Rubin. Beverly Hills, CA: Sage, 1983.

Chodorow, Nancy. *The Reproduction of Mothering: Psychoanalysis and the Sociology of Gender.* Berkeley: University of California Press, 1978.

Church, Elizabeth A. "The Poisoned Apple: Stepmothers' Experience of Envy and Jealousy." *Journal of Feminist Family Therapy* 11 (1999): 1–18.

———. *Understanding Stepmothers: Women Share Their Struggles, Successes, and Insights.* Toronto: HarperCollins, 2004.

———. "Who Are the People in Your Family? Stepmothers' Diverse Notions of Kinship." *Journal of Divorce and Remarriage* 31, nos. 1/2 (1999): 83–105.

Cissna, Kenneth, Dennis Cox, and Arthur Bochner. "Relationships Within the Stepfamily." In *The Psychosocial Interior of the Family,* edited by G. Handel and G. Whitchurch. New York: Aldine, 1994.

Claxton-Oldfield, Stephen. "Deconstructing the Myth of the Wicked Stepparent." *Marriage and Family Review* 30 (2000): 51–58.

Coleman, Marilyn, and Lawrence Ganong. "Remarriage and Family Research in the 80s: New Interest in an Old Family Form." *Journal of Marriage and the Family* 52 (1990): 925–40.

———. "Stepfamilies from the Stepfamily's Perspective." *Marriage and Family Review* 26, nos. 1/2 (1997): 107–21.

———. "Stepparent: A Pejorative Term?" *Psychological Reports* 52 (1997): 919–22.

Coleman, Marilyn, Lawrence Ganong, and M. Fine. "Reinvestigating Remarriage: Another Decade of Progress." *Journal of Marriage and the Family* 62 (2000): 1288–1307.

Coleman, Marilyn, and S. E. Weaver. "A Mothering but Not a Mother Role: A Grounded Theory of the Nonresidential Stepmother Role." *Journal of Personal and Social Relationships* 22 (2005): 477–97.

Collins, Patricia Hill. "The Meaning of Motherhood in Black Culture and Black Mother-Daughter Relationships." In *Double Stitch: Black Women Write About Mothers and Daughters*, edited by Patricia Bell-Scott. New York: Harper Perennial, 1991.

Comanor, William S., ed. *The Law and Economics of Child Support Payments*. Northampton, MA: Edward Elgar, 2004.

Coontz, Stephanie. *Marriage, a History: From Obedience to Intimacy, or How Love Conquered Marriage*. New York: Viking, 2005.

———. "The Origins of Modern Divorce." *Family Process* 46, no. 1 (February 2007): 7–16.

———. *The Way We Really Are: Coming to Terms with America's Changing Families*. New York: Basic Books, 1997.

Cooper, Candy. "Step Shock." In *My Father Married Your Mother: Writers Talk About Stepparents, Stepchildren, and Everyone in Between*, edited by Anne Burt. New York: Norton, 2006.

Corrie, Sarah. "Working Therapeutically with Adult Stepchildren: Identifying the Needs of a Neglected Client Group." *Journal of Divorce and Remarriage* 37, nos. 1/2 (2002): 135–50.

Cott, Nancy. *Public Vows: A History of Marriage and the Nation*. Cambridge: Harvard University Press, 2000.

Crohn, Helen. "Five Styles of Positive Stepmothering from the Perspective of Young Adult Stepdaughters." *Journal of Divorce and Remarriage* 46, nos. 1/2 (2006): 119–34.

Cronin, Helena. *The Ant and the Peacock: Altruism and Natural Selection from Darwin to Today*. Cambridge: Cambridge University Press, 1991.

Crosbie-Burnett, Margaret. "The Interface Between Stepparent Families and Schools: Research, Theory, Policy, and Practice." In *Remarriage and Stepparenting: Current Research and Theory*, edited by Kay Pasley and Marilyn Ihinger-Tallman. New York: Guilford, 1987.

Crosbie-Burnett, Margaret, and J. Giles-Sims. "Adolescent Adjustment and Stepparenting Styles." *Family Relations* 43 (1994): 394–99.

Crosbie-Burnett, Margaret, and E. A. Lewis. "Use of African-American Family Structures and Functioning to Address the Challenges of European-American Post-Divorce Families." *Family Relations* 42 (1993): 243–48.

Dahl, Ann Sale, K. Cowgill, and R. Asmundsson. "Life in Remarriage Families." *Social Work* 32 (1987): 40–45.

Dainton, Marianne. "Myths and Misconceptions of the Stepmother Identity." *Family Relations* 42 (1992): 93–98.
Daly, Martin, and Margo Wilson. *Homicide*. New Brunswick, NJ: Transaction, 1988.
———. "Is the Cinderella Effect Controversial?" In *Foundations of Evolutionary Psychology*, edited by Charles Crawford and Dennis Krebs. New York: Psychology Press, 2008.
———. *The Truth About Cinderella: A Darwinian View of Parental Love*. New Haven, CT: Yale University Press, 1998.
Deater-Deckard, Kirby, Kevin Pickering, Judith Dunn, and Jean Golding. "Family Structure and Depressive Symptoms in Men Preceding and Following the Birth of a Child." *American Journal of Psychiatry* 155 (June 1998): 818–23.
Debold, Elizabeth, Marie C. Wilson, and Idelisse Malave. *Mother Daughter Revolution: From Good Girls to Great Women*. New York: Addison-Wesley, 1992.
Deetz, James, and Patricia Deetz. *The Times of Their Lives: Life, Love, and Death in Plymouth Colony*. New York: Random House, 2000.
Demos, John. *A Little Commonwealth: Family Life in Plymouth Colony*. New York: Oxford University Press, 1999.
Draper, Patricia, and Anne Buchanan. "'If You Have a Child You Have a Life': Demographic and Cultural Perspectives on Fathering in Old Age in !Kung Society." In *Father-Child Relations: Cultural and Biosocial Contexts*, edited by Barry S. Hewlett. New York: Aldine, 1992.
Draper, Patricia, and Henry Harpending. "Parental Investment and the Child's Environment." In *Parenting Across the Lifespan: Biosocial Dimensions*, edited by Jane B. Lancaster, Jeanne Altman, Alice S. Rossi, and Lonnie R. Sherrod. New York: Aldine, 1987.
Duberman, Lucile. *The Reconstituted Family: A Study of Remarried Couples and Their Children*. Chicago: Nelson Hall, 1975.
———. "Step-Kin Relations." *Journal of Marriage and the Family* 35 (1973): 283–92.
Ebata, Aaron, Anne C. Petersen, and J. Conger. "The Development of Psychopathology in Adolescence." In *Risk and Protective Factors in the Development of Psychopathology*, edited by J. Rolf. New York: Cambridge University Press, 1990.
Einstein, Elizabeth, and Linda Albert. "The Instant Love Expectation: Downhill Slide to Trouble." In *Strengthening Your Stepfamily*. Circle Pines, MN: American Guidance Association Press, 1986.
Emlen, Stephen T. "The Evolution of Cooperative Breeding in Birds and Mammals." In *Behavioural Ecology: An Evolutionary Approach*, edited by John R. Krebs and Nick B. Davies. London: Blackwell, 1984.
Erera-Weatherley, Pauline I. "On Becoming a Stepparent: Factors Associated with the Adoption of Alternative Stepparenting Styles." *Journal of Divorce and Remarriage* 25, nos. 3/4 (1996): 155–74.
Falke, Stephanie, and Jeffry Larson. "Premarital Predictions of Remarital Quality." *Contemporary Family Therapy* 29, nos. 1/2 (June 2007): 9–23.
Ferri, Elsa. *Stepchildren: A National Study*. Windsor, Eng.: Routledge, 1984.
Fine, Mark A., and Andrew I. Schwebel. "Stepparent Stress." *Journal of Divorce and Remarriage* 17 (1992): 1–15.

Fine, Mark A., P. Voydanoff, and B. W. Donnelly. "Relations Between Parental Control and Warmth and Child Well-Being in Stepfamilies." *Journal of Family Psychology* 7 (1993): 222–32.

Flinn, Mark V. "Step and Genetic Parent/Offspring Relationships in a Caribbean Village." *Ethology and Sociobiology* 9, no. 6 (1988): 335–69.

Foucault, Michel. "Truth and Power." In *Power/Knowledge: Selected Interviews and Other Writings, 1972–1977*, edited by C. Gordon. New York: Pantheon, 1980.

Furstenberg, Frank, and C. Nord. "Parenting Apart: Patterns of Childrearing After Marital Disruption." *Journal of Marriage and the Family* 47 (1985): 893–904.

Gabe, Grace, and Jean Lipman-Blumen. *Step Wars: Overcoming the Perils and Making Peace in Adult Stepfamilies.* New York: St. Martin's, 2004.

Gamache, Susan. "Stepfamily Life and Then Some." *Family Connections*, Summer 1999, pp. 1–5.

Ganong, Lawrence, and Marilyn Coleman. "Adolescent Stepchild and Stepparent Relationships." In *Stepparenting: Issues in Theory, Research, and Practice*, edited by Kay Pasley and Marilyn Ihinger-Tallman. Westport, CT: Greenwood, 1995.

———. "Stepchildren's Perceptions of Their Parents." *Journal of Genetic Psychology* 148 (1986): 5–17.

Ganong, Lawrence, Marilyn Coleman, M. Fine, and P. Martin. "Stepparents' Affinity-Seeking and Affinity-Maintaining Strategies with Stepchildren." *Journal of Family Issues* 20 (1999): 299–327.

Gilbert, Sandra, and Susan Gubar. *The Madwoman in the Attic: The Woman Writer and the Nineteenth-Century Literary Imagination.* New Haven, CT: Yale University Press, 2000.

Glass, Shirley. "Infidelity." *Clinical Update* (American Association of Family and Marital Therapy) 2, no. 1 (2000): 1–8.

Glick, P. C. "Remarried Families, Stepfamilies, and Stepchildren: A Brief Demographic Profile." *Family Relations* 38 (1989): 24–38.

Glick, P. C., and S. L. Lin. "Remarriage After Divorce: Recent Changes and Demographic Variation." *Social Perspectives* 30 (1987): 99–109.

Goffman, Erving. *Stigma: Notes on the Management of Spoiled Identity.* New York: Simon & Schuster, 1963.

Gottlieb, R. M. "Refusing the Cure: Sophocles' Philoctetes and the Clinical Problems of Self-Injurious Spite, Shame, and Forgiveness." *International Journal of Psychoanalysis* 85, no. 3 (2004): 669–89.

Gottman, John. *Ten Lessons to Transform Your Marriage.* New York: Three Rivers, 2007.

———. "A Theory of Marital Dissolution and Stability." *Journal of Family Psychology* 7, no. 1 (1993): 57–75.

———. *Why Marriages Succeed or Fail and How You Can Make Yours Last.* New York: Fireside, 1994.

Gottman, John, and Nan Silver. *The Seven Principles for Making Marriage Work.* New York: Norton, 1999.

Gross, Jane. "A Long-Distance Tether to Home." *New York Times,* November 5, 1999.

Haebich, Anna. "Murdering Stepmothers: The Trial and Execution of Martha Rendell." *Journal of Australian Studies* (December 1, 1998): 1–16.

Hagen, Edward, Raymond B. Hames, Nathan M. Craig, Matthew T. Lauer, and Michael E. Price. "Parental Investment and Child Health in a Yanomamo Village Suffering Short-Term Food Stress." *Journal of Biosocial Sciences* 33 (2001): 503–28.

Hamilton, William. *The Narrow Roads of Gene Land: Collected Papers of William Hamilton.* Vol. 1: *The Evolution of Social Behavior.* New York: Oxford University Press, 1998.

Hays, Sharon. *The Cultural Contradictions of Motherhood.* New Haven, CT: Yale University Press, 1996.

Hetherington, E. Mavis. Personal conversation, quoted by Dr. Ron L. Deal. "The Stepcouple Divorce Rate May Be Higher Than We Thought." Successful Stepfamilies, http://www.successfulstepfamilies.com/view/176.

Hetherington, E. Mavis, and W. Glenn Clingempeel. "Coping with Marital Transitions: A Family Systems Perspective." *Monographs of the Society for Research in Childhood Development* 57 (1992).

Hetherington, E. Mavis, and John Kelly. *For Better or for Worse: Divorce Reconsidered.* New York: Norton, 2002.

Hetherington, E. Mavis, and M. Stanley-Hagan. "The Effects of Divorce on Fathers and Their Children." In *The Role of the Father in Child Development,* edited by Michael E. Lamb. New York: Wiley, 1997.

Hewlett, Barry. "Demography and Childcare in Preindustrial Societies." *Journal of Anthropological Research* 47, no. 1 (Spring 1991): 1–37.

Hively, Will. "Family Man." *Discover,* October 1997, http://discovermagazine.com/1997/oct/familyman1237/?searchitem=stephen%20emlen.

Hobart, Charles. "Conflict in Remarriages." *Journal of Divorce and Remarriage* 15 (1991): 69–86.

———. "Experiences of Remarried Families." *Journal of Divorce* 13 (1989): 121–44.

———. "The Family System in Remarriage: An Exploratory Study." *Journal of Marriage and the Family* 50 (1988): 649–61.

Hrdy, Sarah Blaffer. "Comes the Child Before the Man: How Cooperative Breeding and Prolonged Post-Weaning Dependency Shaped Human Potential." In *Hunter-Gatherer Childhoods,* edited by Barry S. Hewlett and Michael E. Lamb. New Brunswick, NJ: Transaction, 2005.

———. "Fitness Tradeoffs in the History and Evolution of Delegated Mothering with Special Reference to Wet-Nursing, Abandonment, and Infanticide." *Ethology and Sociobiology* 13 (1992): 409–42.

———. *Mother Nature: Maternal Instincts and How They Shape the Human Species.* New York: Random House/Ballantine, 1999.

———. "On Why It Takes a Village: Cooperative Breeders, Infant Needs, and the Future." *Tanner Lectures on Human Values,* vol. 23, pp. 57–110. Salt Lake City: University of Utah Press, 2002.

———. "The Past, Present, and Future of the Human Family." Tanner Series Lecture on Human Values, University of Utah, Salt Lake City, February 27 and 28, 2001.

Ivey, Paula K. "Cooperative Reproduction in Ituri Forest Hunter-Gatherers: Who Cares for Efe Infants?" *Current Anthropology* 41, no. 5 (December 2000): 856–66.

Jacobson, David. "Financial Management in Stepfamily Households." *Journal of Divorce and Remarriage* 19 (2001): 221–38.

Jankowiak, William, and Monique Diderich. "Sibling Solidarity in a Polygamous Community in the USA: Unpacking Inclusive Fitness." *Evolution and Human Behavior* 2, nos. 1/2 (March 2000): 125–39.

Johnson, Sue. *Hold Me Tight: Conversations for a Lifetime of Love*. New York: Little, Brown, 2008.

Jones, Anne C. "Transforming the Story: Narrative Applications to a Stepmother Support Group." *Families in Society* 85 (January 2004): 129–39.

Jordan, Judith. "The Relational Self: A Model of Women's Development." In *Daughtering and Mothering*, edited by J. Van Mens-Verhulst, K. Schreus, and L. Woertman. London: Routledge, 1993.

Jordan, Judith, Alexandra Kaplan, Jean Baker Miller, Irene Stiver, and Janet Surrey. *Women's Growth in Connection*. New York: Guilford, 1991.

Josephson, Steven. "Does Polygyny Reduce Fertility?" *American Journal of Human Biology* 14, no. 2 (February 2002): 222–32.

Kaplan, David, and Molly Vanduser. "Evolution and Stepfamilies: An Interview with Dr. Stephen T. Emlen." *Family Journal: Counseling and Therapy for Couples and Families* 7, no. 4 (October 1999): 408–13.

Kate, N. "The Future of Marriage." *American Demographics* 12 (June 1996): 1–6.

Keshet, Jamie Kelem. "Gender and Biological Models of Role Division in Stepmother Families." *Journal of Feminist Family Therapy* 1 (1989): 29–50.

———. *Love and Power in the Stepfamily*. New York: McGraw-Hill, 1987.

Klein, Melanie. "Envy and Gratitude." In *Envy and Gratitude and Other Works*. 1957. Reprint, New York: Delacorte, 1975.

Knox, D., and M. Zusman. "Marrying a Man with 'Baggage': Implications for Second Wives." *Journal of Divorce and Remarriage* 35 (2001): 67–80.

Kramer, Karen L. "Children's Help and the Pace of Reproduction: Cooperative Breeding in Humans." *Evolutionary Anthropology* 14, no. 6 (2005): 225–37.

———. *Maya Children: Helpers at the Farm*. Cambridge: Harvard University Press, 2005.

Lack, David. "The Significance of Clutch Size." *Ibis* 89 (1947): 302–52.

Lancaster, Jane, and Hilliard Kaplan. "Parenting Other Men's Children: Costs, Benefits, and Consequences." In *Adaptation and Human Behavior: An Anthropological Perspective*, edited by Lee Cronk, Napoleon Chagnon, and William Irons. New York: Aldine, 2000.

Laythe, Joseph. "The Wicked Stepmother? The Edna Mumbulo Case of 1930." *Journal of Criminal Justice and Popular Culture* 9 (2002): 33–54.

Levine, I. "The Stepparent Role from a Gender Perspective." *Marriage and Family Review* 26 (1997): 177–90.

Lorah, Peggy. "Lesbian Stepmothers: Navigating Invisibility." *Journal of LGBT Issues in Counseling* 1 (2006/2007): 59–76.

Lown, Jean M., and Elizabeth M. Dolan. "Remarried Families' Economic Behavior." *Journal of Divorce and Remarriage* 22 (1994): 103–19.

Lutz, Patricia. "The Stepfamily: An Adolescent Perspective." *Family Relations* 32 (1980): 367–75.

MacDonald, W., and A. DeMaris. "Parenting Stepchildren and Biological Children." *Journal of Family Issues* 23 (1996): 5–25.

Maglin, Nan Bauer, and Nancy Schniedewind, eds. *Women in Stepfamilies: Voices of Anger and Love*. Philadelphia: Temple University Press, 1989.

Marlowe, Frank. "Showoffs or Providers? The Parenting Effort of Hadza Men." *Evolution and Human Behavior* 20 (1999): 391–404.

Mason, Mary Ann. "The Modern American Stepfamily: Problems and Possibilities." In *All Our Families: New Policies for a New Century*, edited by Mary Ann Mason, Arlene Skolnick, and Stephen D. Sugarman. New York: Oxford University Press, 1998.

McLanahan, Sarah, and Gary Sandefur. *Growing Up with a Single Parent: What Hurts, What Helps*. Cambridge: Harvard University Press, 1994.

Meyers, L. "Relationship Conflicts Stress Men More Than Women." *Monitor on Psychology* 37 (2006): 14.

Miller, Michael Vincent. *Intimate Terrorism: The Crisis of Love in an Age of Disillusion*. New York: Norton, 1996.

Mintz, Stephen. *Huck's Raft: A History of American Childhood*. Cambridge, MA: Belknap Press, 2006.

Mock, Douglas W., and Geoffrey Parker. *The Evolution of Sibling Rivalry*. Oxford: Oxford University Press, 1997.

Morrison, Kati, and Airdrie Thompson-Guppy. "Cinderella's Stepmother Syndrome." *Canadian Journal of Psychiatry* 30 (1985): 521–29.

Mulder, Monique Borgerhoff, and Maryanna Milton. "Factors Affecting Infant Care in the Kipsigis." *Journal of Anthropological Research* 41, no. 3 (1985): 255–60.

Nevis, Sonia. "Diagnosis: The Struggle for a Meaningful Paradigm." In *Gestalt Therapy: Perspectives and Applications*, edited by Edwin C. Nevis (New York: Routledge, 1997).

Nielsen, Linda. "College Daughters' Relationships with Their Fathers: A 15-Year Study." *College Student Journal* 41 (March 2007): 1–10.

——. "Stepmothers: Why So Much Stress? A Review of the Research." *Journal of Divorce and Remarriage* 30, nos. 1/2 (1999): 115–48.

Nolen-Hoeksema, Susan. *Women Who Think Too Much: How to Break Free of Overthinking and Reclaim Your Life*. New York: Henry Holt, 2003.

Norton, A. J., and L. F. Miller. *Marriage, Divorce, and Remarriage in the 1990s*. U.S. Census Bureau, Current Population Reports, Series P23-180, 1992.

Notermans, Catrien. "Fosterage in Cameroon: A Different Social Construction of

Motherhood." In *Cross-Cultural Approaches to Adoption,* edited by Fiona Bowie. London: Routledge, 2004.

Orchard, Ann L., and Kenneth B. Solberg. "Expectations of the Stepmother's Role." *Journal of Divorce and Remarriage* 31, nos. 1/2 (1991): 107–23.

Packer, Craig. "Reciprocal Altruism in *Papio Anubis.*" *Nature* 265 (February 1977): 441–43.

Papernow, Patricia. *Becoming a Stepfamily: Patterns of Development in Remarried Families.* Cleveland: Analytic Press, 1993.

———. "'Blended' Family Relationships: Helping People Who Live in Stepfamilies." *Family Therapy Magazine,* May–June 2006, pp. 34–42.

———. "Meeting the Challenge of Stepfamily Architecture." Handout.

———. "The Stepfamily Cycle: An Experiential Model of Stepfamily Development." *Family Relations* 33 (1984): 355–63.

———. "Stepfamily Role Development: From Outsider to Intimate." In *Relative Strangers: Studies of the Stepfamily Processes,* edited by William R. Beer. Totowa, NJ: Rowman and Littlefield, 1992.

Parish, Thomas S., and Bruno M. Kappes. "Impact of Father Loss on the Family." *Social Behavior and Personality* 8 (1980): 107–12.

Parker-Pope, Tara. "Marital Spats, Taken to Heart." *New York Times,* October 2, 2007.

Pasley, Kay, and Marilyn Ihinger-Tallman. "Divorce and Remarriage in the American Family: A Historical Review." In *Remarriage and Stepparenting: Current Research and Theory,* edited by Kay Pasley and Marilyn Ihinger-Tallman. New York: Guilford, 1987.

———. *Remarriage.* Beverly Hills, CA: Sage, 1987.

———, eds. *Remarriage and Stepparenting: Current Research and Theory.* New York: Guilford, 1987.

———, eds. *Stepparenting: Issues in Theory, Research, and Practice.* Westport, CT: Praeger, 1995.

Penor-Ceglian, Cindi, and Scott Gardner. "Attachment Style and the Wicked Stepmother Spiral." *Journal of Divorce and Remarriage* 34 (2000): 111–26.

Peterson, Mary. "With Evelyn." In *Mercy Flights.* Columbia: University of Missouri Press, 1985.

Pill, C. J. "Stepfamilies: Redefining the Family." *Family Relations* 39 (1990): 186–93.

Power, Harry. "Mountain Bluebirds: Experimental Evidence Against Altruism." *Science* 189 (1975): 142–43.

Powers, T. K. "Dating Couples' Attachment Style and Patterns of Cortisol Reactivity and Recovery in Response to Relationship Conflict." *Journal of Personality and Social Psychology* 90, no. 4 (April 2006): 613–28.

Preece, Melady. "Exploring the StepGap: How Parents' Ways of Coping with Daily Family Stressors Impact Stepparent-Stepchild Relationship Quality in Stepfamilies." University of British Columbia Publications, 1996, http://www.psych.ubc/ca/~mpreece.compdoc.pdf.

Prilick, P. K. *The Art of Stepmothering.* Waco, TX: WRS Publishing, 1994.

Quick, Donna S., Patrick C. McKenry, and Barbara M. Newman. "Stepmothers and

Their Adolescent Stepchildren." In *Stepparenting: Issues in Theory, Research, and Practice*, edited by Kay Pasley and Marilyn Ihinger-Tallman. Westport, CT: Praeger, 1995.

Robins, Lee, and Michael Rutter. *Straight and Devious Pathways from Childhood to Adulthood*. New York: Cambridge University Press, 1990.

Rohwer, Sievert. "Selection for Adoption Versus Infanticide by Replacement 'Mates' in Birds." *Current Ornithology* 3 (1986): 353–93.

Rohwer, Sievert, J. Herron, and M. Daly. "Stepparental Behavior as Mating Effort in Birds and Other Animals." *Evolution and Human Behavior* 20 (1999): 367–90.

Rosenbloom, Stephanie. "My Father, American Inventor." *New York Times*, August 16, 2007.

Rutter, Virginia. "Lessons from Stepfamilies." *Psychology Today*, May 1, 1994, pp. 1–10.

Salwen, Laura V. "The Myth of the Wicked Stepmother." *Women and Therapy* 10 (1990): 117–25.

Sauer, Laurence E., and Mark A. Fine. "Parent-Child Relationships in Stepparent Families." *Journal of Family Psychology* 1 (1998): 434–51.

Schmeeckle, Maria. "Gender Dynamics in Stepfamilies: Adult Stepchildren's Views." *Journal of Marriage and the Family* 69 (2007): 174–89.

Schrodt, Paul. "Sex Differences in Stepchildren's Reports of Stepfamily Functioning." *Communication Reports* 21, no. 1 (January 2008): 46–58.

Seyfarth, Robert M., and Dorothy L. Cheney. "Grooming, Alliances, and Reciprocal Altruism in Vervet Monkeys." *Nature* 308 (April 1984): 541–43.

Shostak, Marjorie. *Nisa: The Life and Words of a !Kung Woman*. Cambridge: Harvard University Press, 1981.

Solomon, Andrew. *The Noonday Demon: An Atlas of Depression*. New York: Scribner, 2001.

———. "On Having a Stepmother Who Loves Opera." In *My Father Married Your Mother: Writers Talk About Stepparents, Stepchildren, and Everyone in Between*, edited by Anne Burt. New York: Norton, 2006.

StepTogether.org. "Disengaging," http://www.steptogether.org/disengaging.html.

Stewart, Susan D. *Brave New Stepfamilies: Diverse Paths Toward Stepfamily Living*. London: Sage, 2007.

———. "How the Birth of a Child Affects Involvement with Stepchildren." *Journal of Marriage and the Family* 67, no. 2 (May 2005): 461–78.

Strassman, Beverly I. "Polygyny, Family Structure, and Child Mortality: A Prospective Study Among the Dogon of Mali." In *Adaptation and Human Behavior: An Anthropological Perspective*, edited by Lee Cronk, Napoleon Chagnon, and William Irons. New York: Aldine, 2000.

Strayer, Janet. "Trapped in the Mirror: Psychosocial Reflections on Mid-Life and the Queen in *Snow White*." *Human Development* 39 (1996): 155–72.

Tatar, Maria M., ed. *The Annotated Brothers Grimm*. New York: Norton, 2004.

Trivers, Robert. "The Evolution of Reciprocal Altruism." *Quarterly Review of Biology* 46, no. 4 (1971): 35–57.

———. "Parental Investment and Sexual Selection." In *Sexual Selection and the Descent of Man, 1871–1971*, edited by B. Campbell. Chicago: Aldine, 1972.

———. "Parent-Offspring Conflict." *American Zoologist* 14 (1974): 249–64.

Turke, Paul W. "Helpers at the Nest: Childcare Networks on Ifaluk." In *Human Reproductive Behavior: A Darwinian Perspective*, edited by Laure Betzig, Monique Borgerhoff Mulder, and Paul Turke. Cambridge: Cambridge University Press, 1988.

Turner, Sarah. "My Wife-in-Law and Me: Reflections on a Joint-Custody Stepparenting Relationship." In *Women in Stepfamilies: Voices of Anger and Love*, edited by Nan Bauer Maglin and Nancy Schniedewind. Philadelphia: Temple University Press, 1989.

University of Florida. Institute of Food and Agricultural Sciences. "Stepping Stones for Stepfamilies—Lesson 3: Building Step Relationships," http://edis.ifas.ufl.edu/FY034.

Verhoef, Heidi. "'A Child Has Many Mothers': Views of Child Fostering in Northwestern Cameroon." *Childhood* 12 (2005): 369–90.

Verner, Elizabeth. "Marital Satisfaction in Remarriage." *Journal of Marriage and the Family* 51 (1989): 713–25.

Vinick, Barbara, and Susan Lanspery. "Cinderella's Sequel: Stepmothers' Long-Term Relationships with Adult Stepchildren." *Journal of Comparative Family Studies* 31 (June 2000): 377–84.

Visher, Emily B., and John S. Visher. *Stepfamilies: Myths and Realities*. Secaucus, NJ: Citadel, 1979.

Visher, Emily, John Visher, and Kay Pasley. "Remarriage Families and Stepparenting." In *Normal Family Processes: Growing Diversity and Complexity*, edited by Froma Walsh. New York: Guilford, 2003.

Wald, Esther. *The Remarried Family: Challenge and Promise*. New York: Family Services Association of America, 1981.

Waldman, Ayelet. *Love and Other Impossible Pursuits*. New York: Anchor, 2007.

Waldren, Terry. "Cohesion and Adaptability in Post-Divorce Remarried and First Married Families: Relationships with Family Stress and Coping Styles." *Journal of Divorce and Remarriage* 14, no. 1 (1990): 13–28.

Walters, Marianne, Betty Carter, Peggy Papp, and Olga Silverstein. *The Invisible Web: Gender Patterns in Family Relationships*. New York: Guilford, 1991.

Waterman, Barbara. *The Birth of an Adoptive, Foster or Stepmother: Beyond Biological Mothering Attachments*. London: Jessica Kingsley, 2004.

Watson, Patricia. *Ancient Stepmothers: Myth, Misogyny, and Reality*. Leiden: Brill Academic Publishers, 1997.

Weitzman, Lenore. *The Divorce Revolution: The Unexpected Social and Economic Consequences for Women and Children in America*. New York: Simon & Schuster, 1987.

West-Eberhard, Mary Jane. "Foundress Associations in Polistine Wasps: Dominance Hierarchies and the Evolution of Social Behavior." *Science* 157 (1967): 1584–85.

White, Lynn. "Stepfamilies over the Life Course." In *Stepfamilies: Who Benefits? Who Does Not?* edited by Alan Booth and Judith F. Dunn. Hillsdale, NJ: Erlbaum, 1994.

White, Lynn, D. Brinkerhoff, and A. Booth. "The Effect of Marital Disruption on Child's Attachment to Parents." *Journal of Family Issues* 6 (1985): 5–22.

Whitsett, D., and H. Land. "The Development of a Role Strain Index for Stepparents." *Families in Society* 73 (January 1992): 14–22.

Wilsey, Sean. *Oh the Glory of It All*. New York: Penguin, 2005.

Wilson, E. O. *Sociobiology: The New Synthesis*. Cambridge, MA: Belknap Press, 1975.

Zhang, Zhenmei, and Mark D. Hayward. "Childlessness and the Psychological Well-Being of Older Persons." *Journal of Gerontology* 56 (February 2001): 311–20.

索　引

【あ】
アイデンティティ　86
曖昧　26, 34, 45, 254
アロマザー　202, 206

おとぎ話
　　──継母　46-55
　　──父親　47, 49, 51, 56
親の差別心　194, 195, 197, 198
親の投資理論　179

【か】
過剰補償　236, 238
家庭第一主義　109
寛容度の高い子育て　160

共同親権　1, 111
共同養育　162, 164

継親行動　198
血縁選択説　176, 178, 182, 183
欠陥比較アプローチ　245
結婚の優先　80, 104, 132, 166

好意希求行動　26
行動生態学　173, 178, 181, 185
互恵的利他行動　182
子殺し　190, 191, 199
子連れ再婚の発達　29, 143
混合家族　62-65, 79, 83, 116
婚前契約　76

【さ】
再婚した実父
　　──子どもへの関与　108, 133
　　──罪悪感　105, 108
　　──サポートの欠如　242
　　──死別　161
　　──問題の矮小化　147, 243

再婚の離婚率　1, 130
サンドバッグ症候群　240

自己防衛　151
児童虐待　193
社会生物学　172, 173, 178
十代の継子
　　──アクティビティのアドバイス　72
　　──アドバイス全般　71
　　──継息子　68
　　──継娘　69
進化生物学　8, 172, 181, 196, 202, 208, 217, 218, 279
親権という武器　124
親権の取り決め　111, 124
心理教育　97, 150, 249
神話　62, 64, 79, 116

ステップファミリー構造　61

制度化の欠如　130
生物学的な力　155
セメントベビー　136, 167
前妻
　　──との摩擦　70, 131, 157
　　──の怒り　157
選択圧　176
全米ステップファミリー協会（SAA）　63, 167
全米ステップファミリー・リソースセンター（NSRC）　63, 133, 249, 250
羨望　95, 96
専門家による偏見　244

相続　75, 76
ソフト・ハード・ソフト　149

索　引　317

【た】
代理衝突　148
単純ステップファミリー　25, 26, 130

中間領域　154, 157
忠誠心　6, 23, 61, 103, 104, 121, 151, 246, 270

追及する人／逃げる人　146

適応困難　121
適応障害　4
テストステロン　195
伝統的な家族　61

逃避　60, 151

【な】
人間関係力学　123, 138, 146
人間行動生態学　173, 201, 207, 216, 217

【は】
発達段階　6, 24, 68, 72, 83, 143, 253, 260

非難　151
非難するための苦しみ　159

複雑ステップファミリー　25, 28, 130, 269
侮辱　8, 151
プロラクチン　195
文化的ニュアンス　57

並行養育　162, 165, 166
ヘリコプターペアレント　110

包括適応度　177, 178, 188

【ま】
魔の2歳児　68
継母のスタイル　29, 31

ミニファミリー　28, 155

【や】
役割の曖昧性　26, 105, 117, 254

抑うつ　231
　　男性の――　113
　　継母の――　228-250
よそ者　20, 28, 61, 72, 76, 97

【ら】
利他行動　173, 178, 179

あとがき
―― 日本のステップファミリーについて ――

ステップファミリー・アソシエーション・オブ・ジャパン (SAJ)
代表　緒倉珠巳

🐾 継母という経験

　ステップファミリー・アソシエーション・オブ・ジャパン（以降SAJ）は2001年に設立して以来14年にわたり，日本の4つの地域での当事者支援のためのサポートグループを開催してきた。SAJのサポートグループの参加者で一番割合が多いのは「継母」である。本書の翻訳者伊藤幸代氏も，そのサポートグループに参加した継母の一人である。彼女はたった独りでウェンズデー氏の本書の翻訳を仕上げた，モンスター級のエネルギーをもった女性だ。SAJの創設者が継母であったことも団体設立の起爆のエネルギーとして重要な要素であり，これは偶然ではないと私は思っている。私はサポートグループを通じて幾人もの継母と出会ってきた。サポートグループで彼女たちは，継母としての経験と彼女たちが得たもの，手放したもの，様々な思いをドラマチックに語ってきてくれた。継母役割から解き放たれても（継子の成長や離婚などを機会に），その継母経験を幾年も語る人が多いのも特徴的だ。ウェンズデー氏の緻密かつアグレッシブな本著にも通じるが，それほど「継母」という経験には，彼女の言うとおり，これまでの人間経験を塗り替えるような衝撃とアイデンティティがあることを納得せざるをえない。

　ただ，そんな彼女たちも日常では戸惑いを表に出さず，まず壁を作り自分を守ることで精一杯な状況を経験し（ウェンズデー氏は文字どおり壁を欲したのだが），ようやくサポートのネットワークに繋がって本心をさらけ出せるようになったのである。多くの継母は日々戸惑いを内に抱えたまま**実の母親のように演じるか**，母親ではない・何者かわからないことを自覚しつつ不安を抱えた

まま過ごす。継母であることを周囲にカミングアウトするかしないか，パートナーに本心を伝えるか伝えないか，その時のリスクと対応策を考え，直接的な言語化を諦め，疲弊し，その思いをブログやSNSなどに書き記すことが多い。混沌としたその結婚と家族経験について，問題整理や受容するために必要な共感などを，匿名の世界に求める人が多い。リアルの世界での理解と共感，適切な支援を得ること自体が，今の日本ではまだまだ難しいのが現状だからだ。

ステップファミリーという言葉と日本の家族

　本書の出版にあたり，ここで改めて日本のステップファミリー事情について解説させていただきたい。今でこそ「ステップファミリー（stepfamily）」という家族形態を表す言葉がメディアでもよく聞かれるようになったが，日本ではせいぜい西暦2000年前後から使われ始めたばかりの新しい言葉である。親の再婚などによって，子どもとその親のパートナーとの間に継親子関係が生じた家族を指す。夫婦の死別が多かった近代以前から親の再婚に伴う継親子関係を有する家族形態は珍しくなかったが，近年は両親の離別の増加にともない，その後の再婚などを経て形成されるステップファミリーが多数を占める。ひとり親家族や里親家族など，多様な家族類型の一つとして社会に認識されつつあるといえる。

　英語のstepには，ネガティブなニュアンスを含む日本語の継母（ままはは）・継父（ままちち）と同様に，英語のstepmotherやstepfatherの語，そしてstepfamilyという語には，否定的な意味合いがある。英語圏では，このような否定的ニュアンスを避けた「混合家族（blended family, mixed family）」といった用語を使う場合もあるが，Column 5の「混合家族」で示したような理由によってstepfamilyが広く使われている。

　日本においてはstepの意味を，英語圏とは逆に，段階を踏んでステップアップしていくという意味でのstepと誤解されることが，少なくなったとはいえまだまだある。言葉の紹介が「子どもを巻き込みながら開き直るのか」「何でも英語にすればよいと思っているのか」「離婚・再婚を容易に考えすぎている」と再婚そのものに否定的な意見につながることも稀ではない。しかし，もう一

方で、ひとり親が再婚する場合など、周囲から「新しいお母（父）さんができてよかったね」「自分の子どもと思って育てて」といった言葉かけがなされることも多い。

いずれの場合も、初婚の家族モデルを標準にして家族関係を評価している点が共通している。ただし、前者は「血縁の親子関係でない現実に悲観的」であり、後者は「血縁はなくとも実の親子のような関係が形成できると楽観的」である点で対照的だ。この後に述べていく日本社会に特有の課題とも関連するが、初婚家族のような親子関係のあり方こそが、継親子関係の評価の最上級に位置づけられてしまう。たとえば、ステップファミリー当事者でさえ、継親子関係の質的な良さを表現するときには「まるで実の親子のよう」と表現することがある。しかし、そのようになりがちなのは、継親子の関係性についての理解が不十分であり、継親子関係を築くための社会規範や役割モデルがないからだともいえる。米国の社会学者、アンドリュー・チャーリンが指摘したように、社会のあらゆる制度は初婚家族を前提としてつくられているため、ステップファミリーの家族運営は予想外の課題に遭遇し、困惑、混乱、困難、苦痛、葛藤を経験しやすいが、それを解決するためのガイドラインなどが社会の諸制度内に用意されていない。本書の6章の最初の節でも触れられているように、再婚後の家族は制度化が欠如しているという意味で「不完全な制度」だと主張するチャーリンの議論は広く知られている（Cherlin, 1978）。

2つのステップファミリーモデル

先に述べたように、ステップファミリーはその規範となる家族モデルや役割のガイドラインがないため、子連れの再婚でありながら、初婚家族のような家族関係の構築を目指しがちで、周囲もそれを期待する傾向がある。日本のステップファミリーの研究をしている大阪産業大学の菊地真理氏は、ステップファミリーの家族形成において指針となっている家族モデルを大きく2つに分けている。

一つは、継親がいなくなった実親（離婚による別居や死別）と入れ替わり、継子と実の親子のような関係を目指そうとする家族のあり方であり、これを**代替家族モデル**と呼んでいる。実の母（父）親を失った継子の母（父）親となっ

てあげたい・母（父）親になるべき，といった考えに基づき，再婚後の家族関係が形成される。その過程には，「継親を親として受け入れる困難」「いなくなった実親と継親との間で揺れ動く忠誠心葛藤」といった子ども側の課題とともに，「継子との関わりの難しさや急に親役割を担うプレッシャー」という継親側の課題もある。継親からすれば配偶者，継子からすれば実親をめぐって，両者が取り合いの競合関係に陥り，両者ともに疎外感をもつのもステップファミリーならではの特徴である。その結果，実親子のようになろうと焦るほど，継親は自責や失望感を強めることがある。近代日本におけるステップファミリーは代替家族モデルを採用するケースが圧倒的に多いと考えられ，そのため継父・継母が「親」として家族内外から位置づけられやすい。別居する実親子の面会交流の実施率の低さが示しているように，離れて暮らす実親の多くは親役割を手放してしまうことになる。

　もうひとつのモデルは，**継続家族モデル**と称されている。代替家族モデルとは異なり，前のパートナー（子どものもう一人の実親）が継続して子どもに関わり，継親はそこに後から加わる第三の親（あるいは親ではなく家族の一員）として子どもに関わるモデルである。本書にも登場するアメリカのステップファミリーの多くがこのモデルにあてはまるといえるだろう。継続した別居親と子どもの関わりは，子どもの思いや権利を尊重することになるが，そこに交わる構成員の多さや複雑さ，そして役割の曖昧さを生む。日本においても，子どものいる離婚時の面会交流や養育費分担に関して民法に明文化され，兵庫県明石市のように離れて暮らす親子の継続した関わりを積極的に支援する自治体も現れた。こうした社会情勢の変化から，この家族モデルが採用される可能性が高まっており，採用されたときに生じる課題とそれへの支援策の検討が必要になっている（菊地，2014）。

　やはり家族社会学者で，菊地氏の共同研究者でもある明治学院大学の野沢慎司氏は，**スクラップ＆ビルド型**，**連鎖・拡張するネットワーク型**というステップファミリーの2類型を提唱している。前者は，離死別によって初婚家族が消滅し，再婚によって元の家族同様の標準的な家族の再建を目指す，現状の日本に多い家族類型だ。後者は，菊地氏の継続家族モデルに比べると，家族関係が拡張する点を強調している点に違いがある。家族の境界を同居家族のみに限定

せず，別居している親とその親族（たとえば継親や異父母きょうだい・継きょうだい）など，関係の質も多様な人々を含むイメージである。本書1章や3章に出てくるパートタイムのステップマザー（ファミリー）などがこのモデルに該当するであろう。

代替家族モデルとスクラップ＆ビルド型が依然として多数派を占める日本の現状に関して野沢氏は，その構造的な困難を指摘する。野沢氏によるとこれは，母（父）親はただ一人だけという標準的な家族の鋳型にステップファミリーを無理やりはめ込むことによって生じる摩擦，構造上のミスマッチによって生じる困難である。前節で示したような**継母が「実の母親」を演じる**という状況がつくり出されるのはこのためである。野沢氏は，こうした困難は，チャーリンが示唆していたように個人的な問題ではなく社会的な制度の問題なのだから，一つの家族モデルしか採用しない社会の状況にこそ目を向けるべきだとしている（野沢，2012）。

当事者がもつ代替家族意識

現状の社会のどのような場面で，代替家族モデルが現れ，そこにどんな課題が表出しているのか。代替家族志向の場合に共通しているのが「**親になったのだから**」というキーワードだ。それは当事者の意識の中にも，家族に関わる専門機関の対応する姿の中にも表れる。

子どものしつけや教育など子育ての場面で摩擦が表面化することが多い。継親は子どものしつけや教育上の問題点に気づきやすい立ち位置にいる。ひとり親家庭の中で，実親子が第三者の介入を受けずに密着した期間があると，暗黙のルールや慣習が形成されやすい。実親子間のみでの「これくらいならいいだろう」と緩い基準になってしまっていたところに，客観的な視線を持ち込んだ継親はその基準の甘さを許しがたく，苦々しい気持ちを抱くことが多い。これを見逃しては親としての役割を果たせないと思い，継親は「親らしい」「厳しい」言動を継子に対してとろうとする。ここでの問題は，親になり急ぐことにある。世間一般は，親らしい人物が子どもを厳しく叱ることに違和感は覚えないだろ

う。しかし，継子とその実親は，「他人」から自分たち親子関係の問題点を指摘され，理不尽な叱責を受けているように感じやすい。継親と強い絆が育まれたうえでなら，継子も厳しい叱責に傷つくことなく，妥当な意見として受け取れるかもしれないが，まだ親しくない間柄での叱責は単なる人格攻撃とみなされかねない。そのために継子から継親を拒否する言動があったとしても不思議はない。継親が親になろうと急ぐあまりに，親役割を果たすどころか，継親のアイデンティティは不安定さを増すことになる。

　子育て期間にあるステップファミリーには，このような状況が繰り返し起きることが珍しくない。実親がそこに調整役として介入できないまま継親の厳しいしつけが繰り返された場合，体罰や虐待行為に発展することもある。親としての「しつけ」が高じた結果の虐待事件は，ステップファミリー以外の場合にも共通している。ステップファミリーにおいては，誤った選択の結果ともいえる。初婚家族モデルを念頭に置いて，継親が家族や親になりたい（ならなければいけない）気持ちに導かれて努力を重ねれば重ねるほど生傷を増やすようなことになりかねない。激しい叱責を「親」の愛として子どもが受け取ってくれる可能性は低く，ごくごく稀な幸運のもとでしかありえない。

　ミズーリ大学のローレンス・ギャノン博士は，大人と子どもの間で友情を築くことに違和感があるかもしれないと前置きしながらも，継親と継子との間に友だち関係（friendship）を作ることを目標とすべきだと提唱している。同大学のマリリン・コールマン博士も，継子から親のように慕われることを目標にして努力すると失望することになりやすいと言う。継親と継子が礼節を失わずに交流できる程度の関係を目標にする程度がよいのだと忠告する（コールマン・ギャノン，2012）。

　しかし，本書の中でウェンズデー氏は，第3章（ステップファミリーのジレンマ：継母ビジネスの嘘）にて継子のしつけを実親に任せることは現実的ではないと言っている。それは子どもと一緒にいる場面で何か問題が起こった場合，（親ではないが）その場にいる大人としての実感や意見を伝えることは重要だということを意味している。大人と子どもの，真摯な人としての一対一の関わりへの努力を欠いてはその関係が育たないことを伝えていると解釈するべきだろう。

離別ケースに顕著だが，自分が継子の唯一の母または父になったのだからという理由で，離れて暮らすもう一人の実親と継子との関わりを継親が断とうとすることがある。養育費の受け取りや面会交流の中断である。離れて暮らす親側が，継父と暮らすようになったからという理由で，養育費の減額を求めたり，支払いを拒否したりする傾向もある。これは日本独特の「家意識」が影響しているように思えてならない。子どもは家の財産という考え方のもとに，家が子を育みその責任をもつというものだ。そこに子どもの人格や愛着形成への配慮は含まれていない。しかし，日本社会では，その家意識に由来した規範が暗黙のルールとして日常生活の中でいまだに作用しているのではないだろうか。たとえば「姓」にこだわる意識もそうだ。いまや家督制度は存在しないが家督や姓を継ぐ者を直系卑属であることにこだわる傾向もある。また家族は姓を統一しなければ家族としての一体感を得られない，という意見が国政の場で優勢なのも周知の事実である。現代のステップファミリーにとって，個のニーズを無視したこのような規範はそぐわないといえる。そもそも日本においては，子どもの権利に関する制度的対応が他の先進国よりも立ち後れている。国連の子どもの権利委員会からたびたび勧告を受けていることも忘れてはならない。

　子どもが幼少の時期にステップファミリーが形成された場合には，前述したような代替家族モデルに従ったとしてもあまり大きな問題をみせずに家族が維持されることがある。たとえば継親を実の親と思って子どもが育った場合などである。ただし，その場合にも，子どもの成長に伴って，何らかの変化や出来事が起こりうる。戸籍の記載内容などを確認する機会（進学・結婚等）に遭遇し，実親子関係でないことを子どもが知ったときに，子どもが受ける感覚は千差万別かもしれない。しかし，自身のルーツについて大きな課題を背負うことになるだろう。何気ない会話に継子が赤ちゃんの頃の思い出話や別居親の話題が出たときに「やはり自分は実の親にはなれないのか」と継親がショックを受け，家庭が不安定になったケースもある。継親子は実親子とは別の関係性であることを認識し，受け入れないまま，実親子を演じ続けていると，たとえ何年経っても，実親の影がちらつくたびに失望し足元がガラガラと崩れていくような感覚に襲われる可能性が残る。

最近，日本で若年成人継子 19 人を対象にしたインタビュー調査が行われた（野沢・菊地，2014）。継子たちが語った継親子関係は，次の5つのタイプに分類されている。(1) 親として受容，(2) 思春期の衝突で悪化，(3) 関係の回避，(4) 支配忍従関係から決別，(5) 親ではない独自の関係発達，の5つである。(1) から (4) までは継親を「親」として位置づける家庭環境におかれていたが，継親を親として受容したものばかりではなく，継親との関係が途中から悪化したり，継親から距離を置いたりして関係が発達しなかったケースも多い。一方，「(5) 親ではない独自の関係発達」と名づけられた類型にあてはまるケースでは，継親と良好な関係が発達し，継親を「家族」とみなす傾向が強かった。この調査の対象には，継親との関係が長期にわたる頻繁な面会交流事例はほとんど含まれておらず，代替家族が支配的である傾向が如実に表れている。継親子関係についての継子たちの語りの多くが，日本の離婚・再婚後の家族をめぐる社会環境や社会制度が抱える課題を浮き彫りにしているようにみえる（野沢・菊地，2014）。

社会に存在する代替家族規範

　次に，当事者以外の人たちを含む社会全体の「親になったのだから」という規範意識を取り上げる。先にも挙げたが，ステップファミリーの大きな課題の一つに社会の認識や制度との軋轢がある。当事者が思う「親になったのだから」という意識よりもさらに強く，継親に親としての役割を期待しているのが社会だ。

▶子育ての相談の場で

　朝のテレビ番組でも取り上げられた事例だが，同居して間もなくに継子の発達に疑問を抱いた継母が相談機関に訪れた際，「継母なのだからもっと頑張らないと」と相談員から言われている。また継子に障害が認められ療育が必要とされた際，継母が仕事をセーブすることを促し「他のお母さんはもっとやっている」と言われたという。当時その継母のパートナー（継子の実父）は，震災によって就業が不安定になった。また，継母自身の連れ子もいた。実子の子育てをしながら家計を主に支えていることもあり，その継母が継子のことを中心

に考えて動くことはできない状況だった。にもかかわらず，継母に対し「母親なのだから」という期待・要求の視線のみが向けられている。その継母は実兄からも同様の非難を受けたという。

▶学校など教育現場

　他にも様々な事例がある。たとえば，本書では「複雑ステップファミリー」と呼ばれている，夫妻双方が子連れで再婚した妻が継子の担任教員から「この子を一番愛してあげてください」と言われたケースがある。自分の子も夫の子も両親の一方がいない状況は同じだし，子どもたちの一人だけを特別扱いはできないとその継母は反論したが，「母親がいない」ことがことさら不憫なのだとその担任教員は言い，話は平行線に終わったという。また別のケースでは，2歳の継子への関わり方に悩み保育園の担任に相談したが「泣いているときは抱きしめるだけでいいんですよ」とアドバイスされた。抱きしめられない葛藤そのものが継母の悩みなのだが，そこが理解されないままアドバイスは実親子関係での支援を前提になされている。継母は「お母さん」と呼ばれるだけでも悩ましく感じることがあるが，社会が「母親でしょう？」という目線を外すことは少ない。

　また継父が加わっただけの「単純ステップファミリー」のケースでも，小学生の継子が離れて暮らす実父が再婚して子どもが誕生したことを喜び，「弟ができた！」と自身の担任の先生に話したところ，「（その子は）本当にきょうだいなのかな」と言われたという。その子は不安になったが，実母から「異母きょうだいっていうんだよ」と説明を受けたことで，「イボきょうだいっていうんだ！」と肯定的に再定義することができた。この「異母」（あるいは異父）という関係性をどう捉えるかは，ステップファミリーの家族境界の捉え方が問題化する一例ということになるだろう。異母でもきょうだいであると見るか，異母はきょうだいではないと見るか，社会的な定義が明確なわけではない。おそらくこの担任の先生の家族の境界は同居する家族だけといったようなかなり狭いもの（上記の「スクラップ＆ビルド型」）であったのだろう。それで，その子どものかなり広い家族境界（上記の「連鎖・拡張するネットワーク型」）が否定されてしまったことになる。

▶司法機関

　家庭裁判所において、ステップファミリーの面会交流については判断が難しいためか、審判例は少ない。再婚家庭が落ち着くまで様子をみましょうということで、間接的な面会（写真を送るなど）になった判例がある。ここで「落ち着く」と言われているが、どのような状態になったら落ち着いたとみなすのか。何がその指標になるのか。もし継親が親の代替として機能することが前提となっているとしたら、面会交流の再開は期待できないであろう。実親との関わりは、継親による代替を阻害しかねないからだ。子どもや「家族」への配慮であるはずの審判が、かえって「家族」の選択肢を狭め、多様な家族モデルを遠ざけているのではないだろうか。

これからの日本の制度の課題

　本書に日本のステップファミリーについての解説をつけ加えたのは、現在のアメリカと日本の家族制度が大きく違っているからである。本書の中で別居の親子による面会交流（アメリカでは訪問［visitation］という）の様子がたびたび描かれているが、日本社会に支配的な「代替家族モデル」を前提にしている読者には違和感を与えるのではと危惧したからだ。すでに触れたが、日本では「代替家族モデル」や「スクラップ＆ビルド型モデル」がこれまできわめて優勢だったと考えられる。アメリカでは、1990年以降、離婚後の共同親権（日本と違って共同監護［joint custody］と呼ばれている）が広まり、今日では、離婚後の共同養育（co-parenting）が一般化している。本書に登場する子どもたちのように、週末にはもう一方の親の家を訪れ、そこにパートタイムのステップファミリーが出現することはごく当たり前に見られる。これが「連鎖・拡張するネットワーク型」でもある。2011年にSAJが東京で開催した日米ステップファミリー会議でローレンス・ギャノン博士は、日本の現状はアメリカの1990年代に近いのではないかと述べた（コールマン・ギャノン、2012）。しかし、日本でもアメリカのようなステップファミリーの形態は徐々に増えていき、「よその国のこと」ではなくなると期待している。

　しかし、日本の共同親権制導入についてはあまり明るい話を聞かない。面会

交流や共同養育に関する法制度の改革よりも，行政や民間の機関での支援や教育の実践が先導して展開するのではないかと感じる。しかし，法整備の遅れは様々な制度的対応の遅れをもたらし，代替家族規範が強化される可能性すら危惧される。

▶継子養子縁組

日本で子連れの再婚をする場合，15歳未満の子どもと継親との間の養子縁組には，子どもの意思の確認も，もう一人の実親の了承も必要ない。「継親を法律上でも親にする」という考えのもと，親権者たる同居する実親一人の判断で容易に手続きが完了する。この手続きの安易さに驚きや憤りも感じるが，それを必要とする事情もまたある。サラリーマンの雇用や給与の規約の中には企業によっても異なるが，雇用者から支給される扶養手当について，法律上の親子関係（養子縁組）が要件となっていることがある。日本では養育費の支払義務に強制力はなく，アメリカのような罰則規定（悪意ある養育費の不払の場合には，運転免許の発行が停止されたり収監されたりする）はない。いつ送金されるか，いつ途絶えるかわからない別居実親の養育費よりも，より確実に子育て資金を確保できるほうに動くのも無理はないと考える。しかし，養子縁組によって継親が「親」になることを容易にバックアップする法的な仕組みになっている。それが「親になったのだから」という規範を補強している可能性を考えに入れる必要がある。

特に継父の場合には，もしもの場合に備える社会保障の目的で養子縁組することもある。一家の稼ぎ手となっている継父が不幸にも急死した場合，継子と養子縁組をしているか，夫婦の新たな子どもが誕生していないかぎり遺族基礎年金の対象とならない。継子の姓も継父と同じにしたいことも養子縁組の大きな理由になっている。そのため，継父のいるステップファミリーの養子縁組は再婚と同時のことが多い。一方，継母の場合には，養子縁組の時期はあまり早い段階でなされない傾向がある。東京経済大学の古賀（駒村）絢子氏の調査研究によると，継母が養子縁組するタイミングは再婚から相当の時間（3ヶ月から12年）が経ってからである。継父の場合には，姓を揃えることや保障を得るなど便宜的な手段として養子縁組したのに対し，継母の場合にはそういった必要性がなかったことや，継母が継子を自分の子とみなせなかったことが理由

に挙げられている。対照的に，継子への配慮から，法的にも親子関係であると表明するために縁組したケースもあったという（駒村，2012）。継母の場合には，養子縁組を検討する際に継子との関係の質的な側面に関心が向く点が興味深い。養子縁組をめぐる問題には，継親子間の関係性をどう育むか，生活保障をどう確保するか，別居実親の意思を無視してよいのかなどの課題が複雑に絡み合っている。

イクメンたちへの示唆

　日本では，離婚後の面会交流について 2012 年に初めて民法上明文化された。家庭裁判所の家事事件においては，この 10 年，離婚件数が減少しているにもかかわらず，面会交流や子の監護に関する調停や審判は倍増している。兵庫県明石市では，2015 年 1 月から離婚前講座（こども養育ガイダンス）や面会交流のための『こどもと親の交流ノート（養育手帳）』の配布を始めた。明石市長が弁護士出身であり，その離婚問題への意識の高さが市政に表れていると推測するが，この流れはイクメンという言葉に象徴的に示されるような父親の子育てへの関わり方の時代変化を反映したものだろう。日本もアメリカのように離婚後の親子の面会交流が拡がっていくことによって，ステップファミリーにおける代替思考を修正せざるえない状況になると推測できる。継親を親とみなす社会認識も変わらざるをえないだろう。

　本書の中でも紹介されていたような，再婚にあたって課題を認識しない父親や，新たに結婚した妻と実子との間で板挟みになる父親も相当数増加するだろう。継母の悩みを理解できない実父とも共通するのは，継母が継子を受け入れられないのはその資質や，受け入れようという気持ちがないからだと考えがちであることだ。母性神話に基づき，女性に備わった機能として，継母が子どもを受け入れることを期待してしまっている。あるいは「ステップファミリー神話」の一つとしてよく言及されるように，「パートナーを愛していれば，その子どももすぐに愛することができる」と思い込んでしまう（SAJ, 2002）。彼らは何の悪気もなく，自分の子どもを受け入れてくれる女性を選択したと信じ，そんな女性しか選択しないと自信に満ちている。継子を受け入れられず苦悩す

る継母を病院に連れて行き，薬を処方してくれと真顔で訴えることもある。しかし，実親子関係の中に第三の人間が加わることは，三角関係のような構図となり，悪循環を繰り返す。この状況に薬は効かない。まず必要なのは，ステップファミリーにおける家族の力動や，個々の思いやニーズの違いを理解することだ。

ステップファミリーの相談

　心ならずも継母が実の母親のように演じるように，日本の多くのステップファミリーはカミングアウトすることを避ける傾向が強い。あえてカミングアウトしても，後悔することも多いからだ。前節に登場した双方子連れの継母が地域でカミングアウトしたところ，「そういうことは言わないほうがいい」とアドバイスされてしまったという。「あそこのうちは継母だから」という安易な詮索を回避するためという理由のようだ。ただし，こうした傾向には地域差も大きい。

　継親が継子育てに悩むことはおかしなことではない。むしろ，実親子の子育てより難しいのは当然のことだ。なにしろ途中から参加した育児は，子どもの性格，体調，病歴，特技，嗜好，学校・友人関係，学習状況，あらゆるものを把握できていないところから始まる。しかも，代替家族モデルの日本の継子当事者は実母（実父）との関わりを喪失した経験が欧米に比べて多い。新たな「母（父）」に寄せる期待と同時に，それがかなわないことによる失望も経験しやすい。子どもの成長発達とともに反発や拒絶を見せることもしばしば起こりうる。そんな中，上手くいかない継子育てに悩み，「継子が可愛く思えない」と誰かに相談したとしても「継子がいることは結婚する時点でわかっていたことでしょう」「覚悟が足りない」と返されてしまえば，相談すること自体を諦めてしまう。

　「そういうことは言わないほうがいい」という考え方だけでなく，「継親（子）だからと考えすぎ」と括られてしまうこともある。これもテレビで取り上げられたケースだが，再婚した夫婦に新たな子どもが誕生し，その赤ん坊に継子が意地悪な行動をした場面について，解説者として登場したカウンセラーが「子

どもの赤ちゃん返りはどこの家庭でもあること。継親子だからとお母さんが思い込んでしまうんですね」と説明していた。このような解説に「そうね」と納得する人が大半かもしれない。確かに子どもの退行はありえるだろう。だが継子はすでに一度実親を一人喪失する経験をし，「新しい母親」を得たにもかかわらずその関心は赤ん坊に奪われ，「はたして自分はこれからも愛されるのだろうか」「また母を失うのではないだろうか」という不安を抱えてもおかしくない。以上は，子どもの状況を整理したにすぎず，継母の心理にはさらに複雑な要素が加わるはずである。にもかかわらず「どこの家庭でもあること」と簡単に言えるだろうか。

　ステップファミリーは初婚の家庭とはまったく別もの，と認識する必要がある。本書に何度も登場したステップファミリーの臨床家，パトリシア・ペーパーナウ博士は，ステップファミリーのセラピー場面で，「良いニュースと悪いニュースがあるけれど，どちらから聞きたい？」と語りかけるそうだ。悪いニュースは普通の（初婚のような）家族にしようとすればするほど難しくなることがあること，そして良いニュースはそれでもどうすれば上手く乗り越えられるかわかっているので手助けできること，と話すという（SAJ・野沢, 2015）。私が対面相談に応じるときには，Column 4に示したような家族の関係性を示すダイアグラムを描いてもらうことが多い。ひとり親家庭に新たなメンバーが加わり，どのような配置でメンバー間がどのように結びついているか，来談者とともに視覚的に確認できる。ただそれだけでも，腑に落ちる感覚を得てもらえることがある。いかに初婚の家族と異なるかを認識することが，ステップファミリーとしての安定のスタートラインなのだ。

　一般の相談機関では，自らステップファミリーであることを告げて相談に来る人は少ない。再婚や継親への偏見を恐れてあえて言わない人もいれば，ステップファミリーゆえの課題に直面していると気づかずに初婚の家族と同様の課題と思い込んで相談する人もいるだろう。いつ言えばいいだろうかと言い出せずに，最後の最後になって告げる人もいる。相談を受ける側は，継親だからと偏見やステレオタイプで判断することはもちろんあってはならないが，初婚家族とは異なるステップファミリーならではの特徴を理解したうえで支援をする必要がある。

2014年にSAJが東京で開催した国際セミナーに登壇した，全米ステップファミリー・リソース・センター（以降NSRCという）の創設者，フランチェスカ・アドラー＝ベーダー博士は，心理療法の場であれ，家族生活教育の場であれ，重要だと考えていることのひとつは，ステップファミリーの経験をノーマライズすること（ステップファミリーでよくあることは何かを理解してもらうこと）だという。特に家族生活教育の場では，他の参加者の語りから自分と同様の経験を直接に知ることができるので，支援専門家に説明されるよりも深く理解できると話している（SAJ・野沢，2015）。

教育資源の活用

　SAJのサポートグループでは，NSRCの前身である全米ステップファミリー協会（以降SAAという）が開発したプログラム'Stepping Together'を採用し，ステップファミリーならではの事象や課題を学びつつ，他の参加者の語りに共感し，自身の悩みが受容される場を提供してきた。そこでは，先行する先輩家族の姿をみて，一定の見通しや希望を抱くこともある。フランチェスカ・アドラー＝ベーダー博士は，アメリカでは心理療法と家族生活教育の両者を組み合わせることが新しいトレンドになっていると話す。SAJのサポートグループは，家族生活教育に近似している。SAJでは今後，最新の調査研究成果に基づいてNSRCが開発した教育プログラム'Smart Steps'を導入する予定であり，現在翻訳作業を進めている。こういった教育資源や専門情報は，ステップファミリーの当事者が家族運営するうえで，またそれを支援するうえで，非常に役に立つ。ステップファミリーに関する情報が何もない1970年代のアメリカでSAAを創設したエミリー・ヴィッシャーとジョン・ヴィッシャーの夫妻（ステップファミリーの当事者であり，その臨床・支援実践の先駆者である）も，ステップファミリーをサポートするには，情報と教育が重要だと主張している（SAJ，2002）。専門的な情報（研究成果）や教育資源の活用が，日本の支援機関にも拡がる必要があるだろう。

ステップモンスターに向き合う

　本書の原題は"*Stepmonster*"だ。すでに本文を読まれた方には，継母がなぜモンスターと化すのか，継母はモンスターなのか，ご理解いただけたはずだろう。多くの継母当事者が自身の内なるモンスターに怯え，自責の念を感じる。それは日本でもアメリカでも同じだ。代替家族モデルが多い日本では，「あの子のママになってあげたい」「きっといい母親に…」とよかれと思ってスタートする家族が多い。その善意から始まって，母親になりたい，なれない，なりたくない，でも母親にならなければならない，誰にも理解されない，母親にならなくてもいい，でも母親かも…そんな心の渦に呑み込まれ，疲弊し，いつしか継子に向ける自身の視線の冷たさに気づく。スタートラインが「母親になる」であればなおさら，その継母特有の心境が時を待たずして訪れてしまう。また実子と継子に向ける気持ちとの違いに，自ら違和感と罪悪感を覚えることも多い。

　以前に，その感情の二面性を視覚化したイラストが，某雑誌の取材時に描かれた。メデューサだった。顔の半面は美しい微笑で実子を迎え，もう半面は頭から蛇が生え血も凍るような恐ろしい形相で継子を見ている。私はその比喩を非難し，半ば泣きながら描き直すよう求めた。しかし，その行動は継母がそんなに恐ろしいものと認めたくないような気持ちがさせていたような気がする。当時は状況が揃えばどんなに知的で良識をもった女性でも，ステップモンスターになりえてしまうことを認識していなかったからかもしれない。ただ，当時あのイラストが掲載されなかったのはよかったと思っている。無責任な他人からモンスターと呼ばれるのはもちろん心外だ。何より多くの継母の友人たちを傷つけたくなかった。彼女たちは日々実親以上に家庭内に目を向け，努力し，その家庭を幸せにしたいと願う人なのだから。

　本書では，どんな経緯，どんな構図の中でモンスターが生み出されるのか緻密に描かれている。そのシチュエーションに日米の差異はほとんどない。もし継親の立場に置かれれば，明日は我が身だと考えて間違いはない。記されたステップモンスター発生の機序を理解し，自身に起こりうることとして脳裏に刻んでほしい。女性だけではない。実は男性・継父でも自分の中のモンスターの感情に苛まれる人は多い。その感覚が生まれる経緯はかなり継母のものと似て

いる。違いは，子育てでの関わり度合いによって頻度が変わってくることだけだ。つまり，日常的に継子と関わる度合いが高く，そこでの葛藤をうまく処理できない場合には，継父も同様の感覚を抱くことになると考えてよいだろう。

　ローレンス・ギャノン博士は，継親子の関係を築くには，継親が穏やかな性格であること，継親子の性格が似ていること，同居親が継親子の交流を促す仲介役を果たすこと，別居親と競合がないことが重要だと述べている。そして継子が好きな活動を継親子二人きりで行うことが最も有効な戦略で，継親がしつけ役割を担うことは仲良くなることを妨害するため，できるだけ後回しにし，まずは友だちのような関係を築くべきだとしている（コールマン・ギャノン，2012）。継親子にとって健全な発達とは，無理のない緩やかな関係発達であることを理解し，同居親や周囲がサポートする態勢を整える必要がある。

ステップファミリーという航海と旅の地図・コンパス

　SAAから提供された資料の中で，パトリシア・ペーパーナウ博士のステップファミリーの発達段階の説明にこんな記述がある。「ここで説明するステップファミリーの発達段階は地図のようなもので，ステップファミリーの絆をつくりあげるための旅，でこぼこ道で，時には痛みを伴う旅のどの位置にあなたがいるかを教えてくれるものです。そしてこの地図は，この旅をもっと歩きやすいものにし，あなたの家庭生活を満足させるためのチャレンジをリラックスしたものにするでしょう」（SAJ, 2002）。こうした情報は，ステップファミリー当事者が自身を理解し，進むべき方向を判断する材料になる。自分に向いたルート・選択はどのようなものがあるか，選ぶ機会をまず得ることで，先行きが大きく変わる。コンパスは「こっちが北ですよ」と教えてくれるように，サポートグループのような支援は自分が向かう方向を認知し，修正するきっかけにすることができる。ステップファミリーにとって（だけではないかもしれないが），こうした情報を学ぶこと，支援を手にいれることは，家族の健全な発達に大いに役立つ。

　教育系のテレビ番組でステップファミリーが取り上げられた際，取材に応じた継子当事者が「（継母を）母親として受け入れなきゃという思いが強すぎた

ので，もし『違うポジション』があると知っていたら違っていたかもしれない」と話していた。これは隣で話す別な当事者が，当初から継母のことは「近所のお姉さんのような存在と考えればよい」と実父から説明され，母子ではないが何者なのかというポジションを探していたという話の後に出てきたものだ。継子当事者も継親子関係の選択肢の乏しさを実感したのだろうが，おそらく継親・実親当事者たちはもっと無意識に「親になったのだから」と考えていたことは想像に難くない。サポートグループの参加者の中には，「もっと早く別な（こんな）道があるのだと知っていたら…」と言う人が多い。

　日本のステップファミリーがどれくらい存在するかを示す統計はないが，人口動態統計によると，新しい結婚のうち，夫婦どちらかあるいは双方が再婚の割合は，1960年代には婚姻総数の1割程度だったものが，2012年には26%に達している。つまり1年間に結婚するカップルの4組に1組以上が再婚となってきている。おそらくステップファミリーの数も増えていると推測される。しかし，離婚後の親子の交流を支援する動きも最近になって増えつつあるが，さらに狭義の家族境界を超えて育つステップファミリーの子どもの健全育成を意識した支援や研究はないに等しいため，日本のステップファミリーのテーマには多くの課題が残されている。家族が多様化する時代に伴い，「家族」という枠組みを見直し，大人と子どもが暮らすコミュニティの実態に即した支援と制度を設計する必要がある。

　本書を読まれた方は，アメリカでの研究の蓄積や研究者の多さ，またステップファミリー研究の多彩さに驚かれたのではないだろうか（参考文献の数も目を見張るものがある）。様々な観点からの研究の紹介があり，これからの日本でのステップファミリー支援や研究へのヒントにもなりえるだろう。なによりこれほど多くの研究がなされるアメリカ社会の関心の高さに，日本は倣うことが必要ではないだろうか。この本は継母当事者にはもちろん読んでもらいたいが，特に家族に直接関わる支援者や教育者，行政や司法関係者にとっても，ステップファミリーのダイナミクスを理解するために熟読する価値があると思われる。そして本書で得た情報をもとに，家族という枠組みを見直し実態に即した支援と制度を作ることに役立ててもらいたい。

引用・参考文献

Cherlin, A. 1978 Remarriage as an incomplete institution, *American Journal of Sociology*, 84(3), 634-50.

コールマン, M.・ギャノン, L. ／野沢慎司（訳） 2012 ステップファミリーでうまくいくのはどんなことか SAJ・野沢慎司（編） 日米ステップファミリー会議2011報告書 SAJ・明治学院大学社会学部付属研究所, 14-31.

菊地真理 2014 離婚・再婚とステップファミリー 長津美代子・小沢千穂子（編） 新しい家族関係学 建帛社, 105-120.

駒村絢子 2012 継親子間の養子縁組の締結をめぐる実情―インタビュー調査の知見をもとに」日米ステップファミリー会議2011報告書 SAJ・明治学院大学社会学部付属研究所, 60-71.

野沢慎司 2011 ステップファミリーをめぐる葛藤―潜在する2つの家族モデル 家族〈社会と法〉, 27, 89-94.

野沢慎司 2012 ステップファミリーにおける家族関係の社会的・構造的困難 SAJ・野沢慎司（編） 日米ステップファミリー会議2011報告書 SAJ・明治学院大学社会学部付属研究所, 33-43.

野沢慎司・菊地真理 2014 若年成人継子が語る継親子関係の多様性―ステップファミリーにおける継親の役割と継子の適応 明治学院大学社会学部付属研究所年報, 44, 69-87.

SAJ 2002 Handbook for STEPFAMILIES―SAJハンドブック SAJ

SAJ・野沢慎司（編） 2015 家族支援家のためのステップファミリー国際セミナー2014報告書 SAJ・明治学院大学社会学部付属研究所

＊SAJにご関心のある方は，こちらをご参照ください。
ステップファミリー・アソシエーション・オブ・ジャパン（SAJ） http://saj-stepfamily.org

原著者紹介

Wednesday Martin（ウェンズデー・マーティン）

ミシガン大学卒（文化人類学），イェール大学大学院卒（比較文学／文化研究），博士
Psychology Today オンライン版ライター
Today Show, CNN, NPR, NBC ニュース，BBC ニュースアワーなどのメディア出演歴あり。
原著『Stepmonster』は Books for a Better Life 賞最終選考作品となる。
2人の継娘の継母であり，2人の息子を持つ母親。

訳者紹介

伊藤幸代（いとう・さちよ）

津田塾大学卒，イーストカロライナ大学大学院卒（英語教育），修士
SAJ（ステップファミリー・アソシエーション・オブ・ジャパン）運営委員
2人の成人の継子を持つ継母。

継母という存在 ──真実と偏見のはざまで──

2015年7月10日　初版第1刷印刷	定価はカバーに表示
2015年7月20日　初版第1刷発行	してあります

著　者　W．マーティン
訳　者　伊藤幸代
解　説　Ｓ　Ａ　Ｊ
発行所　㈱北大路書房
〒603-8303　京都市北区紫野十二坊町12-8
　　　　　電話（075）431-0361㈹
　　　　　ＦＡＸ（075）431-9393
　　　　　振　替　01050-4-2083

©2015　　　　　　　　　印刷・製本　シナノ書籍印刷㈱
　　　　　　　　検印省略　落丁・乱丁本はお取り替えいたします。
　　　　　　　　ISBN 978-4-7628-2898-0　　Printed in Japa

・ JCOPY 〈㈳出版者著作権管理機構 委託出版物〉
本書の無断複写は著作権法上での例外を除き禁じられています。
複写される場合は，そのつど事前に，㈳出版者著作権管理機構
（電話 03-3513-6969，FAX 03-3513-6979，e-mail: info@jcopy.or.jp）
の許諾を得てください。

北大路書房 関連図書

離婚後の共同養育と面会交流実践ガイド
子どもの育ちを支えるために

J. A. ロス，J. J. コーコラン 著
青木 聡、小田切紀子 訳

ISBN978-4-7628-2813-3
四六判 240 頁 本体 2520 円+税

離婚後も元夫婦が親としての責任を果たし，共同で子育てをし，子どもが両方の親と継続して交流できるためにはどうすべきか？ 元配偶者とのつきあい方，子どもへの関わり方のコツについて，心理学の認知行動理論を背景にした実践的な技法を提供。日本の状況を踏まえ，当事者とその対人援助職に向けた「訳者解説」も付す。

父親の心理学

尾形和男 編著

ISBN978-4-7628-2765-5
A5 判 200 頁 本体 2520 円+税

これまで母親については数多の研究があった。一方，父親の研究は決して隆盛とは言えない状況が，少なくとも心理学領域においては続いてきたと思われる。本書は，父親に関する心理学的側面からの研究を総括し，現在及び将来の日本社会を見据え，父親に期待される役割の変遷やその心理的側面からの研究の進展を期して編まれた。